„In der Strafsache gegen
Andreas Baader, Ulrike Meinhof, Jan-Carl Raspe, Gudrun Ensslin
wegen Mordes u. a."
Herausgegeben von Ulf G. Stuberger

Meiner Frau Savelia möchte ich herzlich danken. Sie hat es ertragen, dass ich mich nach so langer Zeit über Monate hinweg mit dem Thema wieder intensiv beschäftigt habe, das auch für meine persönliche Lebensführung sehr wichtig und teilweise belastend wurde.

Darüber habe ich ein Buch geschrieben:."Die Tage in Stammheim – als Augenzeuge beim RAF-Prozess".

„In der Strafsache gegen Andreas Baader, Ulrike Meinhof, Jan-Carl Raspe, Gudrun Ensslin wegen Mordes u. a.“

Dokumente aus dem Prozeß

Herausgegeben
von Ulf G. Stuberger

Europäische Verlagsanstalt

Bibliografische Information der Deutschen Nationalbibliothek
Die Deutsche Nationalbibliothek verzeichnet diese Publikation in der Deutschen Nationalbibliografie; detaillierte bibliografische Daten sind im Internet über http://dnb.d-nb.de abrufbar.

Neuausgabe 2007

Druck und Bindung: DIP, Witten
Printed in Germany

Inhalt

Prozess gegen Fremdkörper

Das Strafverfahren gegen Andreas Baader, Gudrun Ensslin, Ulrike Meinhof und Jan-Carl Raspe wegen Mordes und anderer Verbrechen ist als Stammheimer Prozess oder Baader-Meinhof-Prozess in die deutsche Geschichte eingegangen. Die Angeklagten waren Rädelsführer der sich selbst Rote Armee Fraktion - RAF nennenden kriminellen Vereinigung. Erst später wurde in Deutschland der Straftatbestand „terroristische Vereinigung“ geschaffen.

Am 22. Mai 1970 erschien in der linksradikalen Zeitung „agit 883“ der Aufruf „Die Rote Armee aufbauen!“ Dieses Dokument gilt als Gründungserklärung der RAF. In den Monaten Juni bis August desselben Jahres ließen sich Baader, Ensslin, Meinhof und Rechtsanwalt Horst Mahler in einem Camp in Jordanien als Guerillas ausbilden. Mahler hat seine politische Einstellung vollkommen geändert. Er ist heute ein mehrfach bestrafter Funktionär der rechtsradikalen NPD.

Im September 1970 überfiel die RAF in Berlin zum selben Zeitpunkt drei Banken. Im April 1971 veröffentlichte die Vereinigung „Das Konzept Stadtguerilla“, ihr Grundsatzprogramm, dessen Veröffentlichung unter einem anderen Titel beschlagnahmt und verboten wurde.

In den folgenden Jahren wurden zahlreiche Anschläge und Morde von der RAF begangen, die sich erst Ende 1996 auflöste.
Die meist aus gutbürgerlichen Verhältnissen stammenden Haupttäter wurden als Fremdkörper der deutschen Gesellschaft angesehen, die es zu bekämpfen galt.

Baader, Ensslin, Meinhof und Raspe wurden 1972 verhaftet. Das Strafverfahren gegen sie war schon vor Eröffnung der Hauptverhandlung politischer Natur. Unter Aufbietung aller verfügbaren Kräfte hatten nicht nur die dafür zuständigen Strafverfolgungsorgane, sondern auch Publizisten und Politiker zu emotionalisierter Fahndung nach der Kerngruppe der RAF aufgerufen. Noch vor Einleitung von Strafverfahren waren die verdächtigten Personen bereits öffentlich verurteilt. Baader und Genossen wurden als Mörder bezeichnet, als man ihrer noch gar nicht habhaft war. Baader wurde im Gerichtssaal mit der Forderung „Kopf ab!“ begrüßt, die eine bis heute unbekannte Person an seinen Platz auf der Anklagebank schreiben konnte, obwohl dieser Raum seinerzeit der am besten bewachte und gesicherte Deutschlands gewesen ist. Ermittlungen wegen dieser Ungeheuerlichkeit gab es nie.

Politiker stimmten in den Chor der Vorverurteilungen mit ein.

Für den Prozess wurde ein besonderes Gerichtsgebäude neben der Haftanstalt Stuttgart-Stammheim gebaut. Uns Journalisten wurde vorgegaukelt, der Justiztrakt sei ohnehin geplant gewesen und werde später Häftlingen mit Werkräumen und einer Sporthalle dienen. Das Sondergerichtsgebäude steht bis heute und wurde in dreißig Jahren nur für besonders ausgewählte Strafprozesse genutzt.

Vor Eröffnung der Hauptverhandlung wurden Gesetze geändert und Bundestagsdebatten darüber abgehalten, wie man diesen Monsterprozess am besten „durchstehen“ könne. Nach den ersten Erfahrungen im Verfahren selbst wurden geänderte Gesetze abermals geändert. In Diskussionen über die Fraglichkeit der einschneidenden Änderungen vor allem des Strafprozessrechts erklärten Politiker und Staatsbedienstete besorgten Rechtsanwälten und ihren Verbänden immer wieder, später würden die Bestimmungen wieder gelockert. Das ist bis heute nicht geschehen. Die damals als Lex RAF bezeichneten Gesetzesänderungen gelten fort. Darum kann man dreißig Jahre nach dem Verfahren feststellen, dass es einschneidende Folgen für die gesamte Strafverfolgung Deutschlands hatte.

Affären im Prozess selbst: Ein Vorsitzender Richter erhielt seine Funktion nur durch heftiges Drehen eines undurchsichtigen Personalkarussells, bei dem mit großer Wahrscheinlichkeit auch politische Instanzen ihre Hand im Spiel hatten. Selbst Minister griffen durch ihre Behörde in den Gang des Stammheimer Verfahrens ein. Nach Absprache mit der Bundesanwaltschaft, einer Nahtstelle zwischen Justiz und Politik, verfügte der Bundesjustizminister einen Sperrvermerk über einige Akten, die dadurch für das Verfahren unverwertbar wurden, obwohl sie sicher wichtig gewesen wären. Über die Wahl des Verhandlungsortes hatte es Auseinandersetzungen gegeben, in die sich auch das Bundesjustizministerium in Bonn eingeschaltet hatte.

In Stammheim wurden Gespräche zwischen Verteidigern und Mandanten abgehört. An dieser Prozedur beteiligten sich das Bundesamt für Verfassungsschutz und der Bundesnachrichtendienst. Es gab Zellendurchsuchungen, Anwaltsverhaftungen und Beschlagnahmen von Verteidigerunterlagen. Der Generalbundesanwalt rief im Verlauf des Verfahrens Vertreter der bedeutenden bundesdeutschen Publikationsorgane nach Karlsruhe zu einer Geheimsitzung zusammen, in deren Verlauf über die Berichterstattung zum Stammheimer Prozess gesprochen wurde; was genau bei dieser Unterredung behandelt oder ausgehandelt wurde, ist bis heute nicht öffentlich gemacht worden.

Auf den Stammheimer Prozess trifft Wort für Wort zu, was Gerald Dickler 1962 in seinem Buch Man on Trial über die Durchführung von Aufsehen erregenden Strafprozessen mit politischem Hintergrund schrieb: Sie seien

„...eine nur selten erlebte und im Allgemeinen nicht bekannte Erscheinung, die dann auftritt, wenn die Gesellschaft mit sich selbst im Krieg liegt und wenn aus den Unruhen sozialer Umwälzungen neue Ideen und neue Werte im Entstehen begriffen sind. In solchen Perioden der Spannung offenbaren die die Gesellschaft beherrschenden Kräfte eine bemerkenswerte Neigung zu Prozessen, um sich von ihren ideologischen Krämpfen zu befreien... In jedem dieser Fälle wird jedoch der gesamte juristische Apparat gewichtig in Stellung gebracht oder, soweit er noch nicht besteht, erst erfunden; das Zeremoniell wird mit der schuldigen Feierlichkeit gewahrt, oft sogar unnötig in die Länge gezogen, und wenn alles seinen normalen Verlauf nimmt, wird das vorherrschende politische oder religiöse Prinzip entsprechend als Wahrheit für alle Zeiten einbalsamiert. In diesen Fällen kann man den Prozess als einen Aspekt der Abhängigkeit der Menschen vom Ritual betrachten. Oder genauer, das angewandte Ritual ist das einer Säuberung - es geht darum, den politischen Leib von einer Reizung, einem Fremdkörper oder einem Gift zu befreien... Es ist eine Ironie des Schicksals, dass es diesen Prozessen nicht gelang, die Krankheit zu heilen, gegen die sie verschrieben wurden.“

Der Staat Bundesrepublik lag seit den Studentenunruhen ab etwa 1968 mit einem großen Teil seiner Jugend im Kampf. Aus den Unruhen der sozialen Umwälzungen entstanden neue Ideen und Wertvorstellungen, die allerdings größtenteils nicht zum Tragen kamen, weil die die Gesellschaft beherrschenden Kräfte schon zu Beginn der Studentenbewegung eine bemerkenswerte Neigung zur Durchführung von Strafprozessen bewiesen, die davon abhalten sollten, die neuen Ansätze fortzuentwickeln. Die Gesellschaft wollte sich von ihren „ideologischen Krämpfen" befreien. Wo besser als am Beispiel Stammheim wäre aufzuzeigen, wie der gesamte juristische Apparat gewichtig in Stellung gebracht wurde: In Stammheim wurde eigens für den Prozess eine imposante „Justizfestung" errichtet. Hektisch waren die gesetzgeberischen Kräfte am Werk, den juristischen Apparat für das erwartete Spektakel in Stammheim auszubauen. Strafprozessordnung, Strafgesetzbuch und viele andere Gesetzesvorschriften wurden im Hinblick auf den Baader-Meinhof-Prozess überschnell und mehrfach geändert. Das Zeremoniell der schuldigen Feierlichkeit aber sollte auch in Stammheim gewahrt bleiben. Wie der später wegen Besorgnis der Befangenheit aus dem Verfahren geschiedene Richter Theodor Prinzing das durchzusetzen versuchte, zeigt besonders grotesk die Wiedergabe eines Disputes mit dem Angeklagten Baader über die Möglichkeit eines Ausschlusses vom Verfahren (siehe die Seiten 201-205).

Doch dem Stammheimer Prozess gelang es nicht, den Akt der „Säuberung" zu vollziehen, wie das Fortleben von Gewalttaten, sogar ihre Steigerung bis zu dem Mord an Generalbundesanwalt Siegfried Buback, dem Attentat auf den Frankfurter Bankier Jürgen Ponto und schließlich die Entführung und Ermordung von Hanns Martin Schleyer zeigen.

Stammheim ist auch zu einem traurigen Kapitel der bundesdeutschen Publizistik geworden, die gerade dieses Strafverfahren besonders wachsam hätte verfolgen sollen. Nicht mehr als eine Handvoll Journalisten hat den Prozess regelmäßig verfolgt. Nur an den Tagen, die besonders Spektakuläres erwarten ließen, reisten die Berichterstatter in großer Zahl an. Es wurden Kommentare gedruckt, aus denen nicht selten zu spüren war, dass der Verfasser den Zusammenhang des Prozessverlaufs nicht herstellen konnte. Einige Autoren der bundesdeutschen Presse erschienen nur ein einziges Mal in der Stammheimer Festung und ließen sich dann nie wieder sehen; dennoch konnte man immer wieder aus ihrer Feder Stammendes über den Prozess lesen... So sind Vorwürfe verstehbar, die von Angeklagten und einigen ihrer Verteidiger gegen Journalisten erhoben wurden. Dass in der Hektik des Stammheimer Alltags völlig unverdächtige Presseleute als „Staatsschutzjournalisten" tituliert wurden, verdeutlicht, wie auch auf dieser Seite der Blick für die Realitäten zeitweilig schwand.

Die zeitgeschichtliche und politische Aufarbeitung des Prozesses steht immer noch aus. Es wird freilich nur wenigen Interessierten, die sich einen Gesamteindruck vom Stammheimer Verfahren verschaffen wollen, möglich sein, mehrere tausend allein in deutscher Sprache abgefasste Zeitungsartikel zu lesen. Auch die Lektüre der fast zwanzigtausend Protokollseiten wird einem sehr kleinen Kreis vorbehalten bleiben. Selbst eine Sammlung aller Beschlüsse und Anträge, die den Prozess charakterisierten, würde ein einziger Buchband nicht fassen.
Für die vorliegende Dokumentation habe ich 1977 eine Auswahl getroffen. Deshalb ist sie nicht „wertfrei" und „objektiv", und sie soll es auch nicht sein. Vor allem jene Dokumente aus dem Verfahrensablauf sind in das Buch aufgenommen worden, die unabhängig von der Straf-

und Schuldfrage Bedeutung haben. Das Buch soll dem Leser die Möglichkeit geben, sich selbst ein Bild vom Verfahren zu machen. Aus diesem Grund habe ich mich kommentierender Bemerkungen in den Überleitungstexten enthalten. Eine abschließende Chronik skizziert den Verfahrenskontext, in dem die betreffenden Dokumente stehen.

Die hier veröffentlichten Dokumente aus dem Prozess sind in den vergangenen dreißig Jahren oft von anderen Autoren, Filmemachern und Wissenschaftlern genutzt und zitiert worden. Die historische und zeitgeschichtliche politische Aufarbeitung des Verfahrens kommt auch heute noch rasch an Grenzen. Zum Teil werden vom Staat immer noch Unterlagen geheim gehalten und versteckt. Die Spurenakten sind weiterhin Staatsgeheimnis. Darum ist dieser spektakuläre Prozess bis heute nicht seinen schlechten Geruch losgeworden. Was gibt es denn immer noch zu verbergen?

Zwei RAF-Mitglieder wurden bis heute nicht gefunden: Ingeborg Bartz und Angela Luther. Gerhard Müller, der als Kronzeuge in Stammheim gegen seine früheren Genossen auftrat, behauptete, Baader habe Frau Bartz erschossen, weil sie sich von der Gruppe lösen wollte. Das konnte ebenso wenig bewiesen werden wie andere Angaben Müllers, den ich während seiner Haft in Hamburg interviewen konnte. Er hat wohl vom Staat eine neue Identität bekommen. Möglicherweise lebt er irgendwo unter einem anderen Namen.

Als einziger journalistischer Zeitzeuge, der das Verfahren über etwa zwei Jahre durchgehend im Gerichtssaal beobachtet hat, stellen sich mir auch dreißig Jahre später noch Fragen. Inzwischen hat sich herausgestellt, dass der Mitarbeiter eines deutschen Geheimdienstes der im Aufbau befindlichen RAF mit staatlichem Auftrag Waffen besorgen sollte. Erst nachdem im Juli 1971 von der Polizei das RAF-Mitglied Petra Schelm bei der Fahndung erschossen worden war, begannen auch die RAF-Mitglieder zu schießen und es kam schließlich zu den Gewaltverbrechen, die in Stammheim verhandelt werden mussten.

Die meisten noch lebenden Verfahrensbeteiligten, mit denen ich sprechen konnte, würden heute nicht anders handeln als in der Zeit von Mai 1975 bis Oktober 1977. Einige ehemalige RAF-Mitglieder haben inzwischen bürgerliche Berufe und mit Büchern ein wenig Geld verdient, die sie über ihr Leben in dieser kriminellen Vereinigung geschrieben haben. Einige ihrer engagierten Verteidiger leben nicht mehr, andere haben durch die beim Stammheimer Prozess erworbene Bekanntheit auch politische Karriere gemacht wie Otto Schily als Bundesinnenminister und Rupert von Plottnitz als Justizminister. Die Anklagevertreter sind nicht mehr tätig. Die Richter sind pensioniert, der letzte Vorsitzende von Stuttgart in meine Nachbarschaft gezogen.

Die Neuauflage der Dokumente aus dem Prozess wird hoffentlich wieder ein Hilfsmittel für diejenigen Personen sein, die sich mit der immer noch ausstehenden Aufarbeitung eines wichtigen Kapitels der deutschen Innenpolitik in der Nachkriegszeit beschäftigen.

Marxzell, im Januar 2007

1. Verteidigerausschluß

Nach monatelangen Diskussionen darüber, daß einige der Vertrauensanwälte, die RAF-Mitglieder vertreten, Taten ihrer Mandanten angeblich unterstützen, kam es im Dezember 1974 zur Verkündung des Ergänzungsgesetzes zum Ersten Gesetz zur Reform des Strafverfahrensrechts (1. StVRGErgG). Eine Bestimmung über die „Ausschließung eines Verteidigers" wurde in die Strafprozeßordnung (StPO) eingefügt:

§ 138a
I. Ein Verteidiger ist von der Mitwirkung in einem Verfahren auszuschließen, wenn er dringend oder in einem die Eröffnung des Hauptverfahrens rechtfertigenden Grade verdächtig ist, an der Tat, die den Gegenstand der Untersuchung bildet, beteiligt zu sein oder eine Handlung begangen zu haben, die für den Fall der Verurteilung des Beschuldigten Begünstigung, Strafvereitelung oder Hehlerei wäre.

II. Ein Verteidiger ist von der Mitwirkung in einem Verfahren auszuschließen, wenn er
1. dringend verdächtig ist, daß er den Verkehr mit dem nicht auf freiem Fuß befindlichen Beschuldigten dazu mißbraucht, Straftaten, die im Höchstmaß mit mindestens einem Jahr Freiheitsstrafe bedroht sind, zu begehen, oder
2. den Verkehr mit dem nicht auf freiem Fuß befindlichen Beschuldigten dazu mißbraucht, die Sicherheit einer Vollzugsanstalt erheblich zu gefährden.

Solange ein Verteidiger nach Satz 1 ausgeschlossen ist, kann er den Beschuldigten, der sich nicht auf freiem Fuß befindet, auch in einem anderen gesetzlich geordneten Verfahren nicht verteidigen.

III. Die Ausschließung ist aufzuheben, sobald ihre Voraussetzungen nicht mehr vorliegen.

§ 138b In Staatsschutzsachen [...]

§ 138c Verfahren
I. Die Entscheidung nach § 138a, 138b trifft das Oberlandesgericht. Werden im vorbereiteten Verfahren Ermittlungen vom Generalbundesanwalt geführt oder ist das Verfahren vor dem Bundesgerichtshof anhängig, so entscheidet der Bundesgerichtshof. Ist das Verfahren vor einem Senat eines Oberlandesgerichts oder des Bundesgerichtshofes anhängig, so entscheidet ein anderer Senat.

II. Das nach Absatz 1 zuständige Gericht entscheidet im vorbereitenden Verfahren auf Antrag der Staatsanwaltschaft, nach Erhebung der öffentlichen

Klage auf Vorlage des Gerichts, bei dem das Verfahren anhängig ist. Die Vorlage erfolgt auf Antrag der Staatsanwaltschaft oder von Amts wegen auf Vermittlung der Staatsanwaltschaft. Soll ein Verteidiger ausgeschlossen werden, der Rechtsanwalt ist, so ist eine Abschrift des Antrages der Staatsanwaltschaft nach Satz 1 oder die Vorlage des Gerichts dem Vorstand der Rechtsanwaltskammer mitzuteilen, der der Rechtsanwalt angehört. Es kann sich im Verfahren äußern.

III. Das Gericht, bei dem das Verfahren anhängig ist, kann anordnen, daß die Rechte des Verteidigers aus den §§ 147, 148 bis zur Entscheidung des nach Absatz 1 zuständigen Gerichts über die Ausschließung ruhen. Vor Erhebung der öffentlichen Klage trifft die Anordnung nach Satz 1 das Gericht, das über die Ausschließung des Verteidigers zu entscheiden hat. Die Anordnung ergeht durch unanfechtbaren Beschluß. Für die Dauer der Anordnung hat das Gericht zur Wahrnehmung der Rechte aus den §§ 147, 148 einen anderen Verteidiger zu bestellen. § 142 gilt entsprechend.

IV. Legt das Gericht, bei dem das Verfahren anhängig ist, gemäß Absatz 2 während der Hauptverhandlung vor, so hat es zugleich mit der Vorlage die Hauptverhandlung bis zur Entscheidung durch das nach Absatz 1 zuständige Gericht zu unterbrechen oder auszusetzen. Die Hauptverhandlung kann bis zu dreißig Tagen unterbrochen werden.

V. Ist der Verteidiger von der Mitwirkung in einem Verfahren ausgeschlossen worden, so können ihm die durch die Aussetzung verursachten Kosten auferlegt werden. Die Entscheidung hierüber trifft das Gericht, bei dem das Verfahren anhängig ist.

§ 138d Mündliche Verhandlung, Rechtsmittel

I. Über die Ausschließung des Verteidigers wird nach mündlicher Verhandlung entschieden.

II. Der Verteidiger ist zu dem Termin der mündlichen Verhandlung zu laden. Die Ladungsfrist beträgt eine Woche; sie kann auf drei Tage verkürzt werden. Die Staatsanwaltschaft, der Beschuldigte und in den Fällen § 138c Abs. 2 Satz 3 der Vorstand der Rechtsanwaltskammer sind von dem Termin zur mündlichen Verhandlung zu benachrichtigen.

III. Die mündliche Verhandlung kann ohne den Verteidiger durchgeführt werden, wenn er ordnungsgemäß geladen und in der Ladung darauf hingewiesen worden ist, daß in seiner Abwesenheit verhandelt werden kann.

IV. In der mündlichen Verhandlung sind die anwesenden Beteiligten zu hören. Im Umfang der Beweisaufnahme bestimmt das Gericht nach pflichtgemäßem Ermessen. Über die Verhandlung ist eine Niederschrift aufzunehmen. Die §§ 271 bis 273 gelten entsprechend.

V. Die Entscheidung ist am Schluß der mündlichen Verhandlung zu verkünden. Ist dies nicht möglich, so ist die Entscheidung spätestens binnen einer Woche zu erlassen.

VI. Gegen die Entscheidung, durch die ein Verteidiger aus den in § 138a genannten Gründen ausgeschlossen wird oder die einen Fall des § 138b betrifft, ist sofortige Beschwerde zulässig. Dem Vorstand der Rechtsanwaltskammer steht ein Beschwerderecht nicht zu. Eine die Ausschließung des Verteidigers nach § 138a angehende Entscheidung ist nicht anfechtbar.[1]

Trotz vorheriger langdauernder Meinungsverschiedenheiten unter den Abgeordneten der Bundestagsparteien konnte das neue Gesetz nach den Ereignissen um die Ermordung des Berliner Kammergerichtspräsidenten Günther von Drenckmann und den Tod des Stuttgarter Mitangeklagten Holger Meins innerhalb von drei Wochen einstimmig in Bundestag und Bundesrat verabschiedet werden. Für die 2. und 3. Lesung des wichtigen Gesetzes wurden nur zwei Tage benötigt.[2]
Durch einen Beschluß vom 20. Januar 1975 erklärt der 3. Strafsenat des Karlsruher Bundesgerichtshofes (BGH) die Durchsicht von Verteidigerpost des Berliner Anwalts Hans Christian Ströbele für rechtens, die im Rahmen einer Zellendurchsuchung am 7. 2. 74 erfolgt war. Die Karlsruher Richter begründen ihre Entscheidung damit, daß Ströbele dringend verdächtig sei, die kriminelle Vereinigung unterstützt zu haben. Dazu wird vom Senat unter anderem aufgeführt: der Verteidiger habe seine Mandanten als „Genossen" bezeichnet, sich selbst als „Sozialist" gekennzeichnet, seine Arbeit als „politischer Verteidiger" angesehen. Das Stuttgarter Oberlandesgericht (OLG) entbindet bald darauf Ströbele von der Pflichtverteidigung im Stammheim-Prozeß, da dieser Anwalt möglicherweise wegen Verdacht der Tatbeteiligung ausgeschlossen werden müsse. Deshalb sei nicht gesichert, daß er den Stammheim-Prozeß zeitlich vollständig durchführen könne. Am 3. Februar 1975 nimmt der Senatsvorsitzende Theodor Prinzing die Bestellung der Rechtsanwälte Dr. Klaus Croissant, Kurt Groenewold und Hans Christian Ströbele zu Pflichtverteidigern für Baader zurück. Am 22. April 1975 wird Rechtsanwalt Croissant in Anwendung des neuen § 138a der StPO von der Verteidigung Andreas Baaders ausgeschlossen. Der Beschluß hat folgenden Wortlaut:

---

[1] *Bundesgesetzblatt,* Jahrgang 1975, Teil I, Seite 155.
[2] Erst am 27. November 1974 hatte das Bundeskabinett die Vorlage einer Gesetzesänderung beschlossen, siehe *Das Parlament,* 21. Dezember 1974, Seite 9.

1 ARs 25/75 Oberlandesgericht Stuttgart
– 1. Strafsenat –

Beschluß

In der Strafsache gegen [...]
Andreas Bernd Baader [...]
hat der 1. Strafsenat des Oberlandesgerichts Stuttgart auf die mündliche Verhandlung vom 16. und 17. April 1975 in der Sitzung am 22. April 1975 durch den Vorsitzenden Richter am OLG Fischer, die Richter am OLG Dr. Busse und Voetsch
für Recht erkannt:

Rechtsanwalt Dr. Croissant wird von der Mitwirkung als Verteidiger im Strafverfahren gegen den Angeklagten Baader vor dem 2. Strafsenat des Oberlandesgerichts Stuttgart ausgeschlossen.

Gründe:

I. Rechtsanwalt Dr. Croissant war seit dem 14. August 1973 Wahlverteidiger des Angeklagten Baader und seit dem 29. Juli 1974 Pflichtverteidiger dieses Angeklagten und anderer Angeklagter; seit dem 5. Februar 1975 ist er nur noch Wahlverteidiger des Angeklagten, nachdem der Vorsitzende des 2. Strafsenats die Bestellung zum Pflichtverteidiger im Hinblick auf einen möglichen späteren Verteidigerausschluß des Rechtsanwalts Dr. Croissant am 3. Februar 1975 zurückgenommen hatte (die dagegen von Rechtsanwalt Dr. Croissant erhobene Verfassungsbeschwerde wurde inzwischen vom Bundesverfassungsgericht am 8. April 1975 – 2 BvR 207/75 – als unbegründet verworfen).
Dem Angeklagten Baader wird in der Anklageschrift vom 26. September 1974 zur Last gelegt, durch zwölf selbständige Handlungen in der Zeit von 1970 bis 1972 in der Bundesrepublik – meist gemeinschaftlich mit anderen und in Tateinheit mit Sprengstoffverbrechen – heimtückisch Menschen getötet und zu töten versucht zu haben, Verbrechen des Raubes verabredet und begangen und Widerstand gegen Vollstreckungsbeamte geleistet zu haben sowie in Tateinheit damit eine kriminelle Vereinigung gebildet und sich daran als Rädelsführer beteiligt zu haben.
Unter Abschnitt D der Sachverhaltsschilderung der Anklageschrift ist ausgeführt, den Angeklagten treffe der Vorwurf, die kriminelle Vereinigung auch nach seiner Verhaftung am 1. Juni 1972 aus der Haft heraus fortgeführt zu haben.
Nach Eröffnung des Hauptverfahrens ist der Beginn der Hauptverhandlung vor dem 2. Strafsenat des Oberlandesgerichts Stuttgart auf den 21. Mai 1975 angesetzt worden.
Die Bundesanwaltschaft beantragte unter dem 3. März 1975 beim 2. Strafsenat des Oberlandesgerichts Stuttgart, anzuordnen, daß die Rechte des Verteidigers

Rechtsanwalt Dr. Croissant aus §§ 147 und 148 Strafprozeßordnung bis zur Entscheidung über dessen Ausschluß ruhen, und die Sache nach § 138c Abs. 2 Satz 2 Strafprozeßordnung dem zuständigen Senat zur Einleitung eines Ausschlußverfahrens gegen den Verteidiger vorzulegen; Rechtsanwalt Dr. Croissant sei dringend verdächtig, die kriminelle Vereinigung des Angeklagten Baader und anderer Mittäter sowohl vor als auch nach deren Verhaftung wiederholt unterstützt zu haben. Diesem Antrag hat der 2. Strafsenat mit Verfügung vom 4. März und Beschluß vom 12. März 1975 entsprochen.

II. Rechtsanwalt Dr. Croissant ist von der Mitwirkung im Verfahren gegen den Angeklagten Baader auszuschließen, § 138a Abs. 1 und 2 Nr. 1 Strafprozeßordnung. Die von der Bundesanwaltschaft vorgelegten Beweismittel begründen den dringenden Verdacht der Unterstützung der kriminellen Vereinigung des Angeklagten Baader und anderer Mittäter zumindest seit dem Herbst 1974. Auf das Jahr 1972 erstreckt sich dieser Verdacht allerdings nicht (Nr. 1 der Antragsschrift der Bundesanwaltschaft):
Zwar zeigt der nicht bestrittene Kontakt des Rechtsanwalts Dr. Croissant mit der Zeugin Benedix, die erkennbar auf die Fahndung nach untergetauchten Mitgliedern der kriminellen Baader-Meinhof-Vereinigung bezogene Dienstgeheimnisse preisgab, und sein dabei gezeigtes Verhalten, daß er schon damals diesem kriminellen Personenkreis und seinen revolutionären Zielsetzungen jedenfalls nicht negativ gegenüberstand. Die informatorische Vernehmung des Zeugen Claude Meier in Zürich durch einen Kriminalbeamten ist jedoch zu unbestimmt, als daß auf den entsprechenden Bericht der dringende Verdacht gestützt werden könnte, Rechtsanwalt Dr. Croissant habe im Mai 1972 den (späteren) Angeklagten Baader vor Fahndungsmaßnahmen gewarnt und ihn zur Flucht aus Stuttgart veranlaßt. – Über den Vorwurf, Rechtsanwalt Dr. Croissant habe damals die Zeugin Benedix erfolglos beauftragt, ihn über weitere Fahndungsmaßnahmen zu unterrichten, war nicht Beweis zu erheben, da der Versuch der Begünstigung im Jahre 1972 nicht strafbar war.
Es kann ferner dahinstehen, inwieweit sich Rechtsanwalt Dr. Croissant durch die Weitergabe umfangreichen Informationsmaterials an das von ihm in einem anderen Strafverfahren verteidigte Mitglied Bernhard Braun der kriminellen Vereinigung im Jahre 1973 dem Verdacht der Unterstützung dieser Vereinigung ausgesetzt hat (Nr. 2a und b der Antragsschrift) und ob schriftliche Äußerungen des in einem weiteren Verfahren angeklagten Bandenmitglieds Grashof (Bl. 62–69; Anlagen 10 und 11 der Antragsschrift) den Verdacht zu stützen vermögen, der Verteidiger habe diesen Angeklagten zur Fortsetzung des sogenannten „Hungerstreiks" anhalten wollen und auf diese Art die kriminelle Vereinigung des Angeklagten Baader unterstützt (Nr. 2 der Antragsschrift).

1. Mit hinreichender Deutlichkeit ergibt sich jedenfalls aus dem Schreiben des Verteidigers vom 2. November 1974 an den Angeklagten Baader (Bl. 74; Anlage 12 der Antragsschrift), daß Rechtsanwalt Dr. Croissant das in Berlin

inhaftierte Mitglied Braun der kriminellen Vereinigung wegen des Aufgebens im Hungerstreik durch Vorenthalten von Informationsmaterial disziplinierte, dafür die Zustimmung des als Rädelsführer beschuldigten Angeklagten Baader nachsuchte und weitere Maßnahmen gegen Braun vorschlug. In Anbetracht der Bedeutung sowohl des Informationsmaterials (z.B. Bl. 32ff.; Anlage 6 der Antragsschrift), das alle inhaftierten Mitglieder der kriminellen Vereinigung durch ihre Verteidiger erhielten, als auch wegen der Bedeutung des Hungerstreiks (z.B. Bl. 37–52; Anlagen 7 und 8 der Antragsschrift), der nicht nur dem vordergründigen Ziel diente, Hafterleichterungen durchzusetzen, sondern überdies selbst auf die Gefahr der Aufopferung einzelner Mitglieder den Zusammenhalt der kriminellen Vereinigung in der Haft stärken, evident und so zum öffentlichen Werbefaktor für ihre gewaltpolitischen Zielsetzungen machen sollte, stellt das Vorgehen des Verteidigers gegen Braun ein Unterstützen der kriminellen Vereinigung im Sinne des § 129 Abs. 1 Strafgesetzbuch dar.

2. Gleiches gilt für das Auftreten des Verteidigers am 8. November 1974 auf einem Gesprächsabend der „Kirchlichen Bruderschaft in Württemberg“ (Bl. 121; Anlage 27 der Antragsschrift). Rechtsanwalt Dr. Croissant forderte die Anwesenden auf, durch einen dreitägigen „Sympathiehungerstreik“ die Forderungen der „RAF-Gefangenen“ zu unterstützen. Bezeichnend für diese Einstellung des Verteidigers ist es, daß er bei dieser Gelegenheit von „Vernichtungsmaschinerie“, „Isolationsfolter“, „Vernichtungshaft“ und „Vernichtungsinteresse der Bundesanwaltschaft und der Staatsschutzbehörden“ sprach. Er hat sich in Form und Inhalt seiner Äußerungen (Vorwurf des Mordes am Bandenmitglied Meins gegenüber dem Vorsitzenden des 2. Strafsenats und dem Generalbundesanwalt) der Ausdrucksweise der Mitglieder der kriminellen Vereinigung angeglichen (Bl. 89; Anlage 18 der Antragsschrift), die er mit „Du“ und dem Vornamen anzuschreiben pflegt (Bl. 32 und 74; Anlage 6 und 12 der Antragsschrift). Dabei war Rechtsanwalt Dr. Croissant bei seinem fast täglichen schriftlichen und persönlichen Umgang mit den von ihm vertretenen Angeklagten klar, daß es sich bei diesen haltlosen und von ihm übernommenen Vorwürfen des Mordes an Holger Meins nur darum handelt, von der Verantwortung der Rädelsführer der kriminellen Vereinigung, die nicht nur die Parole zum Hungerstreik selbst auf die Gefahr des Todes eines Mitglieds ausgegeben hatten, sondern auch Beginn und Dauer desselben bestimmten, abzulenken. Hierdurch sollte die beherrschende Position der Rädelsführer nach innen und außen bei den wegen der rigorosen Vorgehensweise mißtrauisch und unsicher gewordenen übrigen Mitgliedern wiederhergestellt oder zumindest erhalten werden. – Durch das Auffordern zum „Sympathiehungerstreik“ für die Mitglieder der kriminellen Vereinigung hat sich der Verteidiger ein weiteres Mal dem dringenden Verdacht der Unterstützung dieser Vereinigung ausgesetzt, vgl. BGHSt 20, 89f.

3. Rechtsanwalt Dr. Croissant bestreitet nicht, das sogenannte „Spiegel-Inter-

view“ des Angeklagten Baader und anderer Mitangeklagter (die schriftliche Beantwortung von 13 Fragen eines Journalisten) unter Umgehung der Zensur des Haftrichters vermittelt und an der Abfassung der entsprechenden Verträge mit dem Verlag maßgebend mitgewirkt zu haben (Bl. 76–120; Anlagen 14–26 der Antragsschrift). Auch deshalb steht er im dringenden Verdacht, eine kriminelle Vereinigung unterstützt oder zumindest für diese geworben zu haben. Zwar dürfte dieses Interview auf den Großteil der Leser eher abstoßend und erschreckend gewirkt haben, jedoch zielte die Veröffentlichung insbesondere auf die sogenannte „Sympathisantenszene“ und war darauf abgestellt, dort und im Verbreitungsgebiet der Zeitschrift außerhalb der Bundesrepublik Gesinnungsgenossen anzusprechen und zu beeindrucken (Bl. 119; Anlage 26 der Antragsschrift; „internationaler Multiplikator“). Die Privilegien des Verteidigers und das Recht auf freie Meinungsäußerung vermögen die Unterstützung einer kriminellen Vereinigung auch auf diese Weise nicht zu rechtfertigen (Art. 5 Abs. 2 GG). § 129 Abs. 1 StGB stellt ausdrücklich das Werben für eine kriminelle Vereinigung neben das Unterstützen als besondere Form der verselbständigten Beihilfe. Es spricht nichts dafür, daß die wirksamste Art der Werbung, nämlich diejenige durch Massenmedien, davon ausgenommen sein sollte.

Es steht daher mit hinreichender Sicherheit fest, daß Rechtsanwalt Dr. Croissant dringend verdächtig ist, wiederholt die kriminelle Vereinigung des Angeklagten Baader und anderer Mitangeklagter unterstützt zu haben; er hat deshalb wegen dieses dringenden Verdachts der Beteiligung an einer Tat, die den Gegenstand der Untersuchung bildet, den Tatbestand des § 138a Abs. 1 StPO verwirklicht.

Zugleich liegt auch der Ausschlußgrund des § 138a Abs. 2 Nr. 1 StPO vor, da der Verteidiger dringend verdächtig ist, den Verkehr mit dem nicht auf freiem Fuß befindlichen Angeklagten Baader durch die Vermittlung des „Spiegel-Interviews“ zur Unterstützung einer kriminellen Vereinigung mißbraucht zu haben, Verdacht eines Vergehens, das im Höchstmaß mit fünf Jahren Freiheitsstrafe geahndet werden kann.

IV. Entgegen der Auffassung der Verteidigung umfaßt der Gegenstand der Anklage auch das Fortsetzen der kriminellen Vereinigung über den Zeitpunkt der Anklageerhebung hinaus. Da es sich insoweit um ein Dauerdelikt handelt, sind Gegenstand des anhängigen Verfahrens nicht nur die Zeitabschnitte vor der Anklage, sondern auch alle weiteren Tatbestandsverwirklichungen bis zum Ende der letzten Tatsachenverhandlung (vgl. KM, § 264 StPO, Anm. 5 Ae). Eine Beteiligung des Verteidigers war daher auch noch nach der Anklageerhebung möglich.

Der Senat teilt die verfassungsrechtlichen Bedenken des Verteidigers gegen die Wirksamkeit der §§ 138a–d StPO nicht. Der Verteidigerausschluß hat weder den Charakter einer Ordnungsstrafe, noch stellt er eine berufsgerichtliche Sanktion dar. Er ist eine spezifisch verfahrensrechtliche Maßnahme, die der

Sicherung eines geordneten, am Rechtsstaatsprinzip ausgerichteten Strafverfahrens dient. Sie hängt mit der hervorragenden Stellung des Rechtsanwalts als selbständigem, unabhängigem Organ der Rechtspflege zusammen und trägt dem Umstand Rechnung, daß ein tatbeteiligter Verteidiger die Interessen des Beschuldigten nicht aus dieser Position heraus vertreten kann. So gesehen stellt der Verteidigerausschluß auch eine gesetzliche Beschränkung des in § 137 StPO verankerten freien Verteidigerwahlrechts eines Beschuldigten dar. Ein Fall unzulässiger Rückwirkung liegt nicht vor. Insbesondere greift der Rechtsgedanke des Vertrauensschutzes gegenüber der „unechten" Rückwirkung eines Gesetzes nicht durch; abgesehen davon, daß die Möglichkeit des Verteidigerausschlusses bis zum Erlaß des Gesetzes vom 20. Dezember 1974 zumindest umstritten war, stand nach der Entscheidung des Bundesverfassungsgerichts vom 14. Februar 1973 (BVerfGE 34, 293 ff., 306/7) eine gesetzliche Regelung des Ausschlusses unmittelbar bevor. Etwaige Bedenken gegen die Verfassungsmäßigkeit des § 138 a Abs. 2 StPO könnten die Aussetzung des Ausschlußverfahrens schon deshalb nicht begründen, weil der Verteidigerausschluß schon nach § 138 Abs. 1 StPO auszusprechen ist. Die Frage der Verfassungsmäßigkeit des Ausschlusses nach § 138 a Abs. II Nr. 1 StPO zu prüfen, ist nicht der Senat, sondern sind diejenigen Gerichte berufen, vor denen Rechtsanwalt Dr. Croissant in anderen Verfahren gegen den verhafteten Angeklagten auftritt. Der Senat vermag in der gesetzlichen Regelung des Verteidigerausschlusses auch keine Verletzung des Grundsatzes der Verhältnismäßigkeit oder des Übermaßverbots zu sehen.

Die Regelung des Ausschlußverfahrens in § 138 d Abs. 4 StPO analog dem Haftprüfungsverfahren entspricht der Notwendigkeit einer „Entscheidung in angemessener Frist" (BVerfGE 34, 307). Eine Verhandlung nach den Vorschriften für die Hauptverhandlung schiene nur erforderlich, wenn über Schuld oder Unschuld, nicht aber wenn über die Art des Verfahrens zu entscheiden ist. Der Zeitbedarf für ein Verfahren bis zum rechtskräftigen Schuldspruch ist mit dem Bedürfnis nach baldigem Abschluß des „Vorverfahrens" nicht zu vereinen. Stattdessen hat der Gesetzgeber durch zwei Tatsacheninstanzen beim Oberlandesgericht und beim Bundesgerichtshof eine besondere Rechtsschutzgarantie geschaffen.

Schließlich steht auch die Vorschrift des Art. 6 Abs. III c der Menschenrechtskonvention über das Recht auf freie Verteidigerwahl den Bestimmungen des § 138 a StPO nicht entgegen. Es ist anerkannt, daß der Kreis der Verteidiger in Strafsachen nicht unbegrenzt sein kann (vgl. § 138 StPO). Die neue Vorschrift enthält nur eine zulässige Ausgestaltung der von der Sache her gebotenen Beschränkung des Verteidigerkreises.

gez. Fischer gez. Busse gez. Vötsch

Am 2. Mai ergeht ein ähnlicher Beschluß gegen Groenewold, am 13. Mai gegen Ströbele. In der Zwischenzeit, am 9. Mai, wurde die Zelle Baaders erneut durchsucht, am selben Tag sein Verteidiger Siegfried Haag festgenommen, nach Beschluß des Haftrichters beim BGH jedoch wieder freigelassen. Haag taucht unter.
Am 20. Mai 1975, einen Tag vor Beginn des Stammheimer Prozesses, bestätigt der Bundesgerichtshof den Ausschluß von Baaders Anwalt Croissant. Am 1. und am 26. August 1975 ergehen gleiche BGH-Beschlüsse gegen die Beschwerden Groenewolds und Ströbeles. Das Bundesverfassungsgericht hatte schon am 4. Juli die Anwendung des Ausschlußgesetzes für rechtmäßig erklärt:

Leitsätze:
1) Die gesetzlichen Regelungen über den Ausschluß des Verteidigers in den Fällen des § 138a I, II Nr. 1 StPO sind verfassungsgemäß.
2) Es ist verfassungsgemäß, daß der Umfang der Beweisaufnahme im Ausschlußverfahren in das pflichtgemäße Ermessen des Gerichts gestellt ist (§ 138d IV 2 StPO).

BUNDESVERFASSUNGSGERICHT
– 2 BvR 482/75 –

In dem Verfahren
über
die Verfassungsbeschwerde
1. des Herrn Andreas Baader, Stuttgart-Stammheim, – Justizvollzugsanstalt –
2. des Rechtsanwaltes Dr. Klaus Croissant, Stuttgart 1, Lange Straße 3
– Bevollmächtigter des Beschwerdeführers zu 1): Rechtsanwalt Dr. Klaus Croissant, Stuttgart, Lange Straße 3 –
gegen a) den Beschluß des Bundesgerichtshofes vom 20. Mai 1975 – StB 13/75 1 StE 1/74 –,
b) den Beschluß des Oberlandesgerichts Stuttgart vom 22. April 1975 – 1 ARs 25/75 –
hat das Bundesverfassungsgericht – Zweiter Senat – durch den gemäß § 93a Abs. 3 des Gesetzes über das Bundesverfassungsgericht berufenen Ausschuß
[...]
am 4. Juli 1975 gemäß § 93a Abs. 3 dieses Gesetzes einstimmig beschlossen:
Die Verfassungsbeschwerde wird nicht zur Entscheidung angenommen, weil sie keine hinreichende Aussicht auf Erfolg hat.

Gründe:

Es verletzt die Beschwerdeführer nicht in ihren Grundrechten, daß Rechtsanwalt Dr. Croissant durch Beschluß des Oberlandesgerichts Stuttgart als Verteidiger im Strafverfahren gegen den Angeklagten Baader ausgeschlossen worden ist und der Bundesgerichtshof diese Entscheidung bestätigt hat.

1. Die gesetzliche Regelung, die dem Ausschluß zugrunde liegt, ist verfassungsgemäß.
Das gilt insbesondere für § 138a Abs. 1 StPO. Danach ist als Verteidiger auszuschließen, wer dringend verdächtig ist, an der dem Beschuldigten zur Last gelegten Tat beteiligt zu sein. Dabei genügt es, daß sich dieser Verdacht auf Beteiligungshandlungen bezieht, die vor Inkrafttreten des Gesetzes begangen wurden. Darin liegt kein Verstoß gegen den Grundsatz, daß eine Tat nur bestraft werden kann, wenn ihre Strafbarkeit vorher gesetzlich bestimmt war (Art. 103 Abs. 2 GG). Denn die Entziehung der Verteidigungsbefugnis ist keine Strafe, sondern eine prozessuale Maßnahme, die der Gefahr vorbeugen soll, daß im Strafverfahren ein Verteidiger mitwirkt, der wegen mutmaßlicher Tatbeteiligung außerstande ist, seine Verteidigeraufgabe so wahrzunehmen, wie es seine Stellung als Beistand des Beschuldigten und Organ der Rechtspflege verlangt.
Das Gesetz legt sich im übrigen keine Rückwirkung bei. Auch soweit es für den Ausschlußtatbestand Beteiligungshandlung aus der Zeit vor seinem Inkrafttreten ausreichen läßt, ordnet es keine Rückbeziehung der daran geknüpften Rechtsfolgen an.
§ 138a Abs. 2 Nr. 1 StPO steht ebenfalls mit dem Grundgesetz in Einklang. Danach ist ein Verteidiger auszuschließen, der dringend verdächtig ist, daß er den Verkehr mit dem inhaftierten Beschuldigten zur Begehung von Straftaten mißbraucht, die im Höchstmaß mit mindestens einem Jahr Freiheitsstrafe bedroht sind. Diese Bestimmung verstößt nicht gegen den Grundsatz der Verhältnismäßigkeit. Es ist unbedenklich, daß ein Zusammenhang zwischen dem strafbaren Mißbrauch des Verkehrsrechts und der Tat, die Verfahrensgegenstand ist, nicht zu bestehen braucht. Ebensowenig ist zu beanstanden, daß bereits Straftaten, die mit höchstens einem Jahr Freiheitsstrafe bedroht sind, den Ausschluß rechtfertigen. Es war Sache des Gesetzgebers, den Kreis der zum Ausschluß führenden Straftaten abzugrenzen. Ob er dabei die zweckmäßigste, vernünftigste und gerechteste Lösung gefunden hat, ist vom Bundesverfassungsgericht nicht zu prüfen [...]. Es begegnet auch keinen verfassungsrechtlichen Bedenken, daß er sich bei schwerwiegendem Mißbrauch des Verkehrsrechts nicht mit der Aberkennung einzelner Verteidigerbefugnisse begnügt, sondern den Ausschluß des Verteidigers als obligatorische Maßnahme angeordnet hat.

Schließlich ist es verfassungsgemäß, daß § 138d Abs. 4 Satz 2 StPO im Ausschlußverfahren den Umfang der Beweisaufnahme in das pflichtgemäße Ermessen des Gerichts stellt. Rechtsstaatliche Verfahrensgarantien sind dadurch nicht verletzt. Die Bestimmung entspricht der Notwendigkeit, innerhalb angemessener Frist eine gültige Entscheidung über den Verteidigerausschluß zu ermöglichen, damit die Effizienz des Strafprozesses nicht mehr als unvermeidbar beeinträchtig wird [...].

2. Die Anwendung der gesetzlichen Ausschlußregelung auf den vorliegenden Fall ist ersichtlich frei von Verfassungsverstößen. Die Gerichte haben dabei Bedeutung und Tragweite von Grundrechten der Beschwerdeführer nicht verkannt. Ob der Verdacht, auf den sich der Ausschluß des Verteidigers gründet, zu Recht besteht oder nicht, ist vom Bundesverfassungsgericht nicht zu prüfen, da die Feststellung des Sachverhalts ebenso wie seine rechtliche Würdigung den allgemein dafür zuständigen Gerichten obliegt [...].

Diese Entscheidung ist unanfechtbar.

Am 18. September 1975 hat der sogenannte „Dreierausschuß" des Zweiten Senats beim Bundesverfassungsgericht eine Verfassungsbeschwerde von Baader und Rechtsanwalt Kurt Groenewold nicht zur Entscheidung angenommen, weil sie keine hinreichende Aussicht auf Erfolg habe. Groenewold hatte sich gemeinsam mit seinem Mandanten auch über seinen Ausschluß vom Stuttgarter Prozeß beschwert. Das BVG verwies auf seine Entscheidung im Fall Baader/Croissant und belegte Groenewold mit einer Mißbrauchsgebühr in Höhe von 500 Mark, da der Anwalt durch die Beschwerde, die offensichtlich unbegründet sei, versucht habe, das höchste Gericht zu mißbrauchen (Aktenzeichen: 2 BvR 731/75).
Gegen seine Entpflichtung hatte Rechtsanwalt Croissant auch das Karlsruher Bundesverfassungsgericht angerufen. Der Zweite Senat des höchsten bundesdeutschen Gerichts erklärte die Maßnahme der Stuttgarter Richter für verfassungsgemäß mit folgendem Beschluß:

BUNDESVERFASSUNGSGERICHT
– 2 BvR 207/75 –

Im Namen des Volkes

In dem Verfahren
über
die Verfassungsbeschwerden
1. des Rechtsanwalts Dr. Klaus *Croissant* [...]
2. des Herrn Andreas *Baader*
3. der Frau Gudrun *Ensslin*
4. der Frau Ulrike *Meinhof*
5. des Herrn Jan-Carl *Raspe* [...]
gegen Ziffer 1 der Verfügung des Vorsitzenden des 2. Strafsenats des Oberlandesgerichts Stuttgart vom 3. Februar 1975 – 2 StE (OLG Stgt) 1/74 – hat das Bundesverfassungsgericht – Zweiter Senat – [...]
am 8. April 1975 gemäß § 24 BVerfGG einstimmig beschlossen:
Die Verfassungsbeschwerden werden verworfen.

Gründe:

A.
I.
Die Beschwerdeführer zu 2) bis 5) sind vor dem Oberlandesgericht Stuttgart des Mordes, der Beteiligung an einer kriminellen Vereinigung (§ 129 StGB) und anderer Delikte angeklagt. In diesem Verfahren, in dem jeder von ihnen über zahlreiche Wahlverteidiger verfügte, war ihnen der Beschwerdeführer zu 1) – ebenso wie die Rechtsanwälte Groenewold und Ströbele – als gemeinschaftlicher Pflichtverteidiger bestellt.
Das Gesetz zur Ergänzung des Ersten Gesetzes zur Reform des Strafverfahrensrechts vom 20. Dezember 1974 (BGBl. I S. 3686, im folgenden: Ergänzungsgesetz), das am 1. Januar 1975 in Kraft trat, regelt die Ausschließung von Verteidigern (§§ 138a–138d StPO, eingefügt durch Art. 1 Nr. 6), begrenzt die Zahl der gewählten Verteidiger eines Beschuldigten auf drei (§ 137 Abs. 1 Satz 2 StPO in der Fassung des Art. 1 Nr. 5 a) und erklärt die Verteidigung mehrerer Beschuldigter durch einen gemeinschaftlichen Verteidiger für unzulässig (§ 146 StPO in der Fassung des Art. 1 Nr. 8). Für Verfahren, in denen – wie dem hier vorliegenden Strafprozeß – die Hauptverhandlung am 1. Januar 1975 noch nicht begonnen hatte, trifft Art. 17 Abs. 2, 3 Ergänzungsgesetz eine Übergangsregelung; danach haben Beschuldigte, die bei Inkrafttreten des Gesetzes mehr als drei Verteidiger gewählt hatten, und Verteidiger, die zu diesem Zeitpunkt für mehrere Beschuldigte im selben Verfahren tätig waren, auf Aufforderung des Gerichtsvorsitzenden binnen zwei Wochen zu erklären, welche Verteidigermandate bestehenbleiben sollen (Auswahlrecht).

Mit Schreiben vom 7. Januar 1975 bat der Vorsitzende des erkennenden Strafsenats beim Oberlandesgericht Stuttgart die Angeschuldigten um Mitteilung, wer zum Verteidiger gewählt werde. Die bisherigen Wahlverteidiger forderte er auf, sich zu äußern, wen sie verteidigen wollten. Zugleich wies er darauf hin, daß auch die Pflichtverteidigerbestellung an die geänderte Gesetzeslage anzupassen sei. Soweit bisher Pflichtverteidiger mehreren Angeschuldigten beigeordnet seien, müsse die Verteidigung jeweils auf einen von ihnen beschränkt werden. Hierzu könnten innerhalb der Zweiwochenfrist Vorschläge gemacht werden.
Mit Schriftsatz vom 24. Januar 1975 bezeichnete der Beschwerdeführer zu 1) das Ergänzungsgesetz als verfassungswidrig; für den Fall, daß die darin getroffene Regelung zugrundegelegt werde, übermittelte er namens der Angeschuldigten „und aller gewählten Verteidiger (gewählte Pflichtverteidiger und Wahlverteidiger)" dem Gericht eine Aufstellung, aus der hervorging, welche Rechtsanwälte die einzelnen Angeschuldigten verteidigen sollten; in dieser Aufstellung, nach der jeder Angeschuldigte sechs Verteidiger – drei Wahl- und drei Pflichtverteidiger – für sich beanspruchte, war der Beschwerdeführer zu 1) nur noch als Pflichtverteidiger des Beschwerdeführers zu 2) vorgesehen.
Mit Verfügung vom 3. Februar 1975 ordnete der Vorsitzende des erkennenden Strafsenats die Pflichtverteidigung neu. Dabei hob er die Bestellung des Beschwerdeführers zu 1) ebenso wie die der Rechtsanwälte Groenewold und Ströbele auf. Zur Begründung führte er an, gegen diese Rechtsanwälte sei schon mehrfach in Beschlüssen des Bundesgerichtshofs und des Senats der Verdacht der Tatbeteiligung ausgesprochen worden. Deshalb lasse sich nicht ausschließen, daß sie von den Bestimmungen über die Entziehung der Verteidigungsbefugnis (§§ 138a–138d StPO) betroffen werden könnten. Die pflichtgemäße Fürsorge für die Angeschuldigten und das Verfahren verbiete es, Verteidiger zu bestellen, deren Verbleiben im Verfahren rechtlich nicht gesichert sei.

II.
Die Verfassungsbeschwerde richtet sich gegen den Teil der Verfügung, der die Pflichtverteidigerstellung des Beschwerdeführers zu 1) zum Gegenstand hat.
1. Der Beschwerdeführer zu 1), der seit Aufhebung seiner Bestellung Wahlverteidiger des Beschwerdeführers zu 2) ist, macht geltend, seine Abberufung als Pflichtverteidiger greife unter Verstoß gegen Art. 12 Abs. 1 GG in die Freiheit seiner anwaltlichen Berufsausübung ein. Die Verfügung ermangele der gesetzlichen Grundlage. Sie komme einem Ausschluß von der Verteidigung gleich. Die dafür gegebene Begründung zeige, daß es sich um eine Umgehung der Vorschriften handele, mit denen der Gesetzgeber Voraussetzungen, Zuständigkeit und Verfahren der Verteidigerausschließung geregelt habe (§§ 138a–138d StPO).
2. Die Beschwerdeführer zu 2) bis 5) rügen Verletzung ihrer Grundrechte aus Art. 1 Abs. 1 und Art. 2 Abs. 1 GG. Die Abberufung des Beschwerdeführers zu

1) als Pflichtverteidiger nehme ihnen die Möglichkeit, sich von einem Anwalt ihres Vertrauens verteidigen zu lassen. Dieser Eingriff sei von der Rechtsordnung nicht gedeckt.

III.

Gegen den Beschwerdeführer zu 1) ist inzwischen ein Ausschließungsverfahren eingeleitet worden, da er verdächtigt wird, die kriminelle Vereinigung, als deren Mitglieder die Beschwerdeführer zu 2) bis 5) angeklagt sind (§ 129 StGB), unterstützt und sich damit der Tatbeteiligung schuldig gemacht zu haben (§ 138a Abs. 1 StPO). Der erkennende Strafsenat des Oberlandesgerichts Stuttgart hat mit Beschluß vom 12. März 1975 – 2 ARs 81/75 – angeordnet, daß bis zur Entscheidung im Ausschließungsverfahren die Rechte des Beschwerdeführers zu 1) auf Akteneinsicht und Verkehr mit dem von ihm verteidigten Angeklagten ruhen (§ 138c Abs. 3 StPO).

B.

I.

Die Verfassungsbeschwerden der Beschwerdeführer zu 1) und 2) sind zulässig. Durch die angegriffene Verfügung ist das zwischen ihnen bestehende Pflichtverteidigerverhältnis aufgehoben worden. Ob die Verfügung auch die Beschwerdeführer zu 3) bis 5) in ihren Rechten betroffen hat, steht dagegen nicht außer Zweifel. Im Verfahren nach § 24 BVerfGG kann die Zulässigkeit der Verfassungsbeschwerde jedoch dahingestellt bleiben, wenn sie sich als offensichtlich unbegründet erweist (BVerfGE 6, 7 [11f.]; 36, 66 [69]; ständige Rechtsprechung). Das ist hier der Fall.

II.

Es verletzt die Beschwerdeführer nicht in ihren Grundrechten, daß der Vorsitzende des Prozeßgerichts die Bestellung des Beschwerdeführers zu 1) als Pflichtverteidiger aufgehoben hat.

1. Dies beeinträchtigt den Beschwerdeführer zu 1) nicht in seinem Grundrecht auf freie Berufsausübung. Nach der Schutzfunktion des durch Art. 12 Abs. 1 GG gewährleisteten Grundrechts kann nur die Bestellung zum Pflichtverteidiger – als eine besondere Form der Indienstnahme Privater zu öffentlichen Zwecken – ein Eingriff in die Freiheit der anwaltlichen Berufsausübung sein: der vom Gerichtsvorsitzenden ausgewählte und beigeordnete Rechtsanwalt darf die Übernahme des Mandats nicht ohne wichtigen Grund ablehnen (§ 49 BRAO), sondern muß – gegebenenfalls unter Hintansetzung anderer beruflicher Interessen – die ihm übertragene Verteidigung führen. Dagegen stellt sich der Widerruf seiner Beiordnung lediglich als eine „Entpflichtung" dar, die eine Beschränkung der freien Berufsausübung wieder beseitigt, nicht aber in diesen Freiheitsbereich eingreift. Das zeigt sich auch darin, daß es dem als Pflichtverteidiger abberufenen Rechtsanwalt freisteht, sich von demselben Beschuldigten, dem er bislang beigeordnet war, ein Wahlmandat erteilen zu lassen.

Art. 12 Abs. 1 GG gewährt dem Anwalt kein Recht auf Pflichtverteidigung. Die Verteidigung in Strafsachen gehört zwar zu den wesentlichen Berufsaufgaben des Rechtsanwalts. Die Wahrnehmung dieser Aufgabe ist ihm nicht nur gesetzlich zugewiesen (§ 3 BRAO und § 138 Abs. 1 StPO), sondern hat auch teil am Schutz des Art. 12 Abs. 1 GG (BVerfGE 34, 293 [299]). Die Stellung des beigeordneten Pflichtverteidigers wird jedoch durch das Grundrecht der freien Berufsausübung nicht garantiert. Es verleiht dem Rechtsanwalt keinen Anspruch darauf, in einer bestimmten Strafsache zum Verteidiger bestellt zu werden, eine ihm übertragene Pflichtverteidigung weiterzuführen und seiner – drohenden oder vollzogenen – Abberufung entgegenzutreten. Sinn der Pflichtverteidigung ist es nicht, dem Anwalt zu seinem eigenen Nutzen und Vorteil eine zusätzliche Gelegenheit beruflicher Betätigung zu verschaffen. Vielmehr besteht ihr Zweck ausschließlich darin, im öffentlichen Interesse dafür zu sorgen, daß der Beschuldigte in schwerwiegenden Fällen (§ 140 StPO) rechtskundigen Beistand erhält und der ordnungsgemäße Verfahrensablauf gewährleistet wird (vgl. Dünnebier in: Löwe-Rosenberg, StPO, 22. Aufl., § 140 Anm. I 1 und § 141 Anm. 1). Dieser Zweckbestimmung entspricht es, daß die Auswahl des Pflichtverteidigers Sache des Gerichtsvorsitzenden ist (§§ 141, 142 StPO), der nach pflichtgemäßem Ermessen entscheidet, ohne daß der Anwalt, der die Verteidigung führen will, seine Beiordnung durchsetzen könnte.

2. Die angegriffene Maßnahme verletzt die Beschwerdeführer zu 2) bis 5) nicht in ihrem Anspruch auf ein faires Verfahren (Art. 2 Abs. 1 GG in Verbindung mit dem Rechtsstaatsprinzip), enthält keinen unzulässigen Eingriff in ihre Handlungsfreiheit (Art. 2 Abs. 1 GG) und verstößt auch nicht gegen das Willkürverbot (Art. 3 Abs. 1 GG).

a) Der Anspruch auf ein faires Verfahren umfaßt das Recht des Beschuldigten, sich im Strafprozeß von einem gewählten Verteidiger seines Vertrauens verteidigen zu lassen (BVerfG, Beschluß vom 11. März 1975 – 2 BvR 135 – 139/75 –, S. 11 mit weiteren Nachweisen). Darüber hinaus gehört es zur Gewährleistung eines rechtsstaatlichen Strafverfahrens, daß der Beschuldigte, der die Kosten eines gewählten Verteidigers nicht aufzubringen vermag, in schwerwiegenden Fällen von Amts wegen und auf Staatskosten einen rechtskundigen Beistand erhält (Pflichtverteidiger). Dies verleiht ihm indessen keine Befugnis, die Beiordnung eines Pflichtverteidigers auch dort zu verlangen, wo er bereits über einen oder mehrere Wahlverteidiger verfügt. Ebensowenig kann er fordern, daß ein Pflichtverteidiger seines Vertrauens stets im Verfahren belassen wird. So wenig, wie der Beschuldigte einen Anspruch auf Beiordnung des von ihm vorgeschlagenen Rechtsanwalts hat (BVerfGE 9, 36 [38]), vermag er der Abberufung seines Pflichtverteidigers entgegenzutreten, wenn diese aus triftigem Grunde geboten und für die Verteidigung in anderer Weise Sorge getragen ist. Nach diesen Maßstäben verstößt die Abberufung des Beschwerdeführers zu 1) als Pflichtverteidiger nicht gegen Verfassungsrecht. Jeder der Beschwerdeführer zu 2) bis 5) verfügt über einen oder mehrere Wahlverteidiger. Da der Gesetzgeber die gemeinschaftliche Verteidigung mehrerer Beschuldigter für unzulässig erklärt hat (§ 146 StPO) und diese Regelung mit der Verfassung vereinbar ist (BVerfG, Beschluß vom 11. März 1975 – 2 BvR 135–139/75 –, S. 12ff.), konnte der als Pflichtverteidiger entlassene Anwalt ohnehin nur noch einen der vier Angeschuldigten verteidigen. Diesem einen jedoch war es unbenommen, den abberufenen Pflichtverteidiger nunmehr zum Wahlverteidiger zu bestellen, um sich seines Beistandes auch weiterhin zu versichern. Darüber hinaus ist für die ordnungsgemäße Verteidigung der Beschwerdeführer zu 2) bis 5) hinreichend Sorge getragen.

b) Die Abberufung des Pflichtverteidigers verletzt sie auch nicht in ihrem Grundrecht auf Handlungsfreiheit (Art. 2 Abs. 1 GG). Diese Maßnahme ist von der verfassungsrechtlichen Ordnung gedeckt.
Die Rechtsgrundlage für die Bestellung des Pflichtverteidigers ist § 141 StPO. Dieselbe Vorschrift bildet ihrer ratio entsprechend auch die allgemeine Rechtsgrundlage für die Rücknahme der Bestellung. Die angegriffene Verfügung des Vorsitzenden ist nicht deshalb zu beanstanden, weil es das Gesetz – abgesehen von § 143 StPO – unterläßt, einzelne Widerrufsgründe aufzuzählen. Denn das Grundgesetz fordert keine abschließende gesetzliche Normierung dieser Gründe.
Die Bestellung und die Abberufung des Pflichtverteidigers sind richterliche Verfügungen. Sie gleichen nach Inhalt und Qualität einem begünstigenden Verwaltungsakt und seinem Widerruf. Deshalb ist die Aufhebung der Bestellung des Pflichtverteidigers wie der Widerruf eines begünstigenden Verwaltungsakts zu behandeln. Dafür, wann sie zulässig ist, haben Lehre und Rechtsprechung hinreichend verläßliche Maßstäbe entwickelt (für den Widerruf von begünstigenden Verwaltungsakten vgl. Forsthoff, Lehrbuch des Verwaltungsrechts, Bd. I, 10. Aufl., S. 264ff. und Eyermann-Fröhler, VwGO, 6. Aufl., Anh. zu § 42 Rdnr. 35ff.; für die Abberufung des Pflichtverteidigers vgl. Dünnebier in: Löwe-Rosenberg, StPO, 22. Aufl., § 143 Anm. 4; Schorn, Der Strafrichter, 1960, S. 148; Hartmut Schmidt, Die Pflichtverteidigung, Diss. München 1967, S. 162f.; OLG Hamm, NJW 1954, S. 1259). Danach kann die Bestellung des Pflichtverteidigers selbst gegen den Willen des Beschuldigten widerrufen werden, wenn ein wichtiger Grund dafür vorliegt. Diese Auffassung begegnet keinen verfassungsrechtlichen Bedenken. Sie steht auch nicht in Widerspruch zu dem Grundsatz, daß die Ausschließung eines Wahlverteidigers nur aufgrund Gesetzes oder vorkonstitutionellen Gewohnheitsrechts zulässig ist (BVerfGE 34, 293 [299, 303]), da dieser Grundsatz den *Rechtsanwalt* vor staatlichen Eingriffen in seine freie Berufsausübung schützen soll, nicht aber die Funktion haben kann, dem *Beschuldigten* eine Rechtsposition zu erhalten, die er erst durch den öffentlichrechtlichen Akt der Bestellung des Pflichtverteidigers erlangt hat.

c) Die Begründung der angegriffenen Verfügung läßt keinen Verstoß gegen das Willkürverbot (Art. 3 Abs. 1 GG) erkennen. Sie ist sachgemäß und hält sich im

Rahmen der Berücksichtigung des prozessualen Fürsorgezwecks, der für die Pflichtverteidigung kennzeichnend ist. Als wichtiger Grund für die Abberufung des bestellten Verteidigers kommt jeder Umstand in Frage, der den Zweck der Pflichtverteidigung, dem Beschuldigten einen geeigneten Beistand zu sichern und den ordnungsgemäßen Verfahrensablauf zu gewährleisten, ernsthaft gefährdet.

aa) Dazu rechnen auch solche Tatsachen, die nach den §§ 138a und b StPO zur Ausschließung eines Verteidigers führen können. Das gilt insbesondere für den Ausschließungsgrund der Tatbeteiligung (§ 138a Abs. 1 StPO). Der selbst tatbeteiligte Rechtsanwalt ist grundsätzlich nicht in der Lage, seine Verteidigeraufgabe so wahrzunehmen, wie es seine Stellung als Organ der Rechtspflege und Beistand des Beschuldigten verlangt. Denn er wird vielfach versucht sein, entweder der Wahrheitsfindung überhaupt in den Weg zu treten oder aber die Belange seines Mandanten hintanzustellen, um sich vor eigener Bestrafung so weit wie möglich zu schützen. Dies hat das Bundesverfassungsgericht bereits früher betont (BVerfGE 34, 293 [300f.]).

bb) Die durch das Ergänzungsgesetz eingefügten Bestimmungen über die Entziehung der Verteidigungsbefugnis haben den gewählten Verteidiger im Auge. Die Entscheidung des Bundesverfassungsgerichts, die den Anstoß zur Neuregelung gab (BVerfGE 34, 293; vgl. Abg. Gnädinger und Bundesjustizminister Vogel, Deutscher Bundestag, 7. Wp., 138. Sitzung, StenBer. S. 9500 C, 9511 D), hatte lediglich im Bereich der Wahlverteidigung eine Gesetzeslücke aufgedeckt. Demgemäß liefern auch die parlamentarischen Beratungen keinen Anhaltspunkt für die Absicht, in die zu treffende Regelung den Pflichtverteidiger einzubeziehen. Zwischen der Ausschließung eines Verteidigers und der Abberufung eines Pflichtverteidigers besteht ein grundlegender Unterschied. Der abberufene Pflichtverteidiger kann sich als Wahlverteidiger bestellen lassen und unterfällt dann den Bestimmungen der §§ 138a – 138d StPO. Daraus folgt, daß die Abberufung eines Pflichtverteidigers verfahrensmäßig und in den materiellen Voraussetzungen unabhängig ist von dem formalisierten Verfahren für die Ausschließung eines Verteidigers. Deshalb läßt sich nicht beanstanden, daß gemäß §§ 141, 143 StPO die Befugnis zum Widerruf der Bestellung des Pflichtverteidigers in jedem Fall bei dem Vorsitzenden des Prozeßgerichts liegt. Dieser ist berechtigt und verpflichtet, einen Pflichtverteidiger abzuberufen, in dessen Person Umstände vorliegen, die es gebieten würden, einen gewählten Verteidiger von der Mitwirkung auszuschließen (§§ 138a und 138b StPO).

cc) Der Vorsitzende des Prozeßgerichts hat den Widerruf der Pflichtverteidigerbestellung hier nicht damit begründet, daß der Beschwerdeführer zu 1) der Tatbeteiligung in einem Grade verdächtig sei, der die Ausschließung eines gewählten Verteidigers rechtfertigen würde: § 138a Abs. 1 StPO verlangt einen dringenden oder zur Eröffnung des Hauptverfahrens ausreichenden Beteiligungsverdacht. Vielmehr war für ihn die Besorgnis maßgebend, der bestehende Teilnahmeverdacht könnte sich derart verdichten, daß er – in einem späteren

Stadium des Verfahrens – diejenige Stärke erreicht, bei der selbst ein gewählter Verteidiger von der Mitwirkung im Verfahren ausgeschlossen werden müßte. Gegen diese Begründung bestehen im vorliegenden Fall keine verfassungsrechtlichen Bedenken. Dabei bedarf es hier keiner Entscheidung, ob es allgemein zulässig ist, den Pflichtverteidiger schon abzuberufen, bevor sich noch sämtliche Voraussetzungen feststellen lassen, unter denen ein gewählter Verteidiger auszuschließen wäre. Der „einfache" Verdacht einer Tatbeteiligung, der sich erst künftig als dringend oder zur Eröffnung des Hauptverfahrens ausreichend erweisen könnte, genügt jedenfalls dort, wo der Pflichtverteidiger dem Beschuldigten zusätzlich zu seinen gewählten Verteidigern beigeordnet war, um den Fortgang der Verhandlung auch für den Fall sicherzustellen, daß sich die Wahlverteidiger der gebotenen Mitwirkung im Verfahren versagen (vgl. BGHSt 15, 306 [309]; BGH, NJW 1973, S. 1985). Denn es versteht sich von selbst, daß die vorsorgliche Bestellung eines Pflichtverteidigers, die dieser Gefahr begegnen soll, ihren Zweck weitgehend verfehlt, wenn der bestellte Verteidiger seinerseits keine Gewähr dafür bietet, im Verfahren zu bleiben und die Verteidigung notfalls anstelle der Wahlverteidiger weiterführen zu können.
Von einer solchen Sachlage ist der Vorsitzende des Prozeßgerichts ersichtlich ausgegangen. Darin liegt kein Verfassungsverstoß. Ob der Verdacht der Tatbeteiligung, auf den sich die angegriffene Maßnahme gründet, zu Recht besteht oder nicht, ist vom Bundesverfassungsgericht nicht zu prüfen, da die Feststellung des Sachverhalts ebenso wie seine rechtliche Würdigung den allgemein dafür zuständigen Gerichten obliegt (BVerfGE 18, 85 [92]; ständige Rechtsprechung).

Seuffert	Dr. Rupp	Dr. Geiger
Hirsch	Dr. Rottmann	Wand

Bereits am ersten Sitzungstag in Stammheim, am 21. Mai 1975, kommt es zu schwerwiegenden Auseinandersetzungen über das Ausschlußgesetz. Rechtsanwalt Rupert von Plottnitz beantragt, die Hauptverhandlung so lange zu unterbrechen, bis der von Baaders Verteidigung ausgeschlossene Anwalt Croissant in den Gerichtssaal gekommen sei. Er überreicht dem Gericht ein Schreiben, demzufolge Croissant nun den Angeklagten Raspe verteidige. Verteidiger Helmut Riedel übergibt ebenfalls ein Schreiben, das die Legitimation der Angeklagten Meinhof für den von Baaders Verteidigung ausgeschlossenen Anwalt Groenewold enthält. Rechtsanwältin Marieluise Becker gibt bekannt, daß der von Baaders Verteidigung ausgeschlossene Anwalt Ströbele nun die Angeklagte Ensslin verteidige. Plottnitz wirft der Bundesanwaltschaft vor, die Ausschlüsse gegen die drei Vertrauensanwälte Baaders seien zeitlich manipuliert worden, um die Verteidigung zu zerschlagen.

Bundesanwalt Heinrich Wunder kündigt neue Ausschlußanträge gegen Croissant, Groenewold und Ströbele auch für die Verteidigung anderer Angeklagter aus dem Stammheimer Prozeß an. Der 2. Strafsenat entscheidet, die drei genannten Verteidiger dürften „aus Rechtsgründen in diesem Verfahren keinen der Angeklagten verteidigen“[3]. Der Ausschluß beziehe sich auf das gesamte Verfahren und nicht nur auf die Verteidigung Baaders. Gegen diesen Beschluß meldet sogar die Bundesanwaltschaft „große Bedenken“[3] an. Wunder beantragt, den Beschluß aufzuheben, die Akten für neue Ausschlußverfahren dem dafür zuständigen 1. Strafsenat des gleichen Gerichts einzureichen und die Hauptverhandlung bis zu einer Entscheidung über die neuen Ausschlußanträge zu unterbrechen. Die Ausschlußregelung beziehe sich jeweils nur auf einen Angeklagten, wie durch die Diskussion erkennbar geworden sei, die während der Gesetzgebung geführt worden war. Die Bundesregierung erwäge zwar, die Regelung in dem vom Senat bereits praktizierten Sinn zu erweitern, das sei aber noch nicht Gesetz.
Nach längerer Beratung beschließt der Senat, er habe zwar nach wie vor die gleiche Rechtsauffassung, hebe aber auf Antrag der Bundesanwaltschaft seinen Beschluß auf, leite die Akten für weitere Ausschlußverfahren weiter und unterbreche die Hauptverhandlung bis zu einer diesbezüglichen Entscheidung. Wörtlich heißt es: „Der Senat ist sich bewußt, daß diese Entscheidung nur schwer auf Verständnis stoßen kann.“[4]
Das Verfahren wird schon nach wenigen Stunden unterbrochen. Zunächst soll es am 30. Mai fortgesetzt werden.[5] Der Termin wird aber wegen der umfangreichen und schwierigen Beratungen auf den 5. Juni verschoben.
Senatsvorsitzender Prinzing teilt am zweiten Sitzungstag mit, der 1. Strafsenat des OLG habe klargestellt, daß die Verteidigerausschlüsse nicht nur für den vorher vertretenen Mandanten Baader, sondern für das gesamte Verfahren, mithin auch für alle Angeklagten gelten. Plottnitz nennt das „eigenmächtige Interpretation unter Umgehung der Gesetzgebungsinitiative“.[6] Er äußert einen Satz, der noch durch das gesamte Verfahren als Bonmot ziehen soll und auch in einem Ehrengerichtsverfahren gegen diesen Anwalt von Bedeutung wird: „Stammheimer Landrecht bricht Bundesrecht.“[7]

---

[3] Alle Zitate aus dem Gerichtssaal sind der eigenen Mitschrift entnommen und wörtlich im Hauptverhandlungsprotokoll enthalten. Im folgenden wird zitiert: Mitschrift (MS). Hier MS, 21. Mai 1975, Seite 17.
[4] MS, 21. Mai 1975, Seite 23.
[5] MS, 5. Juni 1975, Seite 5.
[6] ebd.
[7] ebd.

Rechtsanwalt Schily verweist darauf, daß Bundesjustizminister Hans-Jochen Vogel während einer Beratung der Justizminister und Senatoren des Bundes und der Länder in Mainz am 9. Mai 1975 eine Interpretation zum neuen StPO-Paragraphen 138a gegeben habe, derzufolge ein Ausschluß lediglich für einen Mandanten zu gelten habe. Auch in Zeitungsinterviews hat Vogel diese Ansicht geäußert:

Bei den Beratungen des Gesetzgebers hat auch die Frage eine Rolle gespielt, wieweit sich der Ausschluß eines Verteidigers erstrecken soll. Aber dieses neue Instrument sollte bewußt eingesetzt und so eng wie möglich gehalten werden [...]. Der Rechtsausschuß [...] hat sich gesagt, sollte ein solcher Fall [ein ausgeschlossener Anwalt will einen anderen Angeklagten aus demselben Verfahren vertreten] eintreten, so muß das Gericht eben ein weiteres Ausschließungsverfahren durchführen.[8]

An anderer Stelle hatte Vogel folgendes erklärt:

Als im November 1974 im Rechtsausschuß des Bundestages über die Möglichkeit des Ausschlusses eines Rechtsanwalts aus einem Strafverfahren diskutiert wurde, waren die Abgeordneten nur bereit, einer sehr engen Regelung zuzustimmen. Sie haben beschlossen, daß der Anwalt nur von der Verteidigung eines bestimmten Beschuldigten ausgeschlossen werden kann [...]. Nach der Strafprozeßordnung kann jederzeit, auch während eines laufenden Prozesses, ein neuer Verteidiger bestellt werden. Ob gegen ihn dann Ausschlußgründe vorliegen, muß neu geprüft werden [...]. Neue Erfahrungen werden wir berücksichtigen. Noch im Juni wird das Parlament über neue Gesetzesinitiativen beraten haben [...]. Die Bundesregierung will in der Strafprozeßordnung vor allem verankert wissen, daß sich der Ausschluß eines Verteidigers auch auf alle Mitbeschuldigten und Mitangeklagten im gleichen Strafverfahren erstreckt. Darüber hinaus sind wir der Meinung, daß der Verteidigerausschluß auch noch für die Zeit nach rechtskräftiger Verurteilung der Angeklagten gelten muß, damit der Ausgeschlossene etwa bei einem Wiederaufnahmeverfahren nicht erneut auftreten kann.[9]

Die Justizminister hatten mitgeteilt:

Die Justizminister und -senatoren haben die Frage erörtert, ob die bestehenden gesetzlichen Vorschriften zur Verhinderung des Mißbrauchs von Verteidigerrechten ausreichen. Sie sind der Auffassung, daß die Vorschriften über die Ausschließung im Sinne einer besseren Wirksamkeit überprüft werden sollen. Unzulänglichkeiten haben sich besonders darin gezeigt, daß die Ausschließung sich nicht auf die Verteidigung von Mitbeschuldigten erstreckt.[10]

---

[8] *Der Spiegel*, 22/1975, Seite 81.

[9] *stern*, 23/1975, Seite 162.

[10] Mitteilung über Entscheidungen der 45. Konferenz der Justizminister und -senatoren in Anwesenheit des Bundesjustizministers vom 6. und 7. Mai 1975 in Mainz.

Bundesjustizminister Vogel sagte im Mai vor dem Anwaltstag zur Beratung der Regelung:

Die Ausschließung ist gegenüber der Überwachung das einschneidendere Mittel. Sie ist aber auch wirksamer als die Überwachung, weil sie die Gelegenheit zum Mißbrauch nicht nur erschwert, sondern endgültig beseitigt.[11]

Am 4. Juni 1975, also nach den ersten Erfahrungen mit der Ausschlußregelung im Stammheimer Prozeß, brachte Vogel im Kabinett eine Gesetzesvorlage ein, die zum Ziel hatte, die Ausschlußwirksamkeit zu erweitern. Bereits vor diesem Zeitpunkt aber hatte das Stuttgarter Oberlandesgericht durch seinen Beschluß, Croissant, Groenewold und Ströbele auch für andere Angeklagte als Baader nicht zuzulassen, die erweiterte Ausschlußregelung angewandt. Prinzing begründete diesen vom Nachbarsenat getroffenen Beschluß mit den Worten: „Die Auslegung von Gesetzen ist nach dem Verfassungsauftrag ureigenste Angelegenheit der Gerichte."[12]
Die umstrittene Ausschlußregelung ist eigens für den Stammheimer Prozeß geschaffen worden. Diese Ansicht wird in vielen Kommentaren vertreten. So schreibt der Frankfurter Rechtsanwalt und Vorsitzende der Vereinigung deutscher Strafverteidiger, Erich Schmidt-Leichner:

Auch die in unserer Zeit bekanntgewordenen wenigen Fälle sind wiederum nur durch den Fall Baader-Meinhof aktiviert worden. Neue Gesetze möchten „angewendet" werden. Warten wir ab, was uns die Zukunft bringt und ob die nunmehr zuständigen Oberlandesgerichte – wenn überhaupt – auch Verteidiger in nicht politischen Sachen jemals ausschließen werden.[13]

Der Wiesbadener Ministerialrat Karl-Heinz Groß nennt die Ausschlußregelung schlicht eine „Fehlentscheidung des Gesetzgebers", durch die „ein Stück freier Advokatur rechtsstaatlicher Provenienz demontiert wurde". Die Ausschlußregelung unterbinde den freien Verteidigerverkehr, man sei an „die Grenzen der Rechtsstaatlichkeit" geraten.

Es sollte unstreitig sein, daß der Gesetzgeber hier über das Ziel, den Mißbrauch von Verteidigerrechten „zum Angriff auf die bestehende Rechtsordnung" zu verhindern, in unvertretbarer Weise hinausgeschossen ist. [...] Es gibt [...] für eine Auslegung des Begriffs „mißbrauchen" keinerlei Anhaltspunkte. Sie würde auch auf nichts anderes als auf die Gesinnung des Verteidigers zielen, womit zwar in einer für manche vielleicht willkommenen Weise die neue Vorschrift auf diejenigen Verteidiger eingeschränkt werden könnte, derentwegen man überhaupt auf § 138 a II verfiel, womit aber diese Bestimmung als rechtsstaatlich

---

[11] *Information* 6/1975 des Deutschen Richterbundes, Seite I 22.
[12] MS, 5. Juni 1975, Seite 9.
[13] *NJW* 1975, Seite 420.

anrüchiges Maßnahmegesetz denunziert werden müßte. Das Baader-Meinhof-Phänomen zwingt unseren Rechtsstaat keineswegs zur Rückkehr zum Gesinnungsrecht.

Groß kritisiert, daß innerhalb eines Zeitraums von nicht einmal einem Monat und ohne effektive Beteiligung des Bundesrates der § 138a II geschaffen wurde: „Man kann Prozeßgesetze nicht etwa mit Maßnahmegesetzen zur Energieversorgung vergleichen, bei denen eine Anpassung von heute auf morgen möglich sein muß." [14]
Daß die Ausschließungsbestimmung im Hinblick auf den Stuttgarter RAF-Prozeß geschaffen wurde, geht auch aus dem Bericht des Rechtsausschusses des Deutschen Bundestages hervor:

Gerade in jüngster Zeit haben sich die Anzeichen dafür verstärkt, daß einzelne Verteidiger in zunehmendem Maß das ihnen zustehende Recht auf unbehinderten Verkehr mit dem Beschuldigten zu Zwecken mißbrauchen, die mit der Stellung eines Rechtsanwalts als Organ der Rechtspflege unvereinbar sind. Der Rechtsstaat kann es nicht dulden, daß dem Beschuldigten und seinem Verteidiger zur Vorbereitung einer umfassenden Verteidigung eingeräumtes Recht zum Angriff gegen die bestehende Rechtsordnung und zur Gefährdung der Sicherheit der Bürger mißbraucht wird.[15]

Der Bundesgerichtshof in Karlsruhe rechtfertigt die Stuttgarter Entscheidung: Er verwirft die Beschwerden und verkündet zur Deutung der neuen Ausschlußregelung einen Leitsatz, dessen Inhalt den Äußerungen des Bundesjustizministers über die Absicht des Gesetzgebers deutlich entgegensteht:

Ist der Verteidiger eines von mehreren Angeklagten wegen Verdachts der Beteiligung an einer Tat, die allen Mitangeklagten zur Last gelegt wird, von der Mitwirkung in dem Verfahren ausgeschlossen worden, so kann er auch keinen der anderen Mitangeklagten verteidigen.[16]

---

[14] *NJW* 1975, Seite 422.
[15] *BTDrucks*, 7/2989.
[16] BGH, Beschluß vom 22. Oktober 1975 – 1 StE 1/74; StB 18/75 (Stuttgart).

BUNDESGERICHTSHOF
1 StE 1/74
StB 18/75

BESCHLUSS

in der Strafsache gegen
1. Andreas *Baader* [...]
2. Ulrike *Meinhof* [...]
3. Jan-Carl *Raspe* [...]
4. Gudrun *Ensslin* [...]
wegen Mordes u.a.;

hier: Ausschluß von Verteidigern

Der 3. Strafsenat des Bundesgerichtshofs hat nach Anhörung des Generalbundesanwalts am 22. Oktober 1975 beschlossen:

Die sofortigen Beschwerden der Angeklagten Ulrike *Meinhof*, Jan-Carl *Raspe* und Gudrun *Ensslin* sowie des Rechtsanwalts Dr. *Croissant* gegen den Beschluß des Oberlandesgerichts – 1. Strafsenat – Stuttgart vom 3. Juni 1975 werden verworfen.

Die Beschwerdeführer haben die Kosten ihrer Rechtsmittel zu tragen.

Gründe:

In dem gegen die drei angeklagten Beschwerdeführer sowie gegen den Mitangeklagten Baader vor dem 2. Strafsenat des Oberlandesgerichts Stuttgart anhängigen Strafverfahren schloß der 1. Strafsenat dieses Gerichts die Rechtsanwälte Dr. Croissant, Groenewold und Ströbele mit den Beschlüssen vom 22. April 1975 (1 ARs 25/75), 2. Mai (1 ARs 27/75) und 13. Mai 1975 (Ausschlußverfahren 3/75) gemäß § 138a Abs. 1 und 2 Satz 1 Nr. 1 StPO von der Verteidigung des Angeklagten Baader aus. Die Beschwerden der betroffenen Rechtsanwälte wurden vom Bundesgerichtshof mit den Beschlüssen vom 20. Mai 1976 (StB 13/75), 1. August (StB 15/75) und 26. August 1975 (StB 16/75) verworfen. Vorher, am ersten Tag der Hauptverhandlung vor dem 2. Strafsenat des Oberlandesgerichts, hatten sich die ausgeschlossenen Rechtsanwälte wiederum als Verteidiger in dem Verfahren, und zwar Rechtsanwalt Dr. Croissant als Verteidiger des Angeklagten Raspe, Rechtsanwalt Groenewold als Verteidiger der Angeklagten Meinhof und Rechtsanwalt Ströbele als Verteidiger der Angeklagten Ensslin gemeldet. Mit dem angefochtenen Beschluß lehnte der 1. Strafsenat des Oberlandesgerichts die Durchführung eines weiteren Ausschlußverfahrens ab, weil die Rechtsanwälte Ströbele, Groenewold und Dr. Croissant aufgrund der Entscheidungen vom 22. April sowie vom 2. und 13. Mai 1975 im gesamten Strafverfahren gegen die Angeklagten Baader, Ensslin, Meinhof und Raspe von der Mitwirkung als Verteidiger ausgeschlossen seien.

Diese Wirkung des Ausschlusses der Rechtsanwälte, die zunächst den Angeklagten Baader verteidigt hatten, ergebe sich aus Wortlaut und Sinn des § 138a StPO. „Mitwirkung in einem Verfahren“, die das Gesetz einem einmal ausgeschlossenen Verteidiger versage, sei auch die Verteidigung eines anderen im gleichen Verfahren Angeklagten. Das ergebe sich aus der Einheitlichkeit eines zugleich gegen mehrere Angeklagte vor demselben Gericht durchgeführten Verfahren sowie aus der Fassung des Gesetzes, wenn dieses von einer „Mitwirkung in einem Verfahren“ spreche. Der Begriff des Verfahrens sei in § 138a Abs. 1, 2 StPO sachbezogen verwendet, im Gegensatz zu der personenbezogenen Verwendung des gleichen Begriffs in Vorschriften wie dem § 153 StPO. Daß der Verfahrensausschluß sich nicht nur auf das Verfahren gegen *einen* Beschuldigten beziehe, ergebe sich auch daraus, daß im Falle des § 138b StPO der Ausschluß von der Verteidigung allein des einen von mehreren Mitangeklagten nahezu sinnlos wäre. Der Mißbrauch von Verteidigerprivilegien (§ 138a Abs. 2 Satz 1 Nr. 1 und 2 StPO) begründe das Mißtrauen gegenüber dem Verteidiger auch hinsichtlich der Verteidigung anderer Beschuldigter in demselben Verfahren. Zumindest dann, wenn die Tat, an der beteiligt zu sein der Verteidiger verdächtig ist, auch den anderen Angeklagten zur Last gelegt werde, erstrecke sich der Ausschluß eines Verteidigers auch auf die künftige Verteidigung der anderen Angeklagten in dem gleichen Verfahren, da in solchen Fällen die Verteidigung eines anderen Angeklagten wegen der Identität des Schuldvorwurfs fast zwangsläufig zur mittelbaren Mitverteidigung des von ihm früher verteidigten Angeklagten führen würde. Schließlich weist das Oberlandesgericht noch auf die Vielzahl von Ausschlußverfahren hin, die im Falle einer anderen Auslegung notwendig würden, wenn bei mehreren Angeklagten und mehreren Verteidigern der jeweils von der Verteidigung eines Angeklagten ausgeschlossene Verteidiger sich nach und nach von den anderen Angeklagten würde bevollmächtigen lassen. Demgegenüber trage die gesetzliche Gestaltung des Ausschlußverfahrens dessen Eilbedürftigkeit Rechnung.

Gegen diesen Beschluß richten sich die form- und fristgerecht eingelegten sofortigen Beschwerden der Angeklagten Ensslin, Meinhof und Raspe sowie des Rechtsanwalts Dr. Croissant.

Der 1. Strafsenat des Oberlandesgerichts Stuttgart ist der Auffassung, den Beschwerdeführern stehe gegen seinen Beschluß das Rechtsmittel der sofortigen Beschwerde nach § 138d Abs. 6 StPO zu, da dieser Beschluß in seinen Wirkungen einem weiteren Ausschluß der Verteidiger gleichkomme. Dem Generalbundesanwalt erscheint eine entsprechende Anwendung des § 138d Abs. 6 StPO immerhin vertretbar. Der – später zu erörternde – Umstand, daß den Beschwerdeführern Ensslin, Meinhof und Raspe kein Anspruch auf rechtliches Gehör in den abgeschlossenen Ausschlußverfahren gegen die Rechtsanwälte Dr. Croissant, Groenewold und Ströbele als Verteidiger des

Angeklagten Baader zustand, spricht gegen ein Beschwerderecht dieser Angeklagten. Doch kann die Frage dahinstehen, da sämtliche Beschwerden jedenfalls unbegründet sind.

Zunächst kann hierzu auf die Ausführungen des angefochtenen Beschlusses verwiesen werden. Die Erwägungen des Oberlandesgerichts sprechen insgesamt für die umfassende Wirkung einer Entscheidung nach § 138a StPO, die den Verteidiger eines von mehreren Mitangeklagten von der Mitwirkung ausschließt.

Vorliegend ist jedoch nur darüber zu entscheiden, wie weit die Tatbestandswirkung einer solchen Entscheidung in den Fällen reicht, in denen alle Mitangeklagten derselben Tat angeklagt sind und der Verteidiger eines der Angeklagten wegen Verdachts der Beteiligung an dieser Tat von der Mitwirkung in dem Verfahren ausgeschlossen worden ist. Zutreffend geht der angefochtene Beschluß davon aus, daß es zumindest in einem solchen Falle dem gemäß § 138a Abs. 1 StPO ausgeschlossenen Verteidiger verwehrt ist, im selben Verfahren irgendeinen der Mitangeklagten zu verteidigen. Da Gegenstand der gegen alle Mitangeklagten gerichteten Untersuchung die nämliche Tat ist, liegt hier der unmittelbare Ausschlußgrund, der Verdacht der Tatbeteiligung, im Verhältnis zu allen Mitangeklagten vor. Das Oberlandesgericht weist darauf hin, daß in solchen Fällen die Verteidigung eines anderen der im selben Verfahren Mitangeklagten wegen der Identität des Schuldvorwurfs fast zwangsläufig zur mittelbaren Mitverteidigung des von dem ausgeschlossenen Verteidiger früher verteidigten Angeklagten führen würde. Aber auch wo dies ausnahmsweise nicht der Fall zu sein braucht – weil etwa zwei derselben, als Vorgang unbestrittenen Tat Angeklagte sich gegenseitig belasten und behaupten, jeweils der andere habe die Tat allein begangen –, wäre der von der Verteidigung eines Angeklagten wegen Teilnahmeverdachts Ausgeschlossene in der ganzen Sache, in die er selbst verstrickt ist, befangen und könnte daher nach dem Sinn und Zweck des Gesetzes und in Übereinstimmung mit dessen Wortlaut nicht mehr als „unabhängiges Organ der Rechtspflege" (§ 1 BRAO) tätig werden. Als möglicher Mitbeteiligter an der Tat, die allen Mitangeklagten zur Last gelegt wird, ist er zur Verteidigung jedes einzelnen von ihnen ungeeignet. Bei anderer Gesetzesauslegung würde gegen den von der Verteidigung nur eines dieser Mitangeklagten ausgeschlossenen Verteidiger dann, wenn er nunmehr von einem der anderen Angeklagten bevollmächtigt würde, ein neues Ausschlußverfahren einzuleiten sein, obgleich der neue Ausschluß wegen der Identität der Entscheidungsvoraussetzungen von vornherein feststünde. Darauf weist auch der angefochtene Beschluß hin. Es hieße, dem Gesetzgeber Unvernünftiges unterstellen, wollte man annehmen, er verlange für solche Fälle eine Reihe gleichartiger Beschlüsse und nehme sie trotz der damit verbundenen, unter Umständen schwerwiegenden Verfahrensverzögerungen in Kauf. Eine andere Entscheidung in sich wiederholenden gleichartigen Ausschlußverfahren wäre in aller Regel nur dann denkbar, wenn der Angeklagte, dessen Verteidigung der

ausgeschlossene Verteidiger nach dem ersten Ausschluß übernommen hat, neue Tatsachen vorbrächte, die dem Beteiligungsverdacht gegen den Verteidiger den Boden entzögen.
Das führt zu der Frage, ob etwa der Gesichtspunkt des rechtlichen Gehörs einer Erstreckung des Verteidigerausschlusses auf das ganze Verfahren entgegensteht, weil die anderen Mitangeklagten an dem Ausschlußverfahren nicht beteiligt sind und damit keinen unmittelbaren Einfluß darauf nehmen können. Falls – über § 138d Abs. 2 bis 4 StPO hinaus – ein verfassungsrechtlicher Anspruch auf rechtliches Gehör bestünde, müßte das allerdings noch nicht gegen eine umfassende Tatbestandswirkung eines Verteidigerausschlusses für das ganze Verfahren sprechen, sondern könnte statt dessen auch allein zur Beteiligung aller Mitangeklagten an dem Ausschlußverfahren zwingen. Doch besteht ein solcher Anspruch nicht, da während des Laufs eines Ausschlußverfahrens Rechtsbeziehungen, in welche dieses Verfahren eingreift, lediglich zwischen dem Verteidiger und *einem* der Mitangeklagten bestehen (§ 146 StPO). Auf Sonderfälle einzugehen, die sich daraus ergeben können, daß der Verteidiger während des Laufs eines Ausschlußverfahrens sein Mandat niederlegt und das eines anderen Mitangeklagten übernimmt, besteht hier kein Anlaß. Auch dann, wenn ein Ausschlußverfahren letztlich nicht zur Ausschließung des von einem der Mitangeklagten beauftragten Verteidigers führt und dieses Verteidiger-Mandanten-Verhältnis bestehen bleibt, können die anderen, im Hinblick auf § 146 StPO, diesen Verteidiger nicht als den ihren wählen. Allein aus dem Umstand, daß eine freiwillige Beendigung des Mandatsverhältnisses zu dem einen der Mitangeklagten einem der anderen die Möglichkeit eröffnen würde, nunmehr seinerseits diesen Verteidiger zu wählen, erwächst diesem Angeklagten kein Anspruch auf rechtliches Gehör. Die bloße Möglichkeit, später ein solches Mandatsverhältnis zu begründen, ersetzt nicht eine Rechtsbeziehung, die allein einen Angeklagten zum Betroffenen eines gegen seinen Verteidiger gerichteten Ausschließungsverfahrens macht. Damit erledigt sich auch der Hinweis des Beschwerdeführers Raspe auf § 33a StPO.

Der Senat verkennt nicht, daß § 138a Abs. 1 StPO für den hier vorliegenden Fall – Identität des Untersuchungsgegenstands für alle Angeklagten und Verdacht einer Tatbeteiligung des Verteidigers – nicht völlig losgelöst von der Auslegung der anderen in Abs. 1 sowie der in Abs. 2 Satz 1 der Vorschrift geregelten Fälle und schließlich auch von den Fällen des § 138b StPO interpretiert werden darf; denn die Ziel und Auswirkung des Ausschlußverfahrens kennzeichnende Wortfassung, die auf einen Ausschluß „von der Mitwirkung in einem Verfahren" abhebt, ist – im Gegensatz zu der des § 138a Abs. 2 Satz 2 StPO – überall die gleiche. Doch läßt sich auch aus diesem Zusammenhang nichts gegen die gefundene umfassende Tatbestandswirkung eines Verteidigerausschlusses im vorliegenden Falle herleiten. Wenngleich in den anderen in § 138a Abs. 1 und 2 Satz 1 geregelten Fällen dieselbe Auslegung, für sich gesehen, nicht ebenso zwingend erscheint wie in dem vorliegenden, so spricht dennoch auch in jenen der jeweils vorausgesetzte schwerwiegende Verdacht strafbaren oder zumindest in hohem Maße standeswidrigen Verhaltens des Verteidigers dafür, daß das Gesetz von dessen Ungeeignetheit zur ordnungsgemäßen Wahrnehmung der Rechte und Pflichten eines Organs der Rechtspflege in dem ganzen Verfahren ausgeht. Das gilt nicht nur für den vom Oberlandesgericht mit Recht besonders hervorgehobenen Fall des § 138b StPO. Vielmehr erscheint es sinnvoll und dem Zweck des Gesetzes entsprechend, einen Verteidiger, der durch sein Verhalten Anlaß für seinen Ausschluß von der Verteidigung eines Mitbeschuldigten in einem bestimmten Verfahren gegeben hat, von jeder Einflußmöglichkeit auf das gegen mehrere Beschuldigte gerichtete Verfahren auszuschließen (vgl. auch Lampe MDR 1975, 529, 530). Auf die besondere Frage, ob im Rahmen des § 138a Abs. 2 eine Unterscheidung dahin zu treffen wäre, daß der ausgeschlossene Verteidiger etwa nur solche andere Mitbeschuldigte nicht verteidigen kann, die sich nicht auf freiem Fuß befinden, kommt es in diesem Zusammenhang nicht an.

Auch die Gesetzesmaterialien sprechen eher für als gegen den Willen des Gesetzgebers, dem Ausschluß eines Verteidigers Wirkung für das ganze, gegen alle Mitangeklagten anhängige Verfahren beizulegen. Irgendwelche Hinweise, die für eine einengende Auslegung sprechen, sind ihnen nicht zu entnehmen. Dagegen enthält bereits der Regierungsentwurf (Bundestags-Drucks. 7/2526, S. 21, 1. Sp.) die Erwägung, es sei mit einer geordneten Strafrechtspflege nicht zu vereinbaren, daß ein Gericht die Hauptverhandlung mit einem Verteidiger weiterführen müsse, der einer zur Ausschließung führenden Handlung dringend verdächtig ist. Der vom Rechtsausschuß des Deutschen Bundestags angehörte Vertreter des Strafrechtsausschusses der Bundesrechtsanwaltskammer brachte zum Ausdruck, und zwar im Zusammenhang mit einem Formulierungsvorschlag, der dann zu der Vorschrift des § 138a Abs. 1 Nr. 1 StPO geführt hat (Stenografisches Protokoll der 48. Sitzung des Rechtsausschusses vom 11. November 1974, S. 15), dieser Ausschuß sei der Meinung, die Ausschließung in einem konkreten Strafverfahren müsse die Wirkung haben, daß der ausgeschlossene Verteidiger, solange die Gründe für seine Ausschließung fortbestehen, auch einen anderen Beschuldigten in diesem Verfahren nicht mehr verteidigen könne. Auch der Bericht des Rechtsausschusses (Bundestags-Drucks. 7/2989, S. 4, 1. Sp.) zielt in diese Richtung, wenn es dort heißt, ein Verteidiger, der sich selbst strafbar verhält oder an kriminellen Aktionen der Mandanten beteiligt ist, verletze seine Aufgaben als Organ der Rechtspflege, und es fehle ihm damit die Legitimation, weiter in einem Verfahren als Verteidiger mitzuwirken. Der Gesetzgeber war auf die in diesen Äußerungen teils unmittelbar ausgedrückte, teils darin anklingende Auffassung, der Ausschluß eines Verteidigers solle Wirkung für das ganze, gegen mehrere Beschuldigte gerichtete Verfahren haben, hingewiesen, und es war ihm damit die Problematik nahegebracht worden. Unter diesen Umständen ist davon auszugehen, daß er eine, dem § 138a Abs. 2 Satz 2 StPO entsprechende, eindeutig einschränkende Fassung gewählt haben würde, wenn er eine solche Beschränkung der Tatbestandswirkung eines Verteidigerausschlusses gewollt hätte.

Mayer Neifer Dr. Krauth

Die gesetzliche Regelung über den Ausschluß von Strafverteidigern ist aber nicht nur im Zusammenhang mit dem Stammheimer Prozeß zu sehen. Das Bundesverfassungsgericht hat in zwei Entscheidungen[17] die Ausschließung des Verteidigers gerade deshalb für verfassungswidrig erklärt, weil es hierfür keine gesetzliche Bestimmung gab. Man muß also korrekter sagen: die gesetzgebenden Politiker haben sich im Zusammenhang mit dem RAF-Verfahren an diese BVG-Entscheidung erinnert.
Die Regelung des Verteidigerausschlusses hat zunächst nur Folgen für RAF-Prozesse, wie die Praxis beweist. Zwar ist von der Möglichkeit zum ersten Mal in einem „unpolitischen Prozeß“ Gebrauch gemacht worden[18], aber in der Folgezeit wurde kein weiterer Fall bekannt. So mag es durchaus einleuchtend erscheinen, wenn Peters schreibt: „Es wäre nichts unrichtiger, als jetzt gebannt auf die außergewöhnlichen Umstände des Mißbrauchs der Verteidigung zu starren. Randerscheinungen sollten nicht für den gewöhnlichen prozessualen Ablauf den Blick trüben.“[19] Gegen diese Meinung spricht aber die Erfahrung, daß Gerichte und Staatsanwaltschaften gerade dann, wenn sie unter Überlastung zu leiden haben, nur zu gern von möglichst „prozeßökonomischen“ Möglichkeiten zur Straffung eines Verfahrens Gebrauch machen. Und wer wollte leugnen, daß der Justiz viel Arbeit erspart bleibt, wenn es gelingt, einen lange in den Prozeßstoff eingearbeiteten Verteidiger gegen einen „frischen“ zu tauschen...
Nach den Erfahrungen im Stammheimer Prozeß wurde die erst mit dem 1. Januar 1975 in Kraft getretene Bestimmung über den Verteidigerausschluß schon 1976 wieder geändert. Im Gesetz zur Änderung des StGB, der StPO, des GVG, der Bundesrechtsanwaltsordnung und des Strafvollzugsgesetzes vom 18. August 1976 heißt die Ausschlußbestimmung nun:

---

[17] BVerfGE Band 22, S. 114 und Band 34, S. 293.
[18] *Der Spiegel*, 27. Januar 1975: „Der Kölner Rechtsanwalt Johannes Wilpert wurde das erste Opfer des am 1. Januar 1975 in Kraft getretenen Paragraphen 138a der Strafprozeßordnung, der den Ausschluß eines Verteidigers vom Prozeß möglich macht. Zwar sollte der Gesetzeszusatz vor allem verdächtige Anwälte der Baader-Meinhof-Gruppe treffen, erstmalig angewandt worden ist er nun allerdings in einem unpolitischen Prozeß...“
[19] Karl Peters, *Der neue Strafprozeß, Darstellung und Würdigung*, Karlsruhe 1975.

Strafprozeßordnung, § 138a

Ausschließung eines Verteidigers

I. Ein Verteidiger ist von der Mitwirkung in einem Verfahren auszuschließen, wenn er dringend oder in einem die Eröffnung des Hauptverfahrens rechtfertigenden Grade verdächtig ist, an der Tat, die den Gegenstand der Untersuchung bildet, beteiligt zu sein oder eine Handlung begangen zu haben, die für den Fall der Verurteilung des Beschuldigten Begünstigung, Strafvereitelung oder Hehlerei wäre.

II. Ein Verteidiger ist von der Mitwirkung in einem Verfahren auszuschließen, wenn er
1. dringend verdächtig ist, daß er den Verkehr mit dem nicht auf freiem Fuß befindlichen Beschuldigten dazu mißbraucht, Straftaten, die im Höchstmaß mit mindestens einem Jahr Freiheitsstrafe bedroht sind, zu begehen, oder
2. den Verkehr mit dem nicht auf freiem Fuß befindlichen Beschuldigten dazu mißbraucht, die Sicherheit einer Vollzugsanstalt erheblich zu gefährden.

III. Die Ausschließung ist aufzuheben, sobald ihre Voraussetzungen nicht mehr vorliegen.

IV. Solange ein Verteidiger nach Absatz 1 oder 2 ausgeschlossen ist, kann er den Beschuldigten, der sich nicht auf freiem Fuß befindet, auch in einem anderen gesetzlich geordneten Verfahren nicht verteidigen.

V. Ein Verteidiger, der nach Absatz 1 ausgeschlossen worden ist, kann in demselben Verfahren auch andere Beschuldigte nicht verteidigen; das gleiche gilt für einen Verteidiger, der nach Absatz 2 ausgeschlossen worden ist, hinsichtlich der Beschuldigten, die sich nicht auf freiem Fuß befinden. Ein Verteidiger, der nach Absatz 2 ausgeschlossen worden ist, kann in anderen Verfahren, die eine Straftat nach § 129a des Strafgesetzbuches zum Gegenstand haben und die im Zeitpunkt der Ausschließung bereits eingeleitet worden sind, Beschuldigte, die sich nicht auf freiem Fuß befinden, nicht verteidigen. Absatz 4 gilt entsprechend[20].

---

[20] *Bundesgesetzblatt,* Jahrgang 1976, Teil I, Seite 2181.

2. Verbot des gemeinschaftlichen Verteidigers

Neben der neugeschaffenen Ausschließungsregelung für Verteidiger in Strafverfahren hat die Änderung des § 146 der Strafprozeßordnung, kurz vor Beginn des Stammheimer Verfahrens in Kraft gesetzt, heftige Kritik seitens der Rechtsanwälte ausgelöst. Seit Jahren lautete die Bestimmung so:

Die Verteidigung mehrerer Beschuldigter kann, sofern dies der Aufgabe der Verteidigung nicht widerstreitet, durch einen gemeinschaftlichen Verteidiger geführt werden.

Der Rechtsanwalt im Strafprozeß konnte also selbst darüber entscheiden, ob er zwei (oder mehrere) Angeklagte, die derselben Tat beschuldigt werden, vor Gericht vertreten wollte oder ob es dadurch eine Interessenkollision hätte geben können. Als Beispiel: Zwei Automatenknacker stehen vor Gericht. Sie haben die Tat gemeinschaftlich begangen, beschuldigen sich aber gegenseitig. Dann wäre es einem Rechtsanwalt nicht möglich gewesen, beide zu verteidigen. In anderen Fällen hätte aber die gemeinsame Vertretung durch einen einzigen Rechtsanwalt den Angeklagten unter Umständen Vorteile für die Durchführung des Verfahrens gebracht.
In den Beratungen zur Reform der Strafverfahrensgesetze wurden immer wieder angeblich in Terroristenprozessen gemachte Erfahrungen zitiert. Die Möglichkeit der politischen „Kollektivverteidigung" sollte abgeschafft werden. Heute hat der § 146 StPO folgenden Wortlaut:

Die Verteidigung mehrerer Beschuldigter durch einen gemeinschaftlichen Verteidiger ist unzulässig.

Für den Stammheimer Prozeß brachte die Neuregelung tiefgreifende Veränderungen. Die Vertrauensanwälte hatten sich während der jahrelangen Ermittlungsarbeit der Bundesanwaltschaft gemeinsam auf das Verfahren vorbereitet. Jeder Verteidiger vertrat jeden Angeklagten. Das mußte geändert werden – kurz vor Eröffnung der Hauptverhandlung.
Rechtsanwälte, die auch in anderen Terroristenverfahren tätig waren, durften in Stammheim nicht mehr verteidigen:

Oberlandesgericht Stuttgart
– 2. Strafsenat –

Beschluß vom 4. November 1975

Die Verteidigung der Angeklagten Meinhof durch die Rechtsanwälte Golzem und Köncke sowie die Verteidigung des Angeklagten Raspe durch Rechtsanwalt Spangenberg ist unzulässig.

Gründe:

Im hier anhängigen Verfahren haben sich die Rechtsanwälte Golzem und Köncke am 28. 10. 1975 und 9. 2. 1975 als Verteidiger der Angeklagten Meinhof, Rechtsanwalt Spangenberg am 1. 10. 1975 als Verteidiger des Angeklagten Raspe gemeldet. In dem Verfahren Ks 2/75 vor dem Landgericht Kaiserslautern ist Rechtsanwalt Golzem als Verteidiger des Angeklagten Grundmann, Rechtsanwalt Köncke als Verteidiger des Angeklagten Jünschke, Rechtsanwalt Spangenberg als Verteidiger des Angeklagten Grashof gerichtlich bestellt; die Bestellung dauert an.
Die Tätigkeit der genannten Rechtsanwälte als Verteidiger in dem Verfahren vor dem Landgericht Kaiserslautern hindert sie, in dem hier anhängigen Verfahren gegen Baader u. a. als Verteidiger mitzuwirken. Nach § 146 StPO ist die Verteidigung mehrerer Beschuldigter durch einen gemeinschaftlichen Verteidiger unzulässig. Zweck der Vorschrift ist laut Bundesverfassungsgericht, „Interessenkollisionen, die bei gemeinschaftlicher Verteidigung auftreten können, zu vermeiden. Die Gefahr, daß es bei der Verteidigung mehrerer Beschuldigter durch einen Anwalt zu Interessenkollisionen kommt, läßt sich in keinem Fall ausschließen“ (BVerfG NJW 75, 1013). Hieraus erhellt, daß die „mehreren Beschuldigten“ des § 146 StPO nicht in demselben (verbundenen) Verfahren beschuldigt sein müssen; eine solche Einschränkung fordert auch der Wortlaut der Vorschrift nicht. Den Ausschlag gibt vielmehr die Übereinstimmung der Beschuldigung, denn aus ihr erwächst die Gefahr widerstreitender Interessen der Beschuldigten. Werden mehrere Personen beschuldigt, gemeinschaftlich eine Straftat begangen zu haben, so kann, was den einen entlastet, für den anderen Belastung bedeuten, gleichviel, ob sie vor demselben oder vor verschiedenen Richtern stehen. Das wurde auch schon im Gesetzgebungsverfahren ausgesprochen (Bundestagsdrucksache 7/2526, S. 25, und Bundesratsdrucksache 348/74, S. 25). § 146 StPO greift daher auch ein, wenn in getrennten Verfahren über dieselbe Beschuldigung verhandelt wird (so auch Kleinknecht, 32. A., 1 zu § 146 StPO).
Die von den Rechtsanwälten in ihrer Stellungnahme erwähnte Formulierung der Überleitungsvorschrift in Art. 17 Abs. 3 des Gesetzes vom 20. 12. 1974 steht dem nicht entgegen. Der Gesetzgeber konnte sich darauf beschränken, hier für

den Fall Bestimmung zu treffen, der erfahrungsgemäß am häufigsten vorkommt, nämlich, daß dieselbe Tat in einem (verbundenen) Verfahren erörtert wird. Alle unter § 146 StPO zu ziehenden Fälle hier aufzunehmen, hätte unverhältnismäßig großer Aufwendungen bedurft.

Allem nach ist hier der Fall des § 146 StPO gegeben. Den Angeklagten Grashof, Grundmann und Jünschke wird in Kaiserslautern unter anderem vorgeworfen, sie hätten sich an einer kriminellen Vereinigung („Rote Armee Fraktion") beteiligt, hätten ferner am 22. 12. 1971 in Kaiserslautern die Bayerische Hypotheken- und Wechselbank beraubt und dabei den Polizeiobermeister Schoner erschossen. Dem Angeklagten Jünschke wird des weiteren vorgeworfen, er haben zusammen mit anderen, u. a. Andreas Baader, am 11. 5. 1972 auf dem Gelände des V. Korps der US-Armee in Frankfurt drei Sprengkörper zur Explosion gebracht, dadurch einen Menschen getötet und mindestens elf andere zu töten versucht.
Dieselben Taten werden im hier anhängigen Verfahren allen vier Angeklagten gemeinschaftlich zur Last gelegt.

Nach alledem können die Rechtsanwälte Golzem, Köncke und Spangenberg im hier anhängigen Verfahren nicht als Verteidiger tätig sein.
Der Senat ist für diese Entscheidung zuständig. Er muß dafür sorgen, daß im Verfahren keine Verteidiger auftreten, die nach dem Gesetz nicht verteidigen dürfen. Mit der besonderen Regelung des § 138a StPO hat das entgegen der Stellungnahme der Rechtsanwälte nichts zu tun.

Bei Rechtsanwalt Köncke ist im Hinblick auf dessen Stellungnahme zusätzlich auszuführen: Rechtsanwalt Köncke meldete sich gemäß Art. 17 Abs. 3 des Gesetzes vom 20. 12. 1974 am 15. 1. 1975 beim Landgericht Kaiserslautern als Verteidiger des Angeklagten Jünschke und übte damit sein Wahlrecht aus. Erst danach, am 9. 2. 1975, wurde er im hier anhängigen Verfahren als Verteidiger der Angeklagten Meinhof benannt. Dieser Benennung stand § 146 StPO bei richtiger Auslegung entgegen. Am 4. 7. 1975 wurde Rechtsanwalt Köncke in Kaiserslautern zum Verteidiger des Angeklagten Jünschke gerichtlich bestellt, trat auch bis zum 28. 10. 1975 ausschließlich in der Hauptverhandlung in Kaiserslautern auf. Auch Rechtsanwalt Köncke kann daher im hier anhängigen Verfahren nicht verteidigen.

gez. Dr. Prinzing	Dr. Foth	Maier	Dr. Berroth	Dr. Breucker
Vors. Richter	Richter	Richter	Richter	Richter
am OLG	am OLG	am OLG	am OLG	am OLG

Stuttgart, den 5. 11. 75

Die Rechtsanwälte Köncke und Spangenberg riefen nach dieser Entscheidung das BVG an – erfolglos. Ihre Verfassungsbeschwerden wurden gar nicht angenommen:

BUNDESVERFASSUNGSGERICHT
– 2 BvR 1001/75 –

In dem Verfahren
über
die Verfassungsbeschwerde

des Herrn Rainer *Köncke*, Rechtsanwalt [...]
gegen den Beschluß des Oberlandesgerichts Stuttgart vom 4. November 1975 – 2 StE 1/74 –

hat das Bundesverfassungsgericht – Zweiter Senat – durch den gemäß § 93a Abs. 2 des Gesetzes über das Bundesverfassungsgericht berufenen Ausschuß unter Mitwirkung der Richter Wand, Hirsch und Dr. Niebler am 13. Januar 1976 gemäß § 93a Abs. 3 dieses Gesetzes einstimmig beschlossen:

Die Verfassungsbeschwerde wird nicht zur Entscheidung angenommen, weil sie keine hinreichende Aussicht auf Erfolg hat.

Gründe:

Die angegriffene Entscheidung verletzt den Beschwerdeführer nicht in seinen Grundrechten, insbesondere auch nicht in seinem Recht auf freie Berufsausübung (Art. 12 Abs. 1 GG).

1. § 146 StPO, der die Verteidigung mehrerer Beschuldigter durch einen gemeinschaftlichen Verteidiger für unzulässig erklärt, ist verfassungsgemäß (BVerfGE 39, 156 [164ff.]). Dasselbe gilt für die dem beanstandeten Beschluß zugrundeliegende Auslegung dieser Bestimmung. Danach ist die gemeinschaftliche Verteidigung mehrerer Beschuldigter nicht nur innerhalb ein und desselben Strafverfahrens verboten, sondern auch dann unzulässig, wenn mehrere Beschuldigte zwar in verschiedenen Verfahren verfolgt werden, diese Verfahren sich jedoch – ganz oder teilweise – auf dieselben Taten (§ 264 StPO) beziehen (so auch Kleinknecht, StPO, 32. Aufl., § 146 Anm. 1). Diese Auslegung deckt sich mit der Regelungsabsicht des Gesetzgebers (BTDrucks. 7/2526). Sie entspricht dem Zweck des Gesetzes, die Beistandsfunktion des Verteidigers gegenüber der Gefahr von Interessenkollisionen zu sichern. Dieses Ziel würde nur unvollkommen erreicht, wäre die gemeinschaftliche Verteidigung lediglich innerhalb ein und desselben Verfahrens ausgeschlossen; denn mehrere Beschuldigte könnten einen gemeinschaftlichen Verteidiger auch dann in einen Widerstreit der von ihm wahrzunehmenden Interessen bringen, wenn sie in verschiedenen Verfahren verfolgt werden.

2. Von Verfassungs wegen ist es auch nicht zu beanstanden, daß sich das erkennende Gericht für befugt gehalten hat, die in § 146 StPO vorgesehene Rechtsfolge auszusprechen und damit den Beschwerdeführer von der Verteidigung auszuschließen.
Allerdings hat das Bundesverfassungsgericht mit Bezug auf die frühere Fassung des § 146 StPO bemerkt, diese Vorschrift besage über die Befugnisse des mit der Sache befaßten Strafrichters nichts (BVerfGE 34, 293 [300]). Nachdem der Gesetzgeber aber zugleich mit der Neufassung des § 146 StPO für andere Ausschließungsfälle (§§ 138a, 138b StPO) die Zuständigkeit ausdrücklich geregelt und die Entscheidungskompetenz in die Hände eines anderen Gerichts oder Spruchkörpers gelegt hat (§ 138c StPO), kann für den Fall des § 146 StPO ohne weiteres davon ausgegangen werden, daß für die Ausschließung eines Verteidigers nach dieser Bestimmung stets das mit dem Verfahren befaßte Strafverfolgungsorgan (Staatsanwaltschaft oder Gericht) zuständig sein soll.
Diese Entscheidung ist unanfechtbar.

Wand Hirsch Dr. Niebler

Die Stammheimer Angeklagten und andere inhaftierte RAF-Mitglieder beschwerten sich gemeinsam mit einigen Rechtsanwälten beim Bundesverfassungsgericht über die Beschränkung der Zahl der Wahlverteidiger auf drei und das Verbot gemeinschaftlicher Verteidigung nach dem neuen Paragraphen 146 der Strafprozeßordnung – allerdings ohne Erfolg. Das BVG verwarf die Verfassungsbeschwerden mit folgendem Beschluß:

Leitsatz:
Im Bereich des Strafverfahrens ist die Beschränkung der Zahl der Wahlverteidiger eines Beschuldigten auf drei (§ 137 Abs. 1 Satz 2 StPO) ebenso wie das Verbot der gemeinschaflichen Verteidigung mehrerer Beschuldigter (§ 146 StPO) mit dem Grundgesetz vereinbar.

BUNDESVERFASSUNGSGERICHT
– 2 BvR 135–139/75 –

Im Namen des Volkes

In den Verfahren
über
die Verfassungsbeschwerden
[...]
gegen § 137 Absatz 1 Satz 2, § 146 der Strafprozeßordnung in der Fassung des Gesetzes zur Ergänzung des Ersten Gesetzes zur Reform des Strafverfahrens-

rechts vom 20. Dezember 1974 – BGBl. I S. 3686 – und gegen Artikel 17 dieses Gesetzes

hat das Bundesverfassungsgericht – Zweiter Senat –

[...]

am 11. März 1975 gemäß § 24 BVerfGG einstimmig beschlossen:

Die Verfassungsbeschwerden werden verworfen.

Gründe:

A.

I.

Bis zum 31. Dezember 1974 konnte sich jeder Beschuldigte im Strafverfahren einer unbegrenzten Zahl von Wahlverteidigern bedienen (§§ 137 Abs. 1, 227 StPO a.F.). Außerdem durfte die Verteidigung mehrerer Beschuldigter durch einen gemeinschaftlichen Verteidiger geführt werden, sofern dies der Aufgabe der Verteidigung nicht widersprach (§ 146 Abs. 1 StPO a.F.). Das Gesetz zur Ergänzung des Ersten Gesetzes zur Reform des Strafverfahrensrechts vom 20. Dezember 1974 (BGBl. I S. 3686, im folgenden: Ergänzungsgesetz) hat durch Art. 1 Nr. 5a und 8 die betreffenden Vorschriften wie folgt geändert:

> § 137
> (1) Der Beschuldigte kann sich in jeder Lage des Verfahrens des Beistandes eines Verteidigers bedienen. Die Zahl der gewählten Verteidiger darf drei nicht übersteigen.
> (2) ...
>
> § 146
> Die Verteidigung mehrerer Beschuldigter durch einen gemeinschaftlichen Verteidiger ist unzulässig.

Das am 1. Januar 1975 in Kraft getretene Ergänzungsgesetz (Art. 19) enthält in Art. 17 folgende Überleitungsvorschriften:

> (1) In Verfahren, in denen zum Zeitpunkt des Inkrafttretens dieses Gesetzes die Hauptverhandlung bereits begonnen hat, sind § 137 Abs. 1 Satz 2 der Strafprozeßordnung in der Fassung des Artikels 1 Nr. 5 und § 146 der Strafprozeßordnung in der Fassung des Artikels 1 Nr. 8 nicht anzuwenden, bis das Verfahren in der Instanz abgeschlossen ist.
> (2) Hat bei Inkrafttreten dieses Gesetzes ein Beschuldigter mehr als drei Verteidiger gewählt, so hat er auf Aufforderung des Vorsitzenden des Gerichts oder vor Erhebung der öffentlichen Klage der Staatsanwaltschaft binnen zwei Wochen zu erklären, durch welche Verteidiger er verteidigt bleiben will. Macht er von seinem Auswahlrecht keinen Gebrauch, so gilt er als nicht verteidigt ...
> (3) Ist bei Inkrafttreten dieses Gesetzes ein Verteidiger in demselben Verfahren für mehrere Beschuldigte tätig, so hat er auf Aufforderung des

Vorsitzenden des Gerichts oder vor Erhebung der öffentlichen Klage der Staatsanwaltschaft binnen zwei Wochen zu erklären, welchen der Beschuldigten er verteidigen will. Macht er von seinem Auswahlrecht keinen Gebrauch, so kann er keinen der Beschuldigten verteidigen.

II.

1. Die Beschwerdeführer sind Beschuldigte und Verteidiger in verschiedenen Strafverfahren, die sich gegen Angehörige der „Baader-Meinhof-Gruppe" richten. In diesen Verfahren verfügte jeder Beschuldigte über eine größere Anzahl von Wahlverteidigern, wobei sich mehrere Beschuldigte teilweise von denselben Anwälten gemeinschaftlich verteidigen ließen. In keinem dieser Verfahren hatte die Hauptverhandlung bereits am 1. Januar 1975 begonnen.
a) In dem Verfahren vor dem Oberlandesgericht Stuttgart gegen *Baader, Ensslin, Meinhof* und *Raspe* hatte bei Anklageerhebung jeder der Angeschuldigten zwischen 10 und 14 Wahlverteidiger; 9 davon traten gleichzeitig für alle Angeschuldigten auf. Daneben standen jedem Angeschuldigten 7 Pflichtverteidiger zur Seite, von denen wiederum 6 Rechtsanwälte den Angeschuldigten gemeinschaftlich beigeordnet waren.
Als der Vorsitzende des erkennenden Strafsenats beim Oberlandesgericht Stuttgart die Angeschuldigten schriftlich um Mitteilung bat, wer aufgrund der neuen Gesetzeslage Verteidiger sein solle, benannten ihre Anwälte mit Schreiben vom 24. Januar 1975 für jeden der Angeschuldigten 6 Rechtsanwälte, und zwar die ersten 3 als Pflichtverteidiger, die nächsten 3 als Wahlverteidiger; für den Fall, daß jedem Angeschuldigten nur 2 Pflichtverteidiger beigeordnet würden, sollten jeweils die nächsten 3 in der angegebenen Reihenfolge zu Wahlverteidigern aufrücken.
Mit Verfügung vom 3. Februar 1975 ordnete der Gerichtsvorsitzende die Pflichtverteidigung neu. Dabei wies er darauf hin, daß es nun Sache der Angeschuldigten sei, die Wahlverteidiger namhaft zu machen. Die im Schreiben der Anwälte enthaltene „alternative Aufzählung von Wahlverteidigern" entspreche nicht dem Gesetz. Zur Zeit bestünden keine Wahlmandate mehr.
b) Im Verfahren vor dem Landgericht Osnabrück gegen *Augustin* hatte der Angeklagte 13 Wahlverteidiger. Der Aufforderung, gemäß Art. 17 Ergänzungsgesetz drei davon auszuwählen, entsprach er, verwahrte sich jedoch gegen das Erlöschen der weiteren Wahlmandate.
c) Im Verfahren vor dem Landgericht Hamburg gegen Irmgard *Möller* verfügte die Angeschuldigte über den Beistand von 16 Verteidigern. Auch sie kam der Aufforderung nach, drei davon auszuwählen.
d) Im Verfahren vor dem Landgericht Kaiserslautern gegen *Grashof, Grundmann* und *Jünschke* waren 15 Anwälte als gemeinschaftliche Wahlverteidiger der drei Angeschuldigten tätig. Auf entsprechende Aufforderung benannten die Angeschuldigten je drei Wahlverteidiger, durch die sie verteidigt bleiben wollten. Sie bestritten indes, daß die übrigen Wahlmandate erloschen seien.

e) Die Rechtsanwälte *Groenewold, Dr. Degenhardt* und *Köncke* haben zufolge der gesetzlichen Neuregelung in den vorbezeichneten Strafverfahren mehrere Wahlmandate verloren.

2. Die Verfassungsbeschwerden richten sich unmittelbar gegen die §§ 137 Abs. 1 Satz 2, 146 StPO in der Fassung des Ergänzungsgesetzes sowie gegen dessen Art. 17.
Die Beschwerdeführer halten die Regelung für verfassungswidrig. Sie rügen Verletzung der Art. 2, 3, 12, 14, 19, 20 und 103 GG. Zur Begründung tragen sie vor:
Die Bestimmungen verstießen gegen das Recht der Beschuldigten auf ein faires Verfahren und eine ordnungsgemäße Verteidigung. Der Grundsatz des rechtlichen Gehörs (Art. 103 Abs. 1 GG) verlange nicht nur die Bekanntgabe des Schuldvorwurfs, sondern schließe auch den Anspruch auf eine ordnungsgemäße Verteidigung ein, der sich zugleich als ein Recht auf freie Persönlichkeitsentfaltung (Art. 2 Abs. 1 GG) darstelle. Das angegriffene Gesetz verletze außerdem Art. 3 Abs. 1 GG, da „auf ungleiche Fälle (mit oder ohne sogenannte Prozeßsabotage etc.) gleich reagiert" werde. Auch mit Art. 3 Abs. 3 GG sei es unvereinbar, weil es die Angehörigen der „Roten Armee Fraktion" wegen „ihrer politischen Anschauungen" benachteilige. Weiterhin verstoße es gegen die „hergebrachten Rechte der Verteidiger" und beeinträchtige ihre Berufsfreiheit (Art. 12 Abs. 1 GG). Soweit das Gesetz unmittelbar Mandatsverträge zwischen einzelnen Beschuldigten und ihren Verteidigern erlöschen lasse, verletzte es auch Art. 14 Abs. 1 und 3 GG. Es handle sich um einen enteignungsgleichen Eingriff. Angesichts der Vertragsfreiheit, von der das Grundgesetz ausgehe, könnten Mandatsverträge vom Gesetzgeber nicht entschädigungslos gelöst werden. Die Regelung sei darüber hinaus ein auf die Angehörigen der „Roten Armee Fraktion" zugeschnittenes, mit Art. 19 Abs. 1 GG unvereinbares Einzelfall- und Maßnahmegesetz. Es richte sich gegen die langjährig vorbereitete Verteidigung, um sie zu „zerstören", und beeinträchtige dadurch die Grundrechte der Betroffenen in ihrem Wesensgehalt (Art. 19 Abs. 2 GG). Die „Reglementierung der Verteidigung" sei ein unverhältnismäßiger Eingriff, der durch den angeblichen Zweck, Prozeßsabotage zu verhindern, nicht gerechtfertigt werde. Es gehe nicht an, den Prozeßablauf durch Einschränkung der Verteidigung zu sichern. Dies verletze das Rechtsstaatsprinzip unter den Gesichtspunkten der Verhältnismäßigkeit, der „rechtsstaatlichen Tradition", der „demokratischen Grundordnung im Sinne westlicher Demokratien" und des „Prinzips der Waffengleichheit". Darin liege auch ein Verstoß gegen Art. 103 Abs. 2 GG. Diese Bestimmung betreffe zwar „in erster Linie" Strafgesetze; wenn aber „kurz vor der Hauptverhandlung" die Verteidigung „zerstört" werde, so bedeute das eine Verschlechterung der Verteidigungschancen und eine Erhöhung der den Beschuldigten drohenden Gefahr einer Verurteilung.

Die Beschwerdeführer haben beantragt, die angegriffenen Gesetzesbestimmungen für verfassungswidrig zu erklären und das Fortbestehen der betroffenen Wahlmandate festzustellen. Die Beschwerdeführer *Baader, Ensslin, Meinhof* und *Raspe* haben außerdem um Feststellung gebeten, daß die vom Vorsitzenden des erkennenden Strafsenats beim Oberlandesgericht Stuttgart am 3. Februar 1975 verfügte „Rücknahme der Bestellung von Pflichtverteidigern aufgrund dieses Gesetzes, insbesondere der vollständigen Rücknahme der Rechtsanwälte Groenewold, Croissant, Ströbele" verfassungswidrig sei und als nicht erfolgt gelte.

B.

I.

1. Die Verfassungsbeschwerden sind zulässig. Sie richten sich gegen die in den §§ 137 Abs. 1 Satz 2, 146 StPO und Art. 17 Ergänzungsgesetz enthaltene Regelung. Durch diese Bestimmungen sind die Beschwerdeführer unmittelbar und gegenwärtig in ihren Rechten betroffen.
2. Auch die von den Beschwerdeführern *Baader, Ensslin, Meinhof* und *Raspe* erhobene Verfassungsbeschwerde gilt offenbar nur dem Gesetz und richtet sich nicht darüber hinaus noch gegen die vom Vorsitzenden des erkennenden Strafsenats beim Oberlandesgericht Stuttgart verfügte Abberufung von Pflichtverteidigern. Der Antrag, diese Abberufung für verfassungswidrig zu erklären, zielt – wie die Formulierung „aufgrund dieses Gesetzes" zeigt – lediglich darauf ab, die Folgerungen aus der behaupteten Verfassungswidrigkeit der beanstandeten Vorschriften zu ziehen, ist aber nicht erkennbar als selbständiger Angriff gegen die Verfügung gemeint, zumal dieselben Beschwerdeführer gegen die Abberufung des Rechtsanwalts Dr. Croissant als Pflichtverteidiger später eine gesonderte Verfassungsbeschwerde eingelegt haben (2 BvR 207/75).
3. Die Rechtsanwälte Dr. Preuß und Dethloff haben sich im Verfahren 2 BvR 135/75 erst gemeldet, nachdem der Senat über die Verfassungsbeschwerden beschlossen hatte. Ihr Schriftsatz vom 21. März 1975, eingegangen am 29. März 1975, hat dem Senat keinen Anlaß zur Wiederaufnahme der Beratung gegeben; die darin vorgetragenen rechtlichen Gesichtspunkte hatte der Senat bei seiner Entscheidung vom 11. März 1975 bereits erwogen.

II.

Die Verfassungsbeschwerden sind offensichtlich unbegründet. Die angegriffenen Gesetzesvorschriften stehen mit dem Grundgesetz in Einklang.
1. § 137 Abs. 1 Satz 2 StPO, der die Zahl der Wahlverteidiger eines Beschuldigten auf drei beschränkt, ist verfassungsgemäß.
a) Die Bestimmung verstößt nicht gegen Art. 3 Abs. 1 GG. Der Gleichheitssatz ist verletzt, wenn sich ein vernünftiger, aus der Natur der Sache folgender oder sonstwie einleuchtender Grund für die Regelung nicht finden läßt, kurzum, wenn sie willkürlich ist (BVerfGE 1, 14 [52]; 36, 174 [187]; ständige

Rechtsprechung). Das trifft hier nicht zu. Die Begrenzung der Verteidigerzahl soll verhindern, daß die Befugnis des Beschuldigten, sich durch mehrere Verteidiger vertreten zu lassen, zum Zweck der Prozeßverschleppung mißbraucht wird (Senator Prof. Dr. Klug, Bundesrat, 407. Sitzung, StenBer. S. 284 D; Stellungnahme des Bundesrates zum Entwurf eines Zweiten Gesetzes zur Reform des Strafverfahrensrechts, BTDrucks. 7/2526, S. 29f.; Rechtsausschuß des Bundestags, 7. Wp., Sten.Protokoll über die 46. Sitzung, S. 45aff.; Abg. Gnädinger, Deutscher Bundestag, 7. Wp., 138. Sitzung, StenBer., S. 9502 A). Diese Gefahr liegt auf der Hand. Die Beschränkung der Zahl von Wahlverteidigern ist ein geeignetes Mittel, ihr zu begegnen. Die Regelung beruht damit auf sachlichen Gründen. Da sie der Sicherung eines ordnungsgemäßen Prozeßablaufs dient, entspricht sie zugleich einem Gebot des Rechtsstaatsprinzips, das die Aufrechterhaltung einer funktionstüchtigen Strafrechtspflege verlangt (BVerfGE 33, 367 [383]; 38, 105 [115f.]; Beschluß vom 15. Januar 1975 – 2 BvR 65/74 – S. 12).

b) Die Vorschrift verletzt die betroffenen Beschuldigten nicht in ihrem Recht auf ein faires Verfahren. Dieser durch Art. 2 Abs. 1 GG in Verbindung mit dem Rechtsstaatsprinzip gewährleistete Anspruch umfaßt zwar das Recht des Beschuldigten, sich im Strafverfahren von einem gewählten Anwalt seines Vertrauens verteidigen zu lassen (vgl. BVerfGE 26, 66 [71]; 34, 293 [302]; 38, 105 [111f.]). Daraus folgt aber nicht, daß es dem Beschuldigten möglich sein muß, sich einer beliebigen Anzahl von Verteidigern zu bedienen. Mit drei Wahlverteidigern ist seinen Belangen Genüge getan. Das gilt auch in solchen Verfahren, die sich durch besonderen Umfang, außergewöhnliche Schwierigkeit und überlange Verhandlungsdauer auszeichnen. Durch diese Beschränkung der Verteidigerzahl hat der Gesetzgeber eine Regelung getroffen, die das schutzwürdige Interesse des Beschuldigten an umfassender Verteidigung mit den unabweisbaren Bedürfnissen der Sicherung des Verfahrensablaufs zu einem angemessenen Ausgleich bringt.

c) Die Bestimmung verletzt auch nicht den betroffenen Anwalt in seinem durch Art. 12 Abs. 1 GG geschützten Grundrecht auf freie Berufsausübung. Die ihm bisher offenstehende Möglichkeit, neben drei gewählten Verteidigern als weiterer Wahlverteidiger tätig zu sein, verdient keinen Schutz gegenüber einer Regelung, die durch das öffentliche Interesse an der Gewährleistung einer wirksamen Strafrechtspflege gerechtfertigt wird (vgl. ferner 2b).

2. § 146 StPO, der die Verteidigung mehrerer Beschuldigter durch einen gemeinschaftlichen Verteidiger für unzulässig erklärt, ist gleichfalls verfassungsgemäß.

a) Die Vorschrift verstößt nicht gegen Art. 3 Abs. 1 GG. Auch sie beruht auf sachlich einleuchtenden Gründen. Dem Gesetzgeber ging es darum, Interessenkollisionen, die bei gemeinschaftlicher Verteidigung auftreten können, zu vermeiden (Begründung des Regierungsentwurfs eines Zweiten Gesetzes zur

Reform des Strafverfahrensrechts, BRDrucks. 348/74, S. 11, 24f.; Rechtsausschuß des Bundestags, 7. Wp., Sten. Protokoll über die 46. Sitzung, S. 59ff.). Die Gefahr, daß es bei der Verteidigung mehrerer Beschuldigter durch einen Anwalt zu Interessenkollisionen kommt, läßt sich in keinem Fall ausschließen. Der gemeinschaftliche Verteidiger kann seiner Beistandsfunktion gegenüber mehreren Beschuldigten nicht gerecht werden, wenn der eine Beschuldigte, um sich zu entlasten oder eine Strafmilderung zu erreichen, den anderen belastet oder belasten müßte (vgl. Dünnebier in: Löwe-Rosenberg, StPO, 22. Aufl., § 146 Anm. 2). Er kann diesem Konflikt unter Umständen nicht einmal durch Niederlegung eines der Mandate ausweichen. Das Verbot gemeinschaftlicher Verteidigung schließt solche Interessenkollisionen von vornherein aus.

b) § 146 StPO beeinträchtigt den Rechtsanwalt nicht in seinem Grundrecht aus Art. 12 Abs. 1 GG. Das Verbot gemeinschaftlicher Verteidigung enthält zwar eine den Status des Anwalts berührende Berufsausübungsregelung. Diese findet jedoch ihre Rechtfertigung in übergreifenden Belangen des Gemeinwohls (vgl. BVerfGE 7, 377 [405]). Die Sicherung der Beistandsfunktion des Verteidigers, auf die das Gesetz abzielt, ist keine Aufgabe, die allein ihn und seine Mandanten betrifft. Sie liegt vielmehr auch im öffentlichen Interesse. Als Verteidiger nimmt der Rechtsanwalt nicht nur ein durch privatrechtlichen Geschäftsbesorgungsvertrag erteiltes Mandat wahr; er fungiert zugleich als Prozeßbeteiligter mit eigenen Rechten und Pflichten in einem öffentlichrechtlich geordneten Verfahren, in dem über den Strafanspruch der staatlichen Gemeinschaft eine Entscheidung gefällt werden soll. Er ist damit nicht nur Beauftragter seines Mandanten, sondern – gerade in seiner Rolle als Beistand des Beschuldigten – Organ der Rechtspflege (§ 1 BRAO).

Das zur Sicherung seiner Beistandsfunktion erlassene Verbot gemeinschaftlicher Verteidigung verstößt nicht gegen den Grundsatz der Verhältnismäßigkeit. Die Neuregelung geht allerdings über die frühere Fassung des Gesetzes beträchtlich hinaus. Danach war eine gemeinschaftliche Verteidigung nur unstatthaft, wenn die Interessen mehrerer Beschuldigter zueinander in Gegensatz traten. Dagegen hat der Gesetzgeber nun die Gefahr von Interessenkollisionen zum Anlaß genommen, die gemeinschaftliche Verteidigung überhaupt abzuschaffen. Das ist verfassungsrechtlich nicht zu beanstanden. Die Normierung eines Ausschließungstatbestands nach dem Muster einer Erlaubnis mit Verbotsvorbehalt hätte zwar die Berufsausübung des Anwalts in geringerem Umfang beschränkt. Das Übermaßverbot verpflichtet aber den Gesetzgeber nur dort zur Wahl des milderen Mittels, wo auch der weitergehende, an sich zulässige Eingriff – gemessen am Regelungszweck – keinen besseren Erfolg verspricht. Das trifft hier nicht zu. Die Neuregelung bietet einen vollständigen Schutz gegen Interessenkollisionen. Ein Ausschließungstatbestand vermag sie dagegen nur zu beseitigen, wenn und soweit sie zutagetreten; gegenüber verdeckten Interessenkonflikten versagt er. Selbst wenn aber ein solcher Konflikt offenbar wird, geschieht dies möglicherweise erst zu einem Zeitpunkt, in dem das Gericht bei Ausscheiden des gemeinschaftlichen Verteidigers genötigt wäre, die Hauptverhandlung zu wiederholen. Dies läßt sich jedenfalls im Zeitpunkt der Mandatsübernahme nicht immer zuverlässig ausschließen; denn das Prozeßgeschehen kann wechselnde Situationen und Konstellationen hervorbringen, deren Vielfalt stets auch die Möglichkeit einschließt, daß es zwischen mehreren Beschuldigten zu einem Interessenwiderstreit kommt. Angesichts dieser Nachteile einer Ausschließungsregelung ist es nicht unverhältnismäßig, daß dem Rechtsanwalt zugemutet wird, sich ausnahmslos auf die Verteidigung eines Mandanten zu beschränken, gleichgültig, ob bei der Verteidigung mehrerer Mandanten im Einzelfall ein Interessenkonflikt droht oder nicht.

c) § 146 StPO verletzt auch nicht den Beschuldigten in seinem Recht auf freie Verteidigerwahl (Art. 2 Abs. 1 GG). Denn dieses Recht gewährt ihm keine Befugnis, sich durch einen Anwalt verteidigen zu lassen, der gesetzlich an der Mandatswahrnehmung gehindert ist, sofern das Gesetz selbst zur verfassungsmäßigen Ordnung gehört, also insbesondere nicht Grundrechte des Anwalts beeinträchtigt oder unter anderen Gesichtspunkten gegen die Verfassung verstößt.

d) Ob das Verbot gemeinschaftlicher Verteidigung auch insoweit mit dem Grundgesetz in Einklang steht, als es im Bußgeldverfahren Geltung beansprucht (§ 46 Abs. 1 OWiG), kann im Rahmen dieser, auf das Strafverfahren beschränkten Prüfung offenbleiben.

3. a) Es begegnet keinen Bedenken, daß nach Maßgabe des Art. 17 Abs. 2 und 3 Ergänzungsgesetz die Neuregelung auch für die im Zeitpunkt des Inkrafttretens dieses Gesetzes anhängigen Strafverfahren gilt. Das verstößt nicht gegen das Rechtsstaatsprinzip. Die Übergangsregelung greift zwar in bestehende Verteidigermandate ein. Darin liegt jedoch keine „echte" Rückwirkung. Das Gesetz betrifft nicht abgewickelte, der Vergangenheit angehörende Tatbestände, sondern laufende Strafverfahren, in denen die Verteidiger ihre Tätigkeit noch nicht beendet hatten. Es wirkt auf gegenwärtige, noch nicht abgeschlossene Sachverhalte und Rechtsbeziehungen ein, wobei es die betroffenen Verteidigermandate nachträglich im ganzen entwertet. Gesetze, die eine solche, „unechte" Rückwirkung entfalten, sind grundsätzlich zulässig, wiewohl auch hier der Gesichtspunkt des Vertrauensschutzes dem Gesetzgeber Grenzen zieht (BVerfGE 30, 392 [402]; 31, 222 [226] mit weiteren Nachweisen). Ein etwaiges Vertrauen der Beschuldigten und Verteidiger auf den Fortbestand der alten Regelung muß jedoch hinter dem öffentlichen Interesse zurücktreten, das – um der Aufrechterhaltung einer funktionstüchtigen Strafjustiz willen – eine möglichst weitreichende Geltung der neuen Bestimmungen fordert. Gegenteilige Erwartungen der Betroffenen sind unbegründet, weil die Stellung des Strafverteidigers auf prozeßrechtlichen Normen beruht und das Verteidiger-

mandat damit zugleich unter dem Vorbehalt möglicher Änderungen des Prozeßrechtes steht. Prozeßrecht erfaßt aber, soweit nichts anderes bestimmt ist, vom Zeitpunkt seines Inkrafttretens an auch anhängige Verfahren; der Bürger kann nicht darauf vertrauen, daß es unverändert bleibt (BVerfGE 1, 4; 11, 139 [146f.]; 24, 33 [55]).

b) Den schutzwürdigen Belangen der Verteidigung ist durch Art. 17 Abs. 1 Ergänzungsgesetz hinreichend Rechnung getragen. Danach bleibt es für die Verfahren, in denen bei Inkrafttreten des Gesetzes die Hauptverhandlung bereits begonnen hatte, noch bis zum Abschluß der Instanz bei der alten Regelung. Die Anknüpfung an den Beginn der Hauptverhandlung ist sachgemäß und auch sonst bei der Änderung strafverfahrensrechtlicher Vorschriften üblich (vgl. § 118 Abs. 3 des Jugendgerichtsgesetzes vom 4. August 1953 [BGBl. I S. 751]; Art. 11 Abs. 1 Satz 2 des Vierten Strafrechtsänderungsgesetzes vom 11. Juni 1957 [BGBl. I S. 597]; Art. 14 Abs. 7 des Gesetzes zur Änderung der Strafprozeßordnung und des Gerichtsverfassungsgesetzes vom 19. Dezember 1964 [BGBl. I S. 1067]; Art. 5 Abs. 1 Satz 2 des Gesetzes zur allgemeinen Einführung eines zweiten Rechtszuges in Staatsschutz-Strafsachen vom 8. September 1969 [BGBl. I S. 1582]). Die Hauptverhandlung stellt – als alleinige Erkenntnisgrundlage der Urteilsfindung – das Kernstück des Strafverfahrens dar. Alle vorhergehenden Verfahrensabschnitte sind ihr gegenüber von untergeordneter Bedeutung. Vor der Hauptverhandlung können sich die Verfahrensbeteiligten auf die Veränderung der Rechtslage einstellen; hingegen würde es ihnen unzumutbare Schwierigkeiten bereiten, die Verteidigung noch innerhalb einer Hauptverhandlung dem neuen Recht anzupassen. Die in Art. 17 Abs. 1 Ergänzungsgesetz getroffene Regelung ist damit sachlich vertretbar und genügt den rechtsstaatlichen Anforderungen eines fairen Verfahrens.

4. Die angegriffenen Vorschriften verletzen die Beschuldigten schließlich auch nicht in ihrem Anspruch auf rechtliches Gehör. Der in Art. 103 Abs. 1 GG zum Grundrecht erhobene Grundsatz des rechtlichen Gehörs ist eine Folgerung aus dem Rechtsstaatsgedanken für das Gebiet des gerichtlichen Verfahrens. Die Würde der Person (Art. 1 Abs. 1 Satz 1 GG) fordert zudem, daß über ihr Recht nicht kurzerhand von Obrigkeits wegen verfügt wird; der Einzelne soll nicht nur Objekt der richterlichen Entscheidung sein, sondern er soll vor einer Entscheidung, die seine Rechte betrifft, zu Wort kommen, um Einfluß auf das Verfahren und sein Ergebnis nehmen zu können (BVerfGE 9, 89 [95]). Art. 103 Abs. 1 GG gewährleistet das rechtliche Gehör jedoch grundsätzlich nur als solches, nicht gerade durch Vermittlung eines Rechtsanwalts (BVerfGE 38, 105 [118]; ständige Rechtsprechung). Soweit die Gewährleistung eines rechtsstaatlichen Verfahrens die Mitwirkung von Rechtsanwälten oder eine bestimmte Ausgestaltung der Bestimmungen über die Verteidigung verlangt, läßt sich diese

Forderung nicht aus Art. 103 Abs. 1 GG, sondern nur aus anderen Grundrechten oder Verfassungsgrundsätzen ableiten, mit denen die angegriffene Regelung – wie bereits dargelegt – in Einklang steht.

5. Die von den Beschwerdeführern geäußerte Ansicht, die angegriffene Regelung verletze die Eigentumsgarantie (Art. 14 GG), stelle ein unzulässiges Einzelfall- und Maßnahmegesetz dar (vgl. dazu BVerfGE 10/234 [241 ff.]; 25, 371 [396]) und verstoße gegen den Grundsatz, daß die Strafbarkeit einer Tat gesetzlich bestimmt sein muß (Art. 103 Abs. 2 GG), ist so offensichtlich verfehlt, daß sich eine Erörterung dieser Rügen erübrigt.

Seuffert | Dr. v. Schlabrendorff | Dr. Rupp
Dr. Geiger | Hirsch | Dr. Rinck
Dr. Rottmann | | Wand

3. Keine Unterbrechung für Verteidigervorbereitungen

Die in Stammheim tätigen Vertrauensverteidiger mußten um jede Unterbrechung zur Vorbereitung ihrer Verteidigung regelrecht kämpfen. Die Verweigerung solcher Unterbrechungen stellte sich nicht selten für die Verteidigung als Behinderung dar.
Als der Darmstädter Rechtsanwalt Hans Heinz Heldmann am 11. Juni 1975 die Vertretung Baaders übernommen hatte, wurde ihm keine Unterbrechung zur Vorbereitung gewährt. Und das, obwohl zuvor sämtliche Anwälte, die Baaders Vertrauen hatten, vom Verfahren ausgeschlossen worden waren.
Am 4. Juli 1975 erhob Heldmann gegen das Versagen einer Unterbrechung zum Zweck seiner Vorbereitung Verfassungsbeschwerde in Karlruhe, die folgenden Wortlaut hat:

Dr. Hans Heinz Heldmann
Rechtsanwalt

Eilt sehr!!
Darmstadt
4. Juli 1975

An das
Bundesverfassungsgericht

7500 Karlsruhe 1

Schloßbezirk 3

Verfassungsbeschwerde

des Herrn *Andreas Baader* [...]
gegen
den Beschluß vom 11. 6. 1975 des Oberlandesgerichts Stuttgart, 2. Strafsenat, Az.: 2 StE 1/74

1. Ich vertrete den Beschwerdeführer. Vollmacht auf mich füge ich an.

2. In der Hauptverhandlung gegen den Beschwerdeführer vor dem 2. Strafsenat des Oberlandesgerichts Stuttgart habe ich am 11. 6. 1975 die Verteidigung des Beschwerdeführers übernommen, nachdem innerhalb eines Monats vor Beginn dieser Hauptverhandlung, am 21. 5. 1975, seine drei zu Pflichtverteidigern bestellt gewesenen Verteidiger seines Vertrauens von seiner Verteidigung ausgeschlossen worden sind: Rechtsanwalt Dr. Croissant am 22. 4., Rechtsanwalt Groenewold am 2. 5., Rechtsanwalt Ströbele am 9. 5. 1975.

Für den Beschwerdeführer habe ich in der Hauptverhandlung am 11. 6. 1975 beantragt, die Hauptverhandlung für zehn Tage zu unterbrechen (weil ich bis dahin lediglich ein 45-Minutengespräch mit dem Beschwerdeführer habe führen können), um in diesen zehn Tagen mit dem Beschwerdeführer meine Möglichkeiten seiner Verteidigung, seine Einlassung zur Anklage – die Anklageschrift umfaßt 354 Blätter, die Anlagen zur Anklageschrift umfassen 471 Blätter! – und eine Verteidigungskonzeption erörtern zu können (Blätter 271 bis 276 des Tonbandprotokolls vom 11. 6. 1975).
Mit Beschluß vom selben Tag, 11. 6. 1975, hat der Senat diesen Antrag abgelehnt (Blätter 292 bis 297 des Tonbandprotokolls vom 11. 6. 1975).

Der Kern für die Begründung jenen Beschlusses ist die Tatsachenbehauptung: der Beschwerdeführer habe vor Beginn der Hauptverhandlung ausreichend Zeit gehabt, sich einen neuen Verteidiger seines Vertrauens zu suchen und diesen zu mandieren und alsdann mit diesem die Verteidigung vorzubereiten.
Diese Tatsachenbehauptung ist handgreiflich falsch.

Der Senat hatte hierzu den Beschwerdeführer nicht gehört. Auf meinen Antrag nach § 33 a StPO hat der Senat in der Hauptverhandlung am 1. 7. 1975 dem Beschwerdeführer Gelegenheit zur Stellungnahme gegeben. Mein dahingehender Antrag lautete:
den Beschwerdeführer anzuhören zu der Frage, welche Möglichkeiten er seit Ausschließung seiner Verteidiger gehabt hat, einen neuen Verteidiger seiner Wahl zu suchen, zu finden, zu mandieren und mit diesem seine Verteidigung in der Hauptverhandlung vorzubereiten.
Der 2. Strafsenat hat in der Sitzung vom 1. 7. 1975 meine Gegenvorstellungen gegen seinen Beschluß vom 11. 6. 1975 verworfen und abermals verweigert, dem Beschwerdeführer durch Unterbrechung der Hauptverhandlung zehn Tage Zeit zu gewähren, mit seinem neuen Verteidiger seine Verteidigung zu erörtern. Er hat den Beschwerdeführer und mich darauf verwiesen, die notwendigen Verteidigungsgespräche an den sitzungsfreien Tagen – nämlich montags und freitags – zu führen.
Abschriften der Tonband-Protokolle vom 1. 7. 1975 liegen noch nicht vor.
Hierzu versichere ich unter Berufung auf meine standesrechtlichen Verpflichtungen, was ich dem Strafsenat auch vorgetragen habe: daß ich ohne Sozius bin und bisher keinen juristischen Mitarbeiter habe und daß ich seit nunmehr vier Wochen alle Gerichtstermine und Mandantenbesprechungen auf Montage und Freitage zu verlegen gezwungen bin, weil der 2. Strafsenat des OLG Stuttgart in jenem Verfahren strikt jegliche Unterbrechung ablehnt, selbst zum Beispiel: eine halbtägige, um mir am 2. 7. vormittags die Möglichkeit zu geben, vor dem Zweiten Strafsenat des BGH eine 1973 erhobene Revision zu vertreten.
Der 2. Strafsenat des OLG Stuttgart hat die Dauer der Hauptverhandlung in jenem Verfahren auf ca. 1 1/2 Jahre veranschlagt.
Die dem Gericht vorliegenden Akten umfassen ca. 50.000 Blätter.
Am 11. 6. 1975 stand mir nicht einmal die Anklageschrift zur Verfügung.

3. Der Beschluß vom 11. 6. 1975 des 2. Strafsenats des OLG Stuttgart verletzt den Beschwerdeführer in seinen Grundrechten aus Art. *103 I, 20 III* (aus dem Rechtsstaatsprinzip-Anspruch auf ein faires Verfahren, auf Verteidigung, auf Waffengleichheit von Ankläger und Angeklagtem), *2 I, 1 I* GG. Er verletzt ferner allgemeines Völkerrecht – Art. *25* GG –, nämlich den international anerkannten Standard für die Behandlung von Angeklagten vor Gericht, weltweit kodifiziert im Internationalen Pakt über bürgerliche und politische Rechte vom 19. 12. 1966 (BGBl. 1973 II 1533), dort Art. 14 Abs. 3b) und d).

Zur Begründung

1. Zulässigkeit
1.1 § 90 II S. 2 BVerfGG:
Würde der Beschwerdeführer auf den Rechtsweg verwiesen – hier: Revisionsrüge – wäre das unzumutbar i. S. eines schweren und unabwendbaren Nachteils: Verlust der Möglichkeit, vor Vernehmung zur Person eine Verteidigungskonzeption zu entwickeln, welche 1 1/2 Jahre Hauptverhandlung vorbereiten soll. (Die Vernehmungen zur Person haben noch nicht begonnen, werden auch wegen weiterer Verfahrensrügen nicht vor Ablauf der übernächsten Woche beginnen können.)
1.2 BVerfGE 33, 192:
Antrag nach § 33 a StPO ist Voraussetzung für die Zulässigkeit der Verfassungsbeschwerde. Diesen Antrag habe ich für den Beschwerdeführer am 1. 7. 1975 stellen können.

2. Rüge: Art. 103 I GG
Ich beziehe mich auf die ständige Rechtsprechung des Bundesverfassungsgerichts. Insbesondere hebe ich hervor BVerfGE 18, 399ff.: Art. 103 I GG ist verletzt, wenn dem Prozeßbevollmächtigten die ihm nach § 147 III StPO zustehende Akteneinsicht verweigert wird.
Argumentum a maiore ad minus.
Im gleichen Sinne früher schon der BGH: Urt. v. 28. 4. 1958, NJW 1958, 1186 auf S. 1187: „Die Versagung einer Vertagung bedeutet in einem solchen Falle praktisch die Versagung des rechtlichen Gehörs."
Zutreffend gegen die hier gerügte Rechtsauffassung des 2. Strafsenats/OLG Stuttgart: Maunz/Dürig/Herzog, in den Randziffern 65 und 70 zu Art. 103:
„Den Beteiligten muß die Gelegenheit zu vorbereiteten und überlegten Ausführungen gegeben werden. Nach Kenntnisnahme des gegnerischen Vortrags usw. müssen deshalb die Beteiligten genügend Zeit haben, ihren eigenen Vortrag hinreichend vorzubereiten."
„Zu beachten ist ..., daß die Entscheidungen über die Fristbemessung, Vertagung und Terminverlegung, die nach dem Prozeßrecht Ermessensentscheidungen sind, nunmehr eine teilweise rechtliche Umwertung erfahren. Soweit es um die Garantie des rechtlichen Gehörs geht, haben die Gerichte nicht

mehr nach pflichtgemäßem Ermessen über diese Anträge zu entscheiden, sondern müssen aufgrund des Art. 103 I einem solchen begründeten Antrag stattgeben."

3. Rüge: Art. 20 III GG
Ich beziehe mich insbesondere auf BVerfGE 26, 71 und auf BVerfGE 38, 111:
„Das Recht auf Verteidigung und das Recht auf ein faires Verfahren gehören zu den wesentlichen Grundsätzen eines rechtsstaatlichen Strafverfahrens..."
„Zu den wesentlichen Grundsätzen eines rechtsstaatlichen Strafverfahrens zählt das Recht auf ein faires Verfahren ... der Anspruch auf ein faires Verfahren ist durch das Verlangen nach verfahrensrechtlicher ‚Waffengleichheit' von Ankläger und Beschuldigten gekennzeichnet und dient damit in besonderem Maße dem Schutz des Beschuldigten, für den bis zur Verurteilung die Vermutung seiner Unschuld streitet."

4. Rüge: Art. 1 I und 2 I GG
Auch hierfür hebe ich insbesondere die Entscheidungen in den Bänden 26 auf Seite 71 und 38 auf Seiten 111 ff. ab:
„Der Angeklagte darf nicht nur Objekt des Verfahrens sein; ihm muß vielmehr die Möglichkeit gegeben werden, zur Wahrung seiner Rechte auf den Gang und das Ergebnis des Verfahrens Einfluß zu nehmen."
„Der rechtsstaatliche Gehalt des in Art. 1 Abs. 1 GG wurzelnden Grundsatzes, daß über die Rechte des Einzelnen nicht kurzerhand von Obrigkeits wegen verfügt werden darf ..., liegt in der aktiven Teilnahme des Bürgers an dem ihm zukommenden Rechtschutz."

5. Rüge: Art. 25 GG
Der Internationale Pakt über bürgerliche und politische Rechte ist von der Bundesrepublik am 17. 12. 1973 ratifiziert worden. Er ist weltweite Kodifizierung der Menschenrechte (so z.B. Goose, NJW 1974, 1305). Er stellt den Grundrechte-Katalog dar, auf den sich die Generalversammlung der Vereinten Nationen geeinigt hat, der für alle Staaten gelten soll. Jeder einzelne Staat hat die daraus folgenden Verpflichtungen gemäß den Regeln des Völkerrechts zu übernehmen.
Damit stellt der Grundrechte-Katalog dieses internationalen Pakts allgemein gültiges, allgemein anerkanntes Völkerrecht dar. Seine Bestimmungen gelten somit in der Bundesrepublik über Art. 25 GG mit Verfassungsrang.
Art. 14 dieses Pakts bestimmt in Abs. 3b) und d):
„Jeder wegen einer strafbaren Handlung Angeklagter hat in gleicher Weise im Verfahren Anspruch auf folgende Mindestgarantien:

...

er muß hinreichend Zeit und Gelegenheit zur Vorbereitung seiner Verteidigung und zum Verkehr mit einem Verteidiger seiner Wahl haben;

...

er hat das Recht, bei der Verhandlung anwesend zu sein und sich selbst zu verteidigen oder durch einen Verteidiger seiner Wahl verteidigen zu lassen..."

6. Keine Grundrechte-Verwirkung

Der Strafsenat hat mit seinem hier angegriffenen Beschluß vom 11. 6. 1975, ohne das ausdrücklich auszusprechen, die Meinung vertreten, der Beschwerdeführer habe seine hier geltend gemachten Grundrechte verwirkt. (So ganz ausdrücklich schon der Generalbundesanwalt Buback in seinem Stern-Interview in Stern Nr. 24 vom 5. 6. 1975 auf S. 128).

Rechtlich behandelt ausschließlich und abschließend die Verwirkung von Grundrechten der Art. 18 GG.

Der Verfahrensablauf überdies, welcher dazu geführt hat, daß zu Beginn jener Hauptverhandlung der Beschwerdeführer ohne einen Verteidiger seines Vertrauens war, gibt der Begründung des hier angegriffenen Senats-Beschlusses aber auch im Tatsächlichen unrecht:

Die Anklageschrift gegen den Beschwerdeführer datiert vom 26. 9. 1974.
Genau fünf Monate vor Beginn der Hauptverhandlung hat der Gesetzgeber erst die gesetzlichen Grundlagen für die Ausschließung der Verteidiger des Angeklagten geschaffen.

Am 3. 3. 1975 hat der Generalbundesanwalt dann den Ausschluß des Verteidigers Dr. Croissant beantragt; am 22. 4. 1975 hat das OLG Stuttgart, 1. Strafsenat, den Ausschluß dieses Verteidigers verfügt. Erst am 22. 5. 1975, einen Tag nach Beginn dieser Hauptverhandlung, hat Dr. Croissant den Beschluß vom 20. 5. 1975 des BGH erhalten, der seine Ausschließung bestätigt.
Am 11. 3. 1975 hat der Generalbundesanwalt den Ausschluß des nächsten Wahlverteidigers des Beschwerdeführers, des Rechtsanwalts Groenewold beantragt; das OLG Stuttgart hat dessen Ausschließung am 2. 5. 1975 verfügt.
Am 16. 4. 1975 hat der Generalbundesanwalt den Ausschluß des letzten Wahlverteidigers des Beschwerdeführers, des Rechtsanwalts Ströbele, beantragt; das OLG Stuttgart hat antragsgemäß auch diese Ausschließung verfügt – am 9. 5. 1975, also zwölf Tage vor Beginn dieser Hauptverhandlung.
Spätestens seit jenem Tag hatte der Beschwerdeführer kein Verteidigergespräch mehr führen können und keinerlei Kommunikationsmöglichkeiten nach außen gefunden.
Erst am 20. 5. 1975 ist den Rechtsanwälten Becker, von Plottnitz und Schily ein je 15minütiges Gespräch mit dem Beschwerdeführer erlaubt worden; erst einen Tag also vor Beginn dieser Hauptverhandlung hat der Beschwerdeführer die Möglichkeit gefunden, nach einem neuen Verteidiger seines Vertrauens wenigstens suchen zu lassen.
Hierfür beziehe ich mich auf die Akten des Oberlandesgerichts Stuttgart, 1. Strafsenat, zu den Ausschlußverfahren 4/75, 5/75, 6/75.

Mit dieser Verfassungsbeschwerde beantrage ich für den Beschwerdeführer, den hier bezeichneten Beschluß vom 11. 6. 1975 des 2. Strafsenats des OLG Stuttgart aufzuheben.

Gleichzeitig beantrage ich gemäß § 32 BVerfGG,

der ganz besonderen Dringlichkeit wegen ohne mündliche Verhandlung zur Verhinderung schwerer Nachteile für den Beschwerdeführer, welche ich eingangs beschrieben habe, einstweilig anzuordnen, daß die Hauptverhandlung vor dem 2. Strafsenat des OLG Stuttgart im Strafverfahren gegen *Andreas Baader* und andere für zehn Tage zu unterbrechen sei.

Heldmann
Rechtsanwalt

Heldmanns Eingabe wurde von den BVG-Richtern gar nicht erst zur Entscheidung angenommen. Der zurückweisende „Dreierausschuß" faßte folgenden Beschluß:

BUNDESVERFASSUNGSGERICHT
– 2 BvR 557/75 –

In dem Verfahren
über
die Verfassungsbeschwerde
des Herrn Rechtsanwalts Dr. Hans Heinz *Heldmann* [...]
gegen die Beschlüsse des Oberlandesgerichts Stuttgart vom 11. Juni und 1. Juli 1975 – 2 StE 1/74 –
und Antrag auf Erlaß einer einstweiligen Anordnung

hat das Bundesverfassungsgericht – Zweiter Senat – durch den gemäß § 93a Abs. 2 des Gesetzes über das Bundesverfassungsgericht berufenen Ausschuß am 23. Juli 1975 gemäß § 93a Abs. 3 dieses Gesetzes einstimmig beschlossen:

Die Verfassungsbeschwerde wird nicht zur Entscheidung angenommen, weil sie keine hinreichende Aussicht auf Erfolg hat.

Damit erledigt sich zugleich der Antrag auf Erlaß einer einstweiligen Anordnung.

Gründe:

Das Grundrecht des Beschwerdeführers auf freie Berufsausübung (Art. 12 Abs. 1 GG) ist nicht verletzt.

Zweifelhaft ist bereits, ob die Versagung einer Verfahrensunterbrechung für den gewählten Verteidiger überhaupt eine an Art. 12 Abs. 1 GG zu messende Grundrechtsbeschränkung darstellt; denn manches spricht dafür, daß der einem Wahlverteidiger zur Vorbereitung und Durchführung der Verteidigung garantierte Freiheitsraum von vornherein grundsätzlich nur in den Grenzen des vom

gerichtlichen Terminplan bestimmten äußeren Verfahrensablaufs besteht. Das kann jedoch dahinstehen, weil auch die Bejahung eines Eingriffs in die Freiheit der Berufsausübung hier nicht zur Annahme einer Grundrechtsverletzung führt. Der angegriffenen Entscheidung liegt ersichtlich die Auffassung zugrunde, die Bestimmungen der Strafprozeßordnung – insbesondere die §§ 145 Abs. 3, 265 Abs. 4 StPO – schrieben für den vorliegenden Fall eine Aussetzung oder Unterbrechung des Verfahrens nicht vor. In dieser willkürfreien Auslegung steht die einschlägige Regelung der Strafprozeßordnung mit Art. 12 Abs. 1 GG in Einklang. Der Gesetzgeber kann die Freiheit der Berufsausübung durch gesetzliche Regelung beschränken, soweit vernünftige Erwägungen des Gemeinwohls dies zweckmäßig erscheinen lassen (BVerfGE 7, 377 [405f.]). Die hier in Frage stehende Regelung gibt dem Interesse der Allgemeinheit an einer zügigen, auch die Belange des Angeklagten wahrenden Durchführung des Strafverfahrens den Vorzug gegenüber dem Interesse des Anwalts, die Verteidigung in jedem Fall umfassend vorzubereiten. Sie hält sich damit in den Grenzen, innerhalb deren die Freiheit der Berufsausübung zulässigerweise beschränkbar ist. Daß der Gesetzgeber die Möglichkeiten, in Fällen der notwendigen Verteidigung durch wiederholten Verteidigerwechsel das Verfahren zu verschleppen oder gar seine Durchführung in Frage zu stellen, einzudämmen sucht, ist unter den Gesichtspunkten der Vernünftigkeit und Zweckmäßigkeit jedenfalls dann nicht zu beanstanden, wenn er zugleich eine ordnungsgemäße Verteidigung des Angeklagten sicherstellt. Letzterem trägt das Gesetz durch die Möglichkeit Rechnung, neben dem gewählten Verteidiger einen Pflichtverteidiger zu bestellen. Das Oberlandesgericht Stuttgart hat hiervon Gebrauch gemacht.
Daß das Gesetz in Fällen der vorliegenden Art dem Verteidiger kein Recht einräumt, eine Verfahrensunterbrechung zu verlangen, verletzt nicht den Grundsatz der Verhältnismäßigkeit. Ein weniger einschneidendes Mittel, das geeignet wäre, die zügige Durchführung des Strafverfahrens und die Erhaltung der auch diesem Ziel dienenden Institution der Pflichtverteidigung in gleicher Weise sicherzustellen, ist nicht ersichtlich. Der etwaige Eingriff in die Berufsausübung des Verteidigers wirkt auch nicht übermäßig belastend, zumal er dessen Honoraranspruch nicht beeinflußt.
Die vom Beschwerdeführer weiter erhobenen Rügen sind offensichtlich unbegründet.
Diese Entscheidung ist unanfechtbar.

Unterschriften der Richter des Dreierausschusses.

Auch dem später ins Verfahren eintretenden Vertrauensverteidiger der Angeklagten Meinhof, dem Darmstädter Rechtsprofessor Axel Azzola, versagte das Stammheimer Gericht eine Verfahrensunterbrechung.

4. Entpflichtungen

Am 19. August 1975 beantragte die Bundesanwaltschaft, die Rechtsanwälte Otto Schily, Hans Heinz Heldmann, Rupert von Plottnitz, Marieluise Becker und Helmut Riedel von ihren Pflichten zu entbinden. Als Begründung für ihre „Entpflichtungsanträge" nannte die Bundesanwaltschaft das von diesen Anwälten im Gerichtssaal angekündigte Fernbleiben von der Verhandlung. Daraufhin gaben die Betroffenen gegenüber dem Senat eine Erklärung ab, mit der sie verdeutlichen wollten, warum sie sich gerade als Anwälte zu dem Schritt veranlaßt sähen, dem Verfahren fernzubleiben, bis ihre Mandanten bezüglich ihrer Verhandlungsfähigkeit abschließend gutachterlich beurteilt worden seien. Die Erklärung hat folgenden Wortlaut:

Rechtsanwälte Becker/Heldmann/v. Plottnitz/Riedel/Schily 20. 8. 75

An das Oberlandesgericht
2. Strafsenat

In dem Verfahren
gegen
Andreas Baader u. a.
– 2 StE 1/74 –:

I. Die Verteidiger werden zum heutigen Sitzungsbeginn anwesend sein.

II. Der gestrige Antrag der Bundesanwaltschaft, uns zu entpflichten, ist zurückzuweisen.
Unsere Erklärung, *vor* abschließender Begutachtung der Angeklagten über ihre Verhandlungsfähigkeit nicht weiter zu verhandeln, ist berechtigt und begründet.
1.1) Der Verteidiger ist in erster Linie „berufen, über die *Gesetzlichkeit* des Verfahrens zu wachen" (Dahs, Handbuch Rz 3). Er ist, auch als Pflichtverteidiger, selbständiges Organ der Rechtspflege (§ 1 BRAO) und „steht in *voller Gleichberechtigung* Gericht und Staatsanwaltschaft gegenüber" (Dahs, Rz 12).
1.2) § 43 BRAO legt dem Rechtsanwalt besondere Sorgfaltspflichten auf, als Verteidiger insbesondere die Schutzpflicht für den Angeklagten: „Der Rechtsanwalt hat seinen Beruf gewissenhaft auszuüben." Gegenüber der Spezialregelung des § 49 BRAO – „Der Rechtsanwalt muß eine Verteidigung übernehmen, wenn er nach den Vorschriften der Strafprozeßordnung ... zum Verteidiger bestellt ist" – hat als Generalverpflichtung § 43 BRAO im Konfliktfall Vorrang.

Anderenfalls auch widerspräche die Ausübung der übernommenen Pflichtverteidigung Sinn und Zweck der notwendigen Verteidigung (§ 140 StPO).

1.3) Prozeßrecht und Standesrecht verweisen den Verteidiger auf „Handeln in eigener Verantwortung" (Dahs, Rz 21), als Pflichtverteidiger insbesondere auch darauf, eigene Interessen – etwa: seine Bestellung für einen mittellosen Angeklagten zu erhalten – denen des Mandanten an unbedingtem Einhalten seiner Schutzpflichten unterzuordnen. Der vom Gericht bestellte Pflichtverteidiger hat ganz besonders darauf zu achten, seine „Unabhängigkeit vom Gericht" (Dahs, Rz 17) zu wahren – auch gegen die Androhung, durch sein prozessuales Handeln seine Bestellung zu riskieren.

2.1) *Verhandlungsfähigkeit* ist Prozeßvoraussetzung. Fehlt sie, ist das Verfahren einzustellen (§§ 205, 206 a, 260 III StPO). Sie ist als Verfahrensvoraussetzung „in jeder Lage des Verfahrens" (Loewe/Rosenberg, Einleitung Kap. 10, 4) von Amtswegen zu beachten.

2.2) Die Verhandlungsfähigkeit seines Mandanten *muß* der Verteidiger – begründen sich Zweifel – zum Gegenstand seines Prozeßvortrags machen: „Der Verteidiger muß die Verhandlungsfähigkeit des Angeklagten prüfen" (Dahs, Rz 300); „mindestens muß der Verteidiger unverzüglich durch geeignete Anregungen dafür sorgen, daß auf den Gesundheitszustand des Mandanten Rücksicht genommen wird" (Dahs, Rz 368). „Die Verhandlungsunfähigkeit steht der Abwesenheit gleich. Sie ist nachträglich allerdings schwer zu beweisen, besonders wenn sie nicht geltend gemacht worden ist und das Gericht sie nicht selbst festgestellt hat. Die Verteidiger scheitern auch hier an der Verwirkung der Rüge, weil sie es verpaßt haben, eine Unterbrechung zu beantragen und einen Gerichtsbeschluß herbeizuführen, *notfalls den Sitzungssaal zu verlassen*" (Dahs, Rz 767 – eigene Hervorhebung).

3.1) Die Verteidigung hat seit Beginn der Hauptverhandlung den Mangel der Verhandlungsfähigkeit der Angeklagten stets erneut gerügt.

Auf Betreiben der Verteidigung wurde die Frage der Verhandlungsfähigkeit unmittelbar oder mittelbar an folgenden Sitzungstagen zum Gegenstand der Hauptverhandlung gemacht: 11. 6., 12. 6., 18. 6., 1. 7., 2. 7., 8. 7., 9. 7., 10. 7., 16. 7., 24. 7., 30. 7., 31. 7., 5. 8. und 7. 8. 1975. An 14 von 26 Sitzungstagen war somit die Frage der Verhandlungsfähigkeit der Angeklagten Gegenstand der Erörterung in der Hauptverhandlung.

Nach der Vernehmung des Sachverständigen Prof. Rauschke sah sich der Senat schließlich selbst gezwungen, ein Gremium von Sachverständigen zur Prüfung der Verhandlungsfähigkeit der Angeklagten zu bestellen. Am 8. 7. 1975, dem Tage seiner Anhörung, vermochte der Sachverständige Prof. Rauschke lediglich eine Verhandlungsfähigkeit von allenfalls drei Wochen zu bejahen.

Nach Ablauf dieser drei Wochen, am 29. 7. 1975, verständigten sich die Sachverständigen Prof. Schroeder und Prof. Müller – die beiden vom Senat als Internisten berufenen Gutachter – dahingehend, eine weitere, dem Senat vom gleichen Tag zur Kenntnis gebrachte vorläufige Verhandlungsfähigkeit von wiederum allenfalls drei Wochen anzunehmen. Dieser Stellungnahme der beiden Sachverständigen lagen lediglich vorläufige, nicht endgültige Befunde zugrunde.

Seit dem 8. 7. 1975 sehen sich die Verteidiger der Angeklagten der Tatsache konfrontiert, daß der Senat selbst die Bestellung von Gutachtern zur Beurteilung der Verhandlungsfähigkeit der Angeklagten für notwendig hält, andererseits jedoch stets dann, wenn der geschwächte gesundheitliche Zustand der Angeklagten Anlaß gab, den Abbruch einer Sitzung bzw. deren Unterbrechung zu beantragen, lakonisch darauf verwies, die Angeklagten seien nach seiner Auffassung verhandlungsfähig. Diese Auffassung vertritt der Senat bislang, ohne sich auf irgendeine definitive gutachtliche Äußerung der von ihm selbst berufenen Sachverständigen stützen zu können.

Den Verteidigern ist in der Rechtsgeschichte der BRD kein Fall bekannt, in dem ein Gericht über annähernd sechs Wochen an der Fiktion der Verhandlungsfähigkeit von Angeklagten festhält, ohne sich auf endgültige Gutachten – der von ihm selbst berufenen Sachverständigen – stützen zu können.

Am gestrigen Sitzungstag waren die von den beiden Sachverständigen provisorisch dem Senat mitgeteilten weiteren drei Wochen Verhandlungsfähigkeit der Angeklagten abgelaufen. Spätestens zu diesem Zeitpunkt war es mit Verteidigerpflichten nicht mehr vereinbar, sich an der Aufrechterhaltung der vom Senat praktizierten Fiktion zur Frage der Verhandlungsfähigkeit der Angeklagten zu beteiligen. Auf die zitierte Stelle im Handbuch von Dahs (Rz, 767) verweisen wir noch einmal.

Der Senat hat uns gestern zum Vorwurf gemacht, daß wir unsere Pflichten als Pflichtverteidiger „beharrlich" vernachlässigten. Demgegenüber ist allerdings unsere Verpflichtung, *beharrlich* darauf zu insistieren, daß die Frage der Verhandlungsfähigkeit der Angeklagten nicht weiterhin zum Spielball richterlicher Willkür gemacht wird.

Die Verteidiger wurden entgegen dem Antrag der Bundesanwaltschaft nicht entpflichtet. Später allerdings ging der Senatsvorsitzende dazu über, nach und nach alle Anwälte, die das Vertrauen ihrer Mandanten hatten, als Pflichtverteidiger abzuberufen, was bedeutete, daß diese Rechtsanwälte keinen Anspruch mehr auf Entlohnung aus der Staatskasse hatten, ihre Verteidigertätigkeit allerdings als Wahlverteidiger hätten fortführen können.

Beispielhaft ist der Beschluß, Rechtsanwalt Rupert von Plottnitz zu „entpflichten":

2 StE (OLG Stgt) 1/74

Oberlandesgericht Stuttgart
– 2. Strafsenat –

Verfügung vom 7. 11. 1975
in der Strafsache gegen
A. Baader
G. Ensslin
U. Meinhof
J. C. Raspe
wegen Mordes u. a.

Die Bestellung des Rechtsanwalts von Plottnitz zum Verteidiger des Angeklagten Raspe wird *aufgehoben.*

Gründe:

I. Durch Verfügung vom 29. 7. 1974 ist Rechtsanwalt von Plottnitz sämtlichen Angeklagten dieses Verfahrens als Pflichtverteidiger beigeordnet worden. Nachdem die Verteidigung mehrerer Beschuldigter durch einen gemeinschaftlichen Verteidiger durch die Änderung des § 146 StPO unzulässig geworden war, wurde Rechtsanwalt von Plottnitz am 3. 2. 1975 zum Verteidiger des Angeklagten Raspe bestellt. Dieser wird außerdem von 2 weiteren Pflichtverteidigern und zur Zeit 2 Wahlverteidigern vertreten.

II. Zweck der Pflichtverteidigung ist es, „im öffentlichen Interesse dafür zu sorgen, daß der Beschuldigte in schwerwiegenden Fällen (§ 140 StPO) rechtskundigen Beistand erhält und der ordnungsgemäße Verfahrensablauf gewährleistet wird" (BVerfG Beschl. v. 8. 4. 75 – 2 BvR 207/75 – unter Hinweis auf Löwe-Rosenberg, StPO 22. Aufl., § 140, Anm. I 1 u. 141 Anm. 1). Das gilt gleichermaßen, ob der bestellte Verteidiger seiner Person nach den Wünschen des Beschuldigten entspricht oder nicht.
Die Bestellung kann selbst gegen den Willen des Beschuldigten wiederrufen werden, wenn ein wichtiger Grund dafür vorliegt. Als solcher kommt jeder Umstand in Frage, der den Zweck der Pflichtverteidigung, dem Beschuldigten einen geeigneten Beistand zu sichern und den ordnungsgemäßen Verfahrensablauf zu gewährleisten, ernsthaft gefährdet (BVerfG, a. a. O.).

III. A) Rechtsanwalt von Plottnitz gefährdet den geordneten Verfahrensablauf durch sach- und pflichtwidriges Auftreten:
1) Am 4. Verhandlungstag verließ er mit anderen Pflichtverteidigern die Hauptverhandlung kurz nach 16.00 Uhr, weil einem Vertagungsantrag noch nicht stattgegeben wurde. Das nötigte zum sofortigen Abbruch der Verhandlung, weil die Verteidigung zu diesem Zeitpunkt inmitten einer Antragsbegründung war. (Tonbandniederschrift – folgend: TN-S. 345–350.)

2) Am 26. Verhandlungstag entfernte er sich schon kurz nach der Mittagspause eigenmächtig aus der Sitzung, ungeachtet des Hinweises, daß die Weigerung, der Pflichtverteidigung nachzukommen, zu Überlegungen über deren Aufrechterhaltung führen könnte und daß die Verhandlung auch in seiner Abwesenheit fortgeführt werden würde. Dabei hätte der vorangegangene Ausschluß seines Mandanten seine Anwesenheit besonders erforderlich gemacht. (TN-S. 2127 ff., insbesondere S. 2133–2135.)

3) Am 41. Verhandlungstag verhinderte Rechtsanwalt von Plottnitz mit anderen Verteidigern durch anhaltendes Dazwischenrufen und -schreien stundenlang die Fortführung der Verhandlung. In dem – auf Ablehnung – ergangenen Beschluß des Senats vom 31. 10. 1975 wird dazu ausgeführt:

„Zu Beginn der Hauptverhandlung vom 28. 10. 75 lehnte Rechtsanwalt von Plottnitz, Verteidiger des Angeklagten Raspe, sämtliche Mitglieder des Senats ab. Die Begründung dieses Antrags begann mit einer umfänglichen Kritik an dem Beschluß des Senats vom 30. 9. 75. Der Vorsitzende sah hierin Anlaß, Rechtsanwalt von Plottnitz darauf hinzuweisen, er möge heute, am 28. 10. 75, sich zunächst der Frage der Unverzüglichkeit zuwenden. Als Rechtsanwalt von Plottnitz sich dessen ungeachtet weiterhin mit dem Beschluß vom 30. 9. 75 beschäftigte, versuchte der Vorsitzende, ihn zu veranlassen, zunächst die Frage der Unverzüglichkeit zu behandeln, da sonst möglicherweise schon die Gesuchstellung sich als mißbräuchlich darstellen könne. Der Vorsitzende konnte diese Ermahnung im Laufe der mehrstündigen Vormittagssitzung jedoch nicht bekannt geben, weil mehrere Verteidiger, insbesondere die Rechtsanwälte Golzem, Spangenberg und von Plottnitz sowie Rechtsreferendar Dr. Temming, durch anhaltendes lautes Dazwischenrufen und -schreien den Vorsitzenden nicht zu Wort kommen ließen. Mehrere zur Beruhigung eingelegte Pausen fruchteten nichts. Erst zu Beginn der Nachmittagssitzung konnte der Vorsitzende die geschilderte Ermahnung geben. Sie schloß mit den Sätzen: ›Zur Erfüllung dieser Forderung (Darlegung der Unverzüglichkeit) setze ich hiermit eine Frist von 15 Minuten. Innerhalb dieser 15 Minuten muß erkennbar werden, daß sich die Verteidigung zunächst zu diesen Gründen äußert, sonst wäre über einen Wortentzug zu entscheiden.‹
Hierin liege, so bringen die Gesuchsteller vor, der Versuch, den Verteidiger ›einzuschüchtern‹ und zu ›bedrohen‹.
In Wahrheit handelt es sich um eine zulässige und sachgerechte Maßnahme des Vorsitzenden im Rahmen seiner Verhandlungsleitung. Eine Ablehnung, die auf den am 30. 9. 75 verkündeten beziehungsweise (den Angeklagten) am selben Tag zugestellten Beschluß gegründet werden sollte, hätte längst außerhalb der Hauptverhandlung angebracht werden müssen (BGH ST 21, 344). Für sich allein daher wegen Verspätung verbraucht (§ 26a, Abs. 1, Nr. 1 StPO), konnte ein solcher Ablehnungsgrund am 28. 10. 75 allenfalls zur Unterstützung eines anderweit begründeten, aus sich heraus zulässigen Ablehnungsgesuchs vorzutragen. Es drängte sich deshalb auf, zunächst den zulässigen Ablehnungsgrund vorzutragen. Wenn der Verteidiger das trotz Hinweis nicht tat, sondern mit der Erörterung des Beschlusses vom 30. 9. 75 fortfuhr, setzte er sich dem Verdacht aus, in Kenntnis ihrer Unzulässigkeit und nur, um verfahrensfremde Zwecke (der Agitation, der Verschleppung) zu verfolgen, die Ablehnung vorzubringen. Eine solche Antragstellung kann mißbräuchlich sein (vgl. auch RGST 54, 111). Es war sachdienlich, wenn der Vorsitzende den Verteidiger von vornherein hierauf hinwies.“

(Einen – wenn auch unzulänglichen – Eindruck vom Verhalten des Rechtsanwalts von Plottnitz an diesem Tage vermitteln insbesondere die TN-Seiten 3174, 3176, 3177, 3180–3182.)

4) Am 40. Verhandlungstag kommentierte Rechtsanwalt von Plottnitz die Bekanntgabe eines Senatsbeschlusses (TN-S. 3124–3140) mit dem Zuruf: „Heil, Dr. Prinzing!“ (TN-S. 3143). Schon die Bekanntgabe des Beschlusses war durch Zwischenrufe und -bemerkungen von Verteidigern, darunter auch Rechtsanwalt von Plottnitz, nachhaltig gestört worden (vgl. TN-S. 3114, 3115, 3121, 3123, 3141, 3142).
5) Auch an anderen Sitzungstagen hat Rechtsanwalt von Plottnitz die Verhandlung durch eigenmächtige Wortergreifungen und Zwischenrufe gestört, so z.B. am

20. Verhandlungstag (TN-S. 1638–1640)
30. Verhandlungstag (TN-S. 2413, 2414) und
34. Verhandlungstag (TN-S. 2748),

obwohl der Vorsitzende am 25. Verhandlungstag Rechtsanwalt von Plottnitz ermahnt hatte:
„Sie haben sich das Wort genommen und ich mußte Ihnen erwidern, daß Sie sich endlich mal daran gewöhnen, daß die Verhandlungsleitung gegenüber Anwälten fast unmöglich wird, die sich in dieser Weise aufführen“ (TN-S. 2077).

B) Darüber hinaus hat Rechtsanwalt von Plottnitz durch Äußerungen immer wieder erkennen lassen, daß es ihm nicht auf sachgerechte und sachliche Verteidigung, sondern auf Behinderung der Verhandlung, dazuhin auf eine mit Verunglimpfungen, Verdächtigungen und haltlosen Unterstellungen betriebene propagandistisch-agitatorische Rolle im Verfahren ankommt. Vieles spricht dafür, daß er hiermit der Forderung der Angeklagten nach „politischer Verteidigung“ folgt. So äußerte er:

1) „Wenn den Kollegen“ – es handelte sich um die gem. § 138a StPO ausgeschlossenen Rechtsanwälte Dr. Croissant, Groenewold und Ströbele – „nicht unverzüglich der Zutritt als Verteidiger und die Zulassung als Verteidiger gewährt wird, dann würde das in der Tat auf eine Rechtsbeugung hinauslaufen... Wir können natürlich in der Tat, wie der Kollege Schily gesagt hat, die Strafprozeßordnung überhaupt nicht mehr zur Grundlage des zu derartigen Minimalfragen, nicht mehr zur Grundlage dieser Hauptverhandlung machen. Dann aber würde ich empfehlen, tatsächlich ein Bundeswehrgeneral zum Vorsitzenden des Gerichts bestellt und einige Offiziere als Beisitzer und in der Tat den Laden zuzumachen“. (TN-S. 33, 34)
2) „Man hat ja angefangen damit, daß gerade hier ein Zwangsverteidiger, der meiner Mandantin zugeordnet ist, hier versucht hat, das Wort zu ergreifen, und ich meine,... daß klargestellt wird, daß keiner der Zwangsverteidiger,... seitens des Gerichts, sei es auch aus eigener Machtbefugnis heraus, in diesem Verfahren die Gelegenheit bekommt, auch nur ein Wort zu den Vorgängen, die hier ablaufen, zu sagen.“ (TN-S. 90).
3) Nach Ablehnung einer Pause, die ohne stichhaltige Gründe begehrt worden war, zum Vorsitzenden: „Ich sage Ihnen, so wie Sie sich der Verteidigung gegenüber verhalten, ist eine Unzumutbarkeit und Unverfrorenheit.“ (TN-S. 531, 532)
4) „Diese Stellungnahme der Bundesanwaltschaft ... ist eine Verteidigung. Diese Verteidigungsrede für einen Richter ist gespickt; sie ist ein monströses Elaborat von Lügen und Verleumdungen.“ (TN-S. 733)

5) „Rechtsanwälte zu verhaften, die das unabdingbare Recht auf eine freie Verteidigung auch und gerade für solche Gefangene garantieren wollen, die sich dem Vorwurf ausgesetzt sehen, die soziale und politische Legitimität bestimmter staatlicher Herrschaftssysteme radikal in Frage gestellt zu haben, war bislang nur in Ländern üblich, die im Gegensatz zur Bundesrepublik zumindest ehrlich genug sind – wie etwa Spanien – den Anspruch der Rechtsstaatlichkeit gar nicht erst lautstark zu proklamieren.
Inzwischen scheint es der Ehrgeiz der Staatsschutzbehörden der BRD zu sein, es solchen Ländern gleichzutun. Die Technik, die den Verhaftungen, Durchsuchungen und Beschlagnahmen vom gestrigen Tage zugrundeliegt, läßt sich wie folgt beschreiben:
Man verbreite über Jahre hinaus das Gerücht, die Verteidiger der Gefangenen aus der RAF seien in Wahrheit keine Verteidiger sondern Komplicen, wobei darauf zu achten ist, daß die Gefangenen selbst nicht etwa als Beschuldigte in einem Strafverfahren dargestellt werden, in dem über erhobene Schuldvorwürfe erst noch zu befinden wäre, sondern als von Anbeginn ihrer Festnahme an bereits Überführte und Verurteilte. Man vertraue sodann darauf, daß dieses Gerücht genügend aufbereitet und aufgeheizt den Gesetzgeber dazu stimuliert, ein Spezialgesetz zum Ausschluß von Verteidigern in einem Verfahren zu schaffen, dem man mit der Strafprozeßordnung alter Fassung allein nicht mehr beizukommen meint. Man verzage nicht, wenn ein solches Gesetz als Opfer von Hast und Hektik Lücken aufweist, die seinem unmittelbaren politischen Zweck zuwiderlaufen.
Es wird sich immer ein Senat finden, sei es ein zweiter oder ein erster Strafsenat, der solche Lücken zu kitten bereit ist, der Neigung folgend, den Grundsatz der Teilung der Gewalten zu suspendieren, wo Not an Macht ist... Alsdann hoffe man darauf, daß Ausschlüsse von Verteidigern ohne gesetzliche Grundlage den Schein des Rechts erhalten und daß Staats- oder Justizorgane, die zur Zerschlagung einer Verteidigung das Recht brechen, sich als Hüter des Rechts, statt als Hüter ungesetzlicher Macht darstellen." (TN-S. 755–757).
6) „Ich würde das, was wir gehört haben, als eine Bankrotterklärung bezeichnen. Eine Bankrotterklärung, die einmal mehr zeigt, in welchem Ausmaß Rechtsbewußtsein bei den Sitzungsvertretern der Bundesanwaltschaft verfallen ist." (TN-S. 1330)

7) Während des 24. Sitzungstages verlas Rechtsanwalt von Plottnitz den Antrag, die Verhandlung in einen der Stuttgarter Gerichtssäle des Oberlandesgerichts oder Landgerichts zu verlegen. Dabei führte er unter anderem aus:

„Die Errichtung dieser Prozeßfestung war und ist keine dem formellen Strafrecht zuzuordnende Prozeßhandlung; sie ist vielmehr, wie bisher so gut wie alles in diesem Verfahren, eine militärische Exekutivaktion (TN-S. 2015)... Das Öffentlichkeitsprinzip ist für diese Hauptverhandlung längst zum inhaltsleeren Dekor verkommen... Wir haben gesagt, daß die Errichtung dieser Prozeßfestung eine der militärischen Exekutivaktionen darstellt, mit denen das Verfahren gegen die Angeklagten vorbereitet wurde und bis heute betrieben wird. Zu diesem Sachverhalt gehört, daß die Kontrolle über dieses Verfahren und seinen Ausgang sowohl vor als auch nach der Eröffnung des Hauptverfahrens nicht bei einer unabhängigen rechtsprechenden Gewalt, sondern in Wahrheit stets bei staatlichen Exekutivorganen lag und liegt... Bei der Auswahl des vorsitzenden Richters – insoweit kann schon auf das, was hierzu bereits vorgetragen wurde, verwiesen werden – galt es einen Mann zu finden, den nicht etwa der Gedanke hemmen könnte, daß Staatsschutz und rechtsstaatliche Strafrechtspflege zwei verschiedene Dinge, daß Staatsfeind und Angeklagter nicht dasselbe seien (TN-S. 2017–2018)... Die staatlichen Exekutivorgane haben sich bei ihrem Bemühen, die Rahmenbedingungen und damit den Ausgang dieser Hauptverhandlung ihrer Kontrolle zu unterwerfen, nicht an strafprozessualen Kriterien orientiert: also etwa an der Respektierung der Verteidigungsrechte eines Angeklagten oder des Schutzes seiner Menschenwürde vor und in einer Hauptverhandlung. Worum es ihnen geht, ist vielmehr die Bekämpfung, die militärische und politische Unschädlichmachung von Individuen und Gruppen, die nicht mehr als Angeklagte, sondern als längst schuldige politische und militärische Gegner begriffen werden" (TN-S. 2019–2020)...

„Sinnfälliger Ausdruck des Rechtsstaatsprinzips und der Unabhängigkeit der rechtsprechenden Gewalt sollte sein, daß Strafprozesse nicht in Gefängnissen, Kasernen oder Polizeihauptquartieren stattfinden. Ist wie in diesem Verfahren das Gegenteil der Fall, so kann von einem Strafprozeß nicht gesprochen werden... Die Antwort auf die Frage, warum dieses Novum gerade in diesem Verfahren zutage tritt, ist weniger in den Gesetzen der BRD zu suchen als in dem politischen Widerspruch, der diesem Prozeß zugrundeliegt. Die Antwort verbirgt sich in einem Satz aus der Anklageschrift vom 26. 9. 74, nämlich dort, wo es im Anklagesatz auf S. 15 heißt:

›Diese Gruppe setzte sich zum Ziel, die gesellschaftlichen Verhältnisse in der Bundesrepublik Deutschland nach dem Vorbild der südamerikanischen Stadtguerillas mit allen Mitteln, insbesondere durch Gewaltmaßnahmen zu bekämpfen.‹

Dieser Satz macht deutlich, was seine Unscheinbarkeit eigentlich verschleiern soll: daß nämlich der gesamte Charakter dieses Verfahrens zentral bestimmt wird von dem Vorwurf, daß sich die Angeklagten im Zusammenhang mit den ihnen zur Last gelegten Aktionen von einer bestimmten politischen Überzeugung leiten ließen, der Überzeugung nämlich, daß ›die gesellschaftlichen Verhältnisse in der BRD‹ nicht – wie es offizieller Lesart entspricht – gerecht, rechtsstaatlich und demokratisch sind, sondern daß diese Verhältnisse als von Kapitalismus und Imperialismus beherrschte und bestimmte prinzipiell ungerecht und deshalb zu bekämpfen sind. Es ist allein dieser Aspekt, der diesem Verfahren den Ausdruck einer exekutiven Staatsaktion statt eines realen Strafprozesses gibt. Es ist dieser Aspekt, der dazu führt, daß dieses Verfahren in Wahrheit nicht juristisch, sondern politisch und militärisch entschieden wird... Die Frage nach der Funktion staatlicher Herrschaftspraktiken, die dazu führen, daß Angeklagte nicht mehr als Angeklagte, sondern als Staatsfeinde behandelt werden, die es politisch und militärisch unschädlich zu machen gilt, ist identisch mit der Frage, welche und wessen Interessen dadurch geschützt werden sollen. Nach offizieller Lesart ist es die Allgemeinheit der Staatsbürger, so wie die Gesellschafts- und Rechtsordnung der BRD angeblich dem gemeinen Wohl dienen sollen. Zwar hat es zur Vorbereitung und Anheizung des politischen Klimas für diese Hauptverhandlung an organisierten staatlichen Versuchen, der Bevölkerung der BRD zu suggerieren, die Aktionen der RAF seien gegen sie gerichtet, nicht gefehlt... In der Anklageschrift vermögen wir jedoch den Vorwurf von Aktionen gegen die Allgemeinheit der Staatsbürger nicht zu finden, wir lesen statt dessen von gezielten Angriffen gegen in- oder ausländische, öffentliche oder private Institutionen, die nichts mit der vielbeschworenen Allgemeinheit, aber sehr viel mit der nationalen und internationalen Aufrechterhaltung und Sicherung der bestehenden gesellschaftlichen und politischen Herrschaftsordnung in der BRD zu tun haben. Daß diese Herrschaftsordnung nicht irgendeine, sondern eine kapitalistische ist, in der die große Mehrheit der Bevölkerung von der Minderheit der Eigentümer von Produktionsmitteln abhängig ist, ist ein offenes Geheimnis. In diesem Verfahren geht es also um den Schutz eines durchaus partikularen Interesses, dem nationalen und internationalen Interesse am Fortbestand des Kapitalverhältnisses und der von ihm produzierten wirtschaftlichen und sozialen Abhängigkeit der Mehrheit der Bevölkerung. Zur Tradition dieses Interesses gehört es, daß es sich um Menschenrechte und Menschenwürde noch nie gekümmert hat, wenn es sich in Gefahr sah und zur Selbstverteidigung geschritten ist. Es ist dieses Interesse, das sich in den äußeren Bedingungen dieses Verfahrens, in der Beseitigung aller materialen Rechtsförmigkeit unmittelbar durchsetzt. Es zielt darauf ab, politische Positionen, die es theoretisch und praktisch ablehnen, die Welt des Kapitalismus als die beste aller Welten zu preisen, zu isolieren, zu ersticken und unschädlich zu machen (TN-S. 2022–2028)...

Zum militärischen Gepräge dieses Verfahrens gehörte ein großes Kriegsgeschrei, das in den Monaten vor Beginn dieser Hauptverhandlung von politischen Exekutivorganen aller

Couleur – vom Bundeskanzler abwärts – zu hören war. Wir hörten viel von der ›Solidarität aller Demokraten‹ und von der ›freiheitlich-demokratischen Grundordnung‹.
Diese Beschwörungen von Einheit, Freiheit und Demokratie begleiten eine politische Entwicklung in der BRD, in der von realer Demokratie und politischer Freiheit nichts, von willkürlicher politischer Herrschaft, von politischer Bespitzelung, Beschnüffelung und Unterdrückung jedoch viel zu spüren ist. Im politischen Hintergrund dieses Verfahrens lauert das Gespenst des Faschismus, von dem Bertolt Brecht am Ende seines Theaterstücks ›Der aufhaltsame Aufstieg des Arturo Ui‹ meinte: ›Der Schoß ist fruchtbar noch, aus dem dies kroch‹." (TN-S. 2030)
8) „Die abgelehnten Richter wußten, daß sie ihr Ziel, die Gefangenen aus der Hauptverhandlung zu eliminieren, sie als verteidigungsfähige Objekte auszuschalten, mit dem Inhalt der schriftlichen Sachverständigen ebensowenig begründen konnten wie mit dem Wortlaut des § 231 a StPO. Gleich zu Beginn der Begründung dieses Beschlusses vom 30. 9. 1975 lösen sie dieses Problem mit einer Verdrehung der Tatsachen – man könnte auch sagen: mit einer Lüge." (TN-S. 3186)
9) „Und weil dem so ist, proklamieren die abgelehnten Richter mit diesen beiden Sätzen für sich und damit für die gesamten Staatsorgane der BRD das Recht auf Körperverletzung, man kann auch sagen, das Recht auf Folter gegenüber Gefangenen, die als Folge des Verdachtes, eine revolutionäre Veränderung der bestehenden gesellschaftlichen Verhältnisse für notwendig zu halten und der gegenwärtigen Legalität der BRD die Anerkennung zu versagen, als besonderes Sicherheitsrisiko eingestuft werden. Folter ist jede Behandlung, die bewußt in die physische oder psychische Gesundheit von Gefangenen eingreift." (TN-S. 3188)
10) „In diesem Zusammenhang muß von einer Kriegserklärung der abgelehnten Richter den Gefangenen gegenüber gesprochen werden. Jedoch gäbe es für den Fall des Krieges immerhin die Genfer Konvention, deren Vorschriften die Gefangenen vor dem zu schützen hätten, was dem Beschluß der abgelehnten Richter zufolge rechtens sein soll: die vorsätzliche Zerstörung ihrer Gesundheit.
Die abgelehnten Richter haben die Gefangenen rechtlos erklärt. Daß die Richter des BGH diese Rechtloserklärung nicht nur bestätigt, sondern sogar noch ins Zentrum der Beschwerdeentscheidung vom 22. 10. 1975 gestellt haben, entlastet nicht die abgelehnten Richter, sondern belastet vielmehr die politische Justiz der BRD insgesamt." (TN-S. 3189)
11) „In der Tat lassen wir uns natürlich durch nichts, weder durch Entpflichtungsandrohungen... Anträge oder was weiß ich, daran hindern, hier unseren Aufgaben als Verteidiger nachzugehen. Speziell nicht in einem Verfahren, das schon derartig umfangreich die Aspekte eines Militärgerichtsverfahrens angenommen hat, wie es der Stammheimer Prozeß inzwischen getan hat." (TN-S. 3257)

IV. Daß Rechtsanwalt von Plottnitz künftig seine Aufgaben und Möglichkeiten als Verteidiger anders handhaben werde, ist nach der zuletzt angeführten Äußerung um so weniger zu erwarten, als er auch schon eine frühere eindringliche Mahnung nicht beachtet hat. Damals, am 27. Verhandlungstag, wurde dem Antrag der Bundesanwaltschaft, die Bestellung Rechtsanwalts von Plottnitz und anderer Verteidiger zu widerrufen, zwar nicht entsprochen, aber näher begründet, daß und warum die rechtlichen Voraussetzungen zur Aufhebung der Bestellungen (wegen Pflichtverstößen) an sich vorlägen. Abschließend hieß es:

„Der Senat sieht sich allerdings veranlaßt, nochmals mit allem Ernst darauf hinzuweisen, daß eine nochmalige Wiederholung derartiger Pflichtverstöße nicht mehr hingenommen werden könnte". (TN-S. 2168ff.)

V. Da Rechtsanwalt von Plottnitz, so wie er die Verteidigung geführt hat und nach der Überzeugung des Senats weiter führen wird, den geordneten Verfahrensablauf gefährdet und da der rechtliche Beistand für den Angeklagten Raspe auch ohne seine Bestellung (durch 2 weitere Pflichtverteidiger und 2 Wahlverteidiger) gewährleistet ist, ist seine Bestellung aufzuheben.
Über seinen etwaigen Verbleib als Wahlverteidiger ist damit nichts ausgesagt.

gez. Prinzing
Vorsitzender Richter am
Oberlandesgericht

5. Die Verhandlungsfähigkeit oder: Angeklagte als Objekte

Bis zum Stammheimer Prozeß konnten Strafverfahren in der Bundesrepublik nur in ganz seltenen Ausnahmefällen auch ohne Anwesenheit des Angeklagten durchgeführt werden. Als Grundsatz galt (und gilt auch heute noch):

Gegen einen ausgebliebenen Angeklagten findet eine Hauptverhandlung nicht statt.

Hinter dieser dogmatischen Bestimmung steht vor allem der Gedanke, daß Menschen, die sich vor Gericht wegen einer ihnen zur Last gelegten Straftat verantworten müssen, entgegen den üblichen Praktiken in den Inquisitionsprozessen des Mittelalters nicht als zu verurteilende Objekte, sondern als handelnde Subjekte mit Menschenwürde anzusehen sind. Die Dogmatik dieser Regel geht so weit, daß es sogar eine „Anwesenheitspflicht" für Angeklagte gibt:

§ 231 Strafprozeßordnung
I. Der erschienene Angeklagte darf sich aus der Verhandlung nicht entfernen. Der Vorsitzende kann die geeigneten Maßregeln treffen, um die Entfernung zu verhindern; auch kann er den Angeklagten während einer Unterbrechung der Verhandlung in Gewahrsam halten lassen.

Der letzte Satz ist für Angeklagte bestimmt, die sich auf freiem Fuß befinden. Es heißt weiter:

II. Entfernt der Angeklagte sich dennoch oder bleibt er bei der Fortsetzung einer unterbrochenen Hauptverhandlung aus, so kann diese in seiner Abwesenheit zu Ende geführt werden, wenn er über die Anklage schon vernommen war und das Gericht seine fernere Anwesenheit nicht für erforderlich erachtet.

Eine viel weitergehende Einschränkung der Anwesenheitspflicht sieht die kurz vor Eröffnung der Stammheimer Hauptverhandlung letztmals geänderte Bestimmung des § 231 a der StPO vor:

Herbeigeführte Verhandlungsunfähigkeit

I. Hat sich der Angeklagte vorsätzlich und schuldhaft in einen seine Verhandlungsfähigkeit ausschließenden Zustand versetzt und verhindert er dadurch wissentlich die ordnungsgemäße Durchführung oder Fortsetzung der Hauptverhandlung in seiner Gegenwart, so wird die Hauptverhandlung, wenn er noch nicht über die Anklage vernommen war, in seiner Abwesenheit durchgeführt oder fortgesetzt, soweit das Gericht seine Anwesenheit nicht für unerläßlich hält. Nach Satz 1 ist nur zu verfahren, wenn der Angeklagte nach Eröffnung des Hauptverfahrens Gelegenheit gehabt hat, sich vor dem Gericht oder einem beauftragten Richter zur Anklage zu äußern.

II. Sobald der Angeklagte wieder verhandlungsfähig ist, hat ihn der Vorsitzende, solange mit der Verkündung des Urteils nocht nicht begonnen worden ist, von dem wesentlichen Inhalt dessen zu unterrichten, was in seiner Abwesenheit verhandelt worden ist.

III. Die Verhandlung in Abwesenheit des Angeklagten nach Absatz 1 beschließt das Gericht nach Anhörung eines Arztes als Sachverständigen. Der Beschluß kann bereits vor Beginn der Hauptverhandlung gefaßt werden. Gegen den Beschluß ist sofortige Beschwerde zulässig; sie hat aufschiebende Wirkung. Eine bereits begonnene Hauptverhandlung ist bis zur Entscheidung über die sofortige Beschwerde zu unterbrechen; die Unterbrechung darf, auch wenn die Voraussetzungen des § 229 Abs. 2 nicht vorliegen, bis zu dreißig Tagen dauern.

IV. Dem Angeklagten, der keinen Verteidiger hat, ist ein Verteidiger zu bestellen, sobald eine Verhandlung ohne den Angeklagten nach Absatz 1 in Betracht kommt.

Auch wegen ordnungswidrigen Benehmens kann ohne Angeklagten verhandelt werden, wie § 231 b StPO ausführt:

I. Wird der Angeklagte wegen ordnungswidrigen Benehmens aus dem Sitzungszimmer entfernt oder zur Haft abgeführt (§ 177 des Gerichtsverfassungsgesetzes), so kann in seiner Abwesenheit verhandelt werden, wenn das Gericht seine fernere Anwesenheit nicht für unerläßlich hält und solange zu befürchten ist, daß die Anwesenheit des Angeklagten den Ablauf der Verhandlung in schwerwiegender Weise beeinträchtigen würde. Dem Angeklagten ist in jedem Fall Gelegenheit zu geben, sich zur Anklage zu äußern.

II. Sobald der Angeklagte wieder vorgelassen ist, ist nach § 231 a Abs. 2 zu verfahren.

Die Auseinandersetzungen über die Fragen, ob die Stammheimer Angeklagten verhandlungsfähig seien, wenn nicht, ob sie etwa durch Abhalten von Hungerstreiks selbst Schuld an diesem Gesundheitszustand trügen und aus diesem Grund auch in ihrer Abwesenheit verhandelt werden könne, zogen sich über mehrere Monate hin.
Unter Vorsitz von Theodor Prinzing wies der 2. Strafsenat immer wieder die beharrlich vorgetragenen Verteidigeranträge zurück, nach denen unabhängige medizinische Gutachter ihre Mandanten zur Frage der Verhandlungsfähigkeit untersuchen sollten. Das Gericht ging durch

„Augenschein" davon aus, die Angeklagten seien voll verhandlungsfähig, und wies alle Gutachter-Anträge kaum begründet zurück.

Am 11. Juni 1975 bereits beantragte die Vertrauenanwältin Marieluise Becker, das Verfahren auszusetzen. In der Begründung ging die Rechtsanwältin ausführlich auf die Haftsituation der Stammheimer Angeklagten und damit auch auf die Frage der Verhandlungsfähigkeit ein:

An das
Oberlandesgericht
– 2. Strafsenat –

7000 Stuttgart-Stammheim
Aspergerstr. 49

In dem Verfahren gegen
1. Andreas *Baader*
2. Gudrun *Ensslin*
3. Ulrike *Meinhof*
4. Jan-Carl *Raspe*
stellen wir den *Antrag*,
1. zum Beweis dafür, daß
a) die Angeklagten bereits vor Beginn des letzten Hungerstreiks gegen ihre Langzeitisolation, der vom 13. 9. 1974 bis 5. 2. 1975 andauerte, nicht mehr haft- und verhandlungsfähig waren, und im gegenwärtigen Zeitpunkt nicht mehr haft- und verhandlungsfähig sind,
b) die Haftbedingungen, denen die Angeklagten ausgesetzt waren und ausgesetzt sind, insbesondere die dreijährige und weiter anhaltende Isolation, nach den gesicherten Erkenntnissen der Isolationsforschung eine die menschliche Toleranzgrenze überscheitende sensorische Deprivation darstellen,
c) eine solche sensorische Deprivation eine wissenschaftlich erprobte Methode der Folter ist, die Teil der Counter-Insurgency-Programme imperialistischer Staaten ist,
Herrn Prof. Dr. med. Sjef *Teuns*, Blaricum/Holland [...],
Herrn Dr. Tim *Shallice*, London, University College,
Herrn Dr. med. Jacques *Hassoun*, Paris [...]
als Sachverständige zu hören,
2. das Verfahren gemäß § 260 der Strafprozeßordnung in Verbindung mit Artikeln 1 und 104 Abs. 2 des Grundgesetzes, Artikeln 3 und 6 Abs. 2 der Europäischen Menschenrechtskonvention und § 136a der Strafprozeßordnung einzustellen und die Angeklagten aus der Untersuchungshaft zu entlassen.

Begründung:

Ein Strafprozeß nach rechtsstaatlichen Grundsätzen sowie nach den international anerkannten Normen des Menschenrechtes, wie sie in den internationalen Konventionen niedergelegt sind, kann nicht stattfinden.

I.

1. Artikel 1 des Grundgesetzes stellt in den Mittelpunkt aller staatlichen Organisation und Gewalt die unantastbare Würde des Menschen.
Artikel 2 Absatz 2 und Artikel 104 Absatz 2 des Grundgesetzes erklären ausdrücklich: Die Freiheit der Person ist unverletzlich. Sie kann nur aufgrund eines förmlichen Gesetzes und nur unter Beachtung der darin vorgeschriebenen Formen beschränkt werden. Festgehaltene Personen dürfen weder seelisch noch körperlich mißhandelt werden.

2. Die Konvention zum Schutz der Menschenrechte vom 3. 9. 1953, die in der Bundesrepublik als Gesetz gilt, bestimmt in Artikel 3: „Niemand darf der Folter oder unmenschlicher oder erniedrigender Strafe oder Behandlung unterworfen werden."
In Artikel 6 Absatz 2 bestimmt die Konvention: „Bis zum gesetzlichen Nachweis seiner Schuld wird vermutet, daß der wegen einer strafbaren Handlung Angeklagte unschuldig ist."

3. In der Entschließung des Ministerkomitees des Europarats zur Untersuchungshaft (Beilage zum Bundesanzeiger Nr. 102 vom 3. 6. 1963) ist festgelegt: „Die Untersuchungshaft darf auf keinen Fall als Strafmaßnahme Anwendung finden."

4. Der aus den Erfahrungen faschistischer Zwangsherrschaft heraus in unsere Strafprozeßordnung eingefügte § 136a StPO gebietet: „Die Freiheit der Willensentschließung und der Willensbetätigung des Beschuldigten darf nicht beeinträchtigt werden durch Mißhandlung, durch Ermüdung, durch körperlichen Eingriff, durch Verabreichung von Mitteln, durch Quälerei, durch Täuschung oder durch Hypnose."

5. Oberste Richtschnur des gesamten Rechtes der Untersuchungshaft ist der in § 119 Absatz 3 der Strafprozeßordnung festgehaltene Grundsatz, daß dem in Haft Genommenen nur solche Beschränkungen auferlegt werden dürfen, die durch den Sicherungszweck der vorläufigen Festnahme und durch die Ordnung in der Haftanstalt zwingend geboten sind.
Hinzu kommt das rechtsstaatliche Verbot des Übermaßes, wonach alle Eingriffe gegenüber dem betroffenen Menschen im Verhältnis zu seinen Grundrechten stehen müssen und wonach jeweils nur das mildeste der im Zusammenhang noch notwendigen Mittel ergriffen werden darf.

6. Nach Nr. 91 der „Einheitlichen Mindestgrundsätze der UNO für die Behandlung der Gefangenen" von 1955/57 ist einem Untersuchungsgefangenen auf begründeten Antrag die Erlaubnis zu geben, sich von seinem eigenen

Arzt oder Zahnarzt besuchen und behandeln zu lassen, wenn er in der Lage ist, die damit verbundenen Kosten zu bezahlen.

7. Schließlich schreibt Artikel 1 Abs. 3 der Untersuchungshaftvollzugsordnung zusätzlich vor: „Die Persönlichkeit des Untersuchungsgefangenen ist zu schonen. Im Umgang mit ihm muß selbst der Anschein vermieden werden, als ob er zur Strafe festgehalten werde. Die Untersuchungshaft ist so zu vollziehen, daß der Gefangene keinen sittlichen oder körperlichen Schaden erleidet."

II.

Die Verteidigung tritt für die permanente Verletzung dieser rechtsstaatlichen und international anerkannten Grundsätze, ohne deren Beachtung ein faires Verfahren nicht möglich ist, folgende Beweise an:

1. Die Angeklagten als Gefangene aus der RAF werden seit ihrer Inhaftierung einem besonderen, in keinem Gesetz vorgesehenen Haftstatut unterworfen. Im Gegensatz zu dem Haftstatut, das etwa in Frankreich für politische Gefangene geschaffen wurde, zeichnet sich die Sonderbehandlung der Angeklagten und aller Gefangener aus der RAF dadurch aus, daß die Staatsschutzpolizei der BRD und der Generalbundesanwalt versuchen, die Identität der Gefangenen durch ein ausgeklügeltes Instrumentarium von Haftverschärfungen zu zerstören. Diese Vernichtungshaft besteht in der Institutionalisierung jahrelanger Isolation, in der systematischen Abschirmung der Gefangenen von jedem unmittelbaren menschlichen Kontakt zu Mitgefangenen. In einem Schreiben des früheren Leiters der JVA Stuttgart-Stammheim, Regierungsdirektor Fraß, vom 12. 12. 1974 wird einer Lockerung der Isolierungshaft unter anderem mit folgender Begründung entgegengetreten:

„Das bisherige Sicherheitskonzept der Anstalt, nämlich die in der III. Abteilung untergebrachten Mitglieder anarchistischer Gruppen von den übrigen Insassen des Zellenbaus abzuschirmen, wird durchlöchert. Es entsteht eine Durchlässigkeit, Nachrichten können unkontrollierbar übermittelt werden."

Das Haftinstitut der Isolation ist durch ein Bündel von Verschärfungen des normalen Haftvollzuges gekennzeichnet mit dem Ziel, die Gefangenen aus vorgeblichen Sicherheitsgründen jeder Möglichkeit der Kommunikation zu Mitgefangenen zu berauben. Beispielhaft für Umfang und Intensität der sonderbehandelnden Maßnahmen ist die Verfügung, die der Leiter der Justizvollzugsanstalt Wittlich am 26. 3. 1973 auf Betreiben der Sicherungsgruppe Bonn gegen den früheren Mitangeklagten Holger Meins erlassen hat. Diese Verfügung lautet:

„Für die Dauer des Aufenthalts des Untersuchungsgefangenen Holger Meins in den hiesigen Anstalten ordne ich folgendes an:

1. Die Außenpforte wird vom Aufschluß bis zum Einschluß mit zwei Bediensteten besetzt. Für die Zeit vom Einschluß bis zum Beginn des Nachtdienstes – wie 2. –

2. Verstärkung des Nachtdienstes um einen zusätzlichen Bediensteten, der den Bereich des A-Hofes, den Bereich zwischen Außenpforte und Hausvaterei und den Zugang zum B-Hof kontrolliert und dabei ständigen Kontakt mit der Außenpforte hält.

3. Verschärfte Kontrollen bei Besuchern jeder Art und bei allen Fahrzeugen. Bei Personen, die außerhalb der regulären Bürozeiten Einlaß begehren, ist durch vorherige genaue Vergewisserung die Identität festzustellen, notfalls durch fernmündliche Anfrage bei der örtlichen Polizeidienststelle. Das gilt auch für uniformierte Personen.
4. a) Besucher des U-Gefangenen Meins – auch Rechtsanwälte – werden nur nach ausdrücklicher Weisung des Inspektors für Sicherheit und Ordnung – falls dieser nicht erreichbar, nach Weisung des Inspektors vom Dienst – zum Besuch zugelassen.
b) Die Besuche finden in einem Raum der Verwaltung statt.
5. a) Besucher des U-Gefangenen Meins – auch Rechtsanwälte – werden vor der Zulassung zum Besuch einer körperlichen Durchsuchung (Mantel und Jacke ausziehen, Taschen der Kleidung entleeren und Abtasten über der Kleidung) sowie einer Durchsuchung der mitgeführten Behältnisse (Taschen pp.) unterzogen.
b) Das Mitbringen von Diktiergeräten, Tonbandgeräten u.ä. zum Besuch wird nicht zugelassen.
c) Wegen der Durchsuchung weiblicher Besucher ist vor dem Besuch die Kripo Wittlich zu verständigen.
d) Besuche bei dem U-Gefangenen Meins werden nur in Gegenwart von zwei Beamten durchgeführt.
e) Bei Besuchen durch Rechtsanwälte ohne Besuchsüberwachung wird der Besuchsraum durch einen bewaffneten Bediensteten abgeschirmt, der vor der Tür des Besuchsraums zu stehen hat.
f) Der Gefangene wird unmittelbar nach jedem Besuch im Besuchsraum vom Aufsichtsdienstleiter im Beisein eines weiteren Beamten körperlich durchsucht und neu eingekleidet.
6. Während der Bewegung des U-Gefangenen Meins im Freien werden keine Fahrzeuge in die Anstalt eingelassen, die in den Bereich des A-Hofs fahren wollen. Fahrzeuge, die in den übrigen Bereich der Anstalt fahren wollen, werden nur eingelassen, sofern der Fahrer genau bekannt ist (z.B. Viehhändler B(...), Eierlieferant D(...). Beginn und Ende der Freistunde sind der Außenpforte vom Aufsichtsdienstleiter jeweils zu melden.
7. Der Untersuchungsgefangene Meins wird auf Abteilung 2, Zelle 51 in strenger Einzelhaft gehalten.
8. Die unmittelbar rechts und links und die unter und über der Zelle des U-Gefangenen Meins liegenden Zellen dürfen nicht mit Gefangenen belegt werden.
9. Die Zelle des U-Gefangenen ist Tag und Nacht unter doppeltem Verschluß zu halten. Der Riegel wird zusätzlich mit einem Vorhängeschloß versehen. Der Schlüssel wird vom Aufsichtsdienstleiter bzw. in dessen Abwesenheit vom Wachhabenden verwahrt. Die jeweilige Übergabe des Schlüssels ist in einem besonderen Buch zu vermerken. Ein Doppel des Schlüssels wird vom Inspektor für Sicherheit und Ordnung verwahrt.
10. Der Gefangene wird nur im Beisein des Aufsichtsdienstleiters in Begleitung eines zweiten Beamten in der Zelle aufgesucht.
11. Die Essensausgabe, der Kleidertausch, die Ausgabe von Reinigungsmitteln u.ä. erfolgt ausschließlich durch Anstaltsbedienstete ohne Beisein von Gefangenen.
12. Der Abteilungsbedienstete der Abteilung 2 hat die Zelle des U-Gefangenen ständig unter Bewachung zu halten. Sobald irgendein Gefangener (z.B. Flurreiniger) in der Nähe der Zelle des U-Gefangenen beschäftigt ist, muß der Abteilungsbedienstete unmittelbar dabei sein.
13. Vorführungen erfolgen nur nach Anweisung oder Genehmigung des Anstaltsleiters, seines Vertreters, des Inspektors für Sicherheit und Ordnung bzw. des Inspektors vom Dienst oder des Aufsichtsdienstleiters.
14. Vorführungen innerhalb des Anstaltsgebäudes erfolgen nur durch zwei Bedienstete gleichzeitig.
15. Einzelspaziergang mit Bewachung durch zwei Bedienstete. Von diesen ist ein Bediensteter bewaffnet. Er hat die Waffe verdeckt zu tragen. Einer der Bediensteten ist

mit einem Funkgerät ausgerüstet. Ferner ist zu dieser Zeit bei der Pforte, bei dem Aufsichtsdienstleiter und bei dem Rundgangbediensteten je ein Funkgerät in Betrieb. Der Rundgangbedienstete kontrolliert während dieser Zeit den Bereich zwischen Außenpforte und Hausvaterei und den Bereich zwischen Außenpforte und Durchfahrt zum B-Hof bis zur Wäscherei. Er hat eine Schußwaffe verdeckt zu tragen.
16. Der U-Gefangene ist bei der Bewegung im Freien ab Austritt aus der Zelle bis zu seiner Rückführung zu fesseln.
17. Ausschluß von allen Gemeinschaftsveranstaltungen einschließlich Kirchgang.
18. Tägliche Zellenkontrolle in Abwesenheit des Gefangenen und Leibesvisitation.
19. In der Zelle dürfen keine gefährlichen Werkzeuge (Scheren, Nagelzangen, Rasierzeug pp.) belassen werden. Wenn sich der Gefangene rasieren will, so ist ihm sein Rasierzeug mit eingespannter Klinge zu übergeben. Zwei Bedienstete haben das Rasieren zu überwachen und das Rasierzeug nach beendeter Rasur wieder einzuziehen und auf Vollständigkeit (Klinge) zu kontrollieren.
20. Zum Baden wird der Gefangene von zwei Bediensteten in das Bad der Hausvaterei geführt.
21. Der Gefangene trägt Anstaltskleidung, sofern nicht für Einzelfälle etwas Anderes angeordnet wird.
22. Keine Arbeitszuweisung.
23. Bei Gefahr im Verzuge treten die besonderen Anordnungen nach dem Sicherungs- und Alarmplan in Kraft."

Diese Verfügung wurde vom Ermittlungsrichter des Bundesgerichtshofes am 11. 4. 1973 mit geringen Ausnahmen genehmigt.
Die Zellen oberhalb, unterhalb und seitlich des Mitangeklagten Holger Meins waren noch bei seinem Tod am 9. 11. 1974 leer:
Ein sichtbares Zeichen der menschenvernichtenden Isolation, gegen die Holger Meins mit seinem Hungerstreik bis zu seinem Tod gekämpft hat.

2. Die langandauernde Einzelhaft ist eine barbarische Quälerei des Menschen. Dies ist kein Zitat aus einer Presseerklärung eines Verteidigers in den RAF-Verfahren, sondern die Feststellung eines Kritikers des preußischen Strafvollzuges, der sich in einer im Jahre 1905 im sozialdemokratischen Vorwärts-Verlag erschienenen Schrift mit dem „Elend des Strafvollzuges" beschäftigte. Dort ist auch nachzulesen, daß das Wort „Isolierhaft" keineswegs die teuflische Erfindung gewisser Anwälte der Gegenwart ist, sondern bereits damals der genaue Text war für menschenvernichtende Behandlung von Haftinsassen.
Der Mensch ist, wie man weiß, ein soziales Wesen, was immer das heißen mag. Es heißt jedenfalls, daß soziale Kommunikation ein elementares und unverzichtbares menschliches Lebensbedürfnis ist.
Haft ist Pein. Das Gefängnis, als Ort der Unfreiheit, des Freiheitsentzuges, rationiert zwangsläufig die zwischenmenschlichen Kommunikationsmöglichkeiten. Wird die soziale Kommunikation in der Haft vollständig unterbunden oder auf ein nicht mehr erträgliches Minimum reduziert, geht der Gefangene zugrunde, nicht anders, als wenn ihm die Nahrung verweigert oder auf ein nicht mehr ausreichendes Maß verringert wird.

Wir haben Schwierigkeiten, diesen einfachen Sachverhalt zu begreifen, weil die wenigsten die Erfahrung einer längerdauernden totalen oder abgestuften Isolation kennen.
Langzeitisolation schränkt die mitmenschlichen Kommunikationsmöglichkeiten so weitgehend ein, daß eine Auszehrung der Wahrnehmungs-, Denk- und Gefühlskräfte des Gefangenen eintritt. Langzeitisolation vernichtet die Persönlichkeit des Gefangenen. Er wird der fortschreitenden Verwesung bei lebendigem Leibe anheimgegeben. In aller Regel verursacht Langzeitisolation zugleich den vollständigen körperlichen Verfall des Gefangenen.

Isolation wird erreicht durch strenge Einzelhaft, Ausschluß von allen Gemeinschaftsveranstaltungen einschließlich Kirchgang, Ausschluß von der gemeinsamen Freistunde und Beschränkung des Post- und Besucherverkehrs (so Justizsenator Korber in einer Presseerklärung vom 11. Oktober 1974).
Isolation wird verschärft durch Unterbringung des Gefangenen in einem vom Anstaltsgebäude, in dem sich das eigentliche Anstaltsleben abspielt, abgelegenen Gebäudeteil (Moabiter Turm) oder in einem sogenannten toten Trakt (Köln-Ossendorf und Hannover), in dem der Gefangene auch akustisch isoliert ist, das heißt, nicht einmal mehr die Geräusche des normalen Anstaltsalltages wahrnehmen kann.
Papier und Apparate sind Kommunikationsersatz. Zeitungen, Bücher und Radios mildern geringfügig die Isolation, aber heben sie nicht auf. Wer glauben machen will, minimale Kommunikationsmöglichkeiten wie Lektüre und die Stimme im Radio könnten den Gefangenen vor den Schäden langfristiger Isolation bewahren, könnte genausogut behaupten, daß ein Gefangener, dem täglich ein Fingerhut Trinkwasser zuteil wird, am Ende nicht verdurste.
Die Haft soll den Gefangenen hindern, zu fliehen oder Beweismittel beiseite zu schaffen, sie darf ihn nicht zerstören.
„Wenn Gemeinschaft notwendig ist, um den Beschuldigten vor Erkrankung zu schützen, wird freilich die Genehmigung des Antrags (auf gemeinsame Unterbringung mit anderen Untersuchungsgefangen) zur Pflicht" (Kommentar zur Strafprozeßordnung 1966).
Im Gesetz hat der Rechtsstaat ein gutes Aussehen. Die Praxis des Haftvollzuges an politischen Gefangenen sieht anders aus.
Die Angeklagten sind – wie alle Gefangenen aus der RAF – über Jahre hinweg streng isoliert worden. Ihre Haftbedingungen haben sich erst nach Jahren in der Weise minimal gelockert, daß ihnen gemeinsamer Hofgang – jeweils zu zweit – gestattet wird.
Die Isolation nimmt dem Gefangenen auch die spärlichen Kommunikationsmöglichkeiten, die ihm im üblichen Vollzug der Einzelhaft verbleiben. Die Vollzugsordnung unterscheidet zwischen Einzelhaft und strenger Einzelhaft.
„Eine unmenschliche Behandlung ist es zum Beispiel, wenn der Gefangene gegen seinen Willen ohne zwingenden Grund übermäßig lange in Einzelhaft gehalten wird und dadurch körperlich oder seelisch Schaden erleidet" – das ist

die Diagnose von Theodor Kleinknecht, eines angesehenen Kommentators des Strafverfahrensrechts.
Die Diagnose enthält eine Ungenauigkeit, die leicht übersehen wird. Unmenschlich ist die Behandlung eines Gefangenen zu nennen, die ihn körperlich oder seelisch zerstört. Die Wirkung der Behandlung ist entscheidend, ihre Gründe sind bedeutungslos. Für unmenschliche Behandlung kann es in einem Rechtsstaat nie einen zwingenden Grund geben.
Deshalb leben *die* mit dem Rechtsstaat nicht auf gutem Fuß, die die Isolation mit angeblichen Sicherheitsinteressen rechtfertigen wollen. Sicherheit darf nie durch unmenschliche Behandlung erkauft werden. Langzeitisolation ist unmenschliche Behandlung, ist Folter.
Der Widerspruch zwischen staatlichem Strafverfolgungs(Sicherungs-)interesse und körperlicher sowie seelischer Unversehrtheit des einzelnen Gefangenen muß im Rechtsstaat zugunsten des Gefangenen gelöst werden. Anfang November 1974 wurde von einem Freiburger Schwurgericht ein 60jähriger Mann wegen Mordes zu achtfacher lebenslänglicher Freiheitsstrafe verurteilt. Der Verurteilte blieb auf freiem Fuß aus „Altersgründen".
Die Schonung des Lebens und der Gesundheit des Angeklagten, den das Gericht des Mordes für überführt hielt, hatte den Vorrang vor dem staatlichen Strafverfolgungsinteresse.

In politischen Strafverfahren wird das Rangverhältnis umgekehrt. Das Sicherheitsinteresse wird absolut. Der sterbende Holger Meins war für die Verantwortlichen noch ein Sicherheitsrisiko. Dem Verteidiger wurde aus Sicherheitsgründen verwehrt, den sterbenden Holger Meins in der Gefängniszelle aufzusuchen. Statt dessen wurde Holger Meins auf einer Trage zu dem Anwalt in den Besucherraum transportiert.
Sicherheit über alles. Sicherheitsgründe haben auch den Ausschlag gegeben, daß Holger Meins, als sich sein Zustand bedrohlich verschlimmerte, nicht in die Intensivstation eines Krankenhauses verlegt wurde; vielleicht war es erst recht nicht ohne Gefahr für die Sicherheit zu bewerkstelligen, daß der nächstbereite Arzt herbeigerufen wurde.
Mit Sicherheitsgründen wird die Langzeitisolation gerechtfertigt, ohne Rücksicht auf die langsam verderbende Gesundheit des Gefangenen. Zur Durchsetzung des absoluten Sicherheitsanspruches entwickeln sich anonyme und unkontrollierbare Institutionen (Sicherheitsbeauftragte) mit neuen Machtvollkommenheiten. Sie entscheiden über Wohl und Wehe der politischen Gefangenen. Willkür macht sich breit.
Der Sicherheitsanspruch wird nach Belieben angemeldet oder zurückgezogen. Manche Gefangenen werden nach jahrelanger Isolation wieder in den normalen Vollzug eingegliedert, ohne daß sich die Sicherheitslage auch nur in einem winzigen Detail geändert hätte.
Andreas Baader hat während der 2 1/2 Jahre von seiner Inhaftierung am 1. 6. 1972 an bis zu seiner Verlegung nach Stuttgart-Stammheim im November

1974 einen anderen Gefangenen – auch nicht einen Mitangeklagten – durch besondere Vorrichtungen und Anordnungen noch nicht einmal von Ferne zu Gesicht bekommen. Alle Zellen im Umkreis seiner Zelle waren leer.

Beweis: Zeugnis des Leiters der JVA Schwalmstadt, Regierungsdirektor Wachter, und seines Amtsvorgängers, Regierungsdirektor Merz.

Andreas Baader und Jan-Carl Raspe sind seit November 1974 in Stuttgart-Stammheim im obersten Stockwerk in einem Acht-Zellen-Trakt untergebracht, zu dessen Anfang Andreas Baader und gegen dessen Ende Jan-Carl Raspe liegen. Die Zellen zwischen den beiden Gefangenen und unterhalb sind leer. Dieser Sondertrakt kommt durch die gezielte Unterbelegung einer geräuschisolierten toten Gefängnisstation sehr nahe.

Beweis: Augenschein.

3. Die Institutionalisierung der Isolation als Haftform zur Zerstörung der Identität der Angeklagten wurde und wird vom BKA über den Generalbundesanwalt von Karlsruhe aus zentral gesteuert.
Nach Nr. 220 der Richtlinien für das Strafverfahren ist der Generalbundesanwalt die Schaltstelle zwischen dem Bereich der Geheimdienste, der Polizei und der Justiz. Daß die Geheimdienste im höchsten Maß an einer Zerstörung der Persönlichkeit und des Widerstandspotentials sozialistischer und antiimperialistischer Revolutionäre interessiert sind, ist aufgrund ihrer Funktion im staatlichen Herrschaftssystem offenkundig: allein durch diese Vernichtungsstrategie hoffen sie, zu Aussagen der Angeklagten und einem Einblick in Strukturen und Organisationsformen des revolutionären Kampfes zu gelangen.
Obwohl die verschärften Haftbedingungen formal-juristisch vom Haftrichter festgesetzt werden, weil sie in die Rechte der Gefangenen eingreifen, wird die wirkliche Entscheidung über die Haftbedingungen der Gefangenen von anonymen Sicherheitsbeauftragten getroffen, die ihre Weisungen von der Staatsschutzabteilung des Bundeskriminalamtes, der früheren Sicherungsgruppe Bonn, empfangen. Die Sicherheitsbeauftragten des Staatsschutzes stellen ihre Forderungen nicht direkt gegenüber dem Haftrichter, sondern gegenüber den Leitern der Gefängnisse und den Justizministern der Länder, in denen die Gefangenen untergebracht sind. Die Leiter der Gefängnisse legen nach der Akzeptierung der vom Staatsschutz diktierten Haftbedingungen diese dem Haftrichter vor, der sie – von geringen Ausnahmen abgesehen – aus Gründen der vorgeblichen Sicherheit genehmigt.

Beweis: Zeugnis
a) des Leiters der Justizvollzugsanstalt Wittlich, Herrn Regierungsdirektor Essmayer,
b) des Regierungsdirektors Bücker von der Justizvollzugsanstalt Köln-Ossendorf,
c) des Leiters der Justizvollzugsanstalt Schwalmstadt, Regierungsdirektor Wachter, und seines Amtsvorgängers, Herrn Regierungsdirektor Merz,
d) des Leiters der Justizvollzugsanstalten Essen, Herrn Bahr,

e) des Leiters der Justizvollzugsanstalt Stuttgart-Stammheim, Herrn Nusser, sowie des stellvertretenden Leiters, Herrn Schreitmüller,
f) des Justizministers des Landes Rheinland-Pfalz, Herrn Dr. Theisen,
g) des Justizministers des Landes Baden-Württemberg, Herrn Traugott Bender,
h) des Justizministers des Landes Nordrhein-Westfalen, Dr. Diether Posser,
i) des damaligen Justizministers des Landes Hessen, Herrn Hemfler,
j) des früheren Generalbundesanwaltes Ludwig Martin,
k) des Generalbundesanwaltes Siegfried Buback,
l) des Bundesanwaltes Manfred Bruns,
m) des Bundesrichters Dr. Georg Knoblich, Karlsruhe,
n) des Leiters der Staatsschutzabteilung des BKA, Karl Schütz, Wiesbaden,
o) des Leiters des BKA, Dr. Horst Herold, Wiesbaden.

a) Ein Beispiel dafür, daß die Haftbedingungen durch die Staatsschutzpolizei diktiert werden, ist die Einrichtung eines Besuchskäfigs für Verteidigergespräche, die von der Staatsschutzabteilung des Bundeskriminalamtes über den damaligen Generalbundesanwalt Ludwig Martin den Justizministern der Länder Baden-Württemberg und Niedersachsen empfohlen und von diesen im Februar und März 1974 akzeptiert wurde. Danach wurden die Vollzugsanstalten Stuttgart-Stammheim und Hannover von den Justizministern Traugott Bender und Dr. Schäfer auf dem Dienstweg unterrichtet, daß die vom Staatsschutz konzipierten Besuchskäfige nach den Anweisungen der von dort entsandten Sicherheitsbeauftragten einzurichten seien. Die Besuchskäfige wurden danach im März 1974 in der JVA Stuttgart-Stammheim, im März oder April 1974 in der JVA Hannover eingerichtet.

Beweis: Zeugnis der Justizminister Traugott Bender, Stuttgart, und Dr. Schäfer, Hannover.

Mit diesen Besuchskäfigen wurden Ende 1974 erstmals die Verteidiger von Ronald Augustin konfrontiert, der damals noch in Stuttgart-Stammheim inhaftiert war. Bei diesen Sondersprechzellen handelt es sich um Räume, die durch eine hölzerne Trennwand in zwei Hälften geteilt sind. In der Mitte dieser Trennwand ist eine etwa 1,50 m breite und hohe Plexi- oder Panzerglasscheibe von etwa 0,5 cm Stärke eingelassen, wie sie zum Beispiel in Banken zur Sicherung gegen Überfälle verwendet wird. Am unteren Rand der Spezialglasscheibe ist ein Schlitz von 2 mm Höhe angebracht, durch den Papiere von der einen zur anderen Kammerhälfte gesteckt werden können. Die akustische Verständigung mit den Gefangenen soll durch etwa 150 Löcher von 2 mm Durchmesser ermöglicht werden, die auf einem Kreis mit dem Durchmesser von 30 cm in die Spezialglasscheibe eingebohrt sind.
Der Gefangene soll bei Anwaltsbesuchen in die eine, der Verteidiger in die andere Kammerhälfte geführt werden und hinter der Trennscheibe Platz nehmen. Die Verteidiger haben es im Einvernehmen mit den Gefangenen Augustin, Ensslin und Meinhof abgelehnt, Anwaltsbesuche unter diesen Umständen durchzuführen. Sie konnten dem Gefangenen noch nicht einmal die Hand geben oder eine Zigarette anbieten, geschweige denn Akten zur

Verteidigung mit ihm durchgehen. Jede Möglichkeit eines menschlichen Kontaktes war durch die gläserne Trennwand ausgeschlossen. Der Gefangene wird in einem derartigen Besuchskäfig durch seine Verwahrung hinter Plexi- oder Panzerglas als eine unmenschliche Kreatur dargestellt, die selbst von ihrem Verteidiger noch zu isolieren ist [...].

In einem Antrag des Verteidigers der Gefangenen Augustin, Ensslin und Meinhof vom 30. 4. 1974, Rechtsanwalt Dr. Croissant, an den Untersuchungsrichter beim OLG Stuttgart und an den Haftrichter beim Amtsgericht Lingen heißt es:

„Die Einrichtung eines Panzerglaskastens für Gefangene und ihre Verteidiger ist in der deutschen Justizgeschichte einmalig. Durch den Glaskasten wird der Gefangene zum wilden Tier degradiert.

Die Maßnahme des Justizministers ist ein offen faschistischer Akt, eine Verhöhnung des in Artikel 1 des Grundgesetzes verankerten Anspruchs auf Achtung der Menschenwürde, des in Artikel 6 der Menschenrechtskonvention verankerten Anspruchs auf ein rechtsstaatliches und faires Verfahren sowie des in Artikel 3 der Konvention festgelegten Verbots, einen Menschen der Folter oder unmenschlicher Behandlung auszusetzen. Die Verweigerung einer normalen Besuchszelle, in der sich die Gefangenen ungestört mit ihren Verteidigern besprechen können, stellt außerdem einen eklatanten Eingriff in ein schwebendes Verfahren dar.

Die Verteidiger werden im Einvernehmen mit den Gefangenen an der Praktizierung dieses technizierten Rechtsbruchs nicht mitwirken. Die Prozeßvorbereitung hinter Panzerglas ist nicht möglich. Keiner der Verteidiger wird deshalb die Gefangenen in diesen Käfigen besuchen.

Über den eigentlichen Zweck der Panzerglaskästen kann für den kritischen Betrachter kein Zweifel bestehen. Was die bisherigen massiven Behinderungen der Verteidigung, die von der Beschlagnahme der Verteidigerpost bis zur widerlichen Prozedur des Nacktausziehensmüssens der Verteidiger vor uniformierten Gefängniswärtern und rektaler Nachschau in der JVA Schwalmstadt gingen, nicht bewirken konnten, soll nunmehr durch die Käfige erreicht werden: Eine Verteidigung der Gefangenen durch Rechtsanwälte ihres Vertrauens soll nicht mehr stattfinden.

Dies würde jedoch das Ende jeder Verteidigung bedeuten. Die Gefangenen und ihre Verteidiger werden die Besuchskäfige nicht betreten."

Das vom Untersuchungsrichter des OLG Stuttgart eingeholte Gutachten der Rechtsanwaltskammer Stuttgart vom 10. 7. 1974 ist aufgrund der Vorschriften der §§ 119, 148 StPO in Verbindung mit Artikel 6 der Europäischen Menschenrechtskonvention, wonach der Verkehr zwischen Verteidiger und Mandanten nicht eingeschränkt werden kann und jeder Beschuldigte das Recht auf ein rechtsstaatliches und faires Verfahren hat, zu dem Ergebnis gekommen, daß die Einrichtung von Sondersprechzellen mit Trennscheiben für die Besprechung mit inhaftierten Mandanten die Rechte der Verteidigung erheblich beeinträchtigt.

Beweis: Gutachten der Rechtsanwaltskammer Stuttgart, das sich bei den Akten befindet.

b) Selbst die Bedingungen der Unterbringung der Angeklagten während der Prozeßpausen sind von der Staatsschutzpolizei im einzelnen im Rahmen des von ihr konzipierten und konstruierten Prozeßgebäudes festgelegt worden. Die

Gefangenen werden während der Prozeßpausen in Zellen untergebracht, die weiß gestrichen und fensterlos sind. Es sind schalltote Zellen, in denen nur der ständige Summton der Ventilatoren zu hören ist. Es sind sargähnliche Räume, die den beklemmenden Eindruck von Psychiatrisierungs- oder Camera-Silens-Zellen vermitteln. Ein Aufenthalt in diesen Zellen, und sei es auch nur für kurze Zeit, ist für Menschen völlig unzumutbar. Gefangene, die einen mehrjährigen Prozeß bestehen sollen, werden durch den immer wiederkehrenden Aufenthalt in diesen Zellen einer zusätzlichen und verstärkten sensorischen Deprivation unterworfen.

Beweis: Gutachten der eingangs benannten Sachverständigen sowie des Isolationsforschers Prof. Dr. med. Jan Gross, Hamburg [...].

c) Die Isolation der Angeklagten wird noch dadurch verstärkt, daß sie selbst die kurze Zeit, die sie sich einmal täglich jeweils zu zweit beim gemeinsamen Hofgang sehen können, von Beamten der Vollzugsanstalt bespitzelt werden. Diese Bespitzelungen erfolgen im Auftrag der Vollzugsanstalt, die wiederum auf Betreiben der Staatsschutzpolizei bzw. des Generalbundesanwaltes handelt. So ist die Vollzugsanstalt dem Antrag der Gefangenen, ihnen den bereits früher gewährten Umschluß bis zu 4 Stunden täglich zu gestatten, durch Schreiben vom 27. Mai 1975 mit folgender Begründung entgegengetreten:

„Bei den Gefangenen Baader, Raspe, Ensslin und Meinhof wurde der seinerzeit gewährte Umschluß rückgängig gemacht, weil die Gefahr bestand, daß die Gefangenen, deren erklärtes Ziel die Fortsetzung ihres Kampfes aus der Untersuchungshaft ist, diesen Umschluß zu konspirativem Verhalten mißbrauchen würden. Diese Gefahr besteht heute noch genau so.
Während des gemeinsamen Hofgangs am 23. 5. 1975 wurde beobachtet, wie der Gefangene Baader diesen mißbrauchte, indem er 45 Minuten lang, also während der gesamten Dauer des Hofgangs, seinem Mitgefangenen Raspe diktierte. Wenn aber schon die vergleichsweise kurze Zeit des Hofgangs dazu mißbraucht wird, um Schriftstücke zu verfassen, so liegt es nahe, daß ein bis zu 4 Stunden währender täglicher Umschluß der Tendenz der Gefangenen zu konspirativem Verhalten erheblich Vorschub leisten würde."

Beweis: Schreiben der Vollzugsanstalt vom 27. 5. 1975, das sich bei den Akten befindet.

In einem anderen Fall wurde eine gemeinsame Besprechung der Angeklagten vom 8. 4. 1975, die ihnen wegen des drohenden Ausschlusses der Rechtsanwälte Croissant und Groenewold von der Verteidigung Andreas Baaders eingeräumt wurde, zu einer Bespitzelung der Angeklagten mißbraucht. In dem Bespitzelungsbericht der Anstalt vom 8. 4. 1975 heißt es insoweit wörtlich:

„Bei dem Umschluß oben aufgeführter Gefangener wurde nur immer wieder andeutungsweise zu dem eigentlichen Thema – Verteidigerrechte der Rechtsanwälte Croissant und Groenewold – gesprochen.
Baader teilte den anderen Mitgefangenen mit, daß am 16. 4. 1975 unter Ausschluß der Öffentlichkeit ein Termin im ›Mehrzweckgebäude‹ sei und er noch nicht wisse, ob er sich dazu vorführen lasse. Im übrigen sei Prinzing ein ›Dummes Schwein‹ mit ›Provinzcharakter‹, der Angst habe. Dieses Gespräch fand gegen 10.40 Uhr statt, worauf ich den Besuch bzw. Umschluß abbrach.

Zuvor wurden ausschließlich ideologische Politthemen untereinander diskutiert. So äußerte Baader u. a., daß die Studenten zur Zeit keinen Wert haben, denn die bringen keinen ›müden Fuß auf die Straße‹.
Ich bin der Meinung, daß ein Umschluß nicht mehr genehmigt werden sollte; dies ist meiner Ansicht nach nicht mehr zu verantworten, da sich die Gefangenen vorwiegend über Themen unterhalten, die mit dem Grund des jeweiligen Antrages in keinster Weise zusammenhängen. Außerdem ist die Unterhaltung bzw. die Art und Weise äußerst schwer zu überwachen, da sie meistens in Stichworten gewisse Themen ansprechen, aber sofort wieder aufhören. Ich habe manchmal den Eindruck, daß es sich hier um Hinweise oder versteckte Winke handeln könnte, die derart schlecht nachzuweisen sind, um sie dahingehend festzunageln."
(Götz, Oberverwalter)

Beweis: Bespitzelungsbericht vom 8. 4. 1975, der sich bei den Akten befindet.

Die Staatsschutzbehörden der Bundesrepublik und der Generalbundesanwalt haben der systematischen Isolation aller Gefangenen bei Ulrike Meinhof durch ihre Unterbringung in einem – auch akustisch isolierten – toten Gefängnistrakt eine Komponente hinzugefügt, die auf den neuesten Ergebnissen der Folterforschung beruht.
Ulrike Meinhof wurde vom 16. 6. 1972 bis 9. 2. 1973 und vom 21. 12. 1973 bis 3. 1. 1974 allein in der „stillen Abteilung" des Gefängnisses in Köln-Ossendorf verwahrt. Diese geräuschisolierte Verwahrung wird in einem Brief des Anstaltsleiters Bücker vom 20. 12. 1972 an den Präsidenten des Justizvollzugsamtes Köln wie folgt beschrieben:

„Bekanntlich ist die Untersuchungsgefangene Meinhof im Frauentrakt der psychiatrischen Untersuchungsabteilung untergebracht. Während die Untersuchungsgefangene Proll im Männertrakt der Untersuchungsabteilung zumindest akustisch an dem Leben in der Anstalt teilnehmen kann, ist die Gefangene Meinhof in ihrem Haftraum *auch akustisch isoliert.*"

Beweis: Zeugnis des Leiters der JVA Köln-Ossendorf, Herrn Regierungsdirektor Bücker, sowie des Präsidenten des Justizvollzugsamtes in Köln.

Die Unterbringung eines Menschen in einem toten Gefängnistrakt ist Folter äußersten Grades. Dieser modernen Folter ist der menschliche Organismus nach den Erkenntnissen der medizinischen Wissenschaft nicht gewachsen. Durch die Stille, das Nichts- oder Fast-nichts-mehr-Hören, den akustisch abgeschafften Tag-Nacht-Unterschied wird ein ganzer Sektor der psychisch-physischen Existenz außer Kraft gesetzt und auf die Dauer gelähmt.
Hugo Kükelhaus beschreibt in seiner Abhandlung „Organisation und Technik" (Walter-Verlag 1971, vgl. dort Seite 34) die wissenschaftlich erprobte Wirkung – es handelte sich um ein Experiment für die Raumfahrt – völliger Isolation eines Menschen wie folgt:

„Der Effekt dieses Zustandes war eklatant. Bereits nach wenigen Minuten stellten sich panikartige Halluzinationen ein. Nach etwa 6–8 Minuten kam es zu derart extremen Angstzuständen, daß der gesamte Hormonhaushalt des Organismus durcheinander geriet. Nach 10–15 Minuten schließlich mußte man den Versuch abbrechen, weil sich das Blut aufzulösen begann. Die weißen Blutkörperchen vermehrten sich, die Hypophyse stellte ihre Funktion ein und die Hormonausschüttung wurde gestoppt – kurz, nach 10 Minuten Prozeßlosigkeit begann sich der Organismus zu zersetzen. Damit wird überdeutlich, wovon der Mensch lebt, nämlich von der Auseinandersetzung mit der ihm entgegenstehenden Welt..."

Beweis: Gutachten der eingangs erwähnten Sachverständigen sowie des Isolationsforschers, Prof. Dr. med. Gross [...].

Der tote Trakt, die „stille Abteilung", ist das Übelste, was bislang als Maßnahme der Isolationsfolter ausgedacht und praktiziert wurde.
Professor Dr. Preuss hat wegen der ersten Unterbringung Ulrike Meinhofs in einem toten Gefängnistrakt am 27. 6. 1973 Strafanzeige wegen Körperverletzung im Amt gegen den Justizminister des Landes Nordrhein-Westfalen, Dr. Diether Posser erstattet. Er hat außerdem durch Schriftsatz vom 10. 8. 1973 bei dem Präsidenten des Justizvollzugsamtes Nordrhein-Westfalen beantragt,

„den in der Justizvollzugsanstalt Köln-Ossendorf gelegenen und als ›Frauenpsychiatrie‹ bezeichneten Trakt der Anstalt den Zwecken des Vollzuges einer Strafe oder Maßnahme der Besserung und Sicherung, einer Untersuchungshaft oder einer psychiatrischen Untersuchung zu entwidmen."

Dieser Antrag wurde wie folgt begründet:

»In der Zeit von Anfang November 1971 bis Mitte Januar 1972 sowie vom 15. April bis 15. Juni 1972 wurde meine Mandantin Frau Astrid Proll, in der Zeit vom 16. 6. 1972 bis 9. 2. 1973 meine Mandantin Frau Ulrike Meinhof in der Justizvollzugsanstalt Köln-Ossendorf in dem als ›Frauenpsychiatrie‹ bezeichneten Trakt dieser Anstalt verwahrt.
Der Trakt ist ein einstöckiger, am Rande des Anstaltskomplexes gelegener Flügel, der im Innern 6 Zellen enthält und zu dem ein Hof gehört, der erheblich kleiner ist als die zu den übrigen Gefängnisflügeln gehörenden Höfe, in denen die Gefangenen ihre Freistunde verbringen. Während der genannten Zeiträume der Verwahrung von Frau Proll und Frau Meinhof in diesem Flügel war kein weiterer Raum dieses Trakts belegt. Bemerkenswert an diesem Flügel ist die Tatsache, daß in ihm, im Gegensatz zu allen anderen Anstaltsflügeln, die bis zu 30 Zellen haben, nur eine sehr kleine Zahl von Zellen enthalten ist.
Die 6 Zellen dieses Trakts sind zu einem Teil nur mit den Schlüsseln der Männerabteilung, zum anderen Teil nur mit den Schlüsseln der Frauenabteilung zu schließen; hieraus ist der Schluß zu ziehen, daß diese Abteilung entgegen ihrer Bezeichnung keineswegs ausschließlich als frauenpsychiatrische Krankenabteilung dient, sondern vielmehr Anstaltszwecken, die sich nicht in einer psychiatrischen Behandlung von in der Anstalt verwahrten Frauen erschöpfen. Diese Vermutung liegt um so näher, als es in der Anstalt auch einen gesonderten Flügel für die psychiatrische Behandlung von Männern gibt, der erheblich größer und von dem übrigen Anstaltsgeschehen weniger isoliert ist als der als ›Frauenpsychiatrie‹ bezeichnete Trakt.
Die völlige Isolierung des Trakts in Verbindung mit seiner Leere bewirkten eine spezifische Form akustischer Isolation meiner Mandantinnen, wie sie als Schocktherapie gegenüber psychiatrischen Patienten durchaus angewendet zu werden pflegt. Offenbar handelt es sich hier um die ›camera silens‹ der Justizvollzugsanstalt; der Arzt der Anstalt, Herr Dr. Goette, erklärte dann auch in seiner Vernehmung im Mahler-Prozeß vor dem Kammergericht Berlin in Hinblick auf diesen Trakt, es handele sich hierbei um die ›stille Abteilung‹ der Anstalt.
Zu der räumlichen und akustischen Isolation dieses gesamten Trakts trat hinzu, daß die Zellen meiner Mandantinnen sowie die gesamte Zimmereinrichtung – mit Ausnahme der

Zellentür – vollständig in weißer Farbe geölt waren; daß sich das Zellenfenster zunächst gar nicht, später nur einen winzigen Spalt öffnen ließ und mit einem feinmaschigen Fliegengitterdraht verhängt war; daß die in der Zelle befindliche weiße Neon-Beleuchtung nachts bei Frau Meinhof nicht ausgeschaltet wurde; schließlich, daß die Zelle von Frau Meinhof in den Wintermonaten permanent unterkühlt war.
In dieser akustischen und visuellen Isolation hatten meine Mandantinnen lediglich den für die Essensversorgung unabdingbaren minimalen akustischen und sozialen Kontakt mit den Vollzugsbeamtinnen. Sie lebten praktisch 24 Stunden lang ohne eine unterscheidbare Umwelt. So war es beispielsweise meinen Mandantinnen sogar verboten, Plakate, Bilder, Tabellen o.ä. an die fahl-weißen Wände zu hängen.
Über die Auswirkungen einer derartigen totalen sozialen Isolation gibt es mittlerweile wissenschaftlich, insbesondere empirisch gesicherte Erkenntnisse. Es handelt sich hierbei um physiologische und psychologische Wirkungen, die unter dem Begriff der sensorischen Deprivation zusammengefaßt werden (vgl. J. Gross, P. Kempe, Ch. C. Reimer: Wahn bei sensorischer Deprivation und Isolierung. Aus der psychiatrischen Universitätsklinik Hamburg. Vortrag gehalten auf der Robert-Gaupp-Gedächtnistagung in Tübingen 1971; J. Gross, J. M. Burchard, P. Kempe: Sensorische Deprivation. Eine spezielle Form der Verhaltensforschung, in: Psychiatria, Neurologia, Neurochirurgia, Bd. 73 (1973), S. 189–199; J. Vernon: Inside the Black Room, New York 1964; ders.: Sensory Deprivation, in: Science Journal, Februar 1966, S. 57–61, jeweils m.w.N.). Mit dem Begriff der sensorischen Deprivation wird in der Psychiatrie der Zustand der signifikanten Einschränkung der sinnlichen Wahrnehmungsfähigkeit des Menschen bezeichnet, deren Ursache darin besteht, daß das Individuum und seine sinnliche Organisation keine Möglichkeit hat, unterscheidbare Vorgänge in seiner Umwelt wahrzunehmen. Auf der Wahrnehmung und Unterscheidung derartiger Vorgänge beruht die Funktionsweise der sensorischen Organisation des Menschen. Wird er – freiwillig oder zwangsweise – für eine längere Zeit in eine Situation versetzt, in der die Umwelt keinerlei unterscheidbare Impulse aussendet, so treten die Wirkungen der sensorischen Deprivation ein.
In einem am 11. Mai 1972 in Frankfurt gehaltenen Referat führte der holländische Psychiater J. P. Teuns hierzu aus:

> ›Die Herstellung und Aufrechterhaltung einer künstlichen Umgebung, die sich einerseits durch ihre Konstanz und Unverbindlichkeit und andererseits durch willkürlich dosierte Reize – auch im Schlaf – auszeichnet, legt im Laufe der Zeit die Sinnesorgane lahm und führt zu einer Desintegration und extremen Desorientierung des so isolierten Individuums; sowie etwa langandauernde, erzwungene Bewegungslosigkeit zu einer Erschlaffung der Muskulatur, zu Gelenkversteifungen und Knochenverformungen führen kann.‹

In der Tat führt eine totale akustische und visuelle, d.h. totale soziale Isolation zu einer Deformation insbesondere der intellektuellen Persönlichkeit, weil die kommunikative Beziehung mit der Umwelt ein Konstituens ihrer Persönlichkeit darstellt. Nicht zu Unrecht ist die Behandlung sowjetischer Intellektueller durch die Exekutivorgane der UdSSR – ihre Einweisung in psychiatrische Kliniken, die, wie gesagt, auf eine totale Isolation ihrer Insassen, sei es auch durch Psychopharmaka, zielen – als ein Verstoß gegen die in der UNO-Menschenrechts-Deklaration enthaltenen Menschenrechte erklärt worden. Die Verletzung des Kernbereichs der Persönlichkeit geschieht heute nicht mehr nur durch unmittelbaren physischen Eingriff in die körperliche Integrität, sondern, insbesondere beim Kampf herrschender gesellschaftlicher Gruppen gegen eine intellektuelle Opposition, durch die Beschneidung und möglichst totale Auslöschung ihrer sozialen Kommunikationsmöglichkeiten. Eine derartige Variante der politischen Bekämpfung mißliebiger politischer Gruppen und Individuen kann sich heute bereits auf wissenschaftlich gesicherte Erkenntnis berufen.
So hat die Arbeitsgruppe um J. Gross im Laboratorium für klinische Verhaltensforschung in der psychiatrischen Universitätsklinik Hamburg eine sog. camera silens konstruiert, die

als „Raum im Raum“ schwingungsfrei aufgehängt ist und als unter Normalbedingungen völlig von Fremdgeräuschen isoliert bezeichnet werden kann. Auch die im Raum erzeugten Geräusche (z.B. Rascheln der Kleidung) werden so stark gedämpft, daß praktisch keine Reflektionen auftreten (vgl. J. Gross u.a.: Sensorische Deprivation, a.a.O., S. 190). Ähnliche Untersuchungen mit isolierten Kammern wurden in den USA sowie in Kanada im Auftrage des kanadischen Verteidigungsministeriums vorgenommen (vgl. hierzu E. Lausch: Manipulation. Der Griff nach dem Gehirn. Stuttgart 1972, insbesondere S. 185ff.).

Die Experimente ergaben, daß bereits nach einer sehr kurzen Zeit des Aufenthalts in einer derartigen isolierten Kammer aufgrund der Konstanz und Unveränderlichkeit der Situation des Individuums Wahnbildungen stattfinden, die sich vor allem in Halluzinationen ausdrückten. So berichtet Lausch, a.a.O., S. 191, über ein amerikanisches Experiment:

>(Der Versuchsleiter) sperrte Studenten mit ihrem Einverständnis einzeln in Versuchskammern, die weder dunkel noch schalldicht waren... Der Forscher minderte jedoch das Sehvermögen der Isolierten, indem er ihnen eine enganliegende Brille mit Milchgläsern aufsetzte. Er behinderte das Tastgefühl, indem er ihnen Handschuhe anzog und die Hände außerdem mit Manschetten aus Karten umhüllte. Das Gehör der Eingeschlossenen wurde durch lautes Rauschen der Klimaanlage abgestumpft.
Obwohl die Teilnehmer an dem Experiment generös bezahlt wurden ..., fanden einige Studenten die neue Erfahrung derartig unerträglich, daß sie schon am ersten Tag den Versuch abbrachen. Sie klagten vor allem darüber, daß sie nicht mehr imstande waren, zusammenhängend zu denken. Bei denen, die bis zum Ende des Versuches in der Kammer aushielten (bis zu 6 Tagen), offenbarte sich manch merkwürdiges Verhalten. Plötzliche Wutanfälle und Anfälle von Angst vor weiterem Aufenthalt im geschlossenen Raum traten auf und führten verschiedentlich zum abrupten Abbruch des Experiments. Einige Versuchsteilnehmer hatten Halluzinationen. Sie sahen Eichhörnchen oder hörten Musik, hatten das Gefühl, zwei Körper zu besitzen, oder glaubten, daß sich ihr Kopf vom Rumpf getrennt habe.‹

Hierzu kommt, daß diese Situation der totalen Isolation auch zu Störungen der vegetativen Funktionen führt; denn die Lahmlegung der sensorischen Funktionen beeinträchtigt auch in erheblichem Maß die motorischen Funktionen, die für das Funktionieren der physiologischen Organisation unabdingbar sind. So schreibt auch Lausch, a.a.O., S. 191, daß ›die Versuchspersonen ... fast ausnahmslos mehrere Pfund Gewicht (verloren), obwohl sie reichlich aßen (3000 Kalorien pro Tag) und sich kaum bewegten. Nach dem Versuch war ihre Reaktionszeit länger geworden. Ihre Schmerzempfindlichkeit hatte zugenommen.‹

In dem bereits zitierten Vortrag des holländischen Psychiaters Teuns heißt es hierzu:

>›Nicht zu vergessen, daß das Hören – auch anatomisch – eng verbunden ist mit dem Schwergewichtsgefühl – einer äußerst wichtigen Grundlage der Orientierung – und daß eine Beeinträchtigung des Orientierungsvermögens bezüglich der Schwerkraft eines der Hauptsymptome sowohl des epileptischen Insults als auch des akuten Elektroschocks ist... Der menschliche Organismus ist der künstlich durch Menschen herbeigeführten sensorischen Deprivation nicht gewachsen‹ (s.S. 3 des Manuskripts).

Die wichtigste Konsequenz der sozialen Isolierung von Individuen ist die Beeinträchtigung der intellektuellen Funktionen. So schreibt E. Lausch, a.a.O., S. 192, daß die meisten Versuchspersonen darüber klagten, ›daß sie sich nach einiger Zeit nicht mehr zu konzentrieren vermochten, daß ihre Gedanken sich im Kreis bewegten oder daß sie immer beim gleichen Gedankengang stecken blieben‹. Diese Wirkung tritt auch dann ein, wenn dem Individuum in der extrem isolierten Situation auch gewisse, willkürlich dosierte Reize für die sensorische Organisation eingegeben werden. Hierzu mag ebenfalls der Bericht von Lausch, a.a.O., S. 193–194, als Beleg dienen.

›Bei einer Versuchsreihe installierte der Forscher in der Zelle einen Guckkasten, den die Teilnehmer nach Belieben an- und ausschalten konnten. Was sie sahen, war wenig aufregend: Auf schummrigem Hintergrund zeichneten sich schwach zwei Kreise und eine Linie ab. Solchem Motiv hätten die Studenten unter normalen Umständen nicht mehr als einen flüchtigen Blick gewidmet. Eine automatische Registrieranlage bewies, daß die in der Dunkelheit Eingeschlossenen der einfachen Zeichnung weitaus mehr Aufmerksamkeit schenkten. Offensichtlich verlangte ihr Gehirn so stürmisch nach Stimulation, daß selbst das simple Muster reizvoll erschien.

In 72 Stunden betrachteten die Versuchspersonen durchschnittlich 3 Minuten lang das nichtssagende Bild. Alle gaben später, nach ihrem Interesse an dem Bild befragt, weniger Guckkastenblicke an, als sie in Wirklichkeit getan hatten... Der Guckkasten erwies sich als wichtigstes Hilfsmittel für die Vorhersage, wer das Experiment aushalten und wer es vorzeitig abbrechen würde. Lange hatten Vernon und seine Mitarbeiter vergebens nach Kriterien gesucht, die eine derartige Prognose erlaubten. Am Guckkasten schieden sich später die Geister bald. Die Studenten, die später aufgaben – ganz gleich, welchen Grund sie für die Kapitulation anführten –, verbrachten die ersten 24 Stunden ihres Aufenthalts in der Kammer durchschnittlich 15mal soviel Zeit am Guckkasten wie ihre Kommilitonen, die den Versuch durchstanden.‹

Dieses ›stürmische Verlangen nach Stimulation‹ ist eine wesentliche Voraussetzung für die sogenannte Gehirnwäsche. So berichtet Lausch an derselben Stelle, wie Testpersonen, denen vor dem Test die Türkei gleichgültig war, nach einer entsprechenden Behandlung in der Isolation zu Sympathisanten der Türkei wurden:

›Nachdem die Versuchspersonen 24 Stunden in der schwarzen Kammer verbrachten, spielte (der Versuchsleiter) ihnen ein Tonband mit einer Propagandarede für die Türkei vor. Ein zweiter Fragebogen enthüllte, daß die primitive Belehrung gewirkt hatte: Die Studenten waren der Türkei nun freundlich gesinnt. Bei einer Gruppe von Studenten hingegen, die nicht in der Dunkelkammer gewesen waren, verfehlte die Propaganda ihre Wirkung.‹

Neuere Erkenntnisse zeigen, daß diese Methode der zwangsweisen Behandlung von Individuen als Mittel der Bekämpfung politischer Gegner durchaus bereits erkannt worden ist. So zitiert z. B. Lausch, a. a. O., S. 195, den Kommentar von Vernon zu seinen Experimenten: ›Das eingeschlossene Individuum erlebt furchtbare Monotonie und Langeweile, so daß es fast jede Form der Anregung aktiv sucht. Wenn wir aus irgendeinem Grund den Wunsch hätten, ein überlegenes System zur Gehirnwäsche zu entwickeln, könnten wir diese Suche nach Anregung zu unserem Vorteil nutzen.‹

Diese konditionale Formulierung Vernons ist indessen bereits durchaus Realität. Der Münsteraner Professor für Ethnologie und Soziologie, Ch. Sigrist, berichtet aufgrund seiner Erfahrungen mit Afrikanern aus Angola und Mozambique, die in portugiesische Gefangenschaft geraten waren; er schreibt in einem noch unveröffentlichten Manuskript aus dem Jahre 1973:

›In einem Konzentrationslager auf einer der Kapverdischen Inseln werden Gefangene monatelang völlig isoliert. Sie dürfen weder Briefe noch Bücher erhalten. In die Zellen dringt kein menschlicher Laut. Gefangene, die nach zweijähriger Isolierungshaft entlassen wurden, waren aufgrund der schweren psychischen Schädigung zu keiner Form politischen Widerstands mehr fähig. Sowohl das individuelle psychische Widerstandspotential wie die Kettenstrukturen politisierbarer Solidarität werden systematisch zerstört.‹

Die Wirkungen der extremen sozialen Isolierung treten unabhängig von der individuellen Konstitution der ihr unterworfenen Individuen ein; lediglich die Erscheinungsformen sensorischer Deprivation können persönlichkeitsbedingt variieren (vgl. J. Gross u. a.: Wahn bei sensorischer Deprivation und Isolierung, a. a. O., S. 11 f.). Insgesamt bezeichnen sie jedoch in unterschiedlichen Formen die naturwissenschaftlichen Grenzen persönlicher Identität.

Die Behandlung, der meine Mandantinnen jeweils monatelang ausgesetzt waren, stellt einen gewaltsamen Angriff auf die Identität ihrer Persönlichkeit dar.
Zwar waren sie nicht monatelang in einer dunklen Kammer eingesperrt, wie das teilweise in den Experimenten der Fall war, über die hier referiert worden ist; aber das Experiment, in dem den Versuchspersonen mit Milchglas versehene Brillen aufgesetzt wurden, zeigt, daß die Bedingungen für die sensorische Deprivation nicht durch die Tatsache der Dunkelheit, sondern durch die Tatsache der absoluten Unveränderbarkeit und Kontinuität der sinnlichen Wahrnehmungen bestimmt werden. Eine total weiß gekalkte Zelle, weiße Möbel und ein mit einem Fliegenschutzgitter verhängtes Fenster haben, insbesondere, wenn sie monatelang die visuelle Wahrnehmung bestimmen, die gleiche Funktion. Wichtiger noch als die visuelle ist indessen die akustische Deprivation: Hier haben die Ergebnisse gezeigt, daß sie weit häufiger und intensiver zu Erscheinungen der sensorischen Deprivation führen als die visuelle (vgl. J. Gross u.a.: Wahn bei sensorischer Deprivation und Isolierung, a.a.O., S. 11).

Der Tatbestand des gewaltsamen Angriffs auf die persönliche Identität meiner Mandantinnen wird auch nicht dadurch beseitigt, daß für eine kurze Zeit in der Nachbarzelle von Frau Proll vorübergehend eine sich seit etwa 20 Jahren in Strafhaft befindliche Frau befand, die den Trakt ›belebte‹. Es kann dahingestellt bleiben, ob die spezifische Situation jener Frau, die vorübergehend zur psychiatrischen Beobachtung dort untergebracht wurde, überhaupt eine Aufhebung der Isolation darstellt; jedenfalls war ihr Aufenthalt in diesem Trakt so kurz bemessen, daß diese Zeit im Verhältnis zu der gesamten Dauer des Aufenthalts von Frau Proll in diesem Trakt nicht ins Gewicht zu fallen vermag.
Das gleiche gilt für den Umstand, daß im Januar 1973 ca. 14 Tage lang morgens das Geräusch von Staubsaugern und von Schränkerücken zu vernehmen war. Denn diese etwa 1 bis 1 1/2 Stunden dauernden Umweltgeräusche während eines Zeitraumes von ungefähr 14 Tagen fallen gegenüber der Isolationshaft von Frau Meinhof ebenfalls nicht ins Gewicht.
Auch die Tatsache, daß die Zellen in dem Isoliertrakt der Vollzugsanstalt Köln-Ossendorf an eine gemeinschaftliche Radioempfangsanlage angeschlossen sind, bedeutet lediglich eine leichte Milderung der Isolation. Denn hierbei handelte es sich lediglich um eine in ihrer Lautstärke von der Anstaltsleitung bestimmte technische Geräuschkulisse, die eine soziale Umwelt nicht zu ersetzen vermag – von wechselseitigen Kommunikationsformen noch gar nicht zu reden.
Schließlich entfällt die totale Isolation auch nicht dadurch, daß innerhalb der monatelangen extremen Isolation zuweilen Besuche empfangen werden konnten. Frau Meinhof durfte ohnehin nur Besuche von Verwandten empfangen und generell dauerten diese Besuche, die unter Aufsicht eines Ermittlungsbeamten standen, nicht länger als 30 Minuten. Sie fanden in Abständen von ca. 14 Tagen statt und ergeben z.B. bei einem 8monatigen Isolationsaufenthalt von Frau Meinhof eine in Halbstundeneinheiten zerstückelte Besuchszeit von monatlich einer Stunde, während sie den Rest dieses Monats in der beschriebenen totalen Isolation verbrachte. Es leuchtet ohne weiteres ein, daß diese eine Stunde pro Monat an der Realität der sensorischen Deprivation nichts zu ändern vermag.
Es besteht der dringende Verdacht, daß die sozialen und psychischen Wirkungen dieser ›stillen Abteilung‹ der Justizvollzugsanstalt Köln-Ossendorf Bestandteil des Haftvollzugskonzepts dieser Anstalt sind. Es deutet sich hier eine Praxis des Haftvollzugs an, die in letzter Konsequenz zur Brechung des moralischen und politischen Bewußtseins und damit zur Auslöschung der Persönlichkeit des Individuums führt.
Solange nicht eine eindeutige Entscheidung der für den Haftvollzug verantwortlichen staatlichen Stellen getroffen wird, die die Benutzung dieser ›stillen Abteilung‹ für ausnahmslos jeden Häftling untersagt, bleibt die Unterbringung im Arsenal der Zwangsmittel gegenüber den Anstaltsinsassen. Nur durch eine Entwidmung dieses Trakts

kann die in seiner Existenz liegende Bedrohung der Persönlichkeit jedes einzelnen Häftlings beseitigt werden.

gez. Prof. Dr. U. Preuß, Rechtsanwalt«

Anscheinend bestehen nicht nur in der Öffentlichkeit, sondern auch bei Richtern, die gegenüber den Maßnahmen der Staatsschutzpolizei nach den Erfahrungen des NS-Faschismus besonders kritisch sein müßten, gewisse Schwierigkeiten, voll zu erfassen, daß es Foltermethoden gibt, die an ihren Opfern keine äußerlich sichtbaren Spuren hinterlassen. Man glaubt, sich unter Elektroschocks und Papageienschaukel, unter den Folterberichten aus Brasilien und Chile etwas vorstellen zu können, was man unter sozialer, visueller, akustischer Isolation nicht kann.

Doch wir leben nicht mehr im Mittelalter. Die wissenschatliche Forschung hat auch hier Fortschritte gemacht. Heute steht den Herrschenden ein „sauberes" Arsenal zur Verfügung: wissenschaftlich erforschte und technisch perfektionierte Instrumente. „Folter" geschieht heute lautlos, „subtil", hat sich „fein" gemacht: in schneeweißen Zellen, bei Radio-Musik sogar, stirbt langsam – gleichsam „spurenlos" – das Opfer an „Kreislaufversagen". Dabei hat niemand seine Hand an das Opfer gelegt, niemand hat sich dabei schmutzig gemacht: Man hat ihm das Leben genommen, indem man ihm Leben nahm, systematisch, in einem programmierten Zerstörungsprozeß. Der Verurteilte wird (immer aus „Sicherheitsgründen") aus dem „Kreislauf des Lebens" genommen, isoliert und in ein Gefängnis gesteckt. Das ist der „normale" Strafvollzug. Der doppelt Verurteilte jedoch wird auch noch (immer aus „Sicherheitsgründen") aus dem „Kreislauf des Gefängnislebens" gestoßen, ausgeschlossen sogar aus der Gemeinschaft der Gefangenen. Das Abschneiden des Menschen von seinen Kontakten führt jedoch zwangsläufig über zeitweilige Störungen – dann endlich – zur völligen Zer-störung seiner Lebenskraft: Brechung des Widerstands, Erzwingung des gewünschten Geständnisses, die Vernichtung des Gegners: das war und ist das Ziel der Folter. Folter war und ist die systematische „verzögerte Auslöschung von Leben"; die heute auf Gefangene angewandte perzeptuelle und sensorische Deprivation ist Folter.

Deswegen, damit man sich nichts unter ihnen vorstellen kann, sind aber die neuen Foltermethoden, die „sauberen", ausgeheckt und perfektioniert worden. Es sind Methoden, deren Wirkung für den Alltagssprachgebrauch noch so gut wie namenlos ist, um gleichzeitig foltern und die Öffentlichkeit täuschen, gefangene Revolutionäre vernichten und den öffentlichen Protest dagegen unterlaufen zu können.

Ulrike Meinhof hat die Foltereffekte, die sie während der monatelangen Einkerkerung im toten Trakt des Kölner Gefängnisses erfahren hat, wie folgt beschrieben:

„Aus der Zeit: 16. 6. 72 bis 9. 2. 73:

das Gefühl, es explodiert einem der Kopf (das Gefühl, die Schädeldecke müßte eigentlich zerreißen, abplatzen) –

das Gefühl, es würde einem das Rückenmark ins Gehirn gepreßt,
das Gefühl, das Gehirn schrumpelte einem allmählich zusammen, wie Backobst z. B. –
das Gefühl, man stünde ununterbrochen, unmerklich, unter Strom, man würde ferngesteuert –
das Gefühl, die Assoziationen würden einem weggehackt –
das Gefühl, man pißte sich die Seele aus dem Leib, als wenn man das Wasser nicht halten kann –
das Gefühl, die Zelle fährt. Man wacht auf, macht die Augen auf: die Zelle fährt; nachmittags, wenn die Sonne reinscheint, bleibt sie plötzlich stehen. Man kann das Gefühl des Fahrens nicht absetzen.
Man kann nicht klären, ob man vor Fieber oder vor Kälte zittert –
man kann nicht klären, warum man zittiert –
man friert.
Um in normaler Lautstärke zu sprechen, Anstrengungen, wie für lautes Sprechen, fast Brüllen –
das Gefühl, man verstummt –
man kann die Bedeutung von Worten nicht mehr identifizieren, nur noch raten –
der Gebrauch von Zisch-Lauten – s, ß, tz, z, sch – ist absolut unerträglich –
Wärter, Besuch, Hof erscheint einem wie aus Zelluloid –
Kopfschmerzen –
flashs –
Satzbau, Grammatik, Syntax – nicht mehr zu kontrollieren. Beim Schreiben: zwei Zeilen – man kann am Ende der zweiten Zeile den Anfang der ersten nicht behalten –
Das Gefühl, innerlich auszubrennen –
das Gefühl, wenn man sagen würde, was los ist, wenn man das rauslassen würde, das wäre, wie dem anderen kochendes Wasser ins Gesicht zischen, wie z. B. kochendes Tankwasser, das den lebenslänglich verbrüht, entstellt –
Rasende Aggressivität, für die es kein Ventil gibt. Das ist das Schlimmste. Klares Bewußtsein, daß man keine Überlebenschance hat; völliges Scheitern, das zu vermitteln; Besuche hinterlassen nichts. Eine halbe Stunde danach kann man nur noch mechanisch rekonstruieren, ob der Besuch heute oder vorige Woche war –
Einmal in der Woche baden dagegen bedeutet: einen Moment auftauen, erholen – hält auch für paar Stunden an –
Das Gefühl, Zeit und Raum sind ineinander verschachtelt –
das Gefühl, sich in einem Verzerrspiegelraum zu befinden – torkeln –
Hinterher: fürchterliche Euphorie, daß man was hört – über den akustischen Tag-Nacht-Unterschied –
Das Gefühl, daß jetzt die Zeit abfließt, das Gehirn sich wieder ausdehnt, das Rückenmark wieder runtersackt – über Wochen.
Das Gefühl, es sei einem die Haut abgezogen worden.

Beim zweiten Mal (21. 12. 73 bis 3. 1. 74):
Ohrendröhnen. Aufwachen, als würde man verprügelt.
Das Gefühl, man bewege sich in Zeitlupe. Das Gefühl, sich in einem Vakuum zu befinden, als sei man in Blei eingeschlossen.
Hinterher: Schock. Als sei einem eine Eisenplatte auf den Kopf gefallen.
Vergleiche, Begriffe, die einem da drin einfallen:
(Psycho) Zerreißwolf –
Raumfahrsimuliertrommel, wo den Typen durch die Beschleunigung die Haut plattgedrückt wird –
Kafkas Strafkolonie – Der Typ auf dem Nagelbrett –
pausenloses Achterbahnfahren.

Zum Radio: Es schafft minimale Entspannung, als wenn man z. B. von Tempo 240 auf 190 runtergeht.
Daß das ganze in einer Zelle stattfindet, die sich äußerlich nicht von anderen Zellen unterscheidet – Radio, Mobiliar, plus Zeitungen, Bücher – ist in seinen Auswirkungen eher Verschärfung: trägt dazu bei, die Verständigung zwischen dem Gefangenen und Personen, die nicht wissen, was Geräuschisolation ist, zu verunmöglichen. Desorientiert auch den Gefangenen. (Daß es weiße, d. h. Lazarettzellen sind, ist terrorverschärfend, aber erst durch die Stille. Wenn man das durchschaut hat, bemalt man die Wände.) Klar, daß man da drin lieber tot wäre.
Peter Milberg, der in Frankfurt-Preungesheim in so einem Ding saß (‚leerstehende Krankenabteilung') hat nachher seinem Richter vorgeworfen, der hätte ‚versucht', ihn umzubringen. Das stimmt einfach, daß da drin eine ‚Exekution' stattfindet.
Das heißt: Es findet ein innerer Zersetzungsprozeß statt – wie Substanzen sich in Säure auflösen –, den man durch Konzentration auf Widerstand verzögern, aber nicht löschen kann.
Zur Heimtücke gehört die völlige Entpersonalisierung. Niemand, außer einem selbst, befindet sich in diesem völligen Ausnahmezustand.
Als Mittel/Methode ganz klar zu vergleichen mit dem, was sie z. B. mit den Tupamaros machen: sie in Erregungszustände und Todesqualen reinfixen, kurz vorm Abkratzen Pentotal – das plötzliche Entspannung und Euphorie aufzwingt. Der Gefangene, erwartet man, verliert nun die Selbstkontrolle. Quatscht."

Diese äußerste Folter wurde nach 8 Monaten erst an dem Tag beendet, als zahlreiche Verteidiger der Gefangenen vor dem Bundesgerichtshof, dessen Richter für die Folter verantwortlich waren, in Anwaltsroben demonstrierten und in den Hungerstreik traten. Die Gefangene wurde noch am gleichen Tag aus ihrer Folterzelle im toten Trakt des Gefängnisses in Köln-Ossendorf verlegt.
Der Anstaltspsychologe Jarmer hat sich am 1. 2. 1973 zu der Art der Inhaftierung von Ulrike Meinhof wie folgt geäußert:

„Die fast vollkommene Isolation der Untersuchungsgefangenen Meinhof in der psychiatrischen Untersuchungsabteilung für weibliche Gefangene verschärft die psychische Belastung für die Gefangene erheblich über das Maß hinaus, die bei dem Vollzug der strengen Einzelhaft normalerweise unumgänglich ist. Wenn die strenge Einzelhaft für einen Gefangenen erfahrungsgemäß nur begrenzte Zeit erträglich ist, so gilt dies in besonderer Weise für die Gefangene Meinhof, da diese fast vollständig von Umweltwahrnehmungen ausgeschlossen ist."

Vom 5. 2. bis 30. 4. 1974 wurde Ulrike Meinhof ein drittes Mal im toten Trakt des Ossendorfer Gefängnisses untergebracht, diesmal gemeinsam mit Gudrun Ensslin, die in der benachbarten Zelle inhaftiert wurde. Justizminister Dr. Diether Posser hat die Isolation der beiden Gefangenen in einer Presseerklärung vom 14. 3. 1974 wie folgt beschrieben:

„Entsprechend seiner ursprünglichen Zweckbestimmung ist das Hafthaus innerhalb der JVA so gelegen, daß die dort Untergebrachten die anderen Gefangenen nicht stören, andererseits auch von diesen nicht gestört werden können."

Beweis: Zeugnis des Justizministers Dr. Diether Posser, Düsseldorf.

Zur Veranschaulichung der Unterbringung beider Gefangenen im toten Trakt wird unter Anlage 3 eine Zeichnung der Gefangenen Meinhof vorgelegt.

Der Leiter der Justizvollzugsanstalt Köln, Regierungsdirektor Bücker, bestätigte in einem Dementi die Unterbringung der beiden Gefangenen in der stillen Abteilung. Er erklärte laut einem Bericht in der *Kölnischen Rundschau* vom 12. 3. 1974 auf Fragen von Journalisten:

„Einen toten Trakt gibt es bei uns nicht. Die Meinhof und die Ensslin sind Zelle an Zelle in einem leerstehenden Flügel untergebracht."

Auf die Frage, ob man von Isolationsfolter sprechen könne, antwortete Bücker:

„Die Meinhof und die Ensslin können Tag und Nacht miteinander sprechen, das stört die Mitgefangenen und uns nicht."

Die Forderung auf Verlegung der beiden Gefangenen aus dem toten Trakt, dessen völlige Abschaffung, die Aufhebung der Isolationsfolter und die Gleichstellung der politischen mit allen anderen Gefangenen haben im März 140 bekannte Persönlichkeiten des In- und Auslandes gefordert. Am 25. 3. 1974 unterzeichneten 77 Pastoren und Theologen einen offenen Brief an Justizminister Dr. Posser mit folgendem Wortlaut:

„Sehr geehrter Herr Dr. Posser!

Tief erschrocken habe ich vor einigen Monaten Kenntnis erhalten von den Folterungen, denen politische Gefangene in der BRD ausgesetzt sind. So gut ich konnte, habe ich mich an den Aktionen beteiligt, die die Verantwortlichen veranlassen sollten, diese unmenschlichen und allem geltenden Recht widersprechenden Sonderbehandlungen sofort einzustellen, und die Öffentlichkeit aufmerksam machen sollten auf diese Willkürmaßnahmen der Staatsmacht, die an die schlimmsten Vorgänge der deutschen Vergangenheit erinnern (vgl. die Sonderbehandlung, der der Sozialdemokrat Leuschner 1933 in der Strafanstalt Rockenberg in einem leerstehenden Toten Trakt unterworfen wurde: siehe den Bericht des damaligen Anstaltspfarrers Dörmer in ‚Zeitschrift für Strafvollzug' Jg. 1963, S. 302f.).
Ihre letzte Presseerklärung in dieser Angelegenheit vom 15. 3. 74 veranlaßt mich nun, mich ganz persönlich an Sie zu wenden. Ihre Ausführungen wirken auf mich zynisch, weil sie den Eindruck zu erwecken versuchen, als hätten es Frau Meinhof und Frau Ensslin in ihrer Haft besonders gut, besser als andere Gefangene. Sie schrecken nicht davor zurück, Maßnahmen, die Bestandteil einer besonders raffinierten Folter sind, wie etwa die Tatsache, daß die im Toten Trakt ›Untergebrachten die anderen Gefangenen nicht stören, andererseits von diesen auch nicht gestört werden können‹, als besondere Vergünstigung hinzustellen.
Sie wissen, daß gerade dieses völlige Ausschalten der normalen Lebensgeräusche ein ausgeklügeltes Mittel ist, die sensorische Deprivation zu verstärken. Sie wissen, daß die von Ihnen erwähnten Möglichkeiten, Bücher und Zeitungen zu lesen, Radio zu hören, kontrollierte Verwandtenbesuche zu empfangen, die Wirkung der optischen, akustischen und sozialen Isolierung nur erhöhen können. Sie wissen, daß wissenschaftlich eindeutig festgestellt ist, daß durch die Kontakte der beiden Häftlinge untereinander die verheerenden Folgen der Isolation nicht aufgehoben werden, daß also das zeitweise Zusammensein von Frau Meinhof und Frau Ensslin den Zerstörungsprozeß, dem beide Frauen durch die Justizorgane ausgesetzt werden, im günstigsten Fall ein wenig verlangsamen, aber nicht verhindern kann.
Sie gehen auf den Vorwurf der Folter, um den es sich doch tatsächlich handelt, in Ihrer Presseerklärung nicht ein, sondern versuchen im Gegenteil die von Ihnen angewandten Methoden zu rechtfertigen und zu verharmlosen.

Das sind Verhaltensweisen, die uns von faschistischen Regimen bekannt sind. Als der Faschismus seine Herrschaft in Deutschland antrat, haben die Christen weithin Beifall geklatscht und in ihrer überwiegenden Mehrheit zu dem Unrecht, das geschah, geschwiegen. Dieses Versagen verpflichtet uns Christen von heute, besonders laut und deutlich auf die eklatanten Verletzungen der Menschenrechte hinzuweisen, die unter uns geschehen.
Die Verantwortung, die auch wir Christen für unsere Gesellschaft tragen, zwingt uns von Ihnen zu fordern:

Daß Frau Meinhof und Frau Ensslin sofort aus dem Toten Trakt verlegt und ihre Haftbedingungen denen anderer Untersuchungshäftlinge gleichgestellt werden.
Daß die Isolationsfolter, wie sie in Köln-Ossendorf und andernorts an politischen Gefangenen geübt wird, sofort abgeschafft wird.“

[77 Unterschriften]

Am 19. 4. 1974, anläßlich der Überreichung des offenen Briefes an Justizminister Posser, haben die Pfarrer und das Vorstandsmitglied der Evangelischen Studentengemeinde folgende Presseerklärung abgegeben:

„Der Offene Brief ist am 25. 3. 74 nach der ersten Presseerklärung des Justizministers Posser verfaßt worden und in der Zwischenzeit von über 80 Pfarrern aus dem ganzen Bundesgebiet unterschrieben worden. In dieser Zeit hat sich in der Öffentlichkeit viel verändert: der Vorwurf der Isolationsfolter an den politischen Gefangenen in der BRD, getragen durch die Standdemonstration der Komitees hier in Düsseldorf, ist von anderen Gruppen aufgenommen worden:
Der Protest der Prominenten, der Hungerstreik der Angehörigen der politischen Gefangenen, die Proteste in Paris, Amsterdam und Den Haag und nicht zuletzt die teilweise ernsthafte Diskussion der Problematik der Isolationsfolter in einem Teil der deutschen Medien.
Nur Justizminister Posser meint immer noch, sich diesen Protesten mit Dementis und dreisten Erklärungen entziehen zu können. Einmal sagt er, er sei nicht zuständig, was angesichts seines Amtes als Justizminister von Nordrhein-Westfalen und damit seiner Verantwortung für die Zustände in Köln-Ossendorf einfach falsch ist. Ein anderes Mal streitet er die Vorwürfe glatt ab, und bei einer dritten Gelegenheit möchte er uns doch tatsächlich glauben machen, daß die Isolation und die Stille des Toten Trakts durch die 33 Sender, die die Gefangenen in ihrem Radios empfangen können, aufgehoben werden kann.
Es wurde in den letzten Tagen immer deutlicher, daß Herr Posser mit seinen Dementis und Erklärungen am Ende ist.
Inzwischen hat sich der gleichermaßen verantwortliche Richter Maul zu Wort gemeldet und sog. Hafterleichterungen eingeleitet: daß, nachdem die beiden Gefangenen bisher allein im Toten Trakt waren, drei weitere Gefangene in den Toten Trakt verlegt worden sind. Das ist nichts anderes als ein deutliches Eingeständnis von offizieller Seite, daß es den Toten Trakt gibt: die beiden Gefangenen waren also allein in der Abgeschiedenheit und Stille des Toten Trakts. Das soll nun angeblich anders geworden sein.
Was aber ist anders geworden?
In Wirklichkeit sind die drei zusätzlichen Gefangenen am Tage nicht im Toten Trakt anwesend. Nur am Abend hören Ulrike Meinhof und Gudrun Ensslin vereinzelt Türenklappern, was die Stille des Toten Traktes nicht durchbricht, ganz zu schweigen davon, daß ein sozialer Kontakt weiterhin zu anderen Gefangenen unterbunden ist.
Wir müssen feststellen, daß diese Belegung des Toten Trakts eine Scheinbelegung ist. Die sog. Hafterleichterungen sind nur eine Täuschung der Öffentlichkeit.

Dieses Manöver der Verantwortlichen weisen wir mit aller Schärfe zurück.
Unter dem wachsenden Druck der Proteste haben Justizminister Posser, Richter Maul und Bundesanwalt Buback davon gesprochen, daß die beiden politischen Gefangenen in ›absehbarer Zeit‹ nach Baden-Württemberg verlegt werden. Es ist kein genauer Termin genannt, die beunruhigte Öffentlichkeit ist weiterhin im Unklaren gelassen.
In dieser Situation will Richter Maul einen Sachverständigen beauftragen, der untersuchen soll, ›ob bei den beiden Gefangenen physische oder psychische Schäden durch die Haftbedingungen verursacht würden‹. Dieses Gutachten ist nicht nur nicht notwendig, sondern auch gefährlich.
Es ist nicht notwendig, weil zwei Gutachten vorliegen:
a) Der Antrag des Rechtsanwaltes Preuß auf Abschaffung des Toten Trakts (10. 8. 73).
b) Das Gutachten des Chefarztes Schmidt-Voigt über die Auswirkung dieser Sonderhaft bei Astrid Proll (25. 1. 74).
Das neu angesetzte Gutachten ist gefährlich,
1. weil es die sofortige Verlegung der beiden Gefangenen verzögert,
2. weil bei der Fragestellung von Richter Maul die Gefangenen nur dann oder erst dann verlegt werden, wenn physische oder psychische Schäden festgestellt worden sind, also schon aufgetreten sind,
3. weil offensichtlich nicht die schädlichen Bedingungen des Toten Trakts, sondern die Auswirkungen auf die Gefangenen begutachtet werden.
Dies öffnet Tür und Tor für eine Personalisierung des anstehenden Problems. Letztlich führt dieses Gutachten zu einer Psychiatrisierung, das heißt Verrückterklärung der Gefangenen, anstatt den Toten Trakt anzuprangern und abzuschaffen.
Darum stellen wir folgende Forderungen an Richter Maul, Bundesanwalt Buback und Justizminister Posser, die alle verantwortlich sind:
- Kein Gutachten der Personen der beiden Gefangenen, sondern die sofortige Verlegung von Gudrun Ensslin und Ulrike Meinhof aus dem Toten Trakt in die Gemeinschaft mit anderen Gefangenen!
- Sofortige Abschaffung des Toten Trakts!
- Aufhebung der Isolationsfolter an politischen Gefangenen durch Gleichstellung mit den anderen Gefangenen!“

Die Benutzung eines toten Gefängnistraktes als äußerstes Mittel der Isolationsfolter ist nicht etwa ein ungewollter Mißgriff in einem sonst intakten Rechtsstaat, ein bedauerlicher Einzelfall, in dem man eben leider zu weit gegangen ist, wie eine Wochenzeitung mit liberalem Anspruch gemeint hat. Bei der Unterbringung von Gefangenen in leerstehenden Gefängnistrakten, bei der zusätzlich zur sozialen Isolation hinzutretenden akustischen Abschirmung von der Außenwelt handelt es sich um eine wohlüberlegte Methode der Staatsschutzpolizei. Das Muster dieser Gehirnwäschepraxis ist durchgängig. So heißt es in einer Verfügung des Anstaltsleiters der JVA Hannover vom 2. 5. 1974 bezüglich des Gefangenen aus der RAF, Ronald Augustin:

„Es ist unbedingt zu verhindern, daß der Gefangene Augustin körperlichen, akustischen oder sonstigen Kontakt mit anderen Gefangenen aufnehmen kann. Daher darf sich während des Aufenthaltes des Gefangenen außerhalb der Zelle möglichst kein weiterer Gefangener in seiner Nähe aufhalten.“

Beweis: Verfügung vom 2. 5. 1974 nebst Begleitschreiben des Amtsgericht Lingen vom 12. 8. 1974 [...].

Diese Maßnahme der Isolationsfolter, die von einem Haftrichter namens Hackmann beim Amtsgericht Lingen genehmigt wurde, ist durch die Verbringung des Gefangenen in den toten Trakt der Justizvollzugsanstalt Hannover perfektioniert worden. Der Gefangene wurde dort 7 Monate lang in einer leerstehenden, mit besonderen schalldämpfenden Vorrichtungen versehenen Abteilung des Gefängnisses in einer sogenannten Zelle für Infektionskranke untergebracht. Die geräuschisolierte Verwahrung des Gefangenen erfolgte in dem hintersten, am Ende eines langen Flures gelegenen Teil des Lazarettes vom 2. 5. bis 14. 10. 1974 und vom 22. 10. bis 14. 2. 1975, also 8 Monate lang. Die besonderen Vorrichtungen zur Perfektionierung der Geräuschisolation in dem bereits durch seine Lage weitgehend geräuschisolierten Sondertrakt bestanden:
in dem zusätzlichen Einbau einer schalldämmenden Scheibe von 0,5 cm Dicke, die zu den ziegelsteingroßen Scheiben, die in das Mauerwerk der Zelle eingelassen sind, hinzukamen;
in dem zusätzlichen Einbau eines Eisengitters, das zu dem bereits vorhandenen Betongitter hinzukam;
in der Abdichtung der Zelle durch eine 5 cm hohe Eisenschwelle;
in der Abdichtung des Sondertrakts durch eine Blechtüre, die während der ersten, 5 Monate und 12 Tage andauernden, Inhaftierung des Angeklagten in der JVA Hannover stets verschlossen war;
in der monatelangen Verhinderung von Verteidigerbesuchen in der Zeit vom 28. 3. bis 5. 9. 1974 infolge des Baus eines eigens für Verteidigerbesuche vorgesehenen Sprechkäfigs mit Panzer- oder Plexiglas-Trennscheibe.

Beweis: Zeugnis
a) des Leiters der JVA Hannover, Herrn Bauer,
b) des Justizministers Schäfer des Landes Niedersachsen,
c) des Leiters der Staatsschutzabteilung beim Bundeskriminalamt, Herrn Karl Schütz,
d) des Präsidenten des BKA, Herrn Dr. Horst Herold.

Auch die Gefangene Margrit Schiller wurde und wird in zusätzlicher akustischer Isolation gehalten. Rechtsanwalt Dr. Croissant hat deshalb am 25. 3. 1975 Strafanzeige wegen Körperverletzung im Amt gegen den Leiter der JVA Lübeck erstattet. Diese Strafanzeige hat unter anderem folgenden Wortlaut:

„Die Untersuchungsgefangene wird seit ihrer Verhaftung am 4. 2. 1974 systematisch von allen Mitgefangenen isoliert. Diese Isolation ist zwar rechtlich durch einen Beschluß des Landgerichts Hamburg vom 8. 8. 1974 aufgehoben worden, und zwar sowohl die Trennung von der politischen Gefangenen Christa Eckes als auch die Trennung von den anderen Gefangenen. Unter bewußtem Verstoß gegen diesen Beschluß blieb Margrit Schiller – ebenso wie die Mitgefangene Eckes – weiterhin von allen anderen Gefangenen isoliert.
Am 18. 2. 1975 wurde Margrit Schiller von der Justizvollzugsanstalt Hamburg in die Justizvollzugsanstalt Lübeck verlegt.
Sie wird dort in einer eingeschossigen Lazarettabteilung, einem toten Trakt, verwahrt. Zur Veranschaulichung der Unterbringung wird unter Anlage 7 eine Zeichnung der Gefangenen Margrit Schiller vorgelegt.
Die Gefangene ist am Ende dieses Traktes in der drittletzten Zelle untergebracht. Die

beiden letzten Zellen sowie die vorhergehenden vier Zellen sind leer. Allein die erste und die dritte Zelle, die in den belebteren Gefängnisteil übergehen, sind mit anderen Gefangenen belegt.
Margrit Schiller ist nach Ulrike Meinhof, Astrid Proll und Ronald Augustin die vierte Gefangene, die neben der völligen Isolierung von allen anderen Gefangenen allein in einem toten Trakt untergebracht wird. Die extremste Form der Isolationsfolter, die Gehirnwäschetechnik der Geräuschisolation, wird gegen Margrit Schiller angewendet, um ihre politische Identität zu zerstören und sie für Aussagen vor den Ermittlungsbehörden gefügig zu machen.
Diese nahezu totale sensorische und soziale Isolation der Gefangenen greift unmittelbar zerstörerisch in die Substanz ihrer Persönlichkeit ein, die, wie bei jeder Persönlichkeit, deren Identität gemäß Artikel 1 und 2 GG unantastbar ist, zum einen auf sensorischem, zum anderen auf sozialem Austausch mit der gesellschaftlichen Umwelt beruht."

Es folgt nun die Begründung für den zerstörerischen Charakter der sozialen und akustischen Isolierungshaft Margrit Schillers. Danach heißt es in der Strafanzeige weiter:

„Nach den Erfahrungen der Verteidigung bei Unterbringung politischer Gefangener in toten Gefängnistrakten ist davon auszugehen, daß der Anstaltsleiter der Justizvollzugsanstalt Lübeck von anonym bleibenden Sicherheitsbeamten eine entsprechende ›Empfehlung‹ erhalten hat, die den untragbaren Haftbedingungen Margrit Schillers zugrundeliegt. Dies zeigt ein Schreiben, das der Anstaltsleiter am 19. 3. 1975 an einen anderen Verteidiger, Rechtsanwalt Groenewold aus Hamburg, gerichtet hat. In diesem Schreiben heißt es:
›Der Beschluß des Landgerichts Hamburg vom 8. August 1974 ist dahin auszulegen, daß aus der Sicht des Gerichts und von den Belangen des gegen Frau Schiller geführten Verfahrens keine Bedenken mehr bestehen, sie mit anderen Gefangenen zusammenkommen zu lassen. Ich habe aber die Belange der Anstalt zu prüfen und insbesondere Sicherheit und Ordnung aufrecht zu erhalten. Gemäß Nr. 22 V UVollzO sind U-Gefangene, die nach ihrer Persönlichkeit eine Gefahr für andere Gefangene bedeuten, von diesen getrennt zu halten. Diese Gefahr sehe ich im Falle Ihrer Mandantin als gegeben an.‹
Die anonym bleibende Sicherheitsinstanz dürfte auch bei Margrit Schiller die ›Sicherungsgruppe Bonn‹ oder nach ihrer neueren Bezeichnung die ›Staatsschutzabteilung beim Bundeskriminalamt‹ sein oder eine von ihr Weisungen empfangende Sonderkommission. In einer Hausmitteilung des Leiters der Justizvollzugsanstalt Köln bezüglich des politischen Gefangenen Ronald Augustin vom 2. 8. 1973 findet sich unter der Rubrik ›Ausführungen‹ folgender Satz:
›Ausführungen, – auch in äußersten Notfällen (z. B. Lebensgefahr) – sind erst durchzuführen, wenn die Sicherungsgruppe Bonn (Tel.: 02221/35 30 01) entsprechende Weisung erteilt hat.‹
Diese Hausmitteilung zeigt unmißverständlich, wer in Wahrheit die Haftbedingungen selbst im äußersten Fall der Lebensgefahr bestimmt. Der zynische Passus verrät, daß Sicherheitsinteressen bei bestimmten Gefangenen den Vorrang vor ihrem Leben haben: In der Tat erfüllt nur der tote oder der gebrochene politische Gefangene die Sicherheitserfordernisse am besten."

Beweis: Strafanzeige vom 25. 3. 1975.

Das Ziel der Staatsschutzbehörden, die revolutionäre Identität der Angeklagten und aller Gefangener aus der RAF zu vernichten, schließt die Erwartung ein, daß die Gehirnwäschetechniken von jahrelanger und teilweiser zusätzlich akustischer Isolation zu Aussagen der Gefolterten führt, zu Aussagen, die den Staatsschutzbehörden und dem Generalbundesanwalt gleichzeitig aus ihrer Beweisnot helfen sollen. Bezeichnend für diese Erwartungen ist eine Äußerung, die der Leiter des Bundeskriminalamtes, Dr. Horst Herold, wenige Wochen nach der Verhaftung der Angeklagten im Juni 1972 getan hat. Im Zusammenhang mit dem für die Staatsschutzbehörden bestehenden Problem, daß keiner der Gefangenen aus der RAF Aussagen mache, erklärte der Leiter des Bundeskriminalamtes gegenüber Journalisten:

„Einer redet immer, das war schon bei den Jüngern Jesu so."

Beweis: Zeugnis des Leiters des BKA, Dr. Horst Herold, sowie Bericht im Nachrichtenmagazin *Spiegel* vom 24. 6. 1972.

Dieselbe Zielrichtung der Isolierungshaft, zu Aussagen der Gefangenen zu gelangen, lassen auch die Äußerungen des Hessischen Justizministers Hemfler in einem Interview vom Sommer 1973 mit dem holländischen Fernsehen erkennen. Das Interview schneidet zunächst die Frage des Wasserentzuges bei Andreas Baader während des Hungerstreiks vom Mai 1973 in der hessischen Vollzugsanstalt Schwalmstadt an.

„*Frage:* Es steht in den Mindestbestimmungen der UNO und also auch von der BRD, daß jedem Gefangenen also das Wasser zusteht, was er gerne haben will.

Hemfler: Nicht nur das Wasser, sondern die Ernährung. Und hier ist der Entzug des Wassers, das bitte ich so zu sehen, eine medizinische Maßnahme."

Danach folgen die Fragen und Antworten zur Isolierung der Gefangenen:

„*Frage:* Gibt es Isolierhaft?

Hemfler: Nein, das gibt es nicht. Aber die Öffentlichkeit wird da unterrichtet und es wird mal wieder von Isolierhaft gesprochen, das ist falsch. Ich bin nur für den Ausdruck in Anführungsstrichen.

Frage: Ja aber es gibt doch Leute, die isoliert werden in ihren Zellen!

Hemfler: Die für eine bestimmte Dauer, auch für einen bestimmten Prozeßverlauf, wenn zu befürchten ist, daß sie ihre Strafverfahren verdunkeln wollen, daß man sie da von anderen fernhält. Aber es ist nicht so, daß sie völlig isoliert werden, sie haben den Kontakt mit den Beamten, ...

Frage: Aber Isolationsfälle von 6 Monaten bis zu 1 1/2 Jahren sind doch nicht angemessen, nicht?

Hemfler: Daß ist nicht angemessen, aber das liegt zum Teil ja selbst in der Person des Betroffenen, die durch ihr hartnäckiges Weigern oder durch Tendenz, alles zu verschleiern und auf keinen Fall hier die Wahrheit zu sagen oder die Wahrheitsfindung zu erleichtern, sich das selbst zuzuschreiben haben."

Beweis: Zeugnis des Justizministers Karl Hemfler, Wiesbaden.

Daß jahrelange Einzelhaft und die bei den Angeklagten hinzukommende systematische Abschirmung von allen anderen Gefangenen, ihre Unterbringung jeweils zu zweit in einem besonderen Gefängnistrakt, darunter einem 8-Zellen-Trakt für die beiden männlichen Angeklagten, medizinisch und rechtlich nicht zu verantworten sind, ergibt sich auch aus den geplanten Bestimmungen eines Vollzugsgesetzes. Bereits nach dem gegenwärtigen Rechtszustand und den gesicherten medizinischen Erkenntnissen ist eine normale Einzelhaft, bei der der Gefangene wenigstens noch in das übrige Gefängnisleben integriert ist, nicht mehr ohne Zustimmung des Gefangenen zulässig, wenn die Einzelhaft 3 Jahre übersteigt. Nach § 77 des Entwurfes eines Vollzugsgesetzes soll ein Gefangener in einem Jahr nicht länger als 6 Monate in Einzelhaft gehalten werden, wobei diese Frist nicht dadurch unterbrochen wird, daß der Gefangene am Gottesdienst oder an der Freistunde teilnimmt.

Die Isolationsforscher Jan Gross und Ludwig Svab haben in ihrer Prager Veröffentlichung vom Jahre 1967 mit dem Titel „Soziale Isolation und sensorische Deprivation und ihre gerichtspsychologischen Aspekte" zur Frage der sensorischen Deprivation durch Langzeitisolation unter anderem folgendes ausgeführt:

„Obwohl die ungesetzlichen Untersuchungs- und Strafmethoden schon eine reiche und bunte Geschichte hinter sich haben, wie sie z.B. Sargant (1951, 1957) erwähnt, konnte sich ihr Zeugnis nur mehr oder weniger auf autobiografisches Material der so verfolgten Personen stützen, oder evtl. auf Angaben, die durch eine anamnestische Untersuchung einer größeren Menge der betroffenen Personen festgestellt wurden. Erst nach dem Zusammenbruch des deutschen Faschismus, der in den Jahren seiner Herrschaft aus den ungesetzlichen Methoden eines der Hauptmittel gemacht hat, mit denen er seine Macht erhalten hat, war es möglich, in einem größeren Umfang die Angaben der Betroffenen auch durch die Untersuchung der Täter und Mittäter dieser Gewalt zu vervollkommnen und sie evtl. auch durch Untersuchungen am Tatort zu belegen. (In nazistischen Gefängnissen und KZs.)

Und so wurde in Nürnberg, vielleicht zum ersten Mal in der Geschichte, dem Gericht der Menschheit umfassendes Anklagematerial vorgelegt gegen derart verbrecherische Praktiken, die objektiv festgestellt und durch Fakten belegt werden konnten.

Müller-Hegemann (1962/63), der diese Materialien studierte und sie durch nachträgliche anamnestische Untersuchungen an jetzt noch lebenden Opfern der nazistischen Verfolgungen vervollkommnet hat, konzentrierte seine Aufmerksamkeit besonders auf die Bedeutung, die in diesen Methoden die soziale Isolation und sensorische Deprivation gespielt hat, wie sie z.B. die Einzelhaft vorstellte, die evtl. durch Dunkelraum oder Fesselung verschärft wurde. Von 100 Personen, die der Autor untersuchte, verbrachten 88 während der Gefangenschaft wenigstens ein paar Monate in Einzelhaft, von diesen 15 eine Zeit von 2–3 Jahren und 11 Personen die Zeit von 4–7 Jahren... Die Einzelhaft fiel bei der überwiegenden Mehrzahl der Gefangenen in den Zeitraum der U-Haft, die regelmäßig einige Monate bis 1 Jahr, manchmal auch länger dauerte. Diesen Zeitraum bezeichneten alle der Befragten als die schlimmste Zeit der gesamten Gefangenschaft, da sich die Gestapo bemühte, aus den U-Häftlingen mit allen Mitteln, die sie zur Verfügung hatte, ein Bekenntnis zu erzwingen."

Beweis: Vernehmung des Isolationsforscher Prof. Dr. med. Jan Gross, Hamburg.

Daß es auch in der Bundesrepublik noch Richter gibt, die den menschenvernichtenden Charakter jahrelanger Isolation nicht nur erkennen, sondern daraus auch die Konsequenzen ziehen, ergibt sich aus einem Urteil des Landgerichtes Berlin vom 10. 6. 1974, das von der Zermürbung eines Angeklagten durch jahrelange Einzelhaft spricht.

Beweis: Urteil des Landgerichts Berlin im Verfahren gegen Heinrich Janzen (516 1 PLs 2/74).

Bei der ebenfalls im toten Trakt des Kölner Gefängnisses untergebracht gewesenen Gefangenen Astrid Proll hat der Facharzt für innere Krankheiten, Dr. med. Jörgen Schmidt-Voigt, aufgrund eingehender Untersuchungen in seinem Gutachten vom 25. 1. 1974 die Verhandlungsunfähigkeit festgestellt. Die Ursachen dieser Verhandlungsunfähigkeit hat der Gutachter „vor allem in der durch die Untersuchungshaft in besonderer Weise veränderten Lebenssituation" gesehen.

Beweis: Beiziehung der Akten des Landgerichtes Frankfurt/M. – III/73 – im Verfahren gegen Astrid Proll sowie Gutachten.

Andreas Baader wurde bei einem früheren Hungerstreik, der am 8. 5. 1973 begann, am 30. 5. 1973 kurz nach einem Verteidigerbesuch das Trinkwasser vollständig abgestellt, nachdem er 8 Tage zuvor statt 1 1/2 Liter täglich nur einen kleinen Bruchteil Wasser erhielt. Der Gefängnisarzt erklärte ihm am Samstag, den 2. 6. 1973, er sterbe entweder innerhalb der nächsten 10 Stunden oder er trinke Milch. Der Gefangene konnte zu diesem Zeitpunkt infolge akuter Vergiftungserscheinungen fast nichts mehr sehen.
Wasserentzug bei Hungerstreik ist eine medizinisch unverantwortliche Maßnahme. Sie kann zu schweren gesundheitlichen Schäden führen, die auch Einfluß auf die Verhandlungsfähigkeit haben können.

Beweis: Sachverständigengutachten.

Das von den Anwälten angeforderte neutrale ärztliche Gutachten der Medizinischen Universitätsklinik Heidelberg – Direktor Professor Dr. G. Schettler – vom 2. 6. 1973 hat folgendem Wortlaut:

„Der gesunde menschliche Organismus benötigt unter Ruhebedingungen und bei normaler Temperatur durchschnittlich 1200–1500 ml Wasser, um die Temperaturregelung aufrecht zu erhalten und die harnpflichtigen Substanzen aus dem Körper zu eliminieren. Wenn es durch Hungern zu einem Nahrungsdefizit kommt, fallen durch erhöhten Eiweißkatabolismus auch vermehrt harnpflichtige Substanzen an. Um diese ausscheiden zu können, muß dem Organismus entsprechend mehr Wasser zugeführt werden. Diese Wassermenge richtet sich dann auch nach der Temperatur und darf nicht unter 2000 ml täglich liegen.
Aus dem mitgeteilten Sachverhalt ergibt sich, daß der Patient Baader im Laufe von acht Tagen insgesamt nicht mehr als höchstens 1/2 l Wasser zu sich genommen hat. Somit wäre die erforderliche Mindestmenge an Flüssigkeit bei weitem nicht erreicht. In diesem Falle können die harnpflichtigen Substanzen insbesondere auch die Harnsäure nicht ausgeschieden werden. Es kommt zu einer Anreicherung dieser Stoffe in den Nieren und dem Blut. Für die Nieren besteht die Gefahr der Steinbildung mit der Konsequenz einer Pyelonephritis. Eine Vergiftung des Blutes mit harnpflichtigen Substanzen führt zu einer Urämie. In den vom Patienten angegebenen Symptomen: Nierenschmerzen, Augenflimmern und Flecken vor den Augen könnte sich eine katastrophale Situation ankündigen. Um diese drohende Gefahr abzuwenden, muß dem Patienten unverzüglich in ausreichender Menge Wasser zugeführt werden. Eine Urämie führt unbehandelt zum Tode."

IV.
Die im eingangs gestellten Antrag genannten Sachverständigen zeichnen sich im internationalen Rahmen durch hervorragende Kenntnisse sowie durch Veröffentlichungen über sensorische Deprivation und ihre Auswirkungen auf den menschlichen Organismus aus. Sie kennen außerdem die Funktionen und den gesellschaftlichen Zusammenhang, in dem extreme sensorische Deprivation als Mittel zur Zerstörung von vitaler Substanz gegen Menschen eingesetzt werden.
Das Gericht kann sich nicht anmaßen, die Haft- und Verhandlungsfähigkeiten der Angeklagten selbst beurteilen zu können, insbesondere nicht bei einem Prozeß, der bei einer möglichen Dauer von 2 Jahren dazu führt, daß die Angeklagten bis zur Verkündung des Urteils bei einer Fortdauer der bisherigen Haftbedingungen 5 Jahre in verschärfter Einzelhaft sein werden. Bei einer voraussichtlichen Dauer eines etwaigen Revisionsverfahrens von 1–2 Jahren wären die Angeklagten, die als Untersuchungsgefangene als unschuldig zu gelten haben, insgesamt 6–7 Jahre in Isolation.
Die Angeklagten sind bereit, sich von den angeführten Wissenschaftlern explorieren und untersuchen zu lassen.
[...]

Immer wieder lehnte das Gericht die Bestellung von unabhängigen Gutachtern ab. Immer wieder erklärte Prinzing: „Die Angeklagten sind voll verhandlungsfähig!"
Im Sommer 1975 gelang es den Verteidigern schließlich doch, eine medizinische Untersuchung ihrer Mandanten herbeizuführen. Die Ärzte stellten fest, die Angeklagten seien nur sehr eingeschränkt verhandlungsfähig. Die Hauptverhandlung dürfe nur wenige Stunden am Tag geführt werden, wenn gewährleistet sein solle, daß die Angeklagten ihrem eigenen Verfahren, so wie gesetzlich verankert, aufmerksam und wehrhaft folgen können. Die Gutachter machten auch Ausführungen zu der Frage, welche Umstände die Schuld an dem schlechten Gesundheitszustand der Angeklagten tragen. Dabei werden die außergewöhnlich strengen Haftbedingungen ausdrücklich hervorgehoben.
Der von Angeklagten und Verteidigern wegen seiner besonderen konservativen Grundhaltung abgelehnte Gutachter Professor Helmut E. Ehrhardt, Direktor des Instituts für Gerichtliche und Sozial-Psychiatrie an der Universität Marburg, erklärte gegenüber dem Gericht auf zwei Blatt kurz und bündig:

Den protokollierten Äußerungen der Angeklagten und ihrer Wahlpflichtverteidiger kann man – abgesehen vom sachlichen Gehalt und der Form im übrigen – nur entnehmen, daß an eine Begutachtung aufgrund persönlicher Untersuchung, jedenfalls durch mich, nicht zu denken ist.

Darum sei das Problem erledigt.

Professor Wilfried Rasch vom Institut für forensische Psychiatrie der Freien Universität Berlin erstattete dagegen ein umfangreicheres Gutachten. Ihm waren Beschlüsse und Verfügungen über die Haftbedingungen für die Angeklagten Baader, Ensslin, Meinhof und Raspe ebenso zugeleitet worden wie Auszüge aus den in Stammheim mittels Tonbandniederschrift angefertigten Wortprotokollen. Außerdem hatte er mit den Angeklagten selbst gesprochen und sie im August in der Stammheimer Justizvollzugsanstalt untersucht und sich die Haftbedingungen persönlich angesehen. Rasch hielt in seinem Gutachten unter anderem fest:

Erwähnenswert ist [...], daß alle vier Angeklagten untergewichtig waren und sich in reduziertem körperlichen Allgemeinzustand befanden. Bei allen vier Untersuchungen fielen, insbesondere im längeren Gespräch, eine Einengung und Verlangsamung auf.

Rasch stellte bei allen Angeklagten Konzentrationsmangel bis Wahrnehmungsstörungen, Schwächegefühl und sogar Artikulationsstörungen fest. Zusammenfassend meinte er:

Die bestehenden körperlichen und psychischen Funktionsstörungen bedingen nicht absolute Verhandlungsunfähigkeit. Die von den Angeklagten in den bisherigen Verhandlungen abgegebenen Erklärungen verdeutlichen, daß sie – zumindest zeitweilig – durchaus der Verhandlung zu folgen vermögen und sich gegebenenfalls recht aufmerksam zur Wahrung ihrer Interessen einzuschalten. In Übereinstimmung mit der vorläufigen Stellungnahme der internistischen Fachärzte bin ich jedoch der Auffassung, daß aufgrund der bestehenden Kreislauflabilität und der gesteigerten Erschöpfbarkeit nur eine beschränkte Verhandlungsfähigkeit gegeben ist. [...] Es kann davon ausgegangen werden, daß bei drei Verhandlungstagen in der Woche die Angeklagten jeweils am Vormittag – also 3–4 Stunden – verhandlungsfähig sind. Allfällige Verhandlungspausen sind von dieser Spanne nicht abzuziehen. Jeder Gerichtserfahrene weiß, daß Verhandlungspausen, die in der Regel eingelegt werden für die Vorbereitung von Anträgen oder Beschlüssen, von den übrigen Prozeßbeteiligten nicht zu einer Erholung genutzt werden können, zumal die Pausen im allgemeinen eine nicht voraussehbare Zeitspanne umfassen. [...] Hinzu kommt, daß es bei jedem der Angeklagten zu einer Verschlechterung des Gesundheitszustandes kommen kann, deren Eintrittszeitpunkt jetzt nicht voraussehbar ist. Die festgestellten Gesundheitsschäden sind behandlungsbedürftig. Die Durchführung einer Behandlung dürfte während der Dauer der Hauptverhandlung und bei Beibehaltung der jetzt gegebenen Haftbedingungen nicht möglich sein.

Zu den Ursachen des schlechten Gesundheitszustandes mochte sich Rasch nicht ganz eindeutig festlegen. Er sagte, es kämen beide Möglichkeiten in Betracht, entweder die von den Angeklagten durchgeführten Hungerstreikaktionen oder die ihnen aufgezwungenen Haftbedingungen in Stammheim. Die Situation in der Haft ist für den erfahrenen Psychiater einmalig:

Eine Untersuchung, die vergleichbare Bedingungen betrifft, unter denen die Angeklagten – nach meiner Kenntnis – in den letzten Jahren untergebracht waren, ist mir noch nicht bekannt geworden. Aus psychiatrisch-psychologischer Sicht ist anzumerken, daß die für die Angeklagten gegebenen Haftbedingungen der Einleitung einer angemessenen Behandlung entgegenstehen bzw. evtl. zu einer weiteren Verschlechterung ihres Gesundheitszustandes führen.

Die Haftbedingungen beschreibt der Wissenschaftler so:

Es besteht jetzt die besondere Situation, die vergleichbar ist mit der kleiner Gruppen unter Extrembedingungen. Die Beziehungen der Angeklagten sind [...] weiterhin streng kanalisiert, die Angeklagten bleiben abgeschirmt von normalen oder quasinormalen Interaktionen, sie leben außerhalb der informellen Infrakstruktur der Anstalt, durch die der Häftling im allgemeinen eine gewisse psychische Abstützung erfährt. Ein weiterer, bei der Beurteilung der Verhandlungsfähigkeit der Untersuchten nicht zu vernachlässigender Gesichtspunkt dürfte sein, daß die Angeklagten sich bis zum Beginn der Hauptverhandlung ca. drei Jahre kontinuierlich in Haft befanden.

Professor Werner Mende von der Abteilung für Forensische Psychiatrie an der Nervenklinik der Universität München erläutert nach einem längeren Gruppengespräch mit allen vier Angeklagten:

Vielmehr herrschte bei den Angeklagten eine ruhige Verhaltenheit vor, hinter der im Verlauf des Gesprächs eine Einstellung der Resignation untermischt mit Erbitterung, Enttäuschung und Hilfesuchen deutlich wurde.

Alle Angeklagten befänden sich in einem körperlich erschöpften Zustand, dennoch sei keine absolute Verhandlungsunfähigkeit, sondern nur eingeschränkte Verhandlungsfähigkeit zu diagnostizieren.
In einem gemeinsamen Gutachten machten die Professoren W. A. Müller (Chefarzt am Zentrum für Innere Medizin im Robert-Bosch-Krankenhaus in Stuttgart) und J. Schröder (Chefarzt der Medizinischen Klinik II am Bürgerhospital in Stuttgart) die weitestgehenden Angaben über den Gesundheitszustand der Angeklagten, der für die Beurteilung der Verhandlungsfähigkeit eine große Rolle spielt:

Die genannten vegetativen Störungen beeinflussen die Verhandlungsfähigkeit und die Fähigkeit, komplizierte Tatbestände über längere Zeit aufmerksam zu verfolgen. Auch im Hinblick auf die Formulierung und Entwicklung von eigenen Gedankengängen ist mit einer erhöhten Ermüdbarkeit zu rechnen. Deshalb nehmen wir auch weiterhin, wie schon in unserer früheren vorläufigen Stellungsnahme ausgeführt, bei allen Gefangenen eine zeitliche Einschränkung der Fähigkeit, ihre Interessen vernünftig wahrzunehmen, an. Die intern-medizi-

nisch faßbaren Funktionsstörungen und Befunde dürften den Angeklagten abhängig von den Belastungen des Tages im einzelnen erlauben, in der Regel 3 Stunden den Gerichtsverhandlungen zu folgen und die körperlichen und funktionellen Voraussetzungen für die dazu notwendige Konzentration aufzubringen.
Man wird eine solche ärztlich nach bestem Wissen vorgenommene Zeitschätzung nicht spitzfindig auslegen können. Es dürfte einsichtig und verständlich sein, daß unsere Aussagen bezüglich der Verhandlungsfähigkeit ohnehin nur einen Rahmen darstellen, denn die Fähigkeiten und die Belastbarkeiten der einzelnen Angeklagten können zu verschiedenen Zeiträumen auch in Zukunft wechseln und sind nicht auf lange Zeit als konstante Größe anzusehen.

Über die Ursachen des schlechten körperlichen Allgemeinzustandes, der die eingeschränkte Verhandlungsfähigkeit bewirke, wollten die beiden Gutachter keine abschließende Äußerung machen. Aber sie wiesen darauf hin, daß die Haftbedingungen für die Gefangenen in Stammheim sehr schlecht seien:

Die Herstellung eines angemessenen Allgemein- und Kräftezustandes und einer uneingeschränkten Verhandlungsfähigkeit sind u. E. nach nicht in erster Linie durch Medikamente zu erreichen (wenn, dann nur vorübergehend oder symptomatisch), sondern würden zur Voraussetzung haben, daß die ganze Situation der Angeklagten vor allem auch in psychologischer Hinsicht geändert werden könnte und daß Anreiz und Möglichkeit zur körperlichen Bewegung möglichst an frischer Luft bestünde. Die Optimierung von Lebensbedingungen, die wir Ärzte für jeden uns anvertrauten Menschen erstreben, kollidiert hier offensichtlich mit den von den zuständigen Behörden für erforderlich gehaltenen Sicherheitsmaßnahmen. Soweit letztere eine Aufhebung der sozialen Isolation zulassen, sollte sie erfolgen; daß sie ärztlich wünschenswert ist, haben wir ausgedrückt.

Nach Abgabe der Gutachten zog das Stammheimer Gericht einen in der Öffentlichkeit weitgehend unverstandenen Schluß. Am 30. September verkündete das Oberlandesgericht Stuttgart – 2. Strafsenat – den folgenden *Beschluß:*

Die Hauptverhandlung wird in Abwesenheit der Angeklagten fortgesetzt.

Gründe:

Die Angeklagten sind verhandlungsunfähig im Sinne von § 231 a StPO. Nach den Gutachten der Sachverständigen sind hierfür Störungen der vegetativen Funktionssteuerung verantwortlich; grob pathologische Organbefunde sind nicht feststellbar. Die Vorschrift des § 231 a StPO will sicherstellen, daß ein

Angeklagter die Durchführung des Verfahrens nicht durch wissentlich herbeigeführte Verhandlungsunfähigkeit verhindert. Die Gutachter Prof. Dr. Rasch, Prof. Dr. Müller, Prof. Dr. Schröder und Prof. Dr. Mende, deren mündliche Anhörung nicht erforderlich schien, sprechen zwar von zeitlich eingeschränkter Verhandlungsfähigkeit (höchstens drei bis vier Stunden an je 3 Tagen beziehungsweise Vormittagen wöchentlich), doch ergibt eine nähere Betrachtung der Gutachten und insbesondere deren Wertung in rechtlicher Sicht, daß tatsächlich von Verhandlungsunfähigkeit im Sinne der genannten Bestimmung auszugehen ist.

Zum einen schränken die Gutachter ihre Zeitangaben selbst ein. So äußern die Professoren Dr. Müller und Dr. Schröder, die Verhandlungszeit sei „ohnehin nur ein Rahmen, denn die Fähigkeiten und die Belastbarkeit der einzelnen Angeklagten können ... wechseln und sind nicht auf lange Zeit als konstante Größe anzusehen"; Prof. Dr. Mende: „Grenzsituation, die individuell verschieden ist und von Tagesschwankungen abhängen kann", „schon nach kürzerer Verhandlungszeit kann ein solcher Erschöpfungsgrad erreicht werden..."; Prof. Dr. Rasch: „daß es bei jedem der Angeklagten zu einer Verschlechterung des Gesundheitszustandes kommen kann, deren Eintrittszeitpunkt jetzt nicht vorausschaubar ist." Zum anderen kann der Begriff der Verhandlungsfähigkeit im Sinne von § 231 a StPO nicht ohne Bezug auf das konkrete Verfahren, dessen Durchführung und Durchführbarkeit gesehen werden.
Wer nur zeitlich beschränkt verhandlungsfähig ist, dessen Verhandlungsfähigkeit ist im übrigen (zu den sonstigen Zeiten) ausgeschlossen. Hierbei kann das zeitliche Verhältnis zwischen Verhandlungsfähigkeit und Verhandlungsunfähigkeit nicht unberücksichtigt bleiben, soll es nicht zu einer ungerechtfertigten Einschränkung von § 231a StPO kommen. Es könnte sonst – um ein Extrembeispiel zu nennen – selbst *der* nicht unter § 231a StPO gezogen werden, der nur an einer Stunde in der Woche verhandlungsfähig ist. Richtigerweise müssen daher die in § 231 a StPO enthaltenen Begriffe der Verhandlungsfähigkeit und der ordnungsgemäßen Durchführung der Hauptverhandlung in Beziehung zueinander gesetzt werden. Verhandlungsunfähig im Sinne der genannten Bestimmung ist der, dessen Verhandlungsfähigkeit so weit herabgesetzt ist, daß eine ordnungsgemäße Durchführung der Hauptverhandlung ausgeschlossen ist; auch dadurch würde das Verfahren „verhindert" und „unmöglich gemacht" (vgl. Bericht des Rechtsausschusses, Bundestagsdrucksache Nr. 7/2989, Seite 5 und 6).
Im vorliegenden Verfahren ist das der Fall. Es handelt sich um vier Angeklagte, die zahlreicher Straftaten beschuldigt sind. Die Beweisaufnahme wird sich ungewöhnlich umfangreich gestalten; schon die Bundesanwaltschaft hat 997 Zeugen und 80 Sachverständige benannt. Bei höchstens 9 Verhandlungsstunden (ausschließlich längerer Pausen; Professoren Dr. Müller und Schröder) oder 12 Verhandlungsstunden (einschließlich sämtlicher Pausen; Prof. Dr. Rasch) pro Woche läßt sich das Verfahren in auch nur einigermaßen angemessener Zeit

(Art. 5 und 6 Menschenrechtskonvention) um so weniger durchführen, als nach den oben wiedergegebenen Äußerungen der Sachverständigen die genannten Verhandlungszeiten sich jederzeit verkürzen können. Tatsächlich haben sich die Angeklagten in den vergangenen Wochen (als jeweils ein dreistündiger Verhandlungstag zugrundegelegt wurde) immer wieder schon vor Ablauf dieser Frist für verhandlungsunfähig erklärt. Eine Weiterverhandlung war aus praktischen Gründen nicht möglich; die Diskussion, *ob* weiterverhandelt werden könne, nahm die restliche Zeit vollends in Anspruch.

Äußerungen der Verteidiger in der Öffentlichkeit (vgl. dpa-Meldung über eine Pressekonferenz vom 24. 9. 75), die Angeklagten seien „faktisch verhandlungsunfähig", man werde täglich nur 90 Minuten lang verhandeln können und so allein zur Vernehmung der Zeugen – ohne alles andere – 8 Jahre benötigen, zeigen, wie von dieser Seite die Dinge gesehen werden.
So läßt sich die Hauptverhandlung nach Auffassung des Senats nicht durchführen. Der Sachverhalt in diesem Verfahren ist deshalb mit dem in der Entscheidung des Bundesgerichtshofs (BGH St 19 145) nicht zu vergleichen.
Wenn man die Verhandlungsfähigkeit an den Erfordernissen des konkreten Verfahrens mißt, so stellt das die Angeklagten in diesem ungewöhnlich umfangreichen Verfahren gegenüber einem anderen Angeklagten, der nur in ein kleines Verfahren verwickelt ist (das in wenigen Stunden oder Tagen erledigt werden kann und deshalb die Anwendung von § 231a StPO nicht erfordert), nicht schlechter. Das Ausmaß des Verfahrens, das von der Zahl und Schwere der vorgeworfenen Straftaten sowie der Schwierigkeit der Beweisaufnahme abhängt, gehört insoweit zur Sphäre des Angeklagten. Wäre das nicht so, und würde das Ausmaß des Verfahrens bei der Prüfung von § 231a StPO nicht berücksichtigt, so müßte umgekehrt derjenige, der nicht voll verhandlungsfähig ist, um so weniger strafgerichtliche Verfolgung befürchten, je umfangreicher und komplizierter die ihm zur Last gelegten Taten wären; denn da seine zeitlich beschränkte Verhandlungsfähigkeit die Erledigung des Prozeßstoffs in angemessener Zeit nicht gestattete, andererseits § 231 a StPO nicht anwendbar wäre, ginge er eher frei aus als der andere, weniger belastete Angeklagte.
Schließlich sind die Angeklagten auch noch aus einem weiteren Grund verhandlungsunfähig. Die bei ihnen festgestellten Gesundheitsschäden sind nach Auffassung der Gutachter behandlungsbedürftig, doch – so Prof. Dr. Rasch – „dürfte eine Behandlung während der Dauer der Hauptverhandlung und bei Beibehaltung der jetzt gegebenen Haftbedingungen nicht möglich sein", auch sei der Streß der Hauptverhandlung zu beseitigen; für die Behandlung seien mehrere Monate zu veranschlagen, eine vierwöchige Prozeßpause reiche nicht aus. Diese zeitliche Ungewißheit vergrößert sich dadurch, daß durchaus unsicher ist, inwieweit den Vorstellungen des Psychiaters Professor Dr. Rasch, die Angeklagten in den gewöhnlichen Betrieb der Justizvollzugsanstalt voll einzugliedern, Rechnung getragen werden kann.
Andererseits ist eine weitere Verzögerung der Hauptverhandlung, die nach

Ablauf des ungewissen Versuchs, die Verhandlungsfähigkeit der Angeklagten wieder herzustellen, von vorn beginnen müßte, nach der bisherigen Dauer des Verfahrens und wegen des Umfangs des Prozeßstoffes in Anbetracht des in der Menschenrechtskonvention festgelegten Beschleunigungsgebots nicht möglich (vgl. Rieß, Juristenzeitung 1975, 265, 269).
Die erforderliche Behandlung der Angeklagten hindert demnach ihre weitere Anwesenheit in der Hauptverhandlung. Sie sind, da sie aus gesundheitlichen Gründen der Hauptverhandlung fernbleiben müssen, verhandlungsunfähig.
Die Verhandlungsunfähigkeit der Angeklagten steht – wie dargelegt – einer ordnungsgemäßen Durchführung der Hauptverhandlung entgegen. Das wird auch darin deutlich, daß die Ungewißheit, ob und wie lang die Angeklagten am einzelnen Tag der Verhandlung folgen könnten (sie also, wie Kleinknecht schreibt, zwischen Verhandlungsfähigkeit und Verhandlungsunfähigkeit „hin- und herpendeln"; 32. Aufl., 3 zu § 231 a StPO), auch jede vernünftige Prozeßplanung und damit -führung unmöglich machen würde. Die Dauer der Vernehmung der Zeugen und Sachverständigen ließe sich nicht abschätzen, so daß, da mit einer verlängerten Verhandlungsdauer kein Regulativ zu schaffen wäre, eine auch nur einigermaßen sichere Terminierung und Ladung der Beweispersonen, selbst für kurze Zeiträume, unmöglich würde.
Die Angeklagten haben ihren Gesundheitszustand vorsätzlich und schuldhaft herbeigeführt; sie wußten, daß in diesem Zustand eine ordnungsgemäße Durchführung der Hauptverhandlung nicht möglich sein werde.

Nach den ärztlichen Gutachten ist der jetzige Gesundheitszustand der Angeklagten nicht durch *eine* Ursache allein bedingt. Die Internisten Professor Dr. Müller und Professor Dr. Schröder können sich hierzu im einzelnen „nur schwer äußern". Die meisten der in Betracht kommenden Faktoren bedürften „vor allem forensisch-psychiatrischer Würdigung". Der Gerichtspsychiater Professor Dr. Mende, der eine eigentliche Untersuchung nicht durchführen konnte, jedoch ein Gespräch mit den Angeklagten führte und Akteneinsicht hatte, meint, es seien „wahrscheinlich nicht in erster Linie die Haftbedingungen", die zu diesem Gesundheitszustand geführt hätten, vielmehr „die psychischen Belastungen durch die Länge der Untersuchungshaft als solcher und vor allem durch das Strafverfahren selbst". Nach Auffassung des Gerichtspsychiaters Professor Dr. Rasch – der die Angeklagten eingehend untersuchte – sind „beide Möglichkeiten in Betracht zu ziehen", nämlich „einerseits die Mangelernährung durch den wiederholten Hungerstreik der Angeklagten" und „andererseits die Haftbedingungen". Eine „anteilsmäßige Trennung oder Gewichtung dieser beiden Komplexe" ist (so Prof. Dr. Rasch) nicht möglich.

Die Zurückhaltung der Gutachter verwundert nicht, kommen doch Untersuchungen, die sich mit der „Isolierung eines Menschen" – wie sie in diesem Sinne hier gar nicht vorliegt – befassen, „zu unterschiedlichen Resultaten und differieren auch stark in ihrem wissenschaftlichen Niveau" (Prof. Dr. Rasch).

Der Senat hat keine Zweifel, daß die Hungerstreiks wenigstens mit-ursächlich für den heutigen Gesundheitszustand der Angeklagten sind.
Die Hungerstreiks der Angeklagten dauerten von Anfang Januar 1973 bis Mitte Februar 1973, vom 8. Mai 1973 bis 29. Juni 1973 und vom 13. September 1974 bis 3. Februar 1975. Der letztgenannte Hungerstreik beeinträchtigte den gesundheitlichen Zustand der Angeklagten derart, daß wegen der jederzeit möglichen Gefahr einer zum Tode führenden Kippreaktion eigens eine Intensivstation mit ständigem ärztlichen Bereitschaftsdienst in der Justizvollzugsanstalt eingerichtet wurde. Es leuchtet ein, daß durch derartigen Raubbau an der Gesundheit diese nachhaltig geschädigt wird. Ein früherer Mitangeschuldigter ist daran gestorben.
Die Hungerstreiks hatten weitreichende Ziele. Vordergründig sollten sie die Änderung der Haftbedingungen, die „Aufhebung der Isolation“ herbeiführen; das waren die von den Angeklagten genannten und von ihnen in der Öffentlichkeit propagierten Zwecke.
In Wahrheit war die Änderung der Haftbedingungen nur Mittel zum Zweck, um die politische Agitation in den Haftanstalten, die „Politisierung der Gefängnisse“, den „Kampf gegen das kriminelle imperiale System“, die Herbeiführung von „Revolten im Knast“ zu ermöglichen. Das ergibt sich eindeutig aus Zellenzirkularen und sonstigen Schriftstücken, die den Angeklagten und anderen mit ihnen zusammen solidarisch hungernden Häftlingen zuzuordnen sind. Die Herkunft dieser Schriftstücke ist in einem Maße gesichert, das im jetzigen Verfahrensstadium zur Überzeugungsbildung des Senats ausreicht.
So schrieb der Angeklagte Baader in einem am 9. 3. 73 verfaßten Zellenzirkular zum Hungerstreik unter anderem:

„In meiner Einschätzung, die sich nicht geändert, hat dieser Streik nur einen Zweck: er soll die Typen aus der Isolation befreien, damit sie eine Möglichkeit zur Agitation, Organisation und Aktion im Knast haben“ (Ausschlußantrag Rechtsanwalt Ströbele, Anl. 24).

In einem anderen Zellenzirkular vom Juli 1973, verbreitet durch Rechtsanwalt Ströbele, heißt es:

„Deshalb haben wir am 8. Mai noch einmal einen Hungerstreik begonnen, den wir erst dann beenden werden, wenn unsere Forderung erfüllt ist: Gleichstellung der politischen Gefangenen mit allen Gefangen und freie politische Information für alle Gefangenen. Ihr versteht, Kommunikation und Information im Knast sind die Voraussetzung zur Politisierung der Gefängnisse zum Kampf um Rechte wie Selbstverwaltung, preisgerechte Bezahlung, Schutz der Familien und so weiter, die die Gefangenen nur selbst erkämpfen können und nur im solidarischen und die Zusammenhänge herstellenden Kampf aller Sozialisten gegen das kriminelle imperiale System erkämpfen werden. Alle Macht dem Volk.
Alle Kräfte des Volkes vereint gegen das System aus Profit/Macht/Familie/Fabrik/Büro/Knast/Erziehungsheim/Irrenhaus.“ (Ausschlußantrag Rechtsanwalt Ströbele, Anl. 26.)

Eine Erklärung vom April 1973, die entweder der Angeklagten Meinhof oder

der Angeklagten Ensslin zuzuordnen ist, macht deutlich, wozu die „Isolation" aufgehoben werden soll:

„...daß wir erreichen, was wir wollen, aus der Isolation kommen ... das Komitee soll uns zu den Voraussetzungen Kommunikation und Information verhelfen, damit man eines Tages tatsächlich von Revolten im Knast sprechen kann ... also in dem Moment, wo wir nicht mehr von ihnen getrennt sind, ihr Kontakt zu uns, unserer zu ihnen, als erster organisatorischer Schritt geschafft ist, gehts weiter..."

Im Mai 1973 wurde eine „Hungerstreikerklärung der politischen Gefangenen" ausgearbeitet und verbreitet, vermutlich von der Angeklagten Meinhof, in der es unter anderem heißt:

„Es ist klar, Genossen, der Kampf um die Politisierung der Gefängnisse kann nicht ohne euer Interesse, ohne eure Solidarität geführt werden."

Ein der Angeklagten Ensslin zuzuordnendes Zellenzirkular vom 30. 6. 73 stellt fest:

„Hungerstreik kein Selbstzweck ... der Hungerstreik war sozusagen der erste Knopfdruck, um die der Lage entsprechende Lösung in Gang zu setzen – die Komitees. Aber die Isolation ist, und auch darüber herrscht Klarheit, ein komplexes Problem, kein eindimensionales. Aufhebung oder Lockerung der Isolation kann deshalb sowieso nur vorübergehenden Charakter haben."

In der Öffentlichkeit, die man mit den sogenannten Hungerstreik-Komitees und auf andere Weise zu mobilisieren hoffte, sollten diese weitreichenden Ziele freilich nicht bekannt werden. So nannte etwa Horst Mahler im Februar 1973 den Hungerstreik einerseits ein „Mittel, die Solidarität der Linken zu aktivieren", und forderte in seiner Erklärung „Zur Frage des Hungerstreiks": „Der Knast insgesamt muß problematisiert werden", ermahnte aber andernteils in der gleichen Erklärung, nachdem er „ran an Gollwitzer, an Bischof Scharf, an Bloch. Tretet sie. Was macht Böll?" gefordert hatte, seine Mithäftlinge: „Wir dürfen nur fordern, daß wir den anderen Gefangenen gleichgestellt werden". Das macht den Widerspruch zwischen öffentlich erklärten und in Wahrheit erstrebten Zielen sowie die hierzu geübte Tarnung und Verschleierung hinreichend deutlich.

Daß sich an den vorstehend geschilderten Zielen des Hungerstreiks beim 3. Hungerstreik (13. 9. 1974 bis 3. 2. 1975) nichts geändert hatte, zeigt die diese Aktion einleitende programmatische Erklärung der Angeklagten Meinhof vom 13. 9. 1974 im Strafverfahren um die seinerzeitige gewaltsame Befreiung des Angeklagten Baader:

„Wir politischen Gefangenen aus der RAF und anderen antiimperialistischen Gruppen befinden uns ab heute im Hungerstreik. Den Liquidationsfahndungen der Bullen gegen die RAF und ihrer psychologischen Kriegführung gegen uns entspricht die Tatsache, daß sich die meisten von uns seit Jahren in Isolationshaft befinden, d. h.: Vernichtungshaft. Wir sind aber entschlossen, nicht aufzuhören zu denken und zu kämpfen – wir sind entschlossen, den Stein, den der imperialistische Staat gegen uns aufgehoben hat, ihm auf seine eigenen Füße fallen zu lassen."

Welchem Zweck die Aufhebung der „Isolationshaft" auch hier und jetzt dienen sollte, ergibt sich aus der anschließend als Flugblatt veröffentlichten „Hungerstreikerklärung" der „Gefangenen aus der RAF" vom 13. 9. 1974 („Das ist unser 3. Hungerstreik"). Hier finden sich die Sätze:

„Die Abschaffung der Isolation ist die Bedingung, die wir uns erkämpfen müssen, wenn Selbstorganisation der Gefangenen, wenn revolutionäre Politik, wenn Befreiungskampf im Gefängnis überhaupt eine realistische Möglichkeit von proletarischer Gegengewalt werden soll – im Rahmen der Klassenkämpfe hier, im Rahmen der Befreiungskämpfe der Völker, der dritten und vierten Welt, im Rahmen von proletarischem Internationalismus, im Rahmen einer antiimperialistischen Befreiungs- und Einheitsfront in den Gefängnissen und Kriegsgefangenenlagern der vom Imperialismus beherrschten Teile der Welt. Die Macht dem Volk durch Eroberung der Gewalt! Freiheit durch bewaffneten, antiimperialistischen Kampf!"

Im gleichen Sinn äußert sich ein sogenanntes Info, der Angeklagten Meinhof zugeordnet, vom 21. 10. 74 (Ausschlußantrag Rechtsanwalt Groenewold, Anl. 58).

Somit steht außer Frage, daß die Hungerstreiks nicht deshalb durchgeführt wurden, um als gesundheitsbedrohend empfundene Haftbedingungen zu beseitigen. In der Tat waren die Haftbedingungen rechtens. Die Untersuchungshaft muß so gestaltet werden, daß der Verhaftete nicht fliehen, keine weiteren Straftaten begehen und die Sicherheit und Ordnung der Haftanstalt nicht gefährden kann. Unter allen Gesichtspunkten stellen die Angeklagten ein ungewöhnlich großes Sicherheitsrisiko dar. Der Angeklagte Baader ist schon einmal mit Waffengewalt – unter Ausnutzung eben eines gelockerten Haftvollzugs – aus der Haft befreit worden; ein Unbeteiligter wurde dabei durch Schußverletzung körperlich schwer beschädigt. Die Angeklagte Meinhof ist wegen Beteiligung an dieser Tat zu langjähriger Freiheitsstrafe verurteilt worden. Trotzdem haben der Angeklagte Baader und andere Angeklagte auch in dieser Haft Befreiungspläne (sei es durch Flucht, sei es durch Geiselnahme) entworfen und an Sympathisanten außerhalb der Anstalt weitergereicht. Verwiesen sei nur auf die detailliert ausgearbeiteten Fluchtpläne des Angeklagten Baader aus der Justizvollzugsanstalt Schwalmstadt und die gleichzeitig erfolgten Hinweise auf den „Austausch" mit „Bundestagsabgeordneten", „Landtagsabgeordneten",

„Typen, die Gruppen repräsentieren, auf deren Loyalität die Regierung angewiesen ist – möglicherweise auch Richter – wobei gar nicht mal so wichtig ist, daß sie mit unserem Verfahren befaßt sind, solange ihr mehrere schnappen könnt. Nach der Vereinbarung der Innenministerkonferenz hat das Leben der Geisel Vorrang – na ja, was das schon heißt – vor strafrechtlicher Verfolgung."

Daß die Angeklagten dazuhin dringend verdächtig sind, in der Haft eine kriminelle Vereinigung im Sinne von § 129 StGB mit Hilfe von Verteidigern fortgesetzt zu haben, ergibt sich aus den Entscheidungen über den Ausschluß der Rechtsanwälte Dr. Croissant, Groenewold und Ströbele.

An dieser von den Angeklagten geschaffenen Gefahrenlage konnten die Haftbedingungen der Angeklagten nicht vorübergehen. Die ihnen notwendigerweise auferlegten Beschränkungen im Umgang mit Mithäftlingen sind durch andere Maßnahmen, die ihren Haftvollzug im Vergleich zu Mithäftlingen wiederum wesentlich günstiger gestalten, ausgeglichen worden. So sind die Haftbedingungen denn auch in zahlreichen Entscheidungen, zuletzt in der Entscheidung der Europäischen Menschenrechtskommission vom 30. 5. 1975 bestätigt worden. Dort heißt es abschließend:

„Die Kommission ist daher der Auffassung, daß die im vorliegenden Fall angeordneten Beschränkungen der durch Artikel 8 Absatz 1 und Artikel 10 Absatz 1 der Konvention garantierten Rechte zulässige Maßnahmen sind, die zur Verteidigung (Aufrechterhaltung) der Ordnung und Verhinderung von strafbaren Handlungen im Sinne der Absätze 2 von Artikel 8 und 10 notwendig waren.
Die Prüfung der eingereichten Beschwerden durch die Kommission läßt aus den oben aufgeführten Gründen nicht den Anschein einer Verletzung der Artikel 3, 6 (1) und (2), 8 (1) oder 10 (1) der Konvention erkennen.“

Den Angeklagten war klar, daß die Hungerstreiks ihre Gesundheit schwer in Mitleidenschaft ziehen müßten. So schrieb der Angeklagte Baader in einem am 4. 2. 1974 aufgefundenen Kassiber:

„Ich denke, wir werden den Hungerstreik diesmal nicht abbrechen. Das heißt, es werden Typen dabei kaputtgehen.“

Diese Beschädigung ihrer Gesundheit nahmen die Angeklagten jedoch nicht nur in Kauf, sondern setzten diesen Umstand bewußt als Mittel ein, um das bevorstehende Strafverfahren zu verhindern. Sie wollten, wie die Angeklagte Meinhof am 9. 1. 1974 an ihre Verteidiger schrieb, „aus der Krankheit eine Waffe“ machen (Ausschlußantrag Rechtsanwalt Groenewold, Anlage 61).
In einem Schreiben der Angeklagten Meinhof an eine andere Gefangene vom 13. 3. 1974 heißt es:

„Sicher ist, daß wir den Hungerstreik gegen Isolierabteilungen für politische Gefangene so anlegen, daß die Gefangenen in seiner Folge verhandlungsunfähig werden. Dann aber ist die Verhandlungsunfähigkeit eine politische Demonstration nicht gegen Folter, sondern für die Einheit der Gefangenen – eine Gefängnisbewegung: Der zweite Schuh“,

und weiter:

„Klar ist, daß wir uns für diesen Hungerstreik einen Zeitpunkt aussuchen, wo nicht nur unsere Drohung zu verhungern (denn eine Waffe wird es nur, wenn klar ist, daß er durchgehalten wird, bis seine kollektive Forderung erfüllt ist – auch wenn es Kranke und Tote gibt) Druck ausübt, sondern auch die Planung der 3 Prozesse: Stuttgart, Hamburg, Zweibrücken.“ (Anlage zur Stellungnahme des Generalbundesanwalts vom 25. 9. 1975)

Offenbar waren die Angeklagten, wie oben dargestellt, der Meinung, der Auftritt der Angeklagten Meinhof in dem Berliner Strafverfahren vom 13. 9. 1974 sei der für den Beginn des Hungerstreiks geeignete Zeitpunkt.

In die gleiche Richtung weist das von dem Angeklagten Baader im Juni 1974 verfaßte Zellenzirkular, in dem sich die Worte finden:

„Es ist noch lange nicht klar, daß in Stuttgart verteidigt wird. Wir haben an dieser Veranstaltung nur Interesse, wenn wir sie umdrehen können. Dazu gehört auch eine Verteidigerkonstruktion, die noch nicht zu sehen ist. Dazwischen liegt der Hungerstreik und damit ist nicht mal klar, ob da überhaupt was anfängt." (Siehe Stellungnahme des Generalbundesanwalts vom 25. 9. 75, Seite 3.)

Auch hier zeigt sich deutlich das Vorhaben, durch den Hungerstreik (der also im Juli 1974 schon geplant war) die Hauptverhandlung zu verhindern.
Der Plan, sich durch den Hungerstreik verhandlungsunfähig zu machen, ist den Angeklagten gelungen. Die Beeinträchtigung ihres Gesundheitszustands durch den wiederholten Hungerstreik ist, wie schon ausgeführt, jedenfalls mitursächlich für die Verhandlungsunfähigkeit; das genügt für die Anwendung von § 231 a StPO.
Bei dieser Frage ist zwar zu bedenken, daß, wie die Professoren Dr. Müller und Dr. Schröder unter Hinweis auf Erfahrungen der Nachkriegszeit ausführen, Gewichtsverluste durch Mangelernährung in etwa einem halben Jahr ausgeglichen werden, wenn in dieser Zeit ausreichende und ausgewogene Ernährung unter sonst guten Bedingungen gereicht wird. Doch ist das mit der hier gegebenen Situation kaum vergleichbar. Dort handelte es sich durchweg um Unterernährung infolge unfreiwilligen Nahrungsmangels. Den betroffenen Personen waren die mangelhafte Ernährung und die dadurch hervorgerufene Beeinträchtigung der Gesundheit durchaus unerwünscht. Sobald wieder genügend Nahrung zur Verfügung stand, trachteten sie nach besten Kräften, den angemessenen Ernährungs- und Gesundheitszustand wieder herzustellen.
Selbst Fälle freiwilliger Nahrungsverweigerung, in denen die betroffenen Personen nach Aufgabe ihres Vorhabens, etwa nach Erreichen des erstrebten Zieles, sich wieder voll der Aufgabe zuwenden, Gewichts- und Gesundheitsverluste auszugleichen, können mit der bei den Angeklagten gegebenen Situation nicht verglichen werden.
Die Angeklagten gaben den Hungerstreik nicht auf, weil sie ihre Ziele erreicht gehabt hätten. Sie mußten vielmehr einsehen, daß er gescheitert war. Justiz und Staat hatten sich nicht nötigen lassen. Für einen Fortgang des Hungerstreiks waren seitens der Vollzugsbehörden ausreichende intern- und ernährungsmedizinische Vorkehrungen getroffen. Die Öffentlichkeit hatte sich nicht mobilisieren lassen.
So war das Ergebnis für die Angeklagten nicht dazu angetan, nunmehr nach Kräften an der Wiedergenesung zu arbeiten. Der Ausgang des Hungerstreiks war vielmehr Anlaß, jene resignierende und depressive Grundhaltung zu verstärken, die Prof. Dr. Mende beobachtet hat, auch in jenes Wechselspiel zwischen psychischer Belastung und Zielstrebung der Angeklagten (Professoren Dr. Müller, Dr. Schröder) negativ einzugreifen und so die von den Sachverständigen beobachtete vegetative Dysregulation zu fördern.

Indes war auch dies für die Angeklagten voraussehbar, unterbrach jedenfalls nicht den von ihnen wissentlich in Gang gesetzten Ursachenablauf.
Die Angeklagten wußten von Anfang bis heute, daß die für die Haftbedingungen verantwortlichen Stellen, wollten sie nicht die oben dargelegten Bestrebungen der Angeklagten fördern, diese Bedingungen nicht anders festlegen konnten, als geschehen. So erkannte etwa die Angeklagte Meinhof in ihrem schon angeführten Schreiben vom 13. 3. 1974 klar:

„Würden sie uns jetzt in den normalen Vollzug lassen – was ausgeschlossen ist...“

An anderer Stelle dieses Schreibens erwähnt die Angeklagte Meinhof den Zwang, der sich aus den „Sicherheitsproblemen der Vollzugsadministration“ ergebe.
Eher schon paßte in das Konzept der Angeklagten eine – vorübergehende – Erschwerung der Haftbedingungen:

„Der Grad der Militanz der Bewegung draußen und der Grad der Isolation drinnen stehen in direkt proportionalem Verhältnis zueinander, eben *weil* Eskalation ein Faktor des politischen Kampfes ist.“ (Ensslin im Zellenzirkular vom 30. 6. 73)

Des weiteren wußten die Angeklagten alsbald – sie bemerkten es an sich selbst –, daß die Haft ihre seelische und körperliche Verfassung beeinträchtigte, keinesfalls aber förderte. Es war daher für sie klar erkennbar, daß die schwere gesundheitliche Schädigung, die ein Hungerstreik hervorrief, allenfalls mit großem – insbesondere auch zeitlichem – Aufwand wieder zu beheben war.
Das gilt insbesondere für den letzten Hungerstreik vom 13. 9. 1974 bis 3. 2. 1975 und war – wie der zitierte Brief der Angeklagten Meinhof über das Aussuchen des richtigen Zeitpunkts für den Hungerstreik zeigt – offenbar in die Planungen einbezogen.
Soweit deshalb die Haftbedingungen die Gesundheit der Angeklagten und damit ihre Verhandlungsfähigkeit negativ beeinflußt haben mögen, kann das doch nicht aus der Verantwortlichkeit der Angeklagten herausgenommen werden. Sie kannten die Haftbedingungen, wußten, daß mit deren Änderung – i.S. der geforderten vollen Integration – nicht zu rechnen sei, wußten andererseits, daß die durch die Hungerstreiks hervorgerufenen Schäden unter diesen Umständen nicht zu beheben sein würden.
Hinzu kommt, daß die Angeklagten durch konsequente Verweigerung jeder Untersuchung durch die zuständigen Anstaltsärzte jede gezielte Therapie verhinderten. Auch ihr sonstiges Verhalten, soweit es dem Gericht bekannt ist, läßt nur den Schluß zu, es sei ihnen um die Wiederherstellung ihrer Gesundheit und damit ihrer Verhandlungsfähigkeit nicht zu tun. Das nächtelange Maschinenschreiben bei Kerzenlicht, die zweckentfremdete Verwendung der zur körperlichen Betätigung gedachten Tischtennisgelegenheit (die Angeklagten setzten sich sogleich hin und besprachen sich anhand mitgebrachter Akten; gespielt wurde nicht), die von vornherein erklärte Ablehnung, am Hofgang mit einer Gruppe anderer Gefangener teilzunehmen (das sei eine „Spitzellösung“), sprechen für diese Annahme. Sie wird auch dadurch belegt, daß der Angeklagte

Raspe von der ihm schon in Köln-Ossendorf eingeräumten Möglichkeit, am gemeinsamen Hofgang anderer Häftlinge teilzunehmen, keinen Gebrauch machte. Zum Teil haben die Angeklagten selbst Besuch nächster Angehöriger, der ihnen unbeschränkt gestattet ist, abgelehnt, wie sie überhaupt die Besuchsmöglichkeiten bei weitem nicht ausschöpfen.

Daß die Angeklagten sonst auf irgendwelche Weise ihre gesundheitliche Wiederherstellung be- oder verhindert hätten, konnten die Sachverständigen nicht feststellen, obwohl auffällig ist, daß bei den Angeklagten, vier verschiedenen Individuen, nahezu die gleichen Symptome auftreten. Bei anderen dem Senat bekannten Verfahren mit langjähriger Einzelhaft war dergleichen jedenfalls nicht zu beobachten. Die Tatsache, daß Baader bei einem Treffen aller 4 Angeklagten in der vergangenen Woche zu Gehör eines Aufsichtsbeamten erklärte: „Wir müssen krank sein, wir müssen gebrochen wirken!" läßt in diesem Zusammenhang aufhorchen.

Das aufgezeigte Verhalten der Angeklagten ist nicht geeignet, den von den Sachverständigen festgestellten, durch Haft und Hauptverhandlung hervorgerufenen Streß zu beseitigen; der Streß wird hierdurch nur gesteigert und wirkt sich negativ auf die gestörte vegetative Regulation der Angeklagten aus. Daß selbstverschuldete sogar rein seelische Krankheitszustände, die zu Verhandlungsunfähigkeit führen, ein Verhandeln in Abwesenheit des Angeklagten rechtfertigen können, ist in der Rechtssprechung anerkannt (BHG St 2, 304).

Als Ergebnis ist festzustellen, daß die Angeklagten ihre Verhandlungsunfähigkeit wissentlich und schuldhaft herbeigeführt haben. Zum Teil war der von ihnen (auch) zu diesem Zweck geführte Hungerstreik unmittelbar ursächlich, im übrigen sind die sonstigen Faktoren, die die Verhandlungsfähigkeit der Angeklagten ungünstig beeinflussen, ihnen weitgehend zuzurechnen.

Es erübrigt sich, zwischen den einzelnen Angeklagten zu unterscheiden. Sie haben den Hungerstreik solidarisch geführt und sind sich auch sonst – wie sie wiederholt ausdrücklich erklärt haben und wie nicht zuletzt die bisherige Hauptverhandlung gezeigt hat – über ihr Verhalten und ihre Bestrebungen einig.

Die Angeklagten hatten nach Eröffnung des Hauptverfahrens sowohl vor der Hauptverhandlung (am 12. Februar 1975) als auch während der Hauptverhandlung (am 27. August 1975) Gelegenheit, sich vor dem Gericht zur Anklage zu äußern. Andererseits ist die Vernehmung zur Sache noch nicht abgeschlossen (vgl. Bericht des Rechtsausschusses, a. a. O., Seite 6). Den Angeklagten war ausdrücklich angeboten worden, die von ihnen angekündigte Erklärung sobald wie möglich vorzutragen.

Der Senat hält die weitere Anwesenheit der Angeklagten nach dem derzeitigen Erkenntnisstand nicht für unerläßlich. Sie werden zur Hauptverhandlung wieder zugezogen, sobald sie verhandlungsfähig sind.

(Prinzing) (Foth) (Meier) (Berroth) (Breuker)

Rechtsanwalt Heldmann erhob gegen die Entscheidung sofortige Beschwerde beim 2. Strafsenat des Stuttgarter Oberlandesgerichts, die zuständigkeitshalber dem Bundesgerichtshof in Karlsruhe zugeleitet wurde:

Dr. Hans Heinz Heldmann 6. Oktober 1975
Rechtsanwalt

An das
OBERLANDESGERICHT STUTTGART
– 2. Strafsenat –

7000 Stuttgart 1
Urbanstraße 18

Az.: 2 StE 1/74 – Strafsache Baader:

Für Herrn *Baader* erheben wir gegen den am 30. 9. 1975 verkündeten Beschluß nach § 231 a III StPO
sofortige Beschwerde.

1. Wir rügen *Verletzung rechtlichen Gehörs*, Art. 103 I GG, § 33 StPO.
1.1 Wir haben die ärztlichen Gutachten vom 10. 9. (Rasch), 15. 9. (Mende) und 17. 9. (Müller/Schröder) erst am Montag, 22. 9. 1975, erhalten. Das ergänzende Schreiben vom 22. 9. des Herrn Professor Rasch ist während unserer Abwesenheit (Stuttgart) am Mittwoch, 24. 9., in unserer Kanzlei eingelaufen, uns erst am 25. 9. 1975 bekannt geworden.
Bereits mit unserer noch in Stuttgart abgefaßten vorläufigen Stellungnahme vom 24. 9. 1975 haben wir wegen des Umfangs und der Schwierigkeit des Stoffes (28 Seiten fachärztliche Gutachten – der Senat hat für seine Beschlußgründe immerhin 16 Seiten benötigt) und weil wir am 23. und am 24. 9. 1975 vorbereitende Gespräche mit den Angeklagten zu führen hatten, also erst am 25. 9. 1975 wieder in unserer Kanzlei sein konnten, Fristverlängerung von Donnerstag, 25. 9., auf Dienstag, 30. 9. 1975, beantragt.
Wir hatten *nicht* die Möglichkeit, rechtzeitig bis Donnerstag, 25. 9., 16 Uhr, nach Umfang und Schwierigkeit des Gegenstandes angemessen Stellung zu nehmen.
Die uns am 22. 9. 1975 zugegangenen Gutachten hat hingegen der Senat bereits am 12. (Rasch), 16. (Mende), 19. 9. 1975 (Müller/Schröder) erhalten!
1.2 Die Stellungnahme vom 25. 9. 1975 des Generalbundesanwalts ist beim Senat am selben Tag eingelaufen, in unserer Kanzlei erst am 29. 9. 1975.
Den Angeklagten ist sie *nicht* bekanntgegeben worden.

Sie enthält den Antrag, nach § 231a StPO zu verfahren. Sie begründet ihn mit einer Reihe von Tatsachenbehauptungen. Zu ihnen *mußten* die Angeklagten gehört werden (vgl. §§ 247 StPO, 177, 178 GVG, 33 StPO). Das hat der Senat unterlassen.

1.3 Seinen Beschluß stützt der Senat u. a. auf jene Tatsachenbehauptungen aus der „Stellungnahme" des Generalbundesanwalts; darüber hinaus auf eine Fülle weiterer Tatsachenbehauptungen – angebliche Erklärungen der Angeklagten (oder Dritter), diesen „zuzuordnen", „entweder der ... oder der", „zugeordnet", „vermutlich von..." oder einfach unbekannter Herkunft (S. 6 [hier S. 108f.]), schließlich gar angebliche Wiedergabe durch einen Anonymus (S. 16 [hier S. 114]) –, welche *unbewiesen* sind und zu denen die Angeklagten und ihre Verteidiger *nicht gehört* worden sind.

„Nach der ständigen Rechtsprechung des Bundesverfassungsgerichts darf ein Gericht seiner Entscheidung keine Tatsachen und Beweisergebnisse zugrunde legen, ohne den Parteien vorher Gelegenheit zu geben, sich zu ihnen zu äußern ... daß eine Tatsache gerichtskundig ist, enthebt das Gericht nicht der Pflicht, die ihm bekannte Tatsache, wenn es sie verwerten will, in den Prozeß einzuführen." (BVerfGE 10, 177, 182f.)

Das Grundrecht auf rechtliches Gehör gewährleistet insbesondere auch die Gelegenheit, sich „zu jeder dem Gericht zur Entscheidung unterbreiteten Stellungnahme der Gegenseite" zu äußern (BVerfGE 19, 32, 36).

1.4 Dabei ist rechtsirrig der Senat davon ausgegangen, für seine Zuordnungen der zitierten Schriftstücke bedürfte es der Beweisführung nicht (S. 6 [hier S. 109]).

Diese Schriftstücke werden zum Teil in der Anlagenakte zur Klageschrift unter III (Überführungsstücke), Nrn. 1206ff., aufgeführt; auf sie bezieht sich insoweit die Anklageschrift (Teil D V).

Handelt es sich bei ihnen also um doppelrelevante Tatsachen, die sowohl für eine Verfahrensfrage als auch für die materiell rechtliche Beurteilung entscheidungserheblich sind, gilt der Vorrang des Strengbeweises (Löwe/Rosenberg, § 244, II 2; KMR, § 244, 2c) III).

Doch: auch im Wege des Freibeweises hätte der Senat keine Tatsachen verwerten dürfen, zu denen sich zu äußern die Angeklagten keine Gelegenheit hatten (Löwe/Rosenberg, a. a. O.).

2. § 231a StPO ist *Ausnahmegesetz* gegen das Prozeßgrundrecht des Angeklagten auf Anwesenheit in der Hauptverhandlung.

Dieses Recht hat verfassungsrechtlichen Rang: Art. 103 GG (Löwe/Rosenberg, § 230, 1).

2.1 Zu den §§ 231 II und 247 StPO haben Rechtsprechung und Lehre die Grundsätze entwickelt, daß Ausnahmen von dem Anwesenheitsrecht des Angeklagten *eng auszulegen* sind, ausdehnende Auslegung unzulässig ist. „Die Voraussetzungen ... müssen dem Angeklagten *nachgewiesen* werden." (Löwe/Rosenberg, § 231, 5b); § 247, 1, 3a); KMR, § 231, 3a); E. Schmidt,

Nachtragsband I, § 231, Rzn. 2 und 3; BGH in NJW 1964, 261, 262; 1952, 1306.)

2.2 Rechtsfehlerhafte Abwesenheit des Angeklagten in der Hauptverhandlung ist absoluter Revisionsgrund: § 338 Nr. 5.

2.3 § 231 a setzt Verhandlungs*unfähigkeit* voraus.
Das Gericht beschließt „nach Anhörung eines Arztes als Sachverständigen“. Insoweit setzt sich mit seinem Beschluß vom 30. 9. 1975 der Senat über die Befunde seiner medizinischen Sachverständigen kurzerhand hinweg: Gutachten Müller/Schröder S. 11; Mende S. 5, 7, 9; Rasch S. 5. Er verletzt das Verbot ausdehnender Auslegung der Ausnahmevorschrift.
Auch Professor Raschs Befund, daß die akute Behandlungsbedürftigkeit dem Fortgang der Hauptverhandlung entgegenstehe (S. 5) und daß mehrmonatige Behandlung erforderlich sei, um die Angeklagten *voll* verhandlungsfähig zu machen (Schreiben vom 22. 9. 1975), fördert nicht das vom Senat gewünschte Ergebnis.
Zeitlich eingeschränkte Verhandlungsfähigkeit ist nicht der Verhandlungsunfähigkeit gleichzusetzen (BGH in NJW 1964, 261 f.).
Die Deduktion des Senats, die erforderliche Behandlung der Angeklagten „hindere“ ihre weitere Anwesenheit in der Hauptverhandlung, stellt die Rangordnung von Rechtswerten auf den Kopf: Praeponderanz von Prozeßökonomie gegenüber dem Prozeßgrundrecht des Angeklagten, „anwesend zu sein und sich selbst zu verteidigen“ (so: Internationaler Pakt über wirtschaftliche, soziale und kulturelle Rechte, Art. 14 III d, BGBl 1973 II 1533)!

2.4 Mit seinem Beschluß hat sich überdies der Senat in eigenen Widerspruch unauflöslich verstrickt: durch ihre Hungerstreiks hätten sich die Angeklagten vorsätzlich und schuldhaft verhandlungsunfähig gemacht. Wäre das so, wäre „Fortsetzung“ der Hauptverhandlung ausgeschlossen, weil der zurückliegenden Hauptverhandlung das Verfahrenshindernis der Verhandlungsunfähigkeit entgegengestanden hätte. Das Prozeßhindernis wäre als von Anfang an bestehend zu beachten mit der einzigen rechtlichen Folgerung: das Verfahren einzustellen.

3. Der Senat verwirft abermals, ohne sich mit ihnen auseinandergesetzt zu haben, die Gutachten seiner eigenen Sachverständigen, wo diese zu den *Ursachen* für die *zeitliche Begrenzung* der Verhandlungsfähigkeit Stellung nehmen (S. 5):
Das internistische Gutachten schließt im Ergebnis die Hungerstreiks als ursächlich gerade aus (S. 10–12); das Gutachten Mende zieht sie als ursächlich nicht einmal in Betracht (S. 8 f.); das Gutachten Rasch zieht sie zwar in Betracht, um jedoch sogleich, kontrapunktisch, die „für den modernen Vollzug völlig ungewöhnlichen Haftbedingungen“ als ursächlich zu kennzeichnen (S. 6 f.).
Der Senat hat seine eigene „Sachkenntnis“, welche ihn drei Monate lang die

Angeklagten als voll verhandlungsfähig erkennen ließ, an die Stelle derjenigen der von ihm selbst bestellten Sachverständigen gesetzt.
Er verletzt damit einmal mehr seine Wahrheitsermittlungspflicht und seine prozessuale Fürsorgepflicht.

4. Wo er schließlich fingiert, *schuldhaft* hätten die Angeklagten ihre Verhandlungsunfähigkeit herbeigeführt – unter freihändigem Umtausch der von seinen Sachverständigen erkannten Ursachen für den heutigen Gesundheitszustand der Angeklagten also seine eigene Verantwortlichkeit als Herr der Haftbedingungen auf jene zu kehren trachtet: bereitet er sich selbst sein nächstes Dilemma.
Der letzte Hungerstreik hatte am 13. 9. 1974 begonnen. Damals gab es § 231 a nicht einmal als Entwurf. Erst auf den Antrag vom 16. 12. 1974 des Rechtsausschusses ist, nach der ersten Lesung, § 231 a in den Entwurf dieser StPO-Novelle eingeführt worden (Bundestags-Drucksache 7/2989, S. 5 und – Gegenüberstellung – S. 19); am 18. 12. 1974 hat in zweiter und dritter Lesung der Bundestag ihn als Gesetz beschlossen (Protokoll der 138. Sitzung, S. 9499–9519); am 19. 12. 1974 hat der Bundesrat zugestimmt (Protokoll der 415. Sitzung, S. 469 f.).
Als Bestandteil der 'lex RAF' ist § 231 a am 1. 1. 1975 in Kraft getreten. Er hat die Funktion einer Prozeßstrafe, vergleichbar dem § 231 II, wonach ein Angeklagter sein Prozeßgrundrecht auf Anwesenheit in der Hauptverhandlung verliert, „der den Versuch gemacht hat, den Gang der Rechtspflege zu stören und die Hauptverhandlung durch seine Abwesenheit bewußt unwirksam zu machen, der also vorsätzlich die Pflicht zur Anwesenheit verletzt und dadurch dem Gang der Rechtspflege entgegentritt“ (BGH in NJW 1974, 1290).
§ 231 a bedroht denjenigen Angeklagten mit dem Verlust seines Verteidigungsrechts, der „durch absichtliche Herbeiführung der Verhandlungsunfähigkeit die Weiterführung des gegen ihn gerichteten Strafverfahrens zu verhindern“ sucht (Bundestags-Drucksache 7/2989 vom 16. 12. 1974, S. 5).
Die Angeklagten und ihre Verteidiger haben von Anfang an keinen Zweifel daran gelassen, daß sich der Hungerstreik ausschließlich gegen die „für den modernen Vollzug ungewöhnlichen Haftbedingungen“ (so der Sachverständige Professor Rasch, S. 7) richtete. Das ist vielfach dokumentiert. (Astrid Proll, auf die der Generalbundesanwalt sich bezieht, S. 5, war nie im Hungerstreik – allerdings im Isolationstrakt).
Am 5. 2. 1975 haben die Angeklagten ihren Hungerstreik abgebrochen. Sie haben wiederum keinen Zweifel gelassen, sich der Hauptverhandlung stellen zu wollen.
Wie will bei diesem Hergang der Senat zur Verantwortlichkeit der Angeklagten für Verhandlungsunfähigkeit i. S. d. § 231 a kommen?
Indem er die am 1. 1. 1975 in Kraft getretene Prozeßstrafbestimmung auf den 13. 9. 1974 rückwirken läßt?
Oder indem er einmal wieder eigenen Sachverstand ermessen läßt: welchen

Anteil am Gesundheitsdefizit der Angeklagten deren Hungerstreik vom 1. 1. bis zum 4. 2. 1975 habe?
Die Regel, daß Prozeßrecht vom Zeitpunkt seines Inkrafttretens an auch anhängige Verfahren erfasse, gilt nicht für die hier angegriffene Anwendung des § 231 a, weil diese Rechtsverlust an ein Handeln knüpft, welches zu seiner Zeit rechtsfolgenfrei war: Rückwirkungsverbot aus Rechtsstaatsprinzip.

Wir beantragen, zu weiterer Beschwerdebegründung Wochenfrist uns offenzulassen.

(Heldmann)

Das Oberste Bundesgericht in Karlsruhe fällte am 22. Oktober 1975 auf die Beschwerde gegen die Stammheimer Entscheidung hin folgenden Beschluß zur Anwendung des neuen § 231 a der Strafprozeßordnung:

Leitsätze:
1. Bei Anwendung des § 231 a StPO darf auch ein Verhalten des Angeklagten berücksichtigt werden, das vor dem Inkrafttreten der Vorschrift liegt. Dem stehen weder Art. 103 Abs. 2 GG noch das dem Rechtsstaatsprinzip immanente Postulat der Rechtssicherheit im Wege.
2. Ob Verhandlungsunfähigkeit im Sinne des § 231 a StPO vorliegt, läßt sich nur in bezug auf das jeweilige Verfahren feststellen. Sie kann auch gegeben sein, wenn der Angeklagte für kürzere Zeitspannen, die zur Erledigung des Verfahrens in vernünftiger Frist nicht ausreichen, der Verhandlung folgen kann.
3. Die Befugnis, unter den Voraussetzungen des § 231 a StPO ohne den Angeklagten zu verhandeln, schließt nicht das Recht ein, ihn gegen seinen Willen von der Verhandlung fernzuhalten.

BUNDESGERICHTSHOF
1 StE 1/74
StB 60–63/75

BESCHLUSS

In dem Strafverfahren
gegen
1. Andreas *Baader* [...]
2. Ulrike *Meinhof* [...]
3. Jan-Carl *Raspe* [...]
4. Gudrun *Ensslin* [...]
wegen Mordes u. a.
hat der 3. Strafsenat des Bundesgerichtshofs am 22. Oktober 1975 nach Anhörung des Generalbundesanwalts beschlossen:

Die sofortigen Beschwerden der Angeklagten gegen den Beschluß des Oberlandesgerichts Stuttgart vom 30. September 1975 werden verworfen.

Gründe:

Die Beschwerdeführer haben sich vor dem 2. Strafsenat des Oberlandesgerichts Stuttgart wegen mehrfachen Mordes und anderer schwerwiegender Straftaten zu verantworten, die sie als führende Mitglieder der kriminellen Vereinigung „Rote Armee Fraktion" begangen haben sollen. Bedingt durch zahlreiche – auch die angebliche Befangenheit der Mitglieder des Gerichts betreffende – Verfahrensanträge und schwere Störungen der Hauptverhandlung seitens der Angeklagten hat die Beweisaufnahme bisher nicht begonnen. Am 30. September 1975, dem 40. Verhandlungstag, beschloß das Gericht, ohne die von ihm für verhandlungsunfähig im Sinne des § 231a StPO erachteten Angeklagten weiterzuverhandeln. Hiergegen richten sich die nach § 231a Abs. 3 Satz 3, § 304 Abs. 4 Satz 2 Nr. 3 StPO zulässigen sofortigen Beschwerden der Angeklagten. Sie erweisen sich als unbegründet.

Die Beschwerdeführer machen geltend, das Oberlandesgericht habe § 231a StPO, der als Ausnahmenorm eng ausgelegt werden müsse, in unzulässiger Weise ausweitend interpretiert. Seiner Anwendung auf den vorliegenden Fall stünden nicht nur verfassungsrechtliche und Gesichtspunkte des einfachen Rechts entgegen; das Oberlandesgericht gehe vielmehr auch von einem unrichtigen Sachverhalt aus.

I. Bei der Bestimmung des sachlichen Geltungsbereichs des § 231a StPO sind zunächst die Absichten ins Auge zu fassen, die der Gesetzgeber mit der Einführung dieser Vorschrift verfolgte. Sodann ist zu prüfen, ob eine Verfahrenslage wie die hier zu beurteilende in den danach beabsichtigten Regelungsbereich fällt, und weiter, ob dies in dem Wortlaut der Vorschrift hinreichenden Ausdruck gefunden hat. Einer Auslegung, die sich in diesem Rahmen hält, steht der Ausnahmecharakter der Norm nicht entgegen.

§ 231a StPO geht auf einen Beschluß des Justizministerkonferenz vom 15. November 1974 zurück, der zu einer vom Bundeskabinett beschlossenen Formulierungshilfe für den Rechtsausschuß des Deutschen Bundestages führte (vgl. „recht" 1974, 206). Er wurde veranlaßt durch die Schwierigkeiten, welche die zum Personenkreis der „Roten Armee Fraktion" gerechneten Untersuchungsgefangenen den Strafverfolgungsbehörden dadurch bereiteten, daß sie insbesondere durch Hungerstreiks ihre Verhandlungsfähigkeit gefährdeten. Die aufgrund dieser Initiative vom Gesetzgeber beschlossene Einführung des § 231a StPO erwuchs somit aus der Erkenntnis, daß die bisherigen Mittel des Strafverfahrensrechts nicht ausreichten, neuen Verhaltensformen inhaftierter Beschuldigter gerecht zu werden, die wie die Beschwerdeführer ohne Rücksicht auf ihr eigenes Leben versuchen, unter Ausnutzung rechtsstaatlicher Schranken der Verfahrensgestaltung ihre eigenen Maßstäbe an die Stelle der gesetzlichen,

von den legitimen Staatsorganen interpretierten Normen zu setzen. Dabei war dem Gesetzgeber gewiß die Gefahr bewußt, daß bei einer widerstandslosen Hinnahme der durch die neue Vorschrift zu unterbindenden Praktiken solche in Zukunft auch von anderer Seite drohten, etwa von fanatisierten rechtsradikalen Beschuldigten oder von unter dem Druck ihrer Gruppe stehenden Mitgliedern großer Verbrecherorganisationen.
Der Gesetzgeber folgte mit der in Rede stehenden Gesetzesänderung einem Gebot, das sich aus dem Rechtsstaatsprinzip der Verfassung ergibt. Dieses Prinzip enthält als wesentlichen Bestandteil die Idee der Gerechtigkeit und damit das Postulat der Aufrechterhaltung einer funktionsfähigen Rechtspflege, ohne die der Gerechtigkeit nicht zum Durchbruch verholfen werden kann. Für den Bereich des Strafrechts hat das Bundesverfassungsgericht in diesem Zusammenhang ausgesprochen, daß die Aufklärung schwerer Straftaten einen wesentlichen Auftrag eines rechtsstaatlichen Gemeinwesens darstellt (BVerfGE 33, 367, 383; 38, 105). Der Rechtsausschuß des Deutschen Bundestages hat sich in seinem schriftlichen Bericht ausdrücklich auf die Notwendigkeit der Aufrechterhaltung einer funktionstüchtigen Rechtspflege bezogen (Bundestagsdrucksache 7/2989 vom 16. 12. 1974).
Im Lichte der dargelegten Normzwecke und der verfassungsrechtlich gesicherten Grundsätze, die sie legitimieren, muß § 231 a StPO ausgelegt und angewendet werden. Seine Auslegung darf nicht dazu führen, daß die Absicht des Gesetzgebers vereitelt wird, dem Tatrichter die Durchführung der Hauptverhandlung auch gegen solche Beschuldigte zu ermöglichen, die den staatlichen Organen jede Achtung versagen und mit allen Mitteln den geordneten Ablauf des Verfahrens zu stören suchen. Andererseits darf auch hier der Regelungsbereich der Vorschrift, wie er sich aus ihrem Wortlaut ergibt, nicht willkürlich überschritten werden.
Vom Boden dieser Erwägungen aus ist der rechtliche Gehalt des § 231 a StPO zu bestimmen und sind die Einwendungen der Verteidigung gegen seine Anwendung durch das Oberlandesgericht zu beurteilen.
1. Art. 103 Abs. 2 GG steht der Berücksichtigung von Verhaltensweisen der Beschuldigten, die vor dem Inkrafttreten des § 231 a StPO am 1. Januar 1975 liegen, nicht entgegen. Denn durch die Anwendung des § 231 a StPO reagiert das Gericht nicht mit Strafe auf eine strafbare Handlung, was vorher bestimmt sein müßte, sondern gestaltet die Modalitäten des Verfahrens, wenn auch in Anknüpfung an schuldhafte Verhaltensweisen des Beschuldigten. Die Verwendung von Begriffen, die auch im materiellen Strafrecht gebraucht werden, macht § 231 a StPO nicht zu einem Strafgesetz, für das Art. 103 Abs. 2 GG gelten würde.

2. Der Rückwirkung des § 231 a StPO steht auch nicht das dem Rechtsstaatsprinzip immanente Postulat der Rechtssicherheit im Wege. Zwar soll der Staatsbürger die Gewißheit haben, daß der Gesetzgeber an abgeschlossene Tatbestände nicht nachträglich ungünstige Folgen knüpft. Indes gilt das nicht

ohne Rücksicht auf andere Elemente der Rechtsstaatlichkeit, hier das bereits erwähnte Gebot, die Aufklärung schwerwiegender Straftaten zu ermöglichen. Schon im Hinblick hierauf können sich Beschuldigte, deren bei Anwendung des § 231 a StPO berücksichtigtes Verhalten bereits vor dessen Inkrafttreten liegt, billigerweise auf ein angebliches Vertrauen in das Fortwirken der früheren Gesetzeslage nicht berufen (BVerfGE 25, 269, 290f.). Sie müssen vielmehr damit rechnen, daß der Gesetzgeber alsbald die verfahrensrechtlichen Mittel zur Verfügung stellt, mit denen solchem Verhalten wirksam begegnet werden kann. Im übrigen entspricht es gefestigter Rechtsprechung, daß der Bürger nicht darauf vertrauen darf, das Prozeßrecht werde nicht geändert (BVerfGE 24, 33, 55).

3. Der Umstand, daß in § 231 a StPO von einem die „Verhandlungsfähigkeit ausschließenden Zustand" die Rede ist, bedeutet nicht, daß die Vorschrift nur Fälle meint, in denen der Angeklagte absolut verhandlungsunfähig ist. Eine solche Beschränkung ihres Geltungsbereichs würde das Erreichen des gesetzgeberischen Ziels unmöglich machen. Denn es bereitet keine Schwierigkeiten, sich durch begrenzte Selbstschädigung, etwa durch einen dosierten Hungerstreik, in einen Zustand zu versetzen, der eine so beschränkte Verhandlungsfähigkeit zur Folge hat, daß die Erledigung eines größeren Verfahrens in Gegenwart des Angeklagten praktisch, nämlich im Hinblick auf die dann erforderliche Zeit, verhindert wird. Ob Verhandlungsunfähigkeit im Sinne des § 231 a StPO vorliegt, läßt sich daher, wie das Oberlandesgericht zutreffend erkannt hat, nur in bezug auf das jeweilige Verfahren feststellen. Sie kann auch dann gegeben sein, wenn der Angeklagte jeweils für kürzere Zeitspannen seine Rechte in der Hauptverhandlung voll wahrzunehmen in der Lage ist, diese Zeitspannen aber nicht ausreichen, um das Verfahren in vernünftiger Frist zu Ende zu führen. Das kommt in § 231 a StPO dadurch zum Ausdruck, daß der Zustand des Angeklagten der „ordnungsmäßigen" Durchführung der Hauptverhandlung in seiner Gegenwart entgegenstehen muß (vgl. Kleinknecht, StPO 32. Aufl. § 231 a Anm. 3). Diese Wendung gibt dem Begriff der Verhandlungsunfähigkeit einen konkreteren Inhalt und kommt nicht etwa erst zum Tragen, wenn zuvor absolute Verhandlungsunfähigkeit festgestellt ist. Eine umfangreiche Hauptverhandlung, die sich wegen des beschränkt verhandlungsfähigen Zustandes des Angeklagten über eine unabsehbare Zeit hinzieht, kann aber schon deshalb nicht als ordnungsmäßig angesehen werden, weil sie zunehmend bis zur Unvertretbarkeit die Fähigkeit der Gerichtsmitglieder mindert, den Überblick über das in ihrem Verlauf Geschehene zu behalten. Sie wäre auch mit dem Beschleunigungsgebot, auf das der Rechtsausschuß des Deutschen Bundestages ausdrücklich abstellt (Bundestagsdrucksache 7/2989 S. 5), unvereinbar. Wenn dieses Gebot auch in erster Linie dem Schutz des Beschuldigten dient, so schließt das doch beschleunigende Maßnahmen nicht aus, die sich in der konkreten Verfahrenssituation zu dessen Nachteil auswirken; das ergibt sich schon aus den auch für den Beschuldtigten geltenden kurzen Anfechtungsfristen

(vgl. Kleinknecht, a.a.O. Einleitung Anm. 7 D). Es liegt ganz allgemein im öffentlichen Interesse, daß die gegen einen Angeklagten erhobenen Beschuldigungen in der den Schwierigkeiten der Beweisführung angemessenen Zeit einer Klärung zugeführt werden. Schließlich erfordert es der Schutz der Verfahrensbeteiligten vor körperlicher und nervlicher Überbeanspruchung durch eine unabsehbar lange Hauptverhandlung, ihnen auch bei nur beschränkter Verhandlungsunfähigkeit des Angeklagten – immer unter den sonstigen Voraussetzungen des § 231a StPO – die beschleunigte Fortführung des Verfahrens zu ermöglichen. Die Sachlage ist hier im übrigen anders als in der zu § 231 Abs. 2 StPO ergangenen Entscheidung BGHSt 19, 144, bei der davon ausgegangen werden konnte, daß das Verfahren auch bei mehrfachen Unterbrechungen in angemessener Zeit zu Ende zu führen war (vgl. hierzu die kritische Anmerkung von Pawlik NJW 1964, 779).

4. Die danach trotz zeitweiliger Verhandlungsfähigkeit der Angeklagten in umfangreichen Verfahren gegebene Anwendbarkeit des § 231a StPO bedeutet nicht, daß das Gericht gezwungen wäre, jeweils in Gegenwart der Angeklagten zu verhandeln, solange ihr Zustand dies zuläßt, und danach ohne sie fortzufahren, bis für eine kurze Zeit erneut Verhandlungsfähigkeit vorliegt. Ein solches Verständnis der Vorschrift würde wiederum dem gesetzgeberischen Zweck ihrer Einführung zuwiderlaufen. Die Frage des jeweiligen Eintritts der Verhandlungsunfähigkeit läßt sich in der Regel nicht von vornherein allgemein beantworten. Wie gerade den im vorliegenden Fall erhobenen Gutachten zu entnehmen ist, kann sich der maßgebende Zeitpunkt von Tag zu Tag und individuell verschieden einstellen. Den jeweiligen Eintritt der Verhandlungsunfähigkeit vermag das Gericht auch nicht ohne weiteres zu erkennen. Es kann sich daran jederzeit ein Streit entzünden, der zu immer wieder neuen Beobachtungen und Begutachtungen durch Sachverständige führen müßte. Dadurch würde entgegen den Zielvorstellungen des Gesetzgebers der Gang des Verfahrens doch dauernd verzögert und seine ordnungsmäßige Durchführung vereitelt.
Hinzu kommt, daß auch eine vernünftige Planung der Hauptverhandlung unmöglich wäre, wie auf S. 4 des angefochtenen Beschlusses überzeugend dargelegt ist. Aus diesen Gründen kann § 231a StPO nur so verstanden werden, daß das Gericht ermächtigt ist, bei Vorliegen von Verhandlungsunfähigkeit im Sinne dieser Vorschrift das gesamte Verfahren ohne die Angeklagten durchzuführen, bis sie wieder imstande sind, der Verhandlung uneingeschränkt zu folgen.
Auf der anderen Seite erfordert der Gesetzeszweck es nicht, daß die Befugnis des Gerichts, in Abwesenheit der Angeklagten zu verhandeln, auch das Recht in sich schließt, diese ohne weiteres gegen ihren Willen von der Hauptverhandlung fernzuhalten. Eine solche Auslegung würde den Anspruch der Angeklagten auf rechtliches Gehör (Art. 103 Abs. 1 GG) stärker als unerläßlich beeinträchtigen und damit das Übermaßverbot verletzen. Sie wäre nicht dadurch gedeckt, daß § 231a StPO im Gegensatz zu dem als Kannvorschrift ausgestalteten § 231 Abs.

2 StPO ausspricht, bei Vorliegen der gesetzlichen Voraussetzungen werde die Hauptverhandlung in Abwesenheit des Angeklagten fortgesetzt. Diese Fassung stellt lediglich klar, daß es in den Fällen des § 231 a StPO nicht im Ermessen des Gerichts liegt, ob es die Verhandlung durchführen will oder nicht, sofern es die Anwesenheit des Angeklagten nicht für unerläßlich hält. Da die Angeklagten nicht verpflichtet sind, sich ärztlich behandeln zu lassen, um die volle Verhandlungsfähigkeit wiederherzustellen, bildet auch ihre Behandlungsbedürftigkeit keinen zureichenden Grund, ihnen das Anwesenheitsrecht zu nehmen. Solange sie somit erkennen lassen, daß sie sich in ihrer Rolle als Angeklagte an der Hauptverhandlung beteiligen wollen, muß das Gericht sie zulassen, es sei denn, daß andere Gründe ihre Ausschließung rechtfertigen.

II. Die tatsächlichen Voraussetzungen für die Anwendung des § 231 a StPO in dem unter I abgesteckten Rahmen sind gegeben.

1. Die Angeklagten sind im Sinne des § 231 a StPO verhandlungsunfähig. Zwar können sie der Verhandlung nach dem Urteil der Gutachter an drei Tagen in der Woche für eine begrenzte Zeit folgen, welche die Professoren Mende, Müller und Schröder auf jeweils maximal drei Stunden schätzen, während Prof. Rasch einen Zeitraum von drei bis vier Stunden angibt. Dabei soll die reine Verhandlungszeit noch dadurch verkürzt werden, daß Pausen auf die genannten Fristen anzurechnen sind. Schon eine so begrenzte Verhandlungsdauer würde den Abschluß des Verfahrens in absehbarer Zeit kaum zulassen. Aber nicht einmal in diesem Rahmen kann auch nur annähernd sicher von einem bestimmten Maß von Verhandlungsfähigkeit ausgegangen werden. Prof. Rasch weist darauf hin, daß es bei jedem der Angeklagten zu einer Verschlechterung des Gesundheitszustandes kommen könne, deren Eintrittszeitpunkt jetzt nicht voraussehbar sei. Prof. Mende schränkt seine Schätzung dahin ein, daß auch schon einmal nach kürzerer Verhandlungszeit ein Erschöpfungsgrad erreicht werden könne, der bei Fortsetzung der Hauptverhandlung – in Gegenwart der Angeklagten – zu einer unzumutbaren Gefahr für deren Gesundheit führen würde; die Grenzsituation, in der die „erforderliche Aufmerksamkeitszuwendung und Konzentration“ nicht mehr gewährleistet sei, trete individuell verschieden und abhängig von Tagesschwankungen ein. Auch die internistischen Gutachter schließlich können sich auf die angegebene Frist von drei Stunden nicht festlegen. Sie bezeichnen ihre Schätzung als einen bloßen Rahmen, da die Fähigkeiten und die Belastbarkeit der einzelnen Angeklagten zu verschiedenen Zeiten wechseln könnten und nicht auf lange Zeit als konstante Größe anzusehen seien. Das alles macht es angesichts des in dem angefochtenen Beschluß näher dargelegten Umfangs des Verfahrensstoffs unmöglich, das Verfahren ordnungsmäßig zu Ende zu führen, solange es auf die kurzen Stunden der vollen Verhandlungsfähigkeit der Angeklagten beschränkt werden muß.

2. Die Verhandlungsunfähigkeit ist den Angeklagten zuzurechnen.
Nach den Gutachten der Sachverständigen ist der körperliche und geistige Zustand der Angeklagten auf das Zusammenwirken einer Mehrzahl von Faktoren zurückzuführen. Die Internisten Prof. Müller und Prof. Schröder haben zum Ausdruck gebracht, daß die Frage der Ursächlichkeit, zu der sie sich nur schwer äußern könnten, im wesentlichen die Psychiater angehe. Den Professoren Rasch und Mende, Leiter von Instituten für forensische Psychiatrie, stand insofern ein nicht voll ausreichendes Beurteilungsmaterial zur Verfügung, als die Angeklagten sich weigerten, sich den von Prof. Rasch beabsichtigten psychologischen Testverfahren zu unterziehen, und zu einer Untersuchung durch Prof. Mende überhaupt nicht bereit waren; mit diesem haben sie – zudem gemeinsam – lediglich ein 1 1/2stündiges Gespräch geführt, wobei *sie* dem Sachverständigen Fragen stellten, die er beantwortete. Auf dieser Erkenntnisgrundlage hat Prof. Rasch erklärt, als Ursachen seien sowohl die Mangelernährung durch den wiederholten Hungerstreik als auch die Haftbedingungen in Betracht zu ziehen; jedoch sei es nicht möglich, eine anteilmäßige Trennung und Gewichtung vorzunehmen. Die letzte Bemerkung zeigt, daß Prof. Rasch nicht, wie ein Verteidiger meint, sagen will, nicht einmal die Mitursächlichkeit eines der beiden Komplexe sei festzustellen; vielmehr sieht er sich lediglich außerstande, den Anteil jedes der Faktoren an dem gegenwärtigen Zustand der Angeklagten zu bestimmen. Das bedeutet andererseits, daß dieser Zustand in seiner konkreten, die Verhandlungsunfähigkeit bedingenden Form nicht vorhanden wäre, wenn eine der beiden in Betracht gezogenen Ursachen entfiele. Prof. Mende führt den Zustand der Angeklagten „wahrscheinlich nicht in erster Linie" auf die Haftbedingungen, sondern auf die psychische Belastung durch die Länge der Untersuchungshaft und vor allem durch das Strafverfahren selbst zurück.

Den Gutachten der psychiatrischen Sachverständigen kommt für die Beurteilung der hier zu entscheidenden Frage insofern nur ein begrenzter Erkenntniswert zu, als ihnen infolge der Weigerung der Angeklagten eine Untersuchung oder jedenfalls eine für erforderlich gehaltene psychologische Testuntersuchung nicht möglich war. Sie ergeben auf alle Fälle, daß die Hauptursachen des Zustandes der Angeklagten in deren eigenem Verantwortungsbereich liegen.
a) Es ist selbstverständlich, daß jede Haft, insbesondere aber eine ungewöhnlich lange, wie sie die Angeklagten zu erdulden haben, ungünstige Einflüsse auf den Gesundheitszustand und die geistig-seelische Verfassung des Betroffenen mit sich bringt. Das muß als unerwünschte, aber unvermeidliche Folge der durch das Vorliegen der gesetzlichen Haftvoraussetzungen notwendig gewordenen Inhaftierung in Kauf genommen werden. Die Vollzugsverwaltungen wirken dem in der Regel durch eine Gestaltung des Haftvollzugs entgegen, der Gelegenheit zu Kontakten mit anderen Gefangenen und zu körperlicher Betätigung gibt. Wenn dadurch auch nicht alle gesundheitlichen Nachteile der Haft beseitigt werden können, so hat es doch zur Folge, daß selbst lange Hauptverhandlungen gegen

Angeklagte, die sich mehrere Jahre in Untersuchungshaft befunden haben, in aller Regel durchgeführt werden können, ohne daß sich Bedenken in bezug auf die Verhandlungsfähigkeit ergeben.

b) Die Beschwerdeführer leben unter anderen Haftbedingungen. Sie müssen Beschränkungen auf sich nehmen, die nach dem Urteil von Prof. Rasch durch die ihnen gewährten „Privilegien“ nicht aufgewogen werden. Indes haben sie diese ihre Verhandlungsunfähigkeit mitbedingenden Umstände selbst zu verantworten.

Die Beschwerdeführer gehören einer zahlenmäßig verschwindend geringen Gruppe der Bevölkerung an, die es im Gegensatz zu dieser für unerläßlich hält, den gewiß in mancherlei Hinsicht verbesserungsbedürftigen Zustand der Gesellschaft in der Bundesrepublik Deutschland – wie übrigens jeder Gesellschaft – nicht mit dem demokratischen Mittel der Überzeugung der Wähler, sondern gegen deren Willen unter Anwendung rücksichtsloser Waffengewalt zu verändern. Ihr augenscheinlich durch nichts zu beeinflussendes realitätsfernes Bild von den gesellschaftlichen Verhältnissen und von den tatsächlichen Möglichkeiten, auf sie einzuwirken, verführt sie zu einer fanatischen Verfolgung ihrer Ziele auch aus der Untersuchungshaft heraus. Sie verstehen sich als gefangene Mitglieder einer bewaffneten Gruppe („Rote Armee Fraktion“), die den bestehenden Staat mit allen Mitteln bekämpft, seine Gesetze nicht als für sich verbindlich anerkennt und seine Organe, insbesondere die Organe der Justiz, mißachtet. Aus dieser Haltung heraus haben sie in der Haft nicht nur mit Hilfe durch Rechtsanwälte verbreiteter Zellenzirkulare zum Zwecke der Aufrechterhaltung des Zusammenhalts ihrer Vereinigung den Kontakt zu inhaftierten Gesinnungsgenossen aufrechterhalten, sondern es auch verstanden, Kampfanweisungen an in Freiheit befindliche Terroristen gelangen zu lassen. Sie beschränken sich nicht darauf, von ihrem Recht zum Schweigen gegenüber der Anklage und zur Vorbereitung ihrer Verteidigung Gebrauch zu machen, sondern sie betreiben darüber hinaus ihre gewaltsame Befreiung. Einer von ihnen, der Angeklagte Baader, ist schon einmal aus der Haft befreit worden, wobei ein Unbeteiligter eine schwere Schußverletzung davontrug. Der Anschlag auf die deutsche Botschaft in Stockholm, der mehrere Menschenleben forderte, diente auch ihrer Befreiung durch Nötigung der Organe unseres und des schwedischen Staates. Durch die Entführung des Berliner Politikers Lorenz ist es Gesinnungsgenossen der Angeklagten gelungen, die Freilassung mehrerer den Angeklagten nahestehender Terroristen zu erzwingen. Zudem unternehmen es die Angeklagten, die Ordnung in der Haftanstalt empfindlich zu stören. Wie die in dem angefochtenen Beschluß zitierten Belege zeigen, ist es ihr Ziel, unter den sonstigen Insassen politisch agitieren zu können, um „Revolten im Knast“ anzuzetteln.

Auf die von dem Oberlandesgericht vorgenommene Zuordnung dieser und der anderen in dem Beschluß angeführten Belege zu den einzelnen Beschwerdeführern kommt es in dem hier maßgebenden Freibeweisverfahren nicht an, so daß

sich eine Auseinandersetzung mit dieser Frage erübrigt. Der Umstand, daß die Schriftstücke auch für den Tatvorwurf Bedeutung haben können, zwingt nicht zur Erhebung des Strengbeweises schon im gegenwärtigen Stadium (Löwe/Rosenberg, StPO, 22. Aufl. § 244 Anm. II 2). Hinreichend gesichert ist jedenfalls, daß die Schriftstücke die Strategie der „Rote Armee Fraktion", wie sie von den Beschwerdeführern gesehen wird, wiedergeben und daß sich jeder von ihnen zu dieser kriminellen Vereinigung, deren Ziele weitgehend von ihnen selbst bestimmt werden, rückhaltlos bekennt. Was die Verteidigung gegen die Schlußfolgerung des Oberlandesgerichts aus den angeführten Texten einwendet, geht an deren Inhalt vorbei. Es läßt zum Teil auch die Zusammenhänge außer acht, in denen sie zitiert werden.
Die Gefährlichkeit der Beschwerdeführer, die in den genannten Umständen zum Ausdruck kommt, ließ den für die Gestaltung der Untersuchungshaft verantwortlichen Stellen keine andere Wahl als die, dem durch eine entsprechende Verschärfung der Haftbedingungen Rechnung zu tragen. Die Angeklagten und ihre Anwälte bezeichnen die dadurch bewirkte Haftform schon seit langem als menschenvernichtende Isolationsfolter. Das kann zwar nur als agitatorische Verleumdung verstanden werden, zumal die Haftbedingungen in ihrem Ausmaß und ihrer Dauer den Behörden erst durch das Verhalten der Angeklagten aufgezwungen worden sind. Es zeigt aber, daß diese sich der nachteiligen Wirkung der Haftbedingungen bewußt sind. Es kann nicht ernstlich bezweifelt werden, daß sie angesichts ihrer überdurchschnittlichen Intelligenz auch die Auswirkungen der isolierenden Haftbedingungen auf ihre Verhandlungsfähigkeit, die durch das äußere Bild ihrer außergewöhnlichen Aktivität für die mit dem Vollzug und dem Strafverfahren befaßten Stellen zunächst verdeckt blieben, seit langem erkannt haben. Wenn sie gleichwohl seit Jahren das Verhalten fortsetzen, das die staatlichen Organe zur Anwendung dieser Haftbedingungen zwingt, so haben sie somit die Herbeiführung ihrer Verhandlungsunfähigkeit in Kauf genommen. Das genügt zur Annahme vorsätzlichen Verhaltens im Sinne des § 231 a Abs. 1 StPO (Kleinknecht, a. a. O., Anm. 2).

3. Noch schwerer wiegt, daß die Beschwerdeführer ihre schon durch die Haftbedingungen gefährdete Verhandlungsfähigkeit einer weiteren Belastung durch Hungerstreiks ausgesetzt haben. Sie können sich nicht darauf berufen, daß sie sich damit gegen eine unrechtmäßige Behandlung gewehrt hätten. Die Haftbedingungen sind von den zuständigen Gerichten bestätigt worden und haben verfassungsgerichtlicher Nachprüfung sowie der Beurteilung durch die Europäische Menschenrechtskommission standgehalten; es trifft nicht zu, daß diese sich nur mit den Beschränkungen der Kontakte zur Außenwelt befaßt hätte. Die Beschwerdeführer müssen sich wie jeder Rechtsunterworfene mit unanfechtbaren Entscheidungen abfinden. Daß sie es nicht tun, liegt an ihrer grundsätzlichen Nichtachtung rechtsstaatlicher Entscheidungsprozesse und deren unter rechtstreuen Bürgern friedenstiftenden Funktion und ist ihnen daher zuzurechnen. Die Argumentation der Verteidigung, die diesen Zusam-

menhang leugnet, läuft auf die Zumutung hinaus, den Angeklagten entweder durch entsprechende Haftbedingungen die Fortsetzung ihrer kriminellen Vereinigung einschließlich der Vorbereitung ihrer Befreiung zu erleichtern oder auf die Durchführung einer Hauptverhandlung gegen sie zu verzichten. Das kann nicht rechtens sein.
Daß auch die Hungerstreiks zu einer Einschränkung der Verhandlungsfähigkeit führen würden oder zumindest könnten, ist für jedermann einsichtig und kann deshalb den Angeklagten nicht verborgen geblieben sein. Klar ergibt sich das zudem aus dem auf S. 10 des angefochtenen Beschlusses angeführten, von dem Angeklagten Baader stammenden Kassiber vom 4. Februar 1974, in dem es heißt, der Hungerstreik solle diesmal nicht abgebrochen werden, so daß „Typen dabei kaputtgehen" würden. Auch insoweit haben die Angeklagten daher zumindest bedingt vorsätzlich gehandelt.
Der Annahme, daß die Beschwerdeführer in der Vergangenheit bewußt keine Rücksicht auf ihren Gesundheitszustand und damit auf ihre nach eigener Kenntnis gefährdete Verhandlungsfähigkeit genommen haben, wird auch durch die auf S. 15 des angefochtenen Beschlusses [hier S. 113f.] dargestellten Umstände bestätigt. Die auf S. 16 des Beschlusses dem Beschwerdeführer Baader zugeschriebene Bemerkung ist dagegen für die Entscheidung ohne Bedeutung; schon das Oberlandesgericht konnte in diesem Zusammenhang gerade kein zusätzliches vorwerfbares Verhalten der Angeklagten feststellen.

4. Durch die vorsätzliche Herbeiführung ihrer Verhandlungsunfähigkeit haben die Beschwerdeführer schließlich auch wissentlich verhindert, daß die Hauptverhandlung ordnungsmäßig in ihrer Gegenwart durchgeführt werden kann. Wissentlichkeit bedeutet direkten Vorsatz, jedoch nicht Absicht. Der Angeklagte muß wissen oder als sicher voraussehen, daß sein von ihm vorsätzlich herbeigeführter Gesundheitszustand die ordnungsmäßige Durchführung der Hauptverhandlung verhindert. Diese Voraussetzung ist hier gegeben. Es erscheint schlechterdings unmöglich, daß die Angeklagten der Meinung gewesen sein könnten, ihnen bleibe trotz der von ihnen frühzeitig erkannten und mindestens in Kauf genommenen Verschlechterung ihres Gesundheitszustandes die volle Verhandlungsfähigkeit erhalten. Was die Folgen des Hungerstreiks angeht, ergibt sich dies übrigens eindeutig aus den Zitaten aus einem Brief der Angeklagten Meinhof auf S. 11 und 12 des angefochtenen Beschlusses [hier S. 111], wonach der damals geplante Hungerstreik so angelegt werden sollte, „daß die Gefangenen in seiner Folge verhandlungsunfähig werden".
Mit dem Hinweis, ihnen sei der Verhandlungstermin bei ihren Streiks noch nicht bekannt gewesen, können die Beschwerdeführer nicht gehört werden. Denn daß er in der nächsten Zeit bevorstand, war ihnen bekannt; auf den genauen Zeitpunkt kommt es nicht an. Unerheblich ist es ferner, daß die Beschwerdeführer den letzten Streik einige Zeit vor der Hauptverhandlung abbrachen. Denn unter den besonderen Verhältnissen, unter denen sie angesichts ihrer Gefährlichkeit leben müssen, konnten sie nicht damit rechnen und haben es nach der

Überzeugung des Senats nicht getan, daß sie in der verbleibenden Zeit voll genesen würden. Schließlich sind auch die verbalen Beteuerungen ohne Bedeutung, mit denen einzelne Beschwerdeführer ihren angeblichen Willen zum Ausdruck gebracht haben, durch den Hungerstreik ihre volle Verhandlungsfähigkeit erst herbeizuführen. Denn sie wollten dieses Ziel durch die Aufhebung der besonderen Haftbedingungen erreichen, die aus Sicherungsgründen eben unmöglich war, solange sie, wie gesehen, nicht von ihren sicherheitsgefährdenden Aktivitäten ließen.

III. Die damit als zulässig erkannte Fortführung der Hauptverhandlung in Abwesenheit der Angeklagten ist freilich nur in besonderen Ausnahmefällen erträglich, da sie den Angeklagten das rechtliche Gehör zwar nicht abschneidet, aber doch erschwert. Sie stellt jedoch in diesen Ausnahmefällen das einzige Mittel dar, zu der gebotenen Aufklärung strafbarer Handlungen zu gelangen. Auch unter rechtsstaatlichen Verhältnissen kann es einem Angeklagten nicht erlaubt sein, sich gegen seine Aburteilung in einer Weise zur Wehr zu setzen, welche die Durchführung des Verfahrens praktisch verhindert. Das Rechtsbewußtsein der rechtstreuen Bürger, die täglich die Bestrafung Gestrauchelter wegen weit geringfügigerer Delikte erleben, als die den Beschwerdeführern zur Last gelegt werden, würde sonst unabsehbaren Schaden nehmen.

Scharpenseel Mayer Dr. Schauenburg

Diese in der Fachliteratur weitgehend hart kritisierte höchstrichterliche Entscheidung[21] wirkte das gesamte Verfahren über fort und sollte noch an Bedeutung gewinnen im Zusammenhang mit der „Aktenaffäre". (Der an dem Beschluß beteiligte Bundesrichter Albrecht Mayer hatte nämlich an seinen „Bundesbruder" Chefredakteur Kremp *[Die Welt]* aus dem Stammheimer Verfahren nicht zur Veröffentlichung freigegebenes Aktenmaterial geschickt, damit dieser entsprechend Mayers Wunsch eine tendenziöse Veröffentlichung in seiner Tageszeitung anrege. Das Kremp zugeschickte Aktenmaterial hatte Mayer vom damaligen Stammheimer Senatsvorsitzenden Theodor Prinzing erhalten. Vgl. unten S. 206ff.)
Das Bundesverfassungsgericht, gegen den BGH-Beschluß von Stammheimer Verteidigern angerufen, sanktionierte die Entscheidungen aus Stammheim und Karlsruhe:

---

[21] Die wichtigste Analyse dieser Entscheidung sowie des im folgenden abgedruckten Beschlusses des Bundesverfassungsgerichts stammt von Professor Gerald Grünwald, Bonn (*Juristenzeitung* 1976, Nr. 23/24, 766–773).

BUNDESVERFASSUNGSGERICHT
– 2 BvR 941/75 –

Im Namen des Volkes

In dem Verfahren
über
die Verfassungbeschwerde
1. des Herrn Andreas *Baader*,
2. der Frau Gudrun *Ensslin*,
3. der Frau Ulrike *Meinhof*,
4. des Herrn Jan-Carl *Raspe*, z.Z. Stuttgart-Stammheim [...]
– Bevollmächtigte: Rechtsanwältc Armin Golzem, Rupert v. Plottnitz, Helmut Riedel, Bernd Koch [...]
gegen den Beschluß des Bundesgerichtshofs vom 22. Oktober 1975
– 1 StE 1/74 –
StB 60–63/75
hat das Bundesverfassungsgericht – Zweiter Senat – unter Mitwirkung der Richter
Vizepräsident Dr. Zeidler als Vorsitzender,
Dr. Geiger,
Dr. Rinck,
Wand,
Hirsch,
Dr. Rottmann,
Dr. Niebler,
Dr. Steinberger
am 21. Januar 1976 gemäß § 24 BVerfGG einstimmig beschlossen:

Die Verfassungsbeschwerde wird verworfen.

Gründe:

Gegenstand der Verfassungsbeschwerde ist die Frage, ob es Grundrechte der Angeklagten des Stuttgarter Baader-Meinhof-Prozesses verletzt, daß die Hauptverhandlung in ihrer Abwesenheit fortgesetzt wird.

I.
1. Grundsätzlich findet gegen einen abwesenden Angeklagten keine Hauptverhandlung statt. Davon gibt es Ausnahmen. Das Gesetz zur Ergänzung des Ersten Gesetzes zur Reform des Strafverfahrensrechts vom 20. Dezember 1974 (BGBl. I S. 3686) hat den Kreis dieser Ausnahmen erweitert, insbesondere folgende Vorschrift eingefügt:

§ 231 a StPO
(1) Hat sich der Angeklagte vorsätzlich und schuldhaft in einen seine Verhandlungsfähigkeit ausschließenden Zustand versetzt und verhindert er dadurch wissentlich die ordnungsmäßige Durchführung oder Fortsetzung der Hauptverhandlung in seiner Gegenwart, so wird die Hauptverhandlung, wenn er noch nicht über die Anklage vernommen war, in seiner Abwesenheit durchgeführt oder fortgesetzt, soweit das Gericht seine Anwesenheit nicht für unerläßlich hält. Nach Satz 1 ist nur zu verfahren, wenn der Angeklagte nach Eröffnung des Hauptverfahrens Gelegenheit gehabt hat, sich vor dem Gericht oder einem beauftragten Richter zur Anklage zu äußern.
(2) Sobald der Angeklagte wieder verhandlungsfähig ist, hat ihn der Vorsitzende, solange mit der Verkündung des Urteils noch nicht begonnen worden ist, von dem wesentlichen Inhalt dessen zu unterrichten, was in seiner Abwesenheit verhandelt worden ist.
(3) Die Verhandlung in Abwesenheit des Angeklagten nach Absatz 1 beschließt das Gericht nach Anhörung eines Arztes als Sachverständigen. Der Beschluß kann bereits vor Beginn der Hauptverhandlung gefaßt werden. Gegen den Beschluß ist sofortige Beschwerde zulässig; ...
(4) Dem Angeklagten, der keinen Verteidiger hat, ist ein Verteidiger zu bestellen, sobald eine Verhandlung ohne den Angeklagten nach Absatz 1 in Betracht kommt.

2. Aufgrund dieser Bestimmung beschloß das Oberlandesgericht Stuttgart am 30. September 1975, die begonnene Hauptverhandlung in Abwesenheit der Angeklagten fortzusetzen.
Durch Beschluß vom 22. Oktober 1975 verwarf der Bundesgerichtshof die dagegen erhobenen sofortigen Beschwerden. Zur Begründung führte er aus, § 231 a StPO sei nicht nur bei absoluter Verhandlungsunfähigkeit anwendbar; vielmehr ergebe sich aus dem Zweck der Regelung, daß Verhandlungsunfähigkeit im Sinne dieser Bestimmung bereits vorliege, wenn der Angeklagte zwar für kürzere Zeitspannen zur Wahrnehmung seiner Rechte imstande sei, diese Zeitspannen aber nicht ausreichten, das Verfahren ordnungsmäßig, insbesondere in vernünftiger Frist, zum Abschluß zu bringen. Dies sei hier der Fall, da die Angeklagten – laut Sachverständigengutachten – der Verhandlung nur für drei bis vier Stunden an jeweils drei Tagen der Woche folgen könnten. Ihre damit gegebene Verhandlungsunfähigkeit beruhe auf Ursachen, die sie selbst zu verantworten hätten, insbesondere auf ihrem rechtswidrigen Verhalten in der Haftanstalt, dem nur durch eine entsprechende Verschärfung der Haftbedingungen habe entgegengewirkt werden können, und den gesundheitsbeeinträchtigenden Auswirkungen ihrer Hungerstreiks.

3. Gegen diesen Beschluß richtet sich die Verfassungsbeschwerde der Angeklagten. Sie rügen Verletzung ihrer Grundrechte aus Art. 1 Abs. 1, Art. 103 Abs. 1 und Art. 2 Abs. 2 Satz 1 und 3 GG. Zur Begründung tragen sie vor:
Es verstoße gegen ihre Menschenwürde und beeinträchtige ihren Anspruch auf rechtliches Gehör, daß in ihrer Abwesenheit weiterverhandelt werde. Die Voraussetzungen des § 231 a StPO seien nicht gegeben. Die Ansicht, Verhandlungsunfähigkeit im Sinne der Vorschrift könne schon vorliegen, wenn die Verhandlungsfähigkeit des Angeklagten lediglich eingeschränkt, nicht aber ausgeschlossen sei, gehe fehl. Sie widerspreche dem eindeutigen Wortlaut des Gesetzes. Soweit § 231 a StPO auf die Verhinderung der Durchführung oder

Fortsetzung der Hauptverhandlung abstelle, bestimme das Gesetz damit nicht den Begriff der Verhandlungsunfähigkeit, sondern bezeichne lediglich die Folge, die eintreten müsse, um eine Verhandlung in Abwesenheit des Angeklagten zu erlauben. Es ändere also nichts an dem Grundsatz, daß die Hauptverhandlung in Gegenwart des Angeklagten stattfinden müsse, wenn dessen Verhandlungsfähigkeit bloß zeitlich beschränkt sei.
Der angegriffene Beschluß verletze sie auch in ihrem Grundrecht auf Leben und körperliche Unversehrtheit. Denn seine Begründung leugne einerseits nicht, daß die Haftbedingungen die Verhandlungsfähigkeit der Angeklagten beeinträchtigt hätten, erkläre sie aber gleichwohl für rechtens; das laufe praktisch darauf hinaus, ein staatliches Recht auf Körperverletzung oder Folter gegenüber bestimmten Gefangenen anzuerkennen.

II.
Die Verfassungsbeschwerde ist offensichtlich unbegründet.
Der angegriffene Beschluß des Bundesgerichtshofs verletzt die Beschwerdeführer nicht in ihren Grundrechten.
1. Die Bestimmung des § 231 a StPO, auf der er beruht, ist verfassungsgemäß. Sie beeinträchtigt den Angeklagten weder in seinem Anspruch auf rechtliches Gehör (Art. 103 Abs. 1 GG) noch in seinem Recht auf ein faires Verfahren (Art. 2 Abs. 1 in Verbindung mit Art. 20 Abs. 3 GG).
Soweit sich aus diesen Grundrechten die Befugnis des Angeklagten ergibt, bei der Hauptverhandlung anwesend zu sein und sich selbst zu verteidigen, wird ihm dies Anwesenheitsrecht durch § 231 a StPO nicht genommen. Wer seine Verhandlungsunfähigkeit vorsätzlich und schuldhaft herbeiführt, steht demjenigen gleich, der – obwohl er anwesend sein könnte – zur Hauptverhandlung nicht erscheint oder sich eigenmächtig aus ihr entfernt (vgl. § 231 Abs. 2 StPO). Wenn aber der Angeklagte, statt von seinem Recht auf Anwesenheit Gebrauch zu machen, sich selbst der Möglichkeit seiner persönlichen Teilnahme an der Hauptverhandlung begibt, so wird er in seinen Grundrechten nicht dadurch verletzt, daß die Hauptverhandlung in seiner Abwesenheit stattfindet.
§ 231 a StPO entspricht auch im übrigen den rechtsstaatlichen Verfahrensgarantien. Die Bestimmung gewährleistet, daß dem abwesenden Angeklagten hinreichende Möglichkeiten verbleiben, auf Gang und Ergebnis des Verfahrens Einfluß zu nehmen. Denn sie schreibt vor, daß der Angeklagte Gelegenheit gehabt haben muß, sich vor einem Richter zur Anklage zu äußern (Abs. 1 Satz 2), daß er nach Wiedererlangung seiner Verhandlungsfähigkeit vom wesentlichen Inhalt des in seiner Abwesenheit Verhandelten zu unterrichten ist (Abs. 2) und daß er stets über den Beistand eines Verteidigers verfügt, durch den er sich Gehör verschaffen kann (Abs. 4).
2. Die Auslegung des § 231 a StPO durch den Bundesgerichtshof läßt keinen Verfassungsverstoß erkennen. Danach liegt Verhandlungsunfähigkeit im Sinne dieser Bestimmung schon vor, wenn der Angeklagte zwar für kürzere

Zeitspannen zur persönlichen Wahrnehmung seiner Rechte imstande ist, diese Zeitspannen aber nicht ausreichen, um das Verfahren ordnungsmäßig, insbesondere in angemessener Zeit, zu Ende zu führen.
Diese Begriffsbestimmung ist von Verfassungs wegen nicht zu beanstanden. Sie orientiert sich an dem in § 231a StPO bezeichneten Schutzgut der „ordnungsmäßigen Durchführung oder Fortsetzung der Hauptverhandlung". Damit entspricht sie einem Gebot des Rechtsstaatsprinzips, das die Aufrechterhaltung einer funktionstüchtigen Strafrechtspflege verlangt (BVerfGE 39, 156 [163] mit weiteren Nachweisen). Um diesem Gebot zu genügen, muß sichergestellt sein, daß ein Strafverfahren auch gegen denjenigen innerhalb angemessener Zeit zum Abschluß gebracht werden kann, der das Erfordernis seiner Verhandlungsfähigkeit dazu mißbraucht, die Verhandlung in seiner Gegenwart zu vereiteln und damit dem Gang der Rechtspflege entgegenzutreten.
3. Die Anwendung des § 231 a StPO auf den vorliegenden Fall begegnet keinen verfassungsrechtlichen Bedenken. Der Bundesgerichtshof hat dabei weder Bedeutung und Tragweite von Grundrechten der Angeklagten verkannt noch die Grenzen des Willkürverbots überschritten.
Die Ansicht der Beschwerdeführer, die Begründung des angegriffenen Beschlusses laufe darauf hinaus, ein staatliches Recht auf Körperverletzung oder gar Folter anzuerkennen, ist abwegig.

Dr. Zeidler	Dr. Geiger	Dr. Rinck	Wand
Hirsch	Dr. Rottmann	Dr. Niebler	Dr. Steinberger

Exkurs: Das Verfahren vor der Europäischen Menschenrechtskommission

Zum Begriff der Isolierhaft hatte im Fall des ehemaligen Berliner Rechtsanwalts Horst Mahler die Europäische Menschenrechtskommission in Strasbourg bereits am 11. Juli 1973 Grundsätzliches beschlossen. Mahler war am 8. Oktober 1970 verhaftet worden. Er beschwerte sich in Strasbourg über seine Einzelhaft im Untersuchungsgefängnis, da durch die gerügte Praxis mindestens Artikel 3 der Europäischen Menschenrechtskonvention verletzt werde, der lautet:

Niemand darf der Folter oder unmenschlicher oder erniedrigender Strafe oder Behandlung unterworfen werden.

In der in der „Europäischen Grundrechte-Zeitschrift" erschienenen, von Dr. Wolfgang Peukert (Strasbourg) abgefaßten Übersetzung der Entscheidung über den Fall Mahler heißt es u.a.:

...Die Kommission möchte einleitend ihre Auffassung hervorheben, daß strenge Einzelhaft von längerer Dauer, insbesondere wenn ein Untersuchungsgefangener betroffen ist, vermieden werden sollte. Im letzteren Falle ist die, durch besondere Gründe gerechtfertigte, Einzelhaftdauer offensichtlich am besten dadurch abzukürzen, daß die Hauptverhandlung beschleunigt herbei- und durchgeführt wird.
Im gegebenen Fall sind jedoch hinsichtlich der Einzelhaft des Beschwerdeführers zwei wesentliche Faktoren zu berücksichtigen.
Die Kommission stellt als erstes fest, daß der Beschwerdeführer nicht völlig isoliert ist, sondern lediglich zu Zwecken der Sicherung seiner Haft und damit verbunden zur Aufrechterhaltung der Gefängnisordnung von anderen Häftlingen getrennt gehalten wird. Andererseits ist ihm die Besuchserlaubnis nicht verweigert worden, und er hat von dieser Möglichkeit weitgehenden Gebrauch gemacht; denn nach den von ihm nicht bestrittenen Feststellungen in der Kammergerichtsentscheidung vom 2. Februar 1973 hatte er bis zum Februar 1973 mehr als 650 Besuchsstunden.
Außerdem steht ihm Lesematerial zur Verfügung, und er besitzt einen Radioapparat in seiner Zelle. Daher ist die Unterbringung des Beschwerdeführers tatsächlich nicht als isolierte, sondern eher als abgesonderte Haft zu werten.
Die Kommission geht zweitens davon aus, daß der Beschwerdeführer den zuständigen deutschen Stellen durch sein eigenes Verhalten rechtfertigende Gründe für die Zurückweisung seines Antrags auf Aufhebung der Anordnung strenger Einzelhaft lieferte. Das Kammergericht führte in dieser Hinsicht aus, der Beschwerdeführer habe erklärt, daß der Kampf der „Roten Armee

Fraktion" gegen das verbrecherische System trotz seiner Verhaftung weitergehe und daß alle Gefängnisinsassen befreit werden sollten. Der Beschwerdeführer hat gegenüber der Kommission nicht bestritten, diese Äußerung gemacht zu haben.

In Anbetracht dieser Umstände kann die Kommission nicht feststellen, daß die Einzelhaft des Beschwerdeführers unmenschlicher oder erniedrigender Behandlung oder Bestrafung i.S. des Art. 3 MRK gleichkommt.

Die Kommission hat weiter ex officio die Frage erwogen, ob nicht die Untersuchungshaft des Beschwerdeführers in Wirklichkeit in Freiheitsentzug im striktesten Sinne umgewandelt und infolgedessen Art. 5 (1) MRK in Verbindung mit Art. 17 MRK dadurch verletzt wurde, daß die Behörden das Recht des Beschwerdeführers auf Freiheit in einem weitergehenden Maße beschränkten, als in der Konvention vorgesehen. Die Kommission ist jedoch aus den bereits genannten Gründen der Überzeugung, daß dies nicht der Fall ist.

Außerdem ist die Kommission, nach einer ebenfalls ex officio durchgeführten Prüfung des Beschwerdepunktes unter Art. 5 (1) in Verbindung mit Art. 18 MRK, zu der Überzeugung gelangt, daß die Behörden den Beschwerdeführer nicht zu einem anderen Zweck in strenger Einzelhaft oder, genauer gesagt, abgesonderter Haft halten als dem, ihn der zuständigen Gerichtsbehörde vorzuführen.

Die Prüfung dieses Beschwerdepunktes [...] ergibt also keinen Anschein einer Verletzung der persönlichen Rechte und Freiheiten des Beschwerdeführers, wie sie in der Konvention und insbesondere in Art. 3 oder 5 (1) in Verbindung mit 17 oder 18 MRK aufgeführt sind.

Die Beschwerde ist also offensichtlich unbegründet und muß nach Art. 27 (2) der Konvention zurückgewiesen werden.

[...]

Zwar hat nach Artikel 6 (1) MRK jedermann Anspruch darauf, hinsichtlich seiner zivilrechtlichen Ansprüche und Verpflichtungen oder der Stichhaltigkeit einer gegen ihn erhobenen strafrechtlichen Anklage in billiger Weise von einem Gericht öffentlich gehört zu werden, jedoch betraf die Kammergerichtsentscheidung weder einen zivilrechtlichen Anspruch des Beschwerdeführers noch eine strafrechtliche Anklage gegen ihn. Sie bezog sich nicht einmal auf die Rechtmäßigkeit seiner Inhaftierung i.S. des Art. 5 (4) MRK, sondern betraf nur die Frage, ob die Anordnung der strengen Einzelhaft des Beschwerdeführers aufzuheben sei oder nicht.

Folglich ist dieser Teil der Beschwerde i.S. des Art. 27 (2) MRK mit den Bestimmungen der Konvention vereinbar.

[...]

Die Kommission erklärt deshalb die Beschwerde für unzulässig.

Am 30. Mai 1975 hatte sich die Europäische Menschenrechtskommission erneut mit dem Thema „Isolierhaft und Begriff des politischen Gefange-

nen" zu befassen. In einer Beschwerde der Beschuldigten Andreas Baader, Ulrike Meinhof, Holger Meins und Wolfgang Grundmann gegen die Bundesrepublik Deutschland wird unter anderem ausgeführt:
Baader befand sich zum Zeitpunkt der Einlegung der Beschwerde in Strafhaft, die anderen Beschwerdeführer in Untersuchungshaft. Alle standen unter dem Verdacht, Mitglieder einer kriminellen Vereinigung zu sein, die sich als „Rote Armee Fraktion – RAF" bezeichnete und unter dem Namen „Baader-Meinhof-Gruppe" bekannt wurde.
Am 12. Juli 1972 hatte der zuständige Ermittlungsrichter am Karlsruher Bundesgerichtshof einen auf § 119 Abs. 3 der Strafprozeßordnung gestützten Beschluß hinsichtlich Baader und Meins erlassen:

1. Die Beschuldigten dürfen nur Besuche ihrer Angehörigen empfangen.
2. Der Postverkehr der Beschuldigten (ein- und ausgehende Post) wird auf den Verkehr mit Angehörigen und amtlichen Stellen beschränkt.
3. Die Beschuldigten dürfen Zeitungen und Zeitschriften nur durch Vermittlung der Haftanstalt beziehen.

Dieser Beschluß wurde dann später dahingehend geändert, daß die Beschuldigten auch Bücher durch ihre Verteidiger bestellen dürften. Am 3. August 1972 ordnete der BGH-Ermittlungsrichter die gleichen Beschränkungen gegenüber Ulrike Meinhof an, am 20. Oktober 1972 erließ das für Grundmann zuständige Amtsgericht eine entsprechende Anordnung.
Baader, Meins, Meinhof und Grundmann legten Beschwerden ein – ohne Erfolg. In den abweisenden Beschlüssen wurde unter anderem darauf hingewiesen, daß Baader bereits einmal am 14. Mai 1970 mit Waffengewalt aus der Gefängnishaft befreit worden sei und daß weitere Pläne zur Befreiung inhaftierter Mitglieder der „Baader-Meinhof-Gruppe" bekannt seien. Daher seien die Beschränkungen erforderlich, weil es sonst nicht möglich sei, einen Mißbrauch von Besuchen, des Schriftverkehrs und des Bezugs von Lesematerial insbesondere zur Vorbereitung von Fluchtplänen zu verhüten.
Die von den Beschuldigten eingelegten Verfassungsbeschwerden wurden in einer gemeinsamen Entscheidung vom Karlsruher BVG am 14. März 1973 zurückgewiesen.
Das Bundesverfassungsgericht hielt die angeordneten Beschränkungsmaßnahmen im Rahmen der Verfassung für zulässig, hob jedoch hervor, daß den angefochtenen Beschlüssen weder formelle noch materielle Rechtskraft zukomme und daher der Ermittlungsrichter beim Bundesgerichtshof, beziehungsweise im Fall Grundmann beim Amtsgericht, gehalten sei, Ausnahmegenehmigungen zu erteilen, sofern die Umstände des einzelnen Falles dies rechtfertigten. Er habe auch in gewissen nicht näher bezeichneten Zeitabständen von Amts wegen zu prüfen, ob die tatsächlichen Verhältnisse, die den generellen Beschränkungen zugrunde lagen,

noch fortbestünden oder ob die Lage sich inzwischen so verändert habe, daß die generellen Beschränkungen nicht mehr gerechtfertigt seien.
Alle Beschwerdeführer brachten vor der Menschenrechtskommission in Strasbourg vor, die gegen sie angeordneten Beschränkungsmaßnahmen würden den Zweck der Untersuchungshaft überschreiten; sie zielten darauf hin, politische Gefangene auf Dauer von anderen Gefangenen oder sonstigen Personen zu isolieren. Die Behörden würden dadurch den Status eines politischen Häftlings begründen, dessen Rechte im Vergleich zu anderen Gefangenen beschränkt seien.
Die Beschwerdeführer wiesen darauf hin, daß sie durch die betreffenden Maßnahmen gegenüber der Außenwelt isoliert seien und daß diese Isolation innerhalb der Gefängnisse durch Ausschluß vom Gemeinschaftsleben im Gefängnis ergänzt werde. Einige der politischen Häftlinge seien sogar in separaten Trakten untergebracht, wo sie nicht einmal die üblichen Geräusche menschlichen Lebens hören könnten.
Weiter trugen sie vor, ihre Strafverteidiger hätten einen schwierigen Stand, da sie vom Generalbundesanwalt global und pauschal diffamiert und als Helfershelfer der kriminellen Vereinigung bezeichnet würden. Diejenigen Rechtsanwälte, die öffentlich auch auf die Isolationsfolter der Gefangenen hingewiesen hatten, würden selbst strafrechtlich verfolgt.
Sie machten geltend, daß die Beschlüsse, die Beschränkungen anordneten, die Artikel 3, 6, 8 und 10 der Menschenrechtskonvention verletzten.

Die Bundesregierung gab zu den Beschwerden eine Stellungnahme ab. Darin heißt es unter anderem, die den Mitgliedern der „Baader-Meinhof-Gruppe" zur Last gelegten Straftaten deuteten auf die besondere Gefährlichkeit auch der Beschwerdeführer hin. In diesem Zusammenhang trug die Bundesregierung vor, daß Baader am 31. Oktover 1968 wegen Brandstiftung in einem Kaufhaus rechtskräftig zu drei Jahren Zuchthaus verurteilt und am 14. Mai 1970 von der Beschwerdeführerin Meinhof und drei anderen Mittätern mit Waffengewalt befreit worden sei, wobei zwei Personen durch Schüsse, eine davon schwer, verletzt worden seien. Die Beschwerdeführer hätten in wechselnder Beteiligung mehrere Banküberfälle, Einbrüche und sonstige Delikte begangen. Bei der Verhaftung Grundmanns sei ein Polizist von einem Komplizen Grundmanns durch Schüsse getötet worden, und auch Grundmann sei bewaffnet gewesen. Auch durch Sprengstoffanschläge, die der Gruppe angelastet würden, seien mehrere Personen getötet und viele schwer verletzt worden. In allen Fällen habe sich die „Rote Armee Fraktion" durch nachträgliche Briefe an Presseagenturen und Zeitungen zu den Anschlägen bekannt. Die Verhaftung der Beschwerdeführer Baader und Meins sei erst nach einem Schußwechsel mit der Polizei möglich gewesen. Die Beschwerdeführerin Meinhof habe bei ihrer Verhaftung eine selbstgefertigte Bombe mit einem

Gewicht von 4,5 kg und zwei weitere Sprengkörper in ihrem Handgepäck bei sich geführt.
Wegen dieser Taten sei inzwischen gegen die Beschwerdeführer Anklage unter anderem wegen Mordes, besonders schweren Raubes und Mitgliedschaft in einer kriminellen Vereinigung erhoben worden.
In Anbetracht der den Beschwerdeführern zur Last gelegten Taten ergebe sich bereits ihre besondere Gefährlichkeit, die noch dadurch erhöht werde, daß sie weiterhin versuchten, mit Hilfe der in Freiheit lebenden Sympathisanten und Gruppenmitglieder ihre Ziele, nämlich systemsprengende revolutionäre Aktionen, auch aus der Haft heraus zu verwirklichen. Eines der erklärten Ziele der RAF sei u. a. die Befreiung sämtlicher in Haft befindlicher Gruppenmitglieder. Außer den in den verschiedenen Gerichtsbeschlüssen befindlichen Hinweisen auf geplante Befreiungsaktionen gebe es noch eine ganze Reihe von Umständen, die auf Befreiungsvorbereitungen oder Befreiungsversuche hindeuteten. Zum Beispiel habe die Angeklagte Meinhof bei ihrer Festnahme ein von der vorher verhafteten Gudrun Ensslin stammendes Schriftstück bei sich getragen, in dem in getarnter Form Nachrichten und Instruktionen übermittelt worden seien, die sich unter anderem auf die Fortsetzung der Bombenanschläge, auf Geiselnahmen zur Befreiung der gefangenen Mitglieder der Gruppe sowie deren Unterbringung in einem geeigneten Land beziehen. Bei der Festnahme eines Helfers der Gruppe seien neben anderen Fälschungsmaterialien zwei Photoplatten eines Tagesausweises zum Besuch der Untersuchungshaftanstalt Hamburg gefunden worden, in der seinerzeit die Gruppenmitglieder Grasshof und Grundmann untergebracht gewesen seien.

Derselbe Helfer habe bei seiner Vernehmung im Juli 1972 berichtet, daß Andreas Baader und Gudrun Ensslin mit ihm über die Notwendigkeit einer Entführung gesprochen hätten, um die Freilassung der inhaftierten Gruppenmitglieder zu erzwingen. Anläßlich der Geiselnahmeaktion des palästinensischen Guerillakommandos „Schwarzer September" im September 1972 während der Münchener Olympiade sei unter anderem die Freilassung von Ulrike Meinhof gefordert worden. Bei einer weiteren Geiselnahmeaktion derselben Untergrundorganisation in Karthum/Sudan vom März 1973 sei auch die Freilassung der Inhaftierten der Baader-Meinhof-Gruppe verlangt worden. Es gebe aber nicht nur Anhaltspunkte dafür, daß die noch in Freiheit befindlichen Mitglieder der Gruppe Befreiungsaktionen vorbereiteten, sondern daß auch die inhaftierten Führungskader der Gruppe, zu denen die Beschwerdeführer zu rechnen seien, mit dem fortbestehenden Untergrundapparat der Gruppe in Verbindung stünden und ihm Anleitungen und Anweisungen zukommen ließen. So ergebe sich zum Beispiel aus einem sichergestellten Schriftstück, daß insbesondere Baader konkrete Anweisungen für die Befreiung der

gefangenen Gruppenmitglieder gegeben habe. Ein Schreiben Baaders enthalte fünf detaillierte Ausbruchs- und Befreiungspläne. Er habe unter anderem die Einschleusung von zwei Handgranaten verlangt, die er für die Geiselnahme eines Rechtsanwaltes habe benutzen wollen.
In Anbetracht der geschilderten Umstände seien die angeordneten Beschränkungsmaßnahmen nach Ansicht der Bundesregierung gerechtfertigt. Es sei aber auch zu berücksichtigen, daß die angefochtenen Beschlüsse gar nicht mehr in der ursprünglichen Form in Kraft seien. Es sei inzwischen möglich gewesen, die Haftbeschränkungen für die Beschwerdeführer mehr und mehr zu lockern und zum Teil ganz aufzuheben, zumal mit dem Fortgang der Ermittlungen auch die Verdunkelungsgefahr habe ausgeräumt werden können.
Die Beschwerdeführer hätten allerdings zum Teil die ihnen gewährten Erleichterungen der Haftbedingungen nicht genutzt. So sei den Beschwerdeführern im März 1973 die Möglichkeit gegeben worden, für die Dauer von täglich einer Stunde mit einem anderen Untersuchungsgefangenen, der nicht zu den Mitbeschuldigten gehört, zusammengeführt zu werden. Keiner der Beschwerdeführer habe jedoch von dieser Möglichkeit Gebrauch gemacht mit der Begründung, sie könnten bespitzelt werden. Der Angeklagte Meins habe auch nicht die Möglichkeit des gemeinsamen Hofgangs mit anderen Untersuchungsgefangenen wahrgenommen. Anträge auf Ausnahmegenehmigungen für den Besuchs- und Postverkehr mit Personen, die nicht der Unterstützung der „RAF“ verdächtig seien, seien nicht gestellt worden. Durch Gerichtsbeschluß vom 6. Mai 1974 sei der Post- und Besuchsverkehr für Baader, Meins und Meinhof generell weitgehend freigegeben worden.
Der Besuchs- und Schriftverkehr Grundmanns sei grundsätzlich noch auf Angehörige und amtliche Stellen beschränkt, jedoch schließe das die Genehmigung von Kontakten Nicht-Angehöriger im Einzelfall nicht aus, und im übrigen seien auch für Grundmann weitere Erleichterungen angeordnet worden, insbesondere beim Bezug von Zeitungen, Zeitschriften und Büchern. Neben Rundfunkeinzelempfang habe Grundmann Lesestoff in außergewöhnlichem Umfang. Die Kontaktmöglichkeit mit Anstaltsbediensteten, insbesondere Sozialarbeitern, Pfarrern und der Anstaltspsychologin habe er bisher nicht in Anspruch genommen.

Die Haftbedingungen bezüglich der einzelnen Beschwerdeführer variierten je nach dem Grad ihrer Gefährlichkeit und den örtlichen Gegebenheiten in den einzelnen Haftanstalten, in denen sie untergebracht seien. So sei zum Beispiel Frau Meinhof am 6. Mai 1974 gestattet worden, täglich vier Stunden mit der Mitangeklagten Ensslin zusammen zu sein und mit dieser auch den gemeinsamen Hofgang zu machen. Durch Beschluß des Oberlandesgerichts Stuttgart vom 16. August 1974 sei ihr auch erlaubt worden, zusammen mit der Mitangeklagten Ensslin fernzusehen und

Tischtennis zu spielen. Sie dürfe auch einen eigenen Plattenspieler in ihrer Zelle haben. Schließlich sei ihr auch unter gewissen Einschränkungen der gemeinsame Hofgang mit anderen weiblichen Untersuchungsgefangenen gestattet worden.
Der Beschwerdeführer Meins habe seit März 1974 seine tägliche Freistunde zusammen mit anderen Untersuchungsgefangenen verbringen können, jedoch von dieser Möglichkeit keinen Gebrauch gemacht.
Für die Beschwerdeführer Baader und Grundmann bestehe nach wie vor nur die Möglichkeit einer Einzelfreistunde, jedoch sei Baader erlaubt worden, zwei Stunden des Nachmittagsprogramms des Fernsehens in Anwesenheit eines Gefängnisbediensteten anzusehen (was Baader später immer wieder erklärtermaßen als Verhöhnung empfunden hat, da nachmittags im Fernsehen das Kinder- und Jugendlichenprogramm ausgestrahlt werde).
Keiner der Beschwerdeführer sei während der Freistunde gefesselt, und sie hätten auch Kontakte zur Außenwelt. Zum Beispiel habe Baader neben den monatlichen Besuchen seiner Mutter wöchentlich mindestens zweimal Besuch von seinen Anwälten, die oft über Stunden hinweg bei ihm blieben. In der Zeit vom 15. Juni bis 14. August 1974 sei Baader von vierzehn verschiedenen Rechtsanwälten an insgesamt 24 Tagen vierzigmal, zusammengerechnet über einhundert Stunden lang, besucht worden. An manchen Tagen seien mehrere Rechtsanwälte hintereinander vormittags und nachmittags bei ihm gewesen. Ähnliche Angaben machte die Bundesregierung für die anderen Beschwerdeführer.

Alle beschwerdeführenden Gefangenen seien, wie es die Strafprozeßordnung grundsätzlich vorsehe, in Einzelzellen untergebracht, jedoch nicht von den Geräuschen menschlichen Lebens in der Anstalt abgeschnitten. Von Gemeinschaftsveranstaltungen, wie Kinovorführungen und Gottesdienst, seien sie wegen der schwierigen Überwachung ausgeschlossen, jedoch bestehe selbstverständlich die Möglichkeit der seelsorgerischen oder ärztlichen Betreuung. Im übrigen seien die Beschwerdeführer durch Besuche, Rundfunk und Presse laufend mit den Geschehnissen der Außenwelt verbunden.

Die Bundesregierung stellte im Ergebnis fest, die Beschwerdeführer würden keinesfalls schlechter behandelt als andere besonders gefährliche und der Begehung besonders schwerer Verbrechen verdächtige Untersuchungsgefangene.
Es treffe auch nicht zu, daß die Anwälte der Beschwerdeführer wegen Staatsverleumdung verfolgt würden. Richtig sei vielmehr, daß gegen einige Verteidiger von Mitgliedern der „RAF" der Verdacht der strafbaren Begünstigung oder anderer strafbarer Handlungen aufgekommen sei. Insofern werde von den Strafverfolgungsbehörden ermittelt.

Aus den vorgetragenen Gründen seien die Beschwerden offensichtlich unbegründet.

Vor der Europäischen Menschenrechtskommission lief das Verfahren so ab:
Am 17. Juli 1974 entschied die Kommission, die Beschwerde der Bundesregierung zur Stellungnahme über die Zulässigkeit zuzustellen. Die angegriffene Regierung wurde aufgefordert, die Stellungnahme bis zum 20. September 1974 einzureichen. Ende Oktober 1974 ging diese Stellungnahme ein, nachdem die Frist bis zum 25. Oktober 1974 verlängert worden war.
Daraufhin wurden die Beschwerdeführer durch Schreiben vom 7. November 1974 aufgefordert, ihre Erwiderung bis zum 10. Dezember 1974 vorzulegen. Bereits mit Schreiben vom 9. Oktover 1974 hatten ihre Rechtsanwälte angekündigt, daß sie weitere Informationen einzureichen gedächten und daß die Beschwerdeführer einen Hungerstreik gegen die Haftbedingungen begonnen hätten. Mit Schreiben vom 18. Dezember 1974 beantragten die Rechtsanwälte (Kurt Groenewold und Franz Josef Degenhardt, Hamburg) eine Verlängerung der Frist mit der Begründung, daß es wegen des Hungerstreiks der Beschwerdeführer nicht möglich sei, die Erwiderung vorzubereiten. Eine Verlängerung wurde von der Kommission bis 20. Januar 1975 gewährt.
Drei Tage nach Ablauf dieser Verlängerungsfrist baten die Beschwerdeführer um eine erneute Verlängerung. Sie teilten der Kommission mit, der Generalbundesanwalt erwäge eine Änderung der Haftbedingungen für die betreffenden Gefangenen. Durch eine solche Änderung könne sich die Beschwerde erledigen. Außerdem teilten die Rechtsanwälte der Kommission mit, daß der Beschwerdeführer Meins zwischenzeitlich gestorben sei. Die Kommission gewährte erneut eine Fristverlängerung bis 28. Februar 1975. Am 16. April 1975 – als immer noch keine Stellungnahme der Rechtsanwälte eingegangen war – teilte der Sekretär der Kommission den Rechtsanwälten schließlich mit, daß die Sache nunmehr zur Entscheidung vorgelegt werde.
Am 30. Mai 1975 entschied die Europäische Menschenrechtskommission:

1. Der Beschwerdeführer Holger Meins starb im Verlauf des Verfahrens vor der Kommission; diese Tatsache erledigte jedoch seine Beschwerde nicht automatisch. Es wäre vielmehr Sache seines oder seiner Nachfolger gewesen zu entscheiden, ob seine Beschwerde aufrechterhalten werden sollte oder von der Liste gestrichen werden könne. Von seinem Rechtsnachfolger ging jedoch keine Nachricht ein, und die Kommission hielt es nicht für erforderlich, die Lage zu klären. Sie war nämlich der Auffassung, daß – da Holger Meins' Beschwerde mit denen der anderen Beschwerdeführer identisch ist – keine gesonderte Entschei-

dung erforderlich sei. Daher behandelte sie diese Beschwerde genau so, wie wenn sie von seinem Rechtsnachfolger aufrecht erhalten worden wäre. In der folgenden Begründung wird deshalb kein Unterschied zwischen seiner Beschwerde und denen der anderen Beschwerdeführer gemacht.

2. Nach Artikel 26 der Konvention ist eine Vorbedingung für jede Individualbeschwerde, daß alle innerstaatlichen Rechtsbehelfe erschöpft sein müssen, bevor die Kommission sich mit der betreffenden Beschwerde befassen kann. Die beklagte Regierung hat geltend gemacht, daß die Beschwerdeführer die ihnen nach deutschem Recht zur Verfügung stehenden Rechtsbehelfe in bezug auf einige ihrer Beschwerden nicht erschöpft haben.
Jeder Beschwerdeführer hat jedoch Beschwerde beim Bundesverfassungsgericht wegen verschiedener Aspekte seiner Beschwerden eingelegt, und es könnten daher Zweifel über die Wirksamkeit einer weiteren Beschwerde eines Beschwerdeführers in bezug auf andere Aspekte seiner Beschwerden bestehen, die in ähnlichen Fällen bereits abgewiesen worden sind.
Die Kommission ist ferner der Auffassung, daß sie diese Fragen nicht eingehender zu prüfen braucht, da die Beschwerde doch in jedem Falle aus den nachstehend dargelegten Gründen als offensichtlich unbegründet abgewiesen werden muß.

3. Die Beschwerdeführer brachten vor, daß sie als „politische Gefangene" der Isolationsfolter unterworfen und sowohl innerhalb als auch außerhalb des Gefängnisses von Kontakten abgeschnitten würden. Sie behaupteten auch, daß es ihren Verteidigern schwer, wenn nicht unmöglich gemacht würde, die Rechte zu schützen, auf die sie nach der deutschen Verfassung Anspruch haben oder die ihnen durch die Konvention gewährleistet sind.
Hinsichtlich der letzteren Behauptung stellt die Kommission fest, daß die Vertreter der Beschwerdeführer eindeutig nicht daran gehindert wurden, eine detaillierte Beschwerde einzureichen. Andererseits versäumten sie, auf die erschöpfende Stellungnahme der beklagten Regierung zur Zulässigkeit der Beschwerde zu erwidern, obwohl ihnen angemessene Gelegenheit gegeben wurde, eine Erwiderung innerhalb der ihnen wiederholt gewährten Fristverlängerungen einzureichen. In ihren Anträgen auf Fristverlängerung behaupten die Vertreter der Beschwerdeführer niemals, daß es ihnen unmöglich gemacht worden sei, zu erwidern. Es muß daher festgestellt werden, daß die von der beklagten Regierung dargelegten Tatsachen insgesamt von den Beschwerdeführern ohne begründeten Widerspruch hingenommen wurden.
Mit Bezug auf die Behauptung der Beschwerdeführer, daß sie als „politische Gefangene" der Isolationsfolter unterworfen seien, erkennt die Kommission vor allem, daß nach der unangefochtenen Darstellung der beklagten Regierung allen Beschwerdeführern schwere Straftraten, einschließlich Mord, Mordversuch, Raub und Zugehörigkeit zu einer kriminellen Verinigung, zur Last gelegt sind. Die Beschwerdeführer befinden sich deshalb nicht wegen ihrer politischen Überzeugung in Haft, sondern weil sie gemeingefährlicher Straftaten verdächtig

sind. Aus diesem Grund können sie nicht als „politische Gefangene" betrachtet werden.
Nach der Darstellung der beklagten Regierung wurden die mit dieser Beschwerde angegriffenen Maßnahmen getroffen, um die Haft sicher zu machen. In diesem Zusammenhang hat die beklagte Regierung unter anderem besonders darauf hingewiesen, daß Andreas Baader schon einmal mit Waffengewalt aus der Haft befreit worden ist, daß er und Holger Meins sich mit Waffengewalt ihrer Festnahme widersetzten, daß ein Polizist tödlich verletzt wurde, als der Beschwerdeführer Grundmann verhaftet wurde, und daß die Beschwerdeführerin Meinhof bei ihrer Verhaftung eine selbstgemachte Bombe und zwei weitere Sprengkörper bei sich trug. Nach der Darstellung der beklagten Regierung hatte Ulrike Meinhof zur Zeit ihrer Festnahme auch ein Papier in ihrem Besitz, das von Gudrun Ensslin, die schon früher inhaftiert worden war, stammte und das sich u. a. mit der Geiselnahme beschäftigte, um in der Haft befindliche Angehörige der sogeannten Baader-Meinhof-Gruppe oder „Rote-Armee-Fraktion" zu befreien.

Die Tatsache, daß Andreas Baader mittels Anwendung von Gewalt befreit wurde, ist in der Beschwerde nicht bestritten worden, ebensowenig wie die anderen im vorstehenden Absatz erwähnten Tatsachen. Die Kommission stellt daher fest, daß diese Tatsachen als erwiesen angesehen werden können. Die geschilderten Umstände zeigen, daß die Beschwerdeführer besonders gefährlich sind, und lassen im Zusammenhang mit der weiteren unbestrittenen Darstellung der beklagten Regierung über Vorschläge und in einigen Fällen Versuche zur Befreiung der Gefangenen die Notwendigkeit erkennen, vor Ausbruchversuchen der Beschwerdeführer aus dem Gefängnis auf der Hut zu sein.
Nach der nicht in Frage gestellten Darstellung der beklagten Regierung sind die gerügten Sicherheitsmaßnahmen inzwischen gelockert worden. Jedem Beschwerdeführer ist es seit März 1973 erlaubt worden, täglich eine Stunde mit einem anderen Gefangenen zu verbringen. Außerdem haben sie Gelegenheit zu Kontakten mit geistlichen und ärztlichen Beratern. Sie sind keiner Sinnesdeprivation in schalldichten Zellen unterworfen. Aus Radio und Zeitungen erfahren sie, was in der Außenwelt geschieht; Baader und Meinhof dürfen sogar fernsehen.
Außer Besuchen von ihren Angehörigen haben sie in Form zahlreicher Besuche von einer großen Zahl von Anwälten enge Verbindung mit der Außenwelt. Mit Ausnahme im Fall Grundmann sind Beschränkungen bei ihrer Post weitgehend aufgehoben worden. Selbst wenn angenommen wird, daß ihr Schriftverkehr auf ihre Angehörigen und Behörden beschränkt ist, darf nicht übersehen werden, daß sie nach der Entscheidung des Bundesverfassungsgerichts vom 14. März 1973 die Möglichkeit hatten, Befreiung von der allgemeinen Postbeschränkung zu beantragen. Die Beschwerdeführer haben nicht behauptet, daß sie jemals solche Anträge gestellt hätten, die willkürlich abgelehnt worden wären.
Die Kommission ist daher der Auffassung, daß die im vorliegenden Fall

angeordneten Beschränkungen der durch Artikel 8 (1) und Artikel 10 (1) der Konvention garantierten Rechte zulässige Maßnahmen sind, die zur Aufrechterhaltung der Ordnung und Verhinderung von strafbaren Handlungen im Sinne der Absätze 2 von Artikel 8 und 10 notwendig waren.
Die Prüfung der eingereichten Beschwerden durch die Kommission läßt aus den oben angeführten Gründen nicht den Anschein einer Verletzung der Artikel 3, 6 (1) und (2), 8 (1) oder 10 (1) der Konvention erkennen. Daraus folgt, daß die Beschwerde im Sinne von Artikel 27 (2) der Konvention offensichtlich unbegründet ist.
Aus diesen Gründen erklärt die Kommission die Beschwerde für unzulässig.

6. Fairer Prozeß?

Durch das ganze Verfahren zog sich der Vorwurf der Verteidigung, „Herr des Verfahrens" sei nicht der Vorsitzende Richter Prinzing, sondern die Generalbundesanwaltschaft. Konkretisiert wurde dies vor allem in dem Vorwurf der Aktenmanipulation seitens der Bundesanwaltschaft. Die in einem Antrag der Verteidigung vom 30. Juli 1975 aufgeführten Behauptungen konnten bis zum Ende des Verfahrens nicht exakt geklärt werden:

Helmut Riedel
Rechtsanwalt

30. Juli 1975

An das
Oberlandesgericht
– 2. Strafsenat –

7000 Stuttgart

In der Strafsache
gegen
Andreas *Baader*
Gudrun *Ensslin*
Ulrike *Meinhof*
Jan-Carl *Raspe*
– 2 StE 1/74 –

wird *beantragt,*
1. den Verteidigern Akteneinsicht in die vom Generalbundesanwalt erst am 5. Mai 1975 vorgelegten
69 Stehordner
1 Beiakte der Staatsanwaltschaft München
1 Bildermappe (Wohnung Budapesterstraße)
zu gewähren,
2. die noch in Besitz des Bundeskriminalamtes befindlichen weiteren 1602 Stehordner mit Beweis- und Ermittlungsmaterial zu diesen Verfahren heranzuziehen,
3. die Hauptverhandlung auszusetzen, bis
a) die vorenthaltenen 1602 Stehordner dem Gericht vorliegen,
b) die Verteidiger die vollständige Akteneinsicht hatten bzw. vollständige Kopien der Ermittlungsunterlagen,

c) das Gericht und die Verteidiger Gelegenheit hatten, die weiteren Stehordner mit Beweis- und Ermittlungsmaterial durchzuarbeiten.

Begründung:

1. Die Bundesanwaltschaft und das Bundeskriminalamt haben dem Gericht bisher nur einen geringen Bruchteil der Ermittlungsunterlagen zur Verfügung gestellt. Gegenüber der Presse haben die Ermittlungsbehörden mitgeteilt, das in diesem Verfahren bis Frühjahr 1974 zusammengetragene Ermittlungsmaterial fülle insgesamt 1803 Aktenordner (*stern* Nr. 20 v. 9. 5. 1974 S. 29). Regierungskriminalrat Ruckmich von der Staatsschutzabteilung des Bundeskriminalamtes hat diese Angabe vor der Staatsschutzkammer des Landgerichts Stuttgart in der Hauptverhandlung gegen Stoller am 25. 6. 1974 eidlich bestätigt.
Der Generalbundesanwalt hat dem Gericht und einem Teil der Verteidiger bisher insgesamt 134 Stehordner mit Ermittlungsmaterial zugänglich gemacht. Außerdem sind noch einige Stehordner mit Personalangaben der Gefangenen vorgelegt worden.
Erst mit Schreiben vom 5. Mai 1975 hat der Generalbundesanwalt dem Gericht die im Antrag zu 1. erwähnten 69 Stehordner sowie 2 Schnellhefter vorgelegt. In diesen Schnellheftern werden u.a. insgesamt 1565 Spurenakten nunmehr zur Verwertung in diesem Verfahren freigegeben. Allerdings hat der Generalbundesanwalt bereits mit Schreiben vom 7. Mai 1975 erklärt, daß dieses Aktenmaterial „lediglich der Vollständigkeit halber und nicht als Akten im Sinne des § 199 Abs. 2 StPO übersandt“ werden.

2. Die Vorenthaltung von ca. 90% des Beweis- und Ermittlungsmaterials ist ein grober Verstoß gegen das Prinzip der Waffengleichheit und gegen die bestehenden Gesetze. Es handelt sich um einen Fall von Aktenmanipulation größten Ausmaßes.
Zu den Prinzipien eines rechtsstaatlichen Verfahrens gehört, daß die Staatsanwaltschaft dem Gericht das gesamte Ermittlungsmaterial vorlegt (§§ 198 Abs. 2, 147 StPO). Es ist verboten, die Akten dadurch zu manipulieren, daß Schriftstücke oder andere Gegenstände den Akten vorenthalten werden. Das ist einhellige Meinung in Rechtsprechung und Kommentaren. Zu den Akten gehört das in der betreffenden Strafsache vom ersten Zugriff an gesammelte Material (so im StPO-Kommentar von Schwarz-Kleinknecht § 147 Anm. 3). In dem führenden Kommentar von Löwe-Rosenberg heißt es in Anm. 2 zu § 147 StPO:

„Was für das Verfahren geschaffen wird, kann ihm nicht gleichzeitig vorenthalten werden.“

Nach den Richtlinien für das Strafverfahren vom 1. 12. 1970 ist das Gericht zur Vorbereitung der Hauptverhandlung verpflichtet (vgl. § 118 Abs. 1), alle Akten

rechtzeitig abzufordern, die für die tatsächliche und rechtliche Würdigung des Anklagestoffes von Bedeutung sind. Die Verpflichtung des Gerichts, alle erreichbaren Aktenunterlagen rechtzeitig heranzuziehen, wenn der Akteninhalt erheblich ist, folgt vor allem aus seiner Aufklärungspflicht (vgl. die Entscheidung des BGH VI, 129). Erheblich ist der Akteninhalt dann, wenn er Anhaltspunkte für die weitere Aufklärung gibt.
Die im Schreiben vom 7. Mai 1975 geäußerte Auffassung des Generalbundesanwalts, die sogenannten Spurenakten würden nicht als Gerichtsakten übersandt, findet nicht nur im Gesetz keine Stütze, sondern verstößt grob gegen die geltende Rechtslage.
Die Verteidigung hat bereits durch Schriftsatz des Rechtsanwalts Ströbele vom 11. Juli 1974 beantragt, ihr Akteneinsicht in die vorenthaltenen 1669 Stehordner zu gewähren. Der Generalbundesanwalt hat diesen Antrag damals mit einem Bescheid abgelehnt, von dem mindestens jetzt feststeht, daß die darin genannten Gründe falsch sind. Darin heißt es:

„Alle diese die Angeschuldigten Baader, Ensslin, Meinhof, Meins und Raspe betreffenden Ermittlungsunterlagen sind Ihnen in Form der sogenannten Sonderordner als Abdruck bereits überlassen worden.“

In dem Bescheid heißt es weiter:

„Soweit beim Bundeskriminalamt – Abteilung Staatsschutz – neben Überstücken und Mehrfertigungen weiteres Aktenmaterial vorhanden ist, bezieht sich dieses – außer internen, die Organisation und Arbeitsweise des Amtes betreffenden Akten – auf etwa 200 Einzelverfahren gegen namentlich bekannte und derzeit noch unbekannte Täter. Diese Unterlagen berühren die gegen Ihre Mandanten erhobenen strafrechtlichen Vorwürfe nicht und sind daher auch nicht Gegenstand des vorliegenden Verfahrens.“

Mindestens mit der Übersendung der weiteren 69 Stehordner mit Schreiben vom 5. Mai 1975 ist klargestellt, daß der Vorwurf der Aktenunterschlagung, den die Verteidigung bereits im August 1974 gemacht hat, berechtigt ist.
Die Verteidiger haben mit Schriftsatz von Rechtsanwalt Groenewold vom 27. August 1974 die Beschlagnahme der vorenthaltenen 1669 Stehordner verlangt. Erst durch Beschluß vom 22. Januar 1975, also nach ca. 5 Monaten, hat dieser Senat den Antrag abgelehnt. Der Wortlaut und die Begründung der Entscheidung gehen davon aus, daß weitere Ermittlungsakten vorhanden sind. Die Entscheidung lautet:

„Der Antrag auf Beschlagnahme der beim Bundeskriminalamt befindlichen restlichen Ermittlungsakten, die im Verfahren gegen die RAF (Baader-Meinhof-Komplex) gesammelt wurden, wird abgelehnt.“

Im Gegensatz zur zitierten allgemeinen Rechtsauffassung stellt der Senat unter Vorsitz von Richter Prinzing für dieses Verfahren neue Rechtsgrundsätze auf. Ich zitiere aus den Gründen:

„Der Umfang der Akten bestimmt sich zunächst danach, was die Anklagebehörde nach ihrer pflichtgemäßen Beurteilung dem Gericht vorlegt. Sie hat alles be- und entlastende

Material, das für das Verfahren *vernünftigerweise* von Bedeutung sein kann, dem Gericht zuzuleiten. Zweifel daran, daß der Generalbundesanwalt dieser Verpflichtung nicht nachgekommen wäre, hat der Senat nach seiner Aktenkenntnis nicht."

Die Verteidigung fragt sich, woher der Senat die Kenntnis der Akten hat, die ihm vom Generalbundesanwalt vorenthalten worden sind, wie der Senat also dazu kommt, 90% der in diesem Verfahren gesammelten Ermittlungsunterlagen ohne Kenntnis dahingehend beurteilt, daß dieses Material für das Verfahren „vernünftigerweise" nicht von Bedeutung ist. Damit unterwirft sich der Senat ausschließlich der Entscheidung des Bundeskriminalamtes und des Generalbundesanwalts darüber, was für dieses Verfahren von Bedeutung ist oder nicht. Seine eigene Prüfungspflicht mißachtet der Senat damit. Dabei geht die Verteidigung zugunsten der Richter dieses Senats davon aus, daß die Richter bei der Abfassung ihrer Entscheidung nur die ihnen vorgelegten Akten berücksichtigt haben und Aktenkenntnis nicht bedeutet, daß sie privat das weitere Material eingesehen haben. In einem Strafverfahren gibt es keine Privatkenntnis des Gerichts über Akten- und Beweismaterial.
In der Entscheidung dieses Senats heißt es dann weiter:

„Ermittlungsvorgänge, die weder zur Be- noch zur Entlastung der in diesem Verfahren Angeschuldigten beitragen können, sind ohne Bedeutung; der Senat hat deshalb keinen Anlaß, alle aus diesem Grunde ausgeschiedenen Spurenakten einzusehen."

Gleichzeitig begründet der Senat seine Ablehnung, diese Akten zu beschlagnahmen oder herbeizuziehen, mit Spekulationen über die Gründe, die den Generalbundesanwalt zur Vorenthaltung von Aktenmaterial veranlaßt haben können. Es heißt in dem Beschluß:

„Richtig ist zwar, daß die Akten nicht – wie üblich – nach dem zeitlichen Eingang der Aktenteile geordnet wurden, daß einzelne Ermittlungsvorgänge nicht aufgenommen wurden und daß Umblattierungen erfolgten. Dies war aber erkennbar ... teils deshalb erforderlich, weil auf andere Weise bei einem Verfahren dieses Umfanges keine Übersicht herzustellen gewesen wäre. Der Vorwurf der Aktenmanipulation läßt sich jedenfalls damit nicht begründen."

Der Senat schwingt sich also dazu auf, die gegen den Generalbundesanwalt erhobenen Vorwürfe der Aktenunterschlagung und Aktenmanipulation zurückzuweisen, und akzeptiert außerhalb des bestehenden Rechts die Rechtfertigung, daß unter Einbeziehung des vollständigen Ermittlungsmaterials der Senat nicht in der Lage gewesen ist, eine Übersicht über dieses Verfahren zu gewinnen. Er überläßt es deshalb dem Generalbundesanwalt, durch Ausscheiden und Auswahl von Material das Ermittlungs- und Beweismaterial dem Senat so zuzureichen, daß der Generalbundesanwalt mit einer Verurteilung der Gefangenen rechnen kann.
An diesem Punkt wird erneut klar, daß in diesem Verfahren das geltende Strafrecht außer Kraft gesetzt wird und nicht angewandt wird. An diesem Punkt wird weiter klar, wer in diesem Verfahren bestimmt und was von der

Unabhängigkeit des Gerichts zu halten ist, das sich der Entscheidung des Generalbundesanwalts darüber unterwirft, was für dieses Verfahren relevant ist oder nicht.

3. Die Absicht des Generalbundesanwalts, dem Gericht und den Verteidigern Aktenmaterial vorzuenthalten, ergibt sich aus den öffentlichen Erklärungen, mit denen der Generalbundesanwalt auf den Antrag auf Akteneinsicht und auf den Antrag der Verteidiger geantwortet hat, das vorenthaltene Beweis- und Ermittlungsmaterial im Gebäude des Bundeskriminalamtes zu beschlagnahmen.

Er hat erklärt, die Behauptung der Verteidiger, es gebe weiteres Ermittlungsmaterial, sei unwahr. Wörtlich heißt es in der „Stuttgarter Zeitung" v. 20. 7. 1974:

„Es ist unwahr, daß es irgendwelche anderen Akten in bezug auf diese 5 Beschuldigten geben könnte, die dem Gericht, dem Untersuchungsrichter und den Anwälten nicht vorliegen."

Das Bundeskriminalamt hat bereits zu dem Antrag auf Akteneinsicht erklärt, daß weiteres Material nicht vorgelegt werden könne. Statt dessen hat es die Verteidiger verleumdet, mit dem im Juli 1974 gestellten Antrag auf Akteneinsicht den Prozeß verzögern zu wollen. In der „Welt" vom 20. Juli 1974 wird folgende Erklärung des Bundeskriminalamtes wörtlich zitiert:

„Bei den Behauptungen der Anwälte handelt es sich um den wiederholten Versuch, die Ermittlungsbehörden vor dem Beginn des Prozesses gegen den harten Kern der Baader-Meinhof-Bande zu diffamieren und den Beginn der Verhandlung hinauszuzögern."

Ein Sprecher des Bundeskriminalamtes hat sogar die Behauptung aufgestellt, der Antrag der Rechtsanwälte auf Vorlage der vollständigen Ermittlungsakten sei

„eine trickreiche Variante des Versuchs, die kriminalpolizeiliche Arbeitsweise auszuspähen." (Holsteinischer Kurier v. 20. 7. 1974)

Im August hat der Generalbundesanwalt dann auf den Beschlagnahmeantrag erklärt:

„Der Gedanke der Aktenmanipulation ist einfach undenkbar."

Er hat weiter erklärt:

„Der Vorwurf, die Bundesanwaltschaft werde einen Teil der Ermittlungsunterlagen vorenthalten, sei völlig absurd und ein irrsinniger Gedanke. Alle Aktenteile, die auch nur entfernt wichtig seien, lägen dem Gericht vor." (Stuttgarter Nachrichten v. 31. 3. 1974)

Bereits in diesen Stellungnahmen des Generalbundesanwalts kam die Wahrheit trotz aller Verschleierung zum Durchbruch. So mußte Generalbundesanwalt Buback laut „Süddeutsche Zeitung" vom 31. August 1974 zugestehen:

„Richtig sei, daß das Bundeskriminalamt weit mehr Akten angelegt habe als schließlich von der Anklagebehörde für relevant befunden worden seien."

Damals hat Buback auch von 371 nicht relevanten Unterakten gesprochen, die wir bis heute nicht kennen.
Nach diesem Bericht mußte GBA Buback weiter zugestehen:

„Der Bundesanwalt lege alles vor, was gewünscht und für erheblich erachtet werde. Aus diesem Grunde sei es möglich, daß bis zum Beginn der Hauptverhandlung in Stuttgart noch etwa 20 Aktenordner nachgereicht würden, sagte Buback."

Diese Äußerung zeigt, daß und wie weit die Bundesanwaltschaft auch in bezug auf die Akten bereit ist, die Rechte aller Verfahrensbeteiligten, sowohl des Gerichts als auch der Verteidiger, einzuschränken. Nach dem geltenden Recht ist es Sache jedes Verfahrensbeteiligten, sowohl der Richter als auch der Verteidiger, zu prüfen, welcher Teil der vorhandenen Ermittlungsunterlagen zur Be- oder Entlastung der Angeklagten relevant ist oder nicht. Das ist nicht allein Sache des Generalbundesanwalts oder der Staatsschutzabteilung des Bundeskriminalamtes. An diesem Punkt zeigt sich, wer der wahre Herr des Verfahrens ist: die Staatsschutzabteilung des Bundeskriminalamtes, gedeckt durch den Generalbundesanwalt. Die Verweigerung der Akten ist ein grober Verstoß gegen das Prinzip der Waffengleichheit.
Der Generalbundesanwalt hat deshalb auch solche Behauptungen lanciert wie:

„Mit Aktenbergen wollen Anwälte den Baader-Meinhof-Prozeß blockieren."

Wenn hier die Verteidiger für die Gefangenen die minimalsten strafprozessualen Rechte geltend machen, wirft ihnen der Generalbundesanwalt Prozeßverzögerung vor.
Die Vorlage der weiteren 69 Stehordner mit Schreiben vom 5. Mai 1975 und die öffentlichen Erklärungen des Generalbundesanwalts zeigen, daß die Forderungen der Verteidiger auf vollständige Akteneinsicht nicht nur aufgrund der Gesetzeslage, sondern für die Verteidigung der Gefangenen notwendig ist. Wenn der Generalbundesanwalt erklärt, das gesamte Ermittlungsmaterial berühre nur zum Teil das Verfahren gegen die Beschuldigten, so ist damit eben gesagt, daß die vorenthaltenen Ermittlungsvorgänge eben dieses Verfahren berühren.
Tatsächlich hat der Generalbundesanwalt in mehreren öffentlichen Erklärungen zugestanden, daß das weitere Ermittlungsmaterial im gesamten Baader-Meinhof-Komplex gesammelt worden ist. Es handelt sich um Material, das unter dem Aktenzeichen der Bundesanwaltschaft zu diesem Verfahren 1 BJs 6/71 gesammelt worden ist. Dieses Material ist deshalb Bestandteil der Akten und vom Bundeskriminalamt mit Einwilligung des Generalbundesanwalts entfernt worden.
Da der Generalbundesanwalt nicht in der Lage ist, entsprechend der Rechtslage dem einzelnen Angeklagten einzelne Tatkomplexe nachzuweisen, hat er sie für alle der RAF zugeschriebenen Handlungen für verantwortlich erklärt. Das hat notwendig zur Folge, daß sämtliches Material, das in irgendeiner Weise mit

Vorwürfen oder der Ermittlungstätigkeit gegen die RAF in Verbindung steht, dem Gericht vorgelegt werden muß. Selbst und gerade wenn wegen derselben Handlungen Vorwürfe gegen andere Personen erhoben werden, muß das Gericht und müssen die Verteidiger dieses Material kennen. Gerade dann ist es Sache des Gerichts, etwaigen Verdachtsspuren gegen andere Personen nachzugehen. Gerade dann ist es Sache der Verteidiger, dazu Beweisanträge zu stellen.
4. Die dem Gericht und den Verteidigern bereits zur Kenntnis gebrachten Stehordner bestätigen den Verdacht, daß der Generalbundesanwalt und die Staatsschutzabteilung des Bundeskriminalamtes dem Gericht Ermittlungsmaterial und Akten vorenthalten. In den vorhandenen Akten befinden sich zahlreiche Hinweise auf Ermittlungstätigkeiten und Ermittlungsunterlagen, die nicht in den Akten vorhanden sind, also auf weitere, möglicherweise entlastende Spuren. Außerdem ist festzustellen, daß in zahlreichen Ordnern zahllose Seiten fehlen. Es ist also nicht nur so, daß ganze Akten verschwunden sind, sondern darüber hinaus erkennbar viele Seiten aus den Akten entfernt worden sind.

Die Ermittlungsunterlagen sind nicht nach dem zeitlichen Ablauf der Ermittlungsvorgänge geordnet, sondern zum Teil völlig willkürlich. Die übliche Aktenordnung nach dem zeitlichen Ablauf garantiert die Kontrolle durch Gericht und Verteidiger, ob die Akten vollständig sind oder nicht. Die willkürliche Zusammenstellung von Ermittlungsberichten und Protokollen, wie es in diesem Verfahren anzutreffen ist, verschleiert den Versuch, Material zurückzuhalten.

Der Generalbundesanwalt hat bereits frühzeitig mit Schreiben vom 27. Juli 1972 dem Bundeskriminalamt die zentrale Aktenführung im Verfahren gegen die RAF übertragen. In dem Schreiben vom 27. Juli 1972 heißt es, daß den örtlichen Staatsanwaltschaften und Polizeibehörden die Originalermittlungsunterlagen wegzunehmen sind. Die örtlichen Staatsanwaltschaften haben nur von der Staatsschutzabteilung herausgesuchte Fotokopien erhalten. Dieses Schreiben und die Durchsicht der Akten bestätigt, daß die Staatsschutzabteilung des Bundeskriminalamtes im Zusammenwirken mit dem Generalbundesanwalt zur Entscheidungszentrale darüber gemacht worden ist, welches Ermittlungsmaterial den Gerichten vorgelegt werden soll und welches nicht.

An einigen Stellen hat bereits das Bundeskriminalamt Vermerke darüber angebracht, daß Ermittlungsmaterial bzw. Material über einzelne Spuren nicht in die Akten aufgenommen werden sollen. Diese Vermerke befinden sich beispielsweise auf S. 101 im Sonderordner Sprengstoffanschlag Hamburg und auf S. 1 im Sonderordner Sprengstoffanschlag Heidelberg Bd. V. Damit ist der Nachweis geführt, daß das Bundeskriminalamt rechtsstaatswidrig entscheidet, welches Ermittlungsmaterial für das Gericht erheblich ist und welches nicht, welches also die Verurteilung der Gefangenen durch das Gericht ermöglichen könnte oder nicht.
In den bisher vorgelegten 5 Stehordnern zum Sprengstoffanschlag Heidelberg

taucht nur Ermittlungsmaterial zu 25 Spuren auf. Die Spur mit der höchsten Zahl trägt die Nummer 593. 568 Spuren fehlen also.
Der Generalbundesanwalt hat nunmehr mit Schriftsatz vom 5. Mai 1975 zusätzlich zu den bereits vorhandenen 5 Stehordnern weitere 33 Stehordner zum Sprengstoffanschlag Heidelberg vorgelegt. Ob sich darin nunmehr die fehlenden Spurenakten befinden oder nicht, wird das Gericht und werden die Verteidiger zu prüfen haben. Ob die jetzt vorgelegten Beweis- und Ermittlungsunterlagen vollständig sind oder nicht, wird ebenfalls zu prüfen sein.
Das Mißverhältnis der mit der Anklage vorgelegten 5 Stehordner zu den einige Tage vor Beginn der Hauptverhandlung vorgelegten weiteren 33 Stehordnern ist offenkundig. Wie es sich der Generalbundesanwalt vorstellt, daß Gericht und Verteidiger diese 33 Stehordner einsehen und durcharbeiten sollen, und das während einer laufenden Hauptverhandlung, ist unverständlich. Das Gericht hat denn auch kurzerhand versucht, dieses Problem dadurch aus der Welt zu schaffen, daß es mit Schreiben vom 15. 5. 1975 bei dem Generalbundesanwalt anfragte, wohin die genannten Akten zurückgesandt werden könnten.
Zum Sprengstoffanschlag München hat der Generalbundesanwalt bisher 3 Stehordner mit 11 Spuren vorgelegt. Tatsächlich gibt es 184 Spuren. Nach einem Vermerk gibt es für die Spur 14 einen Stehordner. Von diesem Stehordner der Spur 14 fehlen aber die Blätter 20–293.
Inzwischen hat der Generalbundesanwalt mit seinem Schreiben vom 5. Mai 1975 weitere Stehordner mit 184 Spuren vorgelegt. Ob nunmehr alle Spuren vorhanden sind, wird erst eine Prüfung ergeben.
In den Stehordnern zu Sprengstoffanschlägen in Hamburg I und II ist die Rede von insgesamt 5536 Spuren. Der Generalbundesanwalt hatte bisher nur Akten über 67 Spuren vorgelegt. Dabei waren noch zahlreiche Blattzahlen geändert und entnommen worden. Mit Schriftsatz vom 5. Mai 1975 hat er weitere 11 Stehordner mit 500 Spuren vorgelegt. Der Rest fehlt noch immer. Wie die 500 Spuren in der Hauptverhandlung ohne Durcharbeitung verwertet werden können, hat der Generalbundesanwalt nicht gesagt.
Diese Beispiele können für jeden Komplex fortgeführt werden.
Zum Gesamteindruck ist noch hervorzuheben, daß nahezu unzählbar die Seiten sind, auf denen die Blattzahlen geändert worden sind. Das bedeutet, daß sie sich jetzt in die Sonderordner einfügen, vorher aber offensichtlich Teil anderer Akten oder Aktenmengen waren.
Beispielsweise sind in dem Stehordner Sonderordner Heidelberg IV folgende Veränderungen vorgenommen worden:

neue Zahl:	76	*alte Zahl:*	1269
	77		1270
	89		1299
	107		1335
	171		1461

Besonders aufschlußreich ist, daß die später angelegten Sonderordner überhaupt keine alten Blattzahlen tragen. Vielmehr hat die Bundesanwaltschaft die Staatsschutzabteilung des Bundeskriminalamtes dort von vornherein nur die für die Stehordner bestimmten Blattzahlen eingetragen.

5. Der Grund für die Aktenmanipulation ist klar. Die Bundesanwaltschaft hat öffentlich erklärt, daß sie in Beweisnot ist. Das ergibt sich auch aus dem Bericht des Bundeskriminalamtes über die Auswertung der am 16. Juli 1973 aus den Zellen der Gefangenen weggenommenen Verteidigerpost und Verteidigungsunterlagen. Die Staatsschutzabteilung des Bundeskriminalamtes stellt in dem Bericht fest, daß das Verhalten der Beschuldigten nach ihrer Festnahme ungewöhnlich sei. Trotzdem erscheine ihre Weigerung, weder zur Person noch zur Sache auszusagen, zunächst begreiflich. Auf Bl. 15 heißt es dann aber:

„Die Beschuldigten änderten jedoch ihre Haltung übereinstimmend auch nach längerer Haftdauer kaum."

Es ist klar, daß der Generalbundesanwalt genau wie das Bundeskriminalamt, das diesen Bericht angefertigt hat, ein dringendes Interesse daran haben, die Verurteilung der Gefangenen durchzusetzen, obwohl die Beweise nicht ausreichen. Das ist der Hintergrund für die öffentliche Kampagne gegen die Gefangenen, die in der Absicht erfolgt, die Vorverurteilung der Gefangenen durchzusetzen und in der Öffentlichkeit und bei den Richtern ein Bewußtsein dafür zu schaffen, daß trotz der schlechten Beweissituation eine Verurteilung der Beschuldigten erfolgen muß.

6. Es ist klar, daß Gericht und Verteidigung zur Durchsicht und Bearbeitung von 1602 Stehordnern eine angemessene Vorbereitungszeit benötigen. Im jetzigen Zeitpunkt kann die Hauptverhandlung nicht fortgesetzt werden. Sie ist auszusetzen.

(Riedel)
Rechtsanwalt

Eine Zuspitzung erfuhr der Vorwurf der Aktenmanipulation durch die Vorfälle im Zusammenhang mit der Akte Müller (siehe unten, S. 242).

Der Senatsvorsitzende Theodor Prinzing erschien von Anfang seiner Verhandlungsführung im Gerichtssaal an vielen Prozeßbeobachtern nicht nur „ferngesteuert", sondern oft auch voreingenommen.

Am 18. und 19. Juni 1975 zeichnete Rechtsanwalt Schily in einem Ablehnungsgesuch ein Bild der Richterperson Prinzing, das noch lange Zeit großes Aufsehen erregen sollte:

Otto Schily
Rechtsanwalt

Oberlandesgericht Stuttgart

7000 Stuttgart

In der Strafsache
./. Andreas Baader u. a.
(hier: Gudrun Ensslin)
– 2 StE 1/74 –

lehnt die Angeklagte Gudrun Ensslin den Vorsitzenden Richter am Oberlandesgericht Stuttgart, Dr. Prinzing, wegen Besorgnis der Befangenheit ab.
Zur Begründung wird namens der Angeklagten Ensslin folgendes vorgetragen:

I.
Im Zusammenhang mit dem Tode von Holger Meins, der am 9. November 1974 nach zweieinhalbjähriger Untersuchungshaft in der Strafanstalt Wittlich gestorben ist, hat der abgelehnte Richter durch sein Verhalten offenbart, daß er sich den Direktiven der Staatsschutzbehörden hinsichtlich aller Maßnahmen, die den Vollzug der Untersuchungshaft betreffen, unterordnet und angeblichen Sicherheitsinteressen, die seitens der Staatsschutzbehörden geltend gemacht werden, den unbedingten Vorrang vor allen anderen Rechtsgütern – insbesondere auch vor dem Leben der Gefangenen aus der RAF – einräumt. Da der abgelehnte Richter, der kraft seines Amtes zur Fürsorge für die seiner Herrschaftsgewalt unterliegenden Gefangenen aus der RAF verpflichtet ist, seine Befugnisse zumindest objektiv nur als bloßer Funktionär der Staatsschutzbehörden wahrnimmt, ist er mindestens aus der Sicht der Angeklagten – auf die es im Rahmen des Ablehnungsgesuches allein ankommt – eine latente Lebensbedrohung, weil er in seinen Entscheidungen von den Anordnungen der Staatsschutzbehörden abhängig und bereit ist, das Leben und die körperliche Unversehrtheit der Gefangenen aus der RAF sämtlichen von den Staatsschutzbehörden reklamierten vorgeblichen Sicherheitsinteressen zu opfern.
Die Behauptung, daß der abgelehnte Richter sich mindestens objektiv als bloßer Funktionär der Staatsschutzbehörden verhält, ist anhand der Chronologie der Ereignisse nachzuprüfen, die zu dem Tode von Holger Meins geführt haben. Die Chronologie dieser Ereignisse ist in einer Strafanzeige enthalten, die Rechtsanwalt von Plottnitz im Namen der Angehörigen von Holger Meins und als sein früherer Verteidiger am 19. 11. 1974 erstattet hat. Gegenstand der Strafanzeige ist unter anderem der eingehend begründete Verdacht, daß sich der abgelehnte Richter – in der Begehungsform des unechten Unterlassungsdeliktes – wegen Beteiligung an der Ermordung von Holger Meins strafbar gemacht habe.

Zur Glaubhaftmachung wird anliegend Ablichtung der Strafanzeige vom 19. 11. 1974 überreicht.

Das bei der Staatsanwaltschaft in Trier wegen des Todes von Holger Meins seit über acht Monaten anhängige Ermittlungsverfahren ist bisher noch nicht abgeschlossen worden.

Zur Glaubhaftmachung wird auf Beiziehung der Akten der Staatsanwaltschaft Trier 7 Js 1235/74 Bezug benommen.

Folgende Geschehnisse sind dem Tode von Holger Meins vorausgegangen:
Holger Meins beteiligte sich in der Zeit vom 13. 9. 1974 bis zu seinem Tode am 9. 11. 1974 an einem kollektiven und unbefristeten Hungerstreik der Gefangenen aus der RAF. Die Staatsschutzbehörden haben diesen Hungerstreik als vorgeblich illegalen Angriff auf die Staatssicherheit, sozusagen als eine Art Umsturzversuch, mit großem propagandistischem Aufwand unter Einschaltung der Massenmedien bekämpft. Dieser propagandistische Aufwand diente nicht der Erhaltung der Staatssicherheit, weil das Machtgefüge eines Staates durch einen Hungerstreik, eine gewaltlose und legitime Widerstandsform, in keiner Weise in Frage gestellt werden kann. Grund für den riesigen Propagandaaufwand der Staatsschutzbehörden war demnach ausschließlich, die durch den Hungerstreik vermittelte Aufklärung der Bevölkerung zu verhindern, die die fehlende Legitimationsgrundlage für die Isolation der Gefangenen aus der RAF sichtbar werden ließ. Getreu dieser Zielsetzung haben die Staatsschutzbehörden besondere Anstrengungen darauf verwendet, die Forderungen, die von den Gefangenen der RAF mit dem Hungerstreik aufgestellt worden waren, zu verfälschen und die Bevölkerung über die mit dem Hungerstreik verfolgten Absichten zu täuschen, indem die Lüge ausgestreut wurde, mit dem Hungerstreik wollten die Gefangenen aus der RAF die Durchführung der Hauptverhandlung vereiteln und ihre Entlassung aus der Untersuchungshaft erzwingen. Die Wahrheit ist: Mit dem Hungerstreik kämpften die Gefangenen aus der RAF mit dem einzigen und letzten ihnen verbliebenen Mittel ausschließlich für die Herstellung menschenwürdiger Haftbedingungen, für die Aufhebung ihrer über Monate und Jahre hinweg betriebenen Isolation in den Gefängnissen, für die Beseitigung jeder Form von Sonderbehandlung, für ihre Gleichstellung mit allen übrigen Gefangenen. Mit dem Hungerstreik setzten sich die Gefangenen aus der RAF gegen ihre Vernichtung durch Langzeitisolation zur Wehr, nachdem alle juristischen Mittel, mit denen die Verteidigung versucht hatte, die berechtigten Forderungen der Gefangenen durchzusetzen, gescheitert waren. Die Isolation von Gefangenen – über Monate und Jahre betrieben –, die Errichtung eines zweiten Gefängnisses in den Haftanstalten um die Gefangenen herum, die dadurch erreichte Schaffung einer künstlichen Welt von Schweigen und ohne soziale Kontakte zu Mitgefangenen, ist eine Quälerei, die die Zerstörung lebenswichtiger psychischer und physischer Funktionen bewirkt und daher als Folter und unmenschliche Behandlung zu bezeichnen ist. Mit der Anwendung

solcher Foltermethoden wird die Erwartung verbunden, die isolierten Gefangenen in späteren Hauptverhandlungen der Öffentlichkeit als desorientierte und politisch willenlose Schaustücke gegen revolutionäre Politik präsentieren zu können.
Die Aufhebung der Isolation war daher für die Gefangenen aus der RAF eine Frage ihres Überlebens. Die immer wiederholte Behauptung, mit dem Hungerstreik seien weitergehende Forderungen als die Aufhebung der Isolation und die Gleichstellung mit anderen Gefangenen verfolgt worden, ist von den Verteidigern auf einer Vielzahl von Pressekonferenzen widerlegt worden mit der klaren Feststellung, daß der Hungerstreik sofort beendet sei, wenn der berechtigten Forderung nach Aufhebung der Isolation entsprochen werde. Daß die Gefangenen aus der RAF mit dem Hungerstreik ausschließlich die Aufhebung der Isolation erreichen wollten, war auch dem abgelehnten Richter bekannt ...

Glaubhaftmachung: dienstliche Äußerung des abgelehnten Richters.

Dem abgelehnten Richter waren auch die wissenschaftlichen Untersuchungen und medizinischen Gutachten bekannt, aus denen hervorgeht, zu welchen tiefgreifenden psychischen und physischen Schädigungen Langzeitisolation führt.

Glaubhaftmachung: wie vor.

Unmittelbar zuständig für die gegenüber den Angeklagten angewandte Haftpraxis wurde der abgelehnte Richter mit Eingang der Anklageschrift bei dem Oberlandesgericht Stuttgart am 2. Oktober 1974. Seit diesem Zeitpunkt oblag dem abgelehnten Richter aufgrund seiner Fürsorgepflicht die Verantwortung für die körperliche Unversehrtheit und das Leben der Angeklagten, von denen sich am 2. Oktober 1974 lediglich die Angeklagten Meinhof und Ensslin in der Vollzugsanstalt Stuttgart-Stammheim befanden.
Unmittelbar nach dem 2. 10. 74 wurde der abgelehnte Richter von den Verteidigern der Angeklagten durch zahlreiche Anträge und in aller Dringlichkeit darauf hingewiesen, daß besonders in den Gefängnissen in Wittlich und Schwalmstadt, in denen sich damals noch die Gefangenen Meins und Baader befanden, die medizinische Versorgung durch die Anstaltsärzte nicht von der Sorge um die körperliche Unversehrtheit und das Leben der im Hungerstreik befindlichen Gefangenen, sondern allein dadurch bestimmt war, mit möglichst qualvollen Prozeduren bei der Durchführung der Zwangsernährung und mittels anderer Maßnahmen die Gefangenen zum Abbruch des Hungerstreiks zu zwingen. Die Verteidiger forderten deshalb mehrfach die Zulassung von Ärzten des Vertrauens zur Untersuchung und Behandlung der Gefangenen sowie die sofortige Verlegung der Gefangenen Meins, Baader und Raspe nach Stuttgart-Stammheim, da dort die Zwangsernährung nach den Regeln der ärztlichen Kunst vorgenommen werde.

Glaubhaftmachung für alles Vorstehende:
1. dienstliche Äußerung des abgelehnten Richters,
2. anliegende eidesstattliche Erklärung von Rechtsanwalt Dr. Croissant.

Die Forderung der Zulassung von Ärzten des Vertrauens zur Untersuchung und Behandlung der Gefangenen entspricht Ziff. 91 der „Einheitlichen Mindestgrundsätze der UNO für die Behandlung der Gefangenen von 1955/57", die folgenden Wortlaut hat:

„Einem Untersuchungsgefangenen ist auf begründeten Antrag die Erlaubnis zu geben, sich von seinem eigenen Arzt besuchen und behandeln zu lassen, wenn er in der Lage ist, die damit verbundenen Kosten zu bezahlen."

Mit Schriftsatz vom *6. 10. 74* stellte die Verteidigung durch Rechtsanwalt Dr. Croissant den Antrag, die medizinische Untersuchung der Angeklagten durch Ärzte ihres Vertrauens zuzulassen. Mit demselben Schriftsatz drängte die Verteidigung erneut darauf, daß auch die männlichen Angeklagten, zu denen Holger Meins gehörte, unverzüglich nach Stuttgart verlegt werden. Der genannte Schriftsatz hat folgenden Wortlaut:

„Die in den Vollzugsanstalten tätigen Ärzte haben die Sonderbehandlung der politischen Gefangenen, ihre systematische Isolation über Jahre hinweg, ohne Widerspruch geduldet oder aktiv daran mitgewirkt. Als integrierte Teile des staatlichen Vollzugsapparates schweigen sie unter Mißachtung ihrer ärztlichen Pflichten zu Isolationsfolter und Gehirnwäschepraktiken, die an den politischen Gefangenen verübt werden, um ihre Identität zu zerstören und sie zu Aussagen zu erpressen. Die Gefangenen lehnen es deshalb ab, sich von einem Anstaltsarzt untersuchen zu lassen.
Die medizinische Untersuchung ist notwendig, um drohende Gefahren für Leib und Leben von den Gefangenen abzuwenden. Es wird gebeten,

über den Antrag gemäß § 33 Abs. 4 Satz 1 StPO wegen der offenkundigen Eilbedürftigkeit ohne vorhergehende Anhörung des Generalbundesanwaltes zu entscheiden.

Der Untersuchungsrichter hat bereits die Zwangsernährung aller Gefangenen – wegen besonderer Eilbedürftigkeit – ohne vorhergehende Anhörung der Verteidiger angeordnet. Fotokopie des Beschlusses des Untersuchungsrichters vom 27. 9. 74 ist beigefügt.
Nach Erreichung der Anklageschrift ist das erkennende Gericht für die Entscheidung über den Antrag zuständig.
Für die Untersuchung der Gefangenen werden folgende Ärzte des Vertrauens benannt:
[...]
Für den Gefangenen Raspe ist darauf hinzuweisen, daß der Kölner Anstaltsarzt Dr. Bechtel ebenso wie sein Vorgänger Dr. Götte gegen den Gehirnwäschetrakt, in den Ulrike Meinhof dreimal verbracht wurde (das erste Mal auf die Dauer von 8 Monaten), nicht protestiert, sondern dieser Foltereinrichtung durch seine ärztliche Tätigkeit in der psychiatrischen Abteilung des Kölner Gefängnisses noch den Schein der Rechtlichkeit gegeben hat.
Bezüglich des Gefangenen Baader wird zur weiteren Begründung des Antrages noch auf den in Fotokopie unter Anlage 2 beigefügten Antrag von Herrn Rechtsanwalt Ströbele vom 23. 9. 74, auf den Bericht im Kursbuch Nr. 32 (vgl. dort Seite 94–96) sowie auf die Presseerklärung vom 18. 9. 1974 Bezug genommen.
Während die Gefangenen Gudrun Ensslin und Holger Meins seit 30. 9. 1974, der Gefangene Jan-Carl Raspe seit 2. 10. 1974 täglich zwangsernährt werden, ist der Angeschuldigte Baader am Freitag, dem 4. 10. 1974, von dem Anstaltsarzt Dr. Schäfer

(Vollzugsanstalt Kassel) unter Androhung körperlicher Gewalt zwangsuntersucht worden.
Ein körperlicher Widerstand gegen diese Untersuchung, die eine zwangsweise Katheterisierung eingeschlossen hätte, war für den Angeschuldigten von vornherein völlig aussichtslos: Drei Krankenpfleger (Schränke) standen dem Anstaltsarzt zur Verfügung, um den abgemagerten Gefangenen gewaltsam auf einen Spezialtisch zu schnallen, der mit 2 Riemen für die Brust, 4 Riemen für jeden Arm, 2 Riemen für jeden Fuß und einem breiten Riemen für den Kopf ausgerüstet war.
Die zwangsweise Vornahme medizinischer Untersuchungshandlungen war durch den Beschluß des Untersuchungsrichters vom 27. 9. 1974 nicht gedeckt: Dieser Beschluß erklärt allein die Zwangsernährung für zulässig, soweit sie der Anstaltsarzt für geboten erachtet. Konnte der Anstaltsarzt ohne vorhergehende medizinische Untersuchung (Blutdruckmessen, Urinabnahme, Blutentnahme u. a.) des Gefangenen nicht beurteilen, ob er seine Zwangsernährung für geboten erachten soll, durfte er an dem Gefangenen nicht eigenmächtig unter Androhung unmittelbarer Gewalt für den Fall der Weigerung medizinische Untersuchungshandlungen vornehmen.
Wegen dieses Rechtsbruchs haben wir gegen den Anstaltsarzt Dr. Schäfer Strafanzeige wegen Nötigung erstattet.
Die Verhinderung weiterer Rechtsbrüche ist für die Verteidiger und den Senat wegen der weit entfernt liegenden Vollzugsanstalten mit erheblichen praktischen und zeitlichen Schwierigkeiten verbunden. Die Verlegung der Gefangenen nach Stuttgart ist daher ein unabweisbares Gebot der Fürsorgepflicht, die dem Senat für sämtliche Gefangenen obliegt.
Solange der Hungerstreik anhält, und er wird dies, solange die berechtigte Forderung auf Abschaffung der Sonderbehandlung nicht erfüllt wird, können die Gefahren für Leib und Leben neben der Hinzuziehung von Ärzten des Vertrauens nur durch die Verlegung in die am Gerichtsort befindliche Haftanstalt verringert werden.
Es wird deshalb beantragt,

über die dem Senat vorliegende Beschwerde vom 5. 6. 1974 gegen die die Verlegung ablehnende Entscheidung des Untersuchungsrichters nunmehr ohne weiteres Zögern oder Abwarten auf etwaige Stellungnahmen des Generalbundesanwaltes und der Vollzugsanstalt zu entscheiden.

Es fällt auf, daß diese Entscheidung trotz der offenkundigen Dringlichkeit, die schon aus den bisher vorgetragenen Gründen besteht, seit nunmehr 4 Monaten immer noch nicht ergangen ist. Damit hat sich gezeigt, daß in Wirklichkeit die Bundesanwaltschaft und ihre Hilfsorgane, die Beamten der Staatsschutzabteilung des Bundeskriminalamtes, durch Taktieren mit vorgeblichen Sicherheitsbedenken den ihnen angezeigt erscheinenden Zeitpunkt der Verlegung bestimmen. Dies soll offenbar der Zeitpunkt sein, der möglichst so nahe an dem vorgesehenen Beginn der Hauptverhandlung liegt, daß eine möglichst effektive Verteidigung und die Erarbeitung einer gemeinsamen Verteidigungsstrategie möglichst verhindert wird.
Es wird nochmals gebeten,

diesem penetranten Versuch des Generalbundesanwaltes wenigstens jetzt durch eine unmißverständliche richterliche Entscheidung entgegenzutreten.

gez. Croissant“

Mit dem Schriftsatz von Rechtsanwalt Dr. Croissant vom 6. 10. 1974 wurde dem abgelehnten Richter der durch Rechtsanwalt Ströbele gestellte Antrag der Verteidigung vom 23. 9. 1974 vorgelegt, der den Antrag enthielt, die ärztliche Untersuchung und – falls erforderlich – die ärztliche Behandlung des Gefangenen Baader durch den Facharzt für Urologie, Prof. Dr. Lange, an der

Universitätsklinik in Marburg zu gestatten. Die Begründung dieses Antrages lautete:

„Der Beschuldigte erlitt Anfang Juni 1973 nach fünfwöchigem Hungerstreik in der JVA Schwalmstadt infolge eines zehntägigen Trinkwasserentzuges eine Nierenerkrankung.
Der Arzt Dr. Siebold stellte bei einer ärztlichen Untersuchung am 1. 6. 1973 Druck- und Klopfschmerz im Bereich beider Nierenlager und im Lumbosakralbereich fest. Am 12. 6. 1973 wurde eine deutliche Mikrohaematurie nachgewiesen und am 15. 6. 1973 wurden massenhaft Enythocyten im Urin festgestellt.
Daraufhin wurde eine entsprechende Behandlung eingeleitet.
Mitte September 1974 stellten sich beim Beschuldigten erneut erhebliche Schmerzen im Nierenbereich ein.
Der Beschuldigte befindet sich seit dem 10. 9. 1974 im Hungerstreik, um nach mehr als zweijähriger Isolation für sich und andere politische Gefangene die Aufhebung der Sonderbehandlung zu erreichen.
Die fachärztliche Untersuchung ist dringend und schnellstmöglich geboten. Jede Verzögerung ist angesichts der Erkrankung im Sommer 1973 mit einer akuten Gefahr schwerster, irreparabler Gesundheitsschäden verbunden. Die beantragte Zuziehung des externen Arztes, dem der Beschuldigte Vertrauen entgegenbringt, ist gerechtfertigt und notwendig.
Nach seinen Erfahrungen im Frühjahr und insbesondere im Sommer 1973 hat der Beschuldigte zu Recht keinerlei Vertrauen zu den von den Anstaltsbehörden ausgesuchten und mit seiner Behandlung beauftragten Ärzten. Dies gilt ganz besonders deshalb, weil er sich wiederum im Hungerstreik befindet. Denn der von der Anstalt zugezogene Arzt Dr. Degenhardt aus Kassel hatte am 22. 5. 1973 für den Beschuldigten die Zwangsernährung in äußerst schmerzhafter Weise durchgeführt, obwohl der Beschuldigte sich bereit erklärt hatte, die Nährflüssigkeit zu trinken.
Der Beschuldigte hat gegen den Arzt deshalb auch Strafanzeige erstattet. Das daraufhin eingeleitete Strafverfahren wurde eingestellt, aber nur weil dem Arzt angeblich nicht nachweisbar war, daß er diese Erklärung des Beschuldigten gehört hatte (Einstellungsbescheid der Staatsanwaltschaft beim Landgericht Marburg vom 4. 12. 1973 zum Aktenzeichen 4 Js 475/73).
Der von der Anstalt zugezogene Arzt Dr. Degenhardt aus Kassel hatte darüber hinaus befürwortet, bzw. sogar selbst angeordnet, daß dem Beschuldigten jegliches Trinkwasser entzogen wurde, um ihm das ‚Unsinnige seines Verhaltens' vor Augen zu führen und ihn ‚zur Besinnung zu bringen'.
Damit hat er einen Eingriff in die Gesundheit gebilligt und angeordnet, der nicht dazu diente, Schmerzen zu lindern und zu heilen, sondern dem Beschuldigten Schmerzen zuzuführen, ihn zu quälen, um ihm fremden Willen aufzuzwingen.
Das wegen dieses Verhaltens betriebene Strafverfahren wurde zwischenzeitlich ebenfalls eingestellt.
Danach lehnt der Beschuldigte die Untersuchung und Behandlung durch einen von der Anstalt ausgesuchten Arzt grundsätzlich ab.
Der Arzt Prof. Dr. Lange hat seine Bereitschaft zur Untersuchung gegenüber der Verteidigung erklärt.
Ich bitte wegen des Gesundheitsrisikos um umgehende Entscheidung.
Dem Anstaltsleiter ist eine Durchschrift dieses Antrages mit gleicher Post zugegangen.

gez. Ströbele"

Glaubhaftmachung für alles Vorstehende:
1. dienstliche Äußerung des abgelehnten Richters,
2. die Strafakten des vorliegenden Verfahrens.

Mit dem Antrag vom 6. 10. 1974 wurde dem abgelehnten Richter ein von mehreren Rechtsanwälten verfaßter Bericht vorgelegt, der im Kursbuch Nr. 32 veröffentlicht worden war und von dem ein Auszug diesem Antrag zur Glaubhaftmachung in Ablichtung beigefügt wird.
Mit Schriftsatz vom 7. 10. 1974 stellte die Verteidigung für den früheren Mitangeklagten Meins den Antrag,

1. den für die Zwangsernährung des Angeschuldigten verantwortlichen Anstaltsärzten der Justizvollzugsanstalt Wittlich zu verbieten, bei der Zwangsernährung Sonden von größerem Durchmesser als 16 Charriers (Maßeinheit für flexible Sonden bzw. Katheter) zu verwenden,
2. den Anstaltsärzten bzw. der Leitung der Justizvollzugsanstalt zu verbieten, dem Angeschuldigten während seines Hungerstreiks das Wasser zu entziehen.

Der Antrag enthielt – auszugsweise – folgende Begründung:

„Seit dem 30. 9. 1974 wird der Angeschuldigte in der Justizvollzugsanstalt in Wittlich täglich zwangsernährt. Die Zwangsernährung erfolgt dergestalt, daß er zunächst auf einem Tisch mittels zahlreicher Lederriemen fixiert wird, ihm sodann ein etwa daumendicker Schlauch durch Rachen und Speiseröhre in den Magen eingeführt wird, durch den anschließend der Nahrungsbrei gepumpt wird. Wegen des daumendicken Durchmessers der verwendeten Schlauches kommt es während der Zwangsernährung zu ständigen Traumatisierungen der Rachenschleimhäute bzw. der Schleimhaut der Speiseröhre, die ihrerseits zu Krämpfen führen, durch welche Teile des Nahrungsbreies zurückgepumpt werden. Hierdurch wird häufig die Luftröhre blockiert, was überaus quälende Erstikkungsanfälle bzw. die reale Gefahr des Erstickungstodes mit sich bringt.
Die vorstehend geschilderte Art und Weise der Durchführung der Zwangsernährung, die dem Angeschuldigten gegenüber bereits im vorigen Jahr, als er sich ebenfalls im Hungerstreik befand, praktiziert wurde, stellt erkennbar ab, den Angeschuldigten durch eine möglichst qualvolle Prozedur im Vollzuge der Zwangsernährung zum Abbruch seines Hungerstreiks zu zwingen. Im Vordergrund steht hierbei nicht die Sorge um das gesundheitliche Wohlergehen bzw. die körperlichen Unversehrtheit des Angeschuldigten, sondern das Bemühen, den Angeschuldigten an der einzigen ihm möglichen Form des Protestes gegen unerträgliche Haftbedingungen zu hindern.
Demgegenüber ist festzustellen, daß der einzig rechtlich zulässige Zweck der Zwangsernährung darin bestehen kann, den Angeschuldigten vor dem Hungertode zu bewahren. Schon hieraus ergibt sich die Verpflichtung der insoweit verantwortlichen Anstaltsärzte, die von ihnen durchgeführten und ärztlich zu verantwortenden Zwangsernährungen mit den medizinisch jeweils schonendsten Mitteln zu bewerkstelligen. Hierzu gehört in erster Linie die Verwendung von Sonden, wie sie im klinischen Bereich bei der künstlichen Ernährung üblich sind und bei deren Verwendung die Gefahr von Verletzungen bzw. Traumatisierungen der Schleimhäute so gering wie nur irgend möglich ist. Im Bereich der ärztlichen Versorgung werden insoweit bei künstlichen Ernährungen Sonden mit einem Durchmesser von 14–16 Charriers, der hier einschlägigen Maßeinheit, verwendet, die gegebenenfalls auch durch die Nase eingeführt werden können.
Der offenkundige Versuch, den Angeschuldigten durch die bislang praktizierte Art und Weise der Zwangsernährung zum Abbruch seines Hungerstreiks zu zwingen, findet in der Strafprozeßordnung keinerlei Rechtsgrundlage. Insbesondere vermag auch der Rechtsgesichtspunkt der ‚Ordnung in der Vollzugsanstalt', § 119 Abs. 3 StPO, die Anwendung wie auch immer gearteter Zwangsmittel, durch die ein Untersuchungsgefangener zum Abbruch eines Hungerstreikes gezwungen werden soll, nicht zu rechtfertigen. Denn als Anstaltsordnung im Sinne des § 119 Abs. 3 StPO kann nur der äußere Rahmen der

Justizvollzugsanstalt definiert werden, der zur Vollstreckung der Untersuchungshaft eines Untersuchungsgefangenen notwendig ist. Durch den Hungerstreik des Angeschuldigten wird jedoch dieser äußere Rahmen in keiner Weise berührt.
Eine richterliche Entscheidung im Sinne des zu 2) gestellten Antrages ist deshalb geboten, weil die Maßnahme des Wasserentzuges aufgrund einschlägiger früherer Erfahrungen konkret zu befürchten ist. Wegen ihrer rechtlichen Unzulässigkeit kann auf die obigen Ausführungen Bezug genommen werden. Die mit der Maßnahme des drohenden Wasserentzuges verbundenen Gefahren für das Leben bzw. die körperliche Unversehrtheit des Angeschuldigten bedürfen, speziell was die Frage eines Nierenversagens angeht, keiner Erörterung.
Wegen der offenkundigen Eilbedürftigkeit der vorstehend beantragten richterlichen Anweisungen beantragen wir darüber hinaus,

über die vorliegenden Anträge gemäß § 33 Abs. 4 Satz 2 StPO ohne vorhergehende Anhörung des Generalbundesanwaltes zu entscheiden.

gez. von Plottnitz“

Glaubhaftmachung: wie vor.

Die Anträge der Verteidigung vom 6. 10. 1974, eine Untersuchung durch Ärzte des Vertrauens zuzulassen und die männlichen Angeklagten in die Justizvollzugsanstalt Stuttgart-Stammheim zu verlegen, wurden durch den abgelehnten Richter und die Beisitzer Dr. Foth und Dr. Berroth mit Beschluß vom 14. 10. 1974 zurückgewiesen bzw. – soweit die Verlegung der männlichen Gefangenen in die Justizvollzugsanstalt Stuttgart-Stammheim beantragt worden war – überhaupt nicht beschieden.
Der ablehnende Beschluß vom 14. 10. 1974 wurde wie folgt begründet:

„Die Angeschuldigten befinden sich im Hungerstreik, wollen sich aber nicht von den zuständigen Anstaltsärzten untersuchen lassen; sie fordern die Zulassung von ‚Ärzten ihres Vertrauens‘.
Der Angeschuldigte Baader ist z.Z. noch Strafgefangener, so daß dem Senat für die beantragte Entscheidung schon die Zuständigkeit fehlt (vgl. Beschluß des Senats vom 8. 10. 1974 – 2 ARs 27/74).
Hinsichtlich der übrigen Angeschuldigten ergibt der Antrag keinen begründeten Anhalt dafür, daß die Ärzte in den jeweiligen Vollzugsanstalten ihre Pflichten vernachlässigen würden oder ihren Aufgaben nicht gewachsen wären. Für die Angeschuldigte Meinhof hat dies der Senat bereits entschieden (vgl. Beschluß vom 4. 10. 1974 – 2 ARs 22/74). Für die Angeschuldigten Ensslin, Meins und Raspe, für die keine neuen Tatsachen vorgetragen worden sind, gilt nichts anderes.
In diesem Zusammenhang sieht sich der Senat veranlaßt, darauf hinzuweisen, daß es ständige Übung des Senats ist, Eingaben mit diffamierenden Formulierungen nicht zu bescheiden.

gez. Dr. Prinzing Dr. Foth Dr. Berroth“

Mit Schriftsatz vom 15. 10. 1974 erstattete die Verteidigung durch Rechtsanwalt von Plottnitz gegen den Anstaltsarzt der Justizvollzugsanstalt Wittlich Strafanzeige wegen Körperverletzung im Amt. In der Begründung der Anzeige heißt es unter anderem:

„Als Anstaltsarzt der Justizvollzugsanstalt in Wittlich ist der Beschuldigte für die Art und Weise der Durchführung der Zwangsernährungen verantwortlich. Die Zwangsernährungen werden täglich unter seiner persönlichen Anleitung und Beteiligung durchgeführt. Als Arzt wäre der Beschuldigte verpflichtet, die Zwangsernährung als künstliche Ernährung nach den Regeln der ärztlichen Kunst, d.h. auf die für den Anzeigeerstatter schonendste Art durchzuführen. Hierzu würde in erster Linie die Verwendung von Sonden gehören, wie sie in Krankenhäusern bei künstlichen Ernährungen üblich sind und deren Durchmesser so beschaffen ist, daß die Gefahr der Reizungen und Verletzungen der Rachen- und Speiseröhrenschleimhäute so weitgehend wie nur irgend möglich ausgeschlossen ist. Der Durchmesser der im klinischen Bereich dabei üblichen und in aller Regel durch die Nase eingeführten Sonden beträgt zwischen 14 und 16 Charriers, der insoweit einschlägigen Maßeinheit.
Demgegenüber zielt die von dem Beschuldigten zu verantwortende Verwendung eines Schlauches, der nur geringfügig dünner als die Speiseröhre des Anzeigeerstatters ist, und die Einführung dieses Schlauches durch den Rachen darauf ab, den Anzeigeerstatter durch Zufügung von Schmerzen und Qualen bei der täglichen Durchführung der Zwangsernährungen zum Abbruch seines Hungerstreiks zu zwingen. Schwere Gefahren für das Leben bzw. die körperliche Unversehrtheit des Anzeigeerstatters werden von dem Beschuldigten dabei billigend in Kauf genommen. Denn angesichts der krampfartigen Zustände, die bei der Durchführung der Zwangsernährung auftreten und die bislang in keinem Falle zu ihrem Abbruch bzw. zu einem geänderten Verfahren bei der Durchführung der Zwangsernährungen geführt haben, besteht ständig die Gefahr der Erstickung bzw. einer Atemlähmung.
Der Beschuldigte duldet darüber hinaus zusätzliche Quälereien des Anzeigeerstatters, die von einem Teil der an der Durchführung der Zwangsernährung beteiligten Justizvollzugsbediensteten vorgenommen werden. So wurden bei einem Teil der Zwangsernährungen die zur Fixierung des Anzeigeerstatters verwendeten Lederriemen bzw. Handschellen teilweise absichtlich derart fest gespannt, daß der Anzeigeerstatter heftige Schmerzen verspürte und die Blutzirkulation beeinträchtigt war. Einer der dem Beschuldigten bei der Durchführung der Zwangsernährungen als Helfer unterstellten Justizvollzugsbediensteten drückt – ohne jegliche Zurechtweisung durch den Beschuldigten – den Kopf des Anzeigeerstatters derart heftig gegen insoweit vorgesehene Kopfstütze, daß beträchtliche Schmerzen auftreten.
Das geschilderte Verhalten des Beschuldigten findet weder in der Strafprozeßordnung noch in sonstigen gesetzlichen Vorschriften eine rechtliche Grundlage. Das Verhalten des Beschuldigten ist nicht von der Sorge um das gesundheitliche Wohlergehen des Anzeigeerstatters, sondern ganz offensichtlich allein von der Bemühung bestimmt, den Anzeigeerstatter zum Abbruch des Hungerstreiks zu zwingen.
In verschiedenen Gefängnissen der Bundesrepublik Deutschland bzw. West-Berlins befinden sich seit dem 16. 9. 1974 über 40 politische Gefangene im Hungerstreik. Soweit mit ihrer Zwangsernährung begonnen wurde, wurde – soweit hier bekannt – die Zwangsernährung nur in einem weiteren Fall, nämlich im Falle des in der Justizvollzugsanstalt in Hannover einsitzenden Untersuchungsgefangenen Ronald Augustin, derart qualvoll wie im Falle des Anzeigeerstatters durchgeführt. Im Falle des Untersuchungsgefangenen Augustin ist es dabei bereits einmal zu einer Lähmung der Atemmuskulatur gekommen. Auch von dem Verteidiger dieses Untersuchungsgefangenen wurde bereits Strafanzeige nebst Strafantrag gestellt.
Wir regen an, den Beschuldigten alsbald nach Eingang der vorstehenden Strafanzeige zu den erhobenen Schuldvorwürfen gem. § 133 StPO richterlich vernehmen zu lassen, denn nur so dürfte Aussicht bestehen, den Beschuldigten in Zukunft von der Begehung weiterer Körperverletzungen im Amt zum Nachteil des Anzeigeerstatters abzuhalten.
Außerdem bitten wir, uns umgehend das Aktenzeichen der auf die vorstehende Strafanzeige hin einzuleitenden Ermittlungssache mitzuteilen. Da der Anzeigeerstatter

beabsichtigt, sich dem Strafverfahren gegen den Beschuldigten als Nebenkläger anzuschließen, bitten wir ferner, uns unaufgefordert über den Fortgang der Ermittlung zu informieren.

gez. von Plottnitz"

Eine Abschrift dieser Strafanzeige ist dem abgelehnten Richter durch einen Begleitbrief des Rechtsanwalts von Plottnitz vom 15. 10. 1974 übermittelt worden. Mit diesem Begleitbrief wurde beantragt,

1. dem Anstaltsarzt der Justizvollzugsanstalt in Wittlich, Dr. med. Freitag, ab sofort jegliche ärztliche Tätigkeit in bezug auf den Angeschuldigten Meins richterlich zu untersagen.
2. bei künftigen Zwangsernährungen durch andere beamtete Ärzte des Landes Rheinland-Pfalz einem Arzt des Vertrauens des Angeschuldigten Meins die Anwesenheit zu gestatten.

Die Begründung dieses Antrages lautete:

„Schon im Interesse der körperlichen Unversehrtheit des Angeschuldigten ist eine richterliche Entscheidung im Sinne der bevorstehenden Anträge sowie unserer zum gleichen Sachverhalt mit Schriftsatz vom 7. 10. 1974 gestellten Anträge nunmehr unverzüglich geboten. Wegen der beantragten Anwesenheit eines Arztes des Vertrauens des Angeschuldigten beziehen wir uns auf den Inhalt des zu dieser Frage von dem Mitverteidiger, Herrn Dr. Klaus Croissant, bereits gestellten Antrags.
Außerdem bitten wir um Mitteilung, aus welchen Nahrungsmittelbestandteilen die bislang bei den Zwangsernährungen des Angeschuldigten verwendete Nährflüssigkeit besteht und welche genaue Menge dieser Nährflüssigkeit dem Angeschuldigten im Zuge der täglich durchgeführten Zwangsernährungen eingegeben wird. Eine schriftliche Erklärung des Angeschuldigten, durch welche dieser den Arzt Dr. med. Freitag von seiner ärztlichen Schweigepflicht uns gegenüber entbindet, fügen wir insoweit als Anlage bei.

gez. von Plottnitz"

Glaubhaftmachung für alles Vorstehende:
1. dienstliche Äußerung des abgelehnten Richters,
2. Inhalt der Strafakten.

Ungeachtet der seitens der Verteidigung vorgetragenen Tatsachen hat der abgelehnte Richter die mit Beschluß des 2. Strafsenats vom 14. 10. 1974 verweigerte Untersuchung der Angeklagten durch einen Arzt ihres Vertrauens auch für Holger Meins nicht angeordnet.

Glaubhaftmachung: dienstliche Äußerung des abgelehnten Richters.

Auf den durch Rechtsanwalt von Plottnitz gestellten Antrag vom 7. 10. 1974, nur Nasensonden bis zu einem bestimmten Durchmesser bei der Zwangsernährung zu verwenden, wurde durch Beschluß vom 22. 10. 1974 lediglich verfügt, daß bei der Zwangsernährung ein Schlauch zu verwenden ist, der durch die Nase eingeführt wird. Der weitergehende Antrag wurde abgelehnt. Die Begründung dieses Beschlusses lautet:

„Der Angeschuldigte wird zwangsweise ernährt. Dabei wird nach der Äußerung des Anstaltsarztes ein 12 mm starker Schlauch verwendet, der durch den Mund eingeführt wird. Ein dünnerer Schlauch könnte verwendet werden, müßte jedoch durch die Nase eingeführt werden. Dazu sieht sich die Anstalt mit ihrem ärztlichen und Sanitätspersonal nicht in der Lage. Nach der Äußerung von Regierungsmedizinaldirektor Dr. Lang, der in der Vollzugsanstalt Stuttgart-Stammheim eine durch die Nase eingeführte Sonde angeordnet hat, ist diese Methode gebräuchlich; eines Facharztes bedarf es dazu nicht. Nach den Anforderungen des § 119 Abs. 3 StPO ist die schonendere Methode zu wählen, wenn dies möglich ist. Das ist hier der Fall. Die Bereitstellung des erforderlichen ärztlichen Personals bleibt der Justizverwaltung überlassen. Organisatorische Schwierigkeiten stehen einer rechtlich gebotenen Anordnung in aller Regel nicht entgegen.
Der weitergehende Antrag vom 7. 10. 1974 ist nicht begründet. Dem Senat steht es nicht zu, dem Arzt im einzelnen Vorschriften über die Beschaffenheit der zu verwendenden Sonde, ihre Stärke und dergleichen zu machen. Trinkwasser wird dem Angeschuldigten nicht entzogen; für eine Anordnung darüber besteht kein Anlaß.

gez. Dr. Prinzing Maier Dr. Berroth"

Über die weiteren Anträge der Verteidigung vom 15. 10. 1974, dem Anstaltsarzt der Justizvollzugsanstalt Wittlich jede weitere ärztliche Tätigkeit im Zusammenhang mit der Behandlung von Holger Meins zu untersagen, bei zukünftiger Zwangsernährung einem Arzt des Vertrauens die Anwesenheit zu gestatten und Auskunft über die genaue Menge der Holger Meins verabreichten Nahrungsmenge zu erteilen, entschieden weder der abgelehnte Richter noch sein Stellvertreter, Dr. Foth, ungeachtet der offenkundigen Dringlichkeit richterlichen Einschreitens.

Glaubhaftmachung: wie vor.

Mit Beschluß vom 21. 10. 1974 entschied der 2. Strafsenat über die Beschwerde vom 5. 6. 1974, die die Verteidigung durch Rechtsanwalt Dr. Croissant gegen den Beschluß des Untersuchungsrichters vom 10. 5. 1974 eingelegt hatte. In dem Beschluß vom 10. 5. 1974 war die Verlegung der männlichen Gefangenen nach Stuttgart-Stammheim abgelehnt worden. Für die Entscheidung über die Beschwerde vom 5. 6. 1974 hat sich der Senat viereinhalb Monate Zeit genommen, obwohl die Verteidigung durch Rechtsanwalt Dr. Croissant am 3. 7. 1974 auf die besondere Dringlichkeit der Verlegung wie folgt hingewiesen hatte:

„Wir nehmen an, daß die Beschwerde inzwischen dem Senat zur Entscheidung vorgelegt wurde.
Aufgrund der Darlegungen in der Beschwerdeschrift darf die Verlegung zur ordnungsgemäßen Vorbereitung der Verteidigung nicht mehr weiter hinausgezögert werden.
Es sollte selbst der Anschein vermieden werden, als ob allein die Bundesanwaltschaft und ihre Hilfsorgane, insbesondere die Staatsschutzabteilung der Sicherungsgruppe des Bundeskriminalamtes, die Verlegung und die damit verbundene Polizeiübung bestimmten.
Eine Abschrift unserer Beschwerde ist beigefügt, falls diese vom Untersuchungsrichter noch nicht vorgelegt worden sein sollte.

gez. Croissant"

Der schließlich über die Verlegung ergangene Gerichtsbeschluß vom 21. 10. 1974 wurde der Verteidigung offiziell erst nach dem Tod von Holger Meins bekanntgegeben. Der Beschluß hat folgenden Wortlaut:

„Der Angeschuldigte Baader ist spätestens in der Woche nach dem 2. November 1974, die Angeschuldigten Raspe und Meins sind spätestens *bis 2. November 1974* in die Vollzugsanstalt Stuttgart zu verlegen.

gez. Dr. Foth Maier Dr. Berroth"

Auf diesen Verlegungsbeschluß hat der Generalbundesanwalt dem Senat durch Schreiben vom 24. 10. 1974 folgendes mitgeteilt:

„Zur Durchführung der mit dem o. a. Beschluß angeordneten Verlegungen beantrage ich – entsprechend der bisherigen Übung bei Verlegung dieses Angeschuldigten – noch folgende Anordnung zu treffen:

Mit Rücksicht auf die erhöhte Fluchtgefahr, die bekanntgewordenen Befreiungspläne der Mitglieder der kriminellen Vereinigung und das bisherige Verhalten der Angeschuldigten ist gemäß § 119 Abs. 5 Nr. 1 und 2 StPO die Fesselung des Angeschuldigten während des Transports zulässig.

Der Transport des Angeschuldigten wird von Beamten des Bundeskriminalamtes durchgeführt werden. Ich bitte deshalb, den Leiter der Justizvollzugsanstalt Wittlich anzuweisen, den Angeschuldigten Meins an die mit seinem Transport beauftragten Beamten herauszugeben und den Leiter der Vollzugsanstalt Stuttgart anzuweisen, ihn entgegenzunehmen.

Da eine vorherige Anhörung des Angeschuldigten den Zweck der Anordnung gefährden könnte, bitte ich, hiervon gemäß § 33 Abs. 4 StPO abzusehen.

Der Transport des Angeschuldigten bedarf umfangreicher Vorbereitungen und Sicherheitsvorkehrungen. Schon jetzt darf ich deshalb vorsorglich darauf hinweisen, daß im Hinblick hierauf die in dem o. a. Beschluß aufgegebenen Verlegungstermine nicht eingehalten werden können. Ich werde jedoch um eine größtmögliche Beschleunigung besorgt sein.

gez. i. A. Zeis"

Glaubhaftmachung für alles Vorstehende:
1. Inhalt der Strafakten,
2. dienstliche Äußerung des abgelehnten Richters,
3. anliegende eidesstattliche Erklärung von Rechtsanwalt Dr. Croissant.

Nach Erhalt des Schreibens der Bundesanwaltschaft vom 24. 10. 1974 hat der Senat die äußerste Verlegungsfrist für die Angeklagten Meins und Raspe nochmals um zwei Tage bis zum 4. 11. 1974 telefonisch verlängert, wie der beisitzende Richter Dr. Berroth dem Journalisten Bauer von der Agentur Reuter bestätigt hat.

Glaubhaftmachung:
1. Inhalt der Strafakten,
2. dienstliche Äußerung des beisitzenden Richters Dr. Berroth.

Auch diese vom Senat bis zum 4. 11. 1974 gesetzte Nachfrist wurde nicht eingehalten, weder Holger Meins noch Jan-Carl Raspe wurden nach Stuttgart-

Stammheim verlegt. Der ohne Angabe näherer Einzelheiten seitens der Bundesanwaltschaft behauptete Hinderungsgrund angeblich umfangreicher Vorbereitung und Sicherheitsvorkehrungen war offensichtlich nur ein Vorwand, um die Verlegung hinauszuzögern, da die Staatsschutzbehörden über alle personellen und materiellen Mittel verfügten, um die Verlegung innerhalb kürzester Frist durchzuführen.

Glaubhaftmachung:
1. dienstliche Äußerung des abgelehnten Richters,
2. dienstliche Äußerung des Bundesanwaltes Zeis.

Am 4. 11. 1974 wurde die Zwangsernährung bei Andreas Baader eingestellt. Die Verteidigung stellte durch Rechtsanwalt Dr. Croissant am 7. 11. 1974 den Antrag,

1. die Bundesanwaltschaft bzw. die Staatsschutzabteilung des Bundeskriminalamtes anzuweisen, die schon vor mehreren Wochen vom Senat angeordnete Verlegung der Gefangenen Baader, Meins und Raspe in die Justizvollzugsanstalt Stuttgart-Stammheim umgehend durchzuführen,
2. die Untersuchung des Gefangenen Baader durch zumindest einen Arzt seines Vertrauens – wie im Schriftsatz vom 6. 10. 1974 benannt – zu beschließen.

Dieser Antrag enthielt folgende Begründung:

„Andreas Baader ist seit 1. 11. 1974 Untersuchungsgefangener. Der Senat ist deshalb ohne Zweifel zuständig, die beantragte Anordnung auch für ihn zu treffen.
Die beantragte Anordnung ist geboten, um den Tod des Gefangenen zu verhindern. Regierungsdirektor Wachter von der Justizvollzugsanstalt Schwalmstadt hat am gleichen Tag, an dem Jean-Paul Sartre den Antrag auf Genehmigung eines Gesprächs mit Andreas Baader gestellt hat, die Einstellung der Zwangsernährung des Gefangenen angeordnet. Die Verteidigung sieht in diesem auffallenden zeitlichen Zusammentreffen keinen Zufall.
Bereits während des letzten Hungerstreiks im Mai/Juni 1973 haben die Vollzugsanstalten Schwalmstadt und der Arzt Dr. Degenhardt, der Leiter des Vollzugskrankenhauses der Justizvollzugsanstalt Kassel, Andreas Baader das Trinkwasser entzogen. Durch diesen kalkulierten Mordversuch sind die Nieren des Gefangenen schwer geschädigt worden: sie sind nur noch zu 1/4 funktionsfähig.
Die Zwangsernährung während des jetzt laufenden Hungerstreiks wurde nur unregelmäßig alle zwei Tage durchgeführt. Dies hatte zur Folge, daß der Gefangene ständig an Gewicht verlor.
Regierungsdirektor Wachter hat seine Anordnung, die Zwangsernährung einzustellen, mit der Äußerung des Anstaltsarztes Dr. Zwecker begründet, daß die weitere Zwangsernährung die chronische Unterernährung nicht verhindern könne. Andreas Baader gegenüber erklärte Regierungsdirektor Wachter, wenn er im Koma liege, werde man weitersehen.
Bei dieser Sachlage ist die beantragte Zulassung eines Arztes des Vertrauens unumgänglich, ihre außergewöhnliche Dringlichkeit offenkundig.

gez. Croissant“

Noch am gleichen Tag, kurz nach Eingang des Antrages und nach Herausgabe einer entsprechenden Pressemitteilung durch Rechtsanwalt Dr. Croissant, wurde Andreas Baader von der Staatsschutzabteilung des BKA verlegt, obwohl er nach dem Gerichtsbeschluß vom 21. 10. 1974 als letzter hätte verlegt werden sollen. Auf den Antrag der Verteidigung vom 7. 11. 1974, ging Rechtsanwalt Dr. Croissant folgendes Schreiben des abgelehnten Richtes vom 8. 11. 1974 zu:

„Auf Ihr Schreiben vom 7. November 1974 wird mitgeteilt, daß der Angeschuldigte Baader inzwischen in die Vollzugsanstalt Stuttgart-Stammheim verlegt worden ist. Auch Meins und Raspe werden in absehbarer Zeit folgen. Da die Voraussetzungen der ärztlichen Versorgung in der Vollzugsanstalt Stammheim anders liegen als in Schwalmstadt usw., geht der Senat davon aus, daß Ihre Anträge vom 7. November 1974 überholt sind. Der Senat erspart sich im übrigen, auf die im Schreiben ausgedrückten Verdächtigungen im Zusammenhang mit dem Besuchsantrag des Herrn Sartre einzugehen.

gez. Dr. Prinzing“

Glaubhaftmachung für alles Vorstehende:
1. dienstliche Äußerung des abgelehnten Richters,
2. Inhalt der Strafakten,
3. anliegende eidesstattliche Erklrung von Rechtsanwalt Dr. Croissant.

Am Freitag, dem 8. 11. 1974 rief Holger Meins am späten Nachmittag aus der Justizvollzugsanstalt Wittlich Rechtsanwalt Laubscher in Heidelberg an und teilte ihm mit, daß er sich in einem sehr schlechten gesundheitlichen Zustand befindet. Er erklärte wörtlich: „Ich komme nicht mehr hoch“. Nach dem Eindruck von Rechtsanwalt Laubscher hatte Holger Meins erhebliche Mühe, deutlich zu sprechen und sich zu konzentrieren.
Aufgrund des Anrufes von Holger Meins fuhr Rechtsanwalt Haag am Samstagvormittag, den 9. 11. 1974 nach Wittlich. Dort traf er kurz nach 11.00 Uhr in der Justizvollzugsanstalt ein. Nachdem Rechtsanwalt Haag zunächst in das Besucherbuch eingetragen worden war, erschien nach einer gewissen Wartezeit ein Sicherheitsbeamter der Haftanstalt und erklärte, daß Holger Meins „angeblich“ nicht mehr aus der Zelle in die Sprechzelle gehen könne. Mit der Verwendung des Wortes „angeblich“ wollte der Sicherheitsbeamte offensichtlich Glauben machen, daß der Gefangene Meins nur simuliere. Im Hinblick auf die Mitteilung des Sicherheitsbeamten forderte Rechtsanwalt Haag, das Verteidigergespräch in der Zelle des Gefangenen Meins führen zu können. Dies wurde ihm von dem Sicherheitsbeamten mit der Begründung verweigert, daß ohne Genehmigung des Leiters der Justizvollzugsanstalt und des Justizministeriums niemand die Zelle von Holger Meins betreten dürfe. Daraufhin erklärte Rechtsanwalt Haag, er werde die Vollzugsanstalt nicht eher verlassen, bevor er nicht mit Holger Meins gesprochen habe. Der Sicherheitsbeamte fand sich schließlich bereit, mit dem Leiter der Justizvollzugsanstalt Verbindung aufzunehmen. Als Ergebnis seiner Rückfrage bei dem Leiter der Justizvollzugsanstalt eröffnete er denn Rechtsanwalt Haag, daß der Leiter der Justizvollzugsanstalt das Verteidigergespräch in der Zelle von Holger Meins „aus Sicherheitsgründen“ nicht genehmige. Nach einem vergeblichen Versuch, die anwesenden

Beamten der Justizvollzugsanstalt zu veranlassen, das Justizministerium in Mainz und den Notdienst in Karlsruhe zu verständigen, verließ Rechtsanwalt Haag die Justizvollzugsanstalt und rief Rechtsanwalt Dr. Croissant in Stuttgart an. Ein Telefongespräch von der Vollzugsanstalt Wittlich wurde nicht genehmigt, weil man dort mit dem samstags vorhandenen Telefon nicht die Kosten abrechnen könne.

Gegen 12.00 Uhr unterrichtete Rechtsanwalt Haag telefonisch Rechtsanwalt Dr. Croissant über die Situation. Er bat ihn, sich sofort mit dem abgelehnten Richter in Verbindung zu setzen und folgende Anträge zu stellen:

1. die Justizvollzugsanstalt Wittlich anzuweisen, daß der Anwaltsbesuch bei Holger Meins in der Zelle stattfinden könne,
2. sofort anzuordnen, daß ein Arzt des Vertrauens zu Holger Meins in die Justizvollzugsanstalt kommen könne.

Glaubhaftmachung:
1. anliegende Ablichtung der Tonbandabschrift der Erklärung von Rechtsanwalt Haag auf der Pressekonferenz in Stuttgart am 10. 11. 1974,
2. Beiziehung der Akten der Staatsanwaltschaft Trier 7 Js 1235/74,
3. anliegende eidesstattliche Erklärung von Rechtsanwalt Dr. Croissant.

Rechtsanwalt Dr. Croissant war es nicht möglich, sofort eine telefonische Verbindung mit dem abgelehnten Richter herzustellen. Seine zu Beginn des Hungerstreiks geäußerte Bitte, die private Telefonnummer des abgelehnten Richters für dringende Anrufe zu erhalten, war von diesem abgelehnt worden, mit dem Hinweis, Rechtsanwalt Croissant könne ihn über das Landeskriminalamt erreichen. Rechtsanwalt Dr. Croissant mußte deshalb zuerst diese Behörde anrufen, infolgedessen ging wertvolle Zeit verloren. Zunächst meldete sich ein Beamter des Landeskriminalamtes namens Ginger. Rechtsanwalt Dr. Croissant erläuterte ihm, er möge Dr. Prinzing in einer dringenden Angelegenheit, weil Lebensgefahr für einen der Angeklagten bestehe, anrufen und veranlassen, daß er zurückrufe. Der Beamte antwortete, daß er von Rechtsanwalt Dr. Croissant keinen Auftrag entgegennehme. Erst durch längeres Zureden gelang es Rechtsanwalt Dr. Croissant, den Beamten zu überzeugen, daß er verpflichtet sei, in dieser besonderen Situation seiner Bitte zu entsprechen. Der Beamte erwiderte, er müsse dann zuerst seinen Chef fragen, Herrn Stimpfig. Rechtsanwalt Dr. Croissant mußte nach 15–20 Minuten ein zweites Mal anrufen und nochmals an die Dringlichkeit der Herstellung einer Telefonverbindung mit dem abgelehnten Richter erinnern. Gegen 12.30 Uhr meldete sich dann der abgelehnte Richter telefonisch bei Rechtsanwalt Dr. Croissant, der ihm die eingetretene Situation auseinandersetzte und ihn insbesondere darauf aufmerksam machte, daß der Zustand von Holger Meins äußerst kritisch sei und daß er nicht mehr gehen könne, daß aber Rechtsanwalt Haag aus angeblichen Sicherheitsgründen nicht erlaubt werde, seine Zelle zu betreten. Der abgelehnte Richter erklärte daraufhin zunächst, daß er die vorgebrachten Sicherheitsbedenken nicht nachprüfen könne. Ferner zeigte sich Dr. Prinzing bei dem

Gespräch ungehalten darüber, daß Rechtsanwalt Dr. Croissant ihn am Samstag angerufen habe und daß er am Samstag zurückrufen solle. Der abgelehnte Richter erklärte, er sei durch den Baader-Meinhof-Prozeß fünf Tage in der Woche angestrengt und brauche die zwei ihm verbleibenden Tage in der Woche zur Entspannung, um sich auf die nächste Woche konzentrieren zu können, in Zukunft werde er dafür sorgen, daß er am Wochenende nicht mehr erreichbar sei. Rechtsanwalt Dr. Croissant antwortete, daß es die Pflicht von Dr. Prinzing sei und es in seiner Verantwortung liege, daß

1. sofort durch einen Anruf der Besuch von Rechtsanwalt Haag bei Holger Meins sichergestellt werde, ein schlichter Anruf von ihm genüge,
2. in dieser Situation angeordnet werde, daß ein Arzt des Vertrauens *sofort* zu Holger Meins vorgelassen werde.

Der abgelehnte Richter erklärte demgegenüber, es sei ja bereits beschlossen, daß Ärzte des Vertrauens für die fünf Angeklagten nicht zugelassen werden, dabei müsse es bleiben, Rechtsanwalt Dr. Croissant möge Holger Meins doch zuraten, den Hungerstreik abzubrechen und zu essen. Auf den Hinweis von Rechtsanwalt Dr. Croissant, daß die Situation bei Holger Meins doch dadurch gekennzeichnet sei, daß der Anstaltsarzt bereits wegen gefährlicher Körperverletzung und grober Verletzung seiner ärztlichen Pflichten angezeigt worden sei, daß dem abgelehnten Richter diese Strafanzeige vorliege, daß es in seiner Hand liege, den Beschluß auch wieder abzuändern, äußerte Dr. Prinzing, das könne er nicht allein tun, das könne nur der Senat, der Senat sei aber jetzt nicht zusammenzutrommeln, Rechtsanwalt Dr. Croissant möge versuchen, sich an den Bereitschaftsrichter zu wenden. Auf die erneuten Hinweise von Rechtsanwalt Dr. Croissant, daß niemand anders als er zuständig und zu raschem und effektivem Handeln in der Lage sei, versprach Dr. Prinzing, die Justizvollzugsanstalt Wittlich anzurufen, wenn die Situation bei Holger Meins bedenklich sei. Nach etwa zehn Minuten ließ Dr. Prinzing Rechtsanwalt Dr. Croissant telefonisch ausrichten, der Besuch von Rechtsanwalt Haag finde zur Zeit statt. Ein Hinweis darauf, daß der Zustand von Holger Meins bedrohlich sei, wurde von Dr. Prinzing nicht gegeben.

Glaubhaftmachung für alles Vorstehende:
1. dienstliche Äußerung des abgelehnten Richters,
2. anliegende eidesstattliche Erklärung von Rechtsanwalt Dr. Croissant.

Rechtsanwalt Haag kehrte nach dem ersten Telefonat mit Rechtsanwalt Dr. Croissant in die Justizvollzugsanstalt Wittlich zurück. Dort hieß es, der Besuch könne in der Weise durchgeführt werden, daß Holger Meins auf einer Bahre in den Verwaltungstrakt gebracht werde und dann dort das Verteidigergespräch stattfinden könne, diesem Vorgehen hätten das Justizministerium, der Anstaltsleiter und auch Holger Meins selbst zugestimmt. Kurz nach 13.00 Uhr wurde Holger Meins auf einer Bahre in das Sprechzimmer hereingetragen. Holger Meins lag mit geschlossenen Augen auf der Bahre, bis zum Skelett abgemagert.

Sein Zustand war, auch für den Laien erkennbar, äußerst ernst. Während der Unterredung mit Holger Meins wurde die Überzeugung von Rechtsanwalt Haag, daß Holger Meins in Todesgefahr sei, noch verstärkt. Holger Meins zeigte seinen Körper, in die Hose hatte er sich Toilettenpapier und andere Papiertaschentücher gesteckt, damit seine Hose noch hielt und ihm der Gürtel nicht auf die Hüftknochen schnitt. Das Gespräch mit Holger Meins verlief sehr mühsam, er konnte teilweise nur noch flüstern. Rechtsanwalt Haag mußte sein Ohr an den Mund von Holger Meins legen, damit er ihn überhaupt noch verstehen konnte. Nur manchmal gelang es Holger Meins, sich unter Aufbietung aller Kräfte einen einigermaßen laut gesprochenen Satz abzuringen. Auf die dringende Bitte von Holger Meins, ihn nicht allein zu lassen, blieb Rechtsanwalt Haag an seiner Seite. Nachdem sich der Zustand von Holger Meins zusehends verschlechterte, brach Rechtsanwalt Haag das Gespräch gegen 15.00 Uhr ab, um den Versuch zu unternehmen, sofort ärztliche Hilfe herbeizuschaffen, damit sofort zur Lebensrettung eine Intensivbehandlung eingeleitet werden konnte. Zwischen 15.00 Uhr und 15.15 Uhr sprach Rechtsanwalt Haag mit dem Sicherheitsbeamten der Anstalt, der ihn darüber informierte, daß der stellvertretende Leiter der Anstalt weggefahren sei und daß der Anstaltsarzt verreist sei und nicht vor Montag zurückkommen werde. Rechtsanwalt Haag wies darauf hin, daß Holger Meins im Sterben liege und sofortige ärztliche Hilfe erforderlich sei. Der Sicherheitsbeamte ging darauf nicht ein, sondern entgegnete, gestern habe Holger Meins ja noch zum Telefon gehen können, zudem sei jeden Tag der Arzt bei ihm gewesen, es wäre ausgeschlossen, daß etwas passieren könne, und – falls ein Notfall eintrete, was der Sanitäter im Lazarett feststellen sollte – dann werde der Notarzt in der Stadt informiert werden.

Glaubhaftmachung für alles Vorstehende:
1. anliegende Ablichtung der Tonbandabschrift der Erklärung von Rechtsanwalt Haag auf der Pressekonferenz in Stuttgart am 10. 11. 1974,
2. Beiziehung der Akten der Staatsanwaltschaft Trier 7 Js 1235/74.

Da Rechtsanwalt Haag erkannte, daß die Verantwortlichen der Strafanstalt Wittlich nicht anwesend oder nicht erreichbar waren, verließ er die Anstalt und berichtete Rechtsanwalt Dr. Croissant telefonisch über die Geschehnisse. Angesichts des Umstandes, daß Rechtsanwalt Dr. Croissant den abgelehnten Richter telefonisch nicht mehr erreichen konnte, diktierte Rechtsanwalt Haag über Telefon ein Schreiben an den abgelehnten Richter, mit dem dieser aufgefordert wurde, sofort zur Lebensrettung von Holger Meins tätig zu werden. Das Schreiben hat folgenden Wortlaut:

„Ich habe heute, Samstag, den 9. 11. 1974, den Gefangenen Holger Meins in der Justizvollzugsanstalt Wittlich besucht.
Seit 13. 9. 1974 befindet sich Holger Meins mit 35 weiteren Gefangenen im Hungerstreik gegen Isolation und Sonderbehandlung, gegen die Vernichtungshaft, die zum Ziel hat, die revolutionäre Identität der Gefangenen zu zerstören.
Die Vernichtungshaft wird weiter vollzogen.

Holger Meins wiegt weniger als 42 Kilogramm, kann nicht mehr gehen, kann kaum noch sprechen. Er stirbt. In höchstens zwei Tagen wird er tot sein. Sie sind für seinen Tod verantwortlich, denn die Bedingungen der Haft bestimmen Sie.
Ihre Verantwortung bleibt, auch wenn Sie in der Vollzugsanstalt Wittlich anrufen und von dort andere Auskünfte über seinen Zustand erhalten sollten.
Tatsache ist, daß bei Holger Meins die Vernichtungshaft durch langsames Verhungernlassen auf seinen Tod abzielt.
Sie wissen seit Beginn des Hungerstreiks, daß dieser enden wird, wenn die Isolation und Sonderbehandlung aufgehoben ist. Sie kennen also Ihre Verantwortlichkeit.
Lassen Sie sofort einen der im Schriftsatz der Verteidigung vom 6. 10. 1974 benannten Ärzte des Vertrauens zu. Als weiteren Arzt des Vertrauens benenne ich Herrn Dr. Christof Löcherbach, 7401 Talheim, Römerweg 5.

für Rechtsanwalt Haag:
gez. Marieluise Becker“

Das Schreiben wurde von Rechtsanwältin Becker und Rechtsanwalt Dr. Croissant dem abgelehnten Richter persönlich zu dessen Privatwohnung überbracht, da zu erwarten war, daß die Zustellung eines Telegramms am Samstag mehr Zeit in Anspruch genommen hätte. Zur Entgegennahme des Schreibens erschien der abgelehnte Richter an der Gartenpforte, nachdem Rechtsanwalt Dr. Croissant über eine Sprechanlage erklärt hatte, „ich muß Sie sofort sprechen, Holger Meins liegt im Sterben“. Bei Entgegennahme des Schreibens wurde der abgelehnte Richter über den Inhalt des Briefes mündlich unterrichtet. Sowohl Rechtsanwältin Becker als auch Rechtsanwalt Dr. Croissant haben ihn auf seine Verantwortung hingewiesen, den Tod des Gefangenen zu verhindern. Sie haben darauf bestanden, daß sofort ein Arzt des Vertrauens zugelassen wird. Sie haben auf den Antrag der Verteidigung vom 6. 10. 1974 verwiesen, in dem sechs Ärzte, unter ihnen anerkannte Kapazitäten, deren Fachwissen über jeden Zweifel erhaben ist, benannt worden sind. Der abgelehnte Richter wurde ausdrücklich darauf hingewiesen, daß der Arzt Dr. Jürgen Schmidt-Voigt hinzugezogen werden solle. Dieser Arzt hatte das Gutachten für Astrid Proll erstattet, die infolge der Unterbringung in der leerstehenden frauenpsychiatrischen Abteilung der Justizvollzugsanstalt Köln durch zusätzliche akustische Isolation in solchem Ausmaß gefoltert wurde, daß sie haftunfähig wurde und deshalb entlassen werden mußte. Die Forderung der Verteidiger nach Hinzuziehung der Ärzte des Vertrauens wurde ungeachtet der äußerst lebensbedrohlichen Situation von Holger Meins mit der Bemerkung abgetan, Astrid Proll sei ja danach in den Untergrund gegangen.

Glaubhaftmachung:
1. dienstliche Äußerung des abgelehnten Richters,
2. eidesstattliche Versicherung von Rechtsanwalt Dr. Croissant,
3. eidesstattliche Versicherung von Rechtsanwältin Becker.

Zu dem Zeitpunkt, als Rechtsanwältin Becker und Rechtsanwalt Dr. Croissant das Gespräch mit dem abgelehnten Richter führten, lebte Holger Meins nicht

mehr. Der um 16.00 Uhr von dem Beamten der Justizvollzugsanstalt Wittlich herbeigerufene Arzt konnte um 17.15 Uhr nur noch den Tod von Holger Meins feststellen.
Holger Meins wog bei einer Körperlänge von 1,84 m bei seinem Tode nur noch 39 kg. Er ist durch langsames Verhungernlassen gestorben.
Holger Meins hat bei seinem Verteidiger, Rechtsanwalt Dr. Croissant, am 9. 3. 1974 folgende Erklärung hinterlegt:

„WITTLICH, DEN 9. 3. 1974
FÜR DEN FALL, DASS ICH IN HAFT VOM LEBEN IN DEN TOD KOMME WAR'S MORD – GLEICH WAS DIE SCHWEINE BEHAUPTEN WERDEN. NIE WERDE ICH MICH SELBST TÖTEN, NIE WERDE ICH IHNEN EINEN VORWAND GEBEN. ICH BIN KEIN PROVO UND KEIN ABENTEURER. WENN'S HEISST – UND DAFÜR GIBT'S ANZEICHEN –: ‚SELBSTMORD' ‚SCHWERE KRANKHEIT' ‚NOTWEHR' ‚AUF DER FLUCHT': GLAUBT DEN LÜGEN DER MÖRDER NICHT.

MEINS"

Glaubhaftmachung:
1. anliegende Ablichtung der Erklärung,
2. anliegende eidesstattliche Erklärung von Rechtsanwalt Dr. Croissant.

Hätte der abgelehnte Richter unverzüglich nach dem mit Rechtsanwalt Croissant am 9. 11. 1974 um ca. 12.30 Uhr geführten Telefongespräch angeordnet, daß der gesundheitliche Zustand von Holger Meins – notfalls durch einen Bereitschaftsarzt – sofort überprüft wird, hätte Holger Meins noch rechtzeitig in die Intensivstation der Universitätsklinik Mainz eingeliefert und gerettet werden können. Dies hat Prof. Dr. Frey von der Anästhesieabteilung der Universität Mainz Rechtsanwalt Dr. Croissant bei einem Besuch der dort eingelieferten Gefangenen Grundmann und Jünschke bestätigt.

Glaubhaftmachung: anliegende eidesstattliche Versicherung von Rechtsanwalt Dr. Croissant.

Mit Sicherheit hätte das Leben von Holger Meins aber gerettet werden können, wenn der abgelehnte Richter gegenüber dem Generalbundesanwalt auf der Einhaltung der von ihm bis zum 2. 11. 1974 gesetzten äußersten Frist für die Verlegung in die Justizvollzugsanstalt Stuttgart-Stammheim bestanden hätte. Der abgelehnte Richter hat sich jedoch den Anordnungen der Staatsschutzbehörden gebeugt, obwohl er seit Anfang Oktober über die unzureichenden Bedingungen der ärztlichen Behandlung von Holger Meins unterrichtet war. Zugleich hat es der abgelehnte Richter verabsäumt, sich während des Hungerstreiks bis zum Tode von Holger Meins von den Anstaltsärzten über den Zustand von Holger Meins unterrichten zu lassen.

Glaubhaftmachung: dienstliche Äußerung des abgelehnten Richters.

In der Strafanzeige von Rechtsanwalt von Plottnitz vom 19. 11. 1974 wird das Verhalten des abgelehnten Richters rechtlich wie folgt gewürdigt:

„Der Beschuldigte zu 1), der Gerichtsvorsitzende Dr. Prinzing, wurde am Mittag des 9. 11. 1974 gegen 12.00 Uhr in der oben näher geschilderten Weise von Rechtsanwalt Dr. Croissant davon in Kenntnis gesetzt, daß der Getötete zu diesem Zeitpunkt nicht mehr dazu in der Lage war, auf den Beinen zu stehen, daß der gesundheitliche Zustand des Getöteten somit zu allergrößter Besorgnis Anlaß gebe und die unverzügliche ärztliche Versorgung des Getöteten durch einen Arzt des Vertrauens geboten sei. Es ist davon auszugehen, daß die Informationen des Rechtsanwaltes Dr. Croissant dem Beschuldigten zu 1) noch am Mittag des 9. 11. 1974 von einem Anstaltsbediensteten der Justizvollzugsanstalt in Wittlich bestätigt wurden. Denn der Beschuldigte zu 1) rief kurze Zeit nach dem ersten Telefonat mit dem Rechtsanwalt Dr. Croissant – wie geschildert – in dessen Kanzlei an und teilte mit, der Besuch des Rechtsanwalts Haag finde zur Zeit des Anrufes in Wittlich statt. Dies zeigt, daß sich der Beschuldigte zu 1) in der Zwischenzeit mit der Anstalt in Wittlich fernmündlich in Verbindung gesetzt hatte.
Angesichts der ihm zum gesundheitlichen Zustand des Getöteten am Mittag des 9. 11. 1974 zur Kenntnis gebrachten Informationen wäre der Beschuldigte zu 1) schon unter dem Gesichtspunkt seiner prozessualen Fürsorgepflicht (vgl. Kleinknecht, Einleitung 7) dazu verpflichtet gewesen, unverzüglich richterliche Maßnahmen zur ärztlichen Versorgung des Getöteten zu ergreifen. Es bedarf keiner rechtlichen Erörterung, daß Maßnahmen zur Erhaltung der Gesundheit und des Lebens eines in lebensbedrohlichem Zustande befindlichen Untersuchungsgefangenen zur richterlichen Fürsorgepflicht gehören. Auf Seiten des Beschuldigten zu 1) bestand deshalb zur Zeit des Telefonates mit Rechtsanwalt Dr. Croissant am Mittag des 9. 11. 1974 eine Rechtspflicht zum unverzüglichen Handeln. Der Beschuldigte zu 1) hätte entweder, wie von Rechtsanwalt Dr. Croissant beantragt, sofort einen der bereits früher von der Verteidigung benannten Ärzte des Vertrauens des Getöteten zulassen müssen oder zumindest die Anstalt anweisen müssen, unverzüglich Maßnahmen der ärztlichen Versorgung, gegebenenfalls durch Verlegung des Getöteten auf die Intensivstation eines öffentlichen Krankenhauses, einzuleiten. Für richterliche Anweisungen bzw. Verfügungen der vorgenannten Art war der Beschuldigte zu 1) gem. § 126 Abs. 2 Satz 3 StPO auch zuständig. Entgegen seinen Äußerungen gegenüber Rechtsanwalt Dr. Croissant bedurfte es insoweit nicht der Kontaktaufnahme mit den übrigen Richtern des Senates. Die Äußerungen des Beschuldigten zu 1) insoweit müssen als Ausflüchte gewertet werden.
Der Beschuldigte zu 1) durfte auch nicht darauf vertrauen, daß Anstaltsleitung oder Anstaltsarzt in Wittlich von sich aus die zur sofortigen ärztlichen Versorgung des Getöteten gebotenen Maßnahmen veranlassen würden. Denn der Beschuldigte zu 1) wußte bereits vor dem 9. 11. 1974, daß Anstaltsleitung und Anstaltsarzt eine angemessene ärztliche Versorgung des Getöteten weder ernsthaft wollten noch von den Möglichkeiten der Anstalt her dazu in der Lage waren. Auf einen entsprechenden Antrag der Verteidigung vom 7. 10. 1974 hin mußte der Senat des Beschuldigten zu 1) Anstaltsleitung und Anstaltsarzt in Wittlich bereits durch Beschluß vom 22. 10. 1974 richterlich anweisen, die Zwangsernährung des Getöteten nach den Regeln der ärztlichen Kunst mit einer Nasensonde durchzuführen. Zuvor hatte die Anstaltsleitung in einer Stellungnahme dem Senat gegenüber erklärt, zu der den Regeln der ärztlichen Kunst entsprechenden Verwendung einer Nasensonde sehe sie sich ‚mit ihrem ärztlichen und Sanitätspersonal nicht in der Lage'.
Seine aus der prozessualen Fürsorgepflicht abzuleitende Rechtspflicht zu unverzüglichem Handeln hat der Beschuldigte zu 1) in eklatanter und durch nichts zu rechtfertigender Weise verletzt. Der Beschuldigte zu 1) hat es am Mittag des 9. 11. 1974 in voller Kenntnis der Tatsache, daß wegen des geschwächten Gesundheitszustandes des Getöteten Lebensgefahr nicht auszuschließen war, unterlassen, als Richter auch nur das Geringste zu verfügen, was die ärztliche Versorgung des Getöteten hätte sicherstellen können. Er hat im Hinblick auf sein Unterlassen den Tod des Getöteten zumindest billigend mit in Kauf genommen. Wären noch am Mittag oder Nachmittag des 9. 11. 1974 sofortige ärztliche

Maßnahmen, insbesondere Fusionen und ähnliches, von dem Beschuldigten zu 1) richterlich veranlaßt worden, hätte das Leben des Getöteten gerettet werden können. Insoweit beziehen wir uns auf die Einholung eines Sachverständigengutachtens im Ermittlungsverfahren.
Beweggrund für das Verhalten des Beschuldigten zu 1) war in erster Linie seine Abneigung dagegen, an einem Samstag über den Anruf in der Justizvollzugsanstalt in Wittlich hinaus richterliche Aufgaben wahrzunehmen. Dies ergibt sich schon aus seiner unverhohlenen Verärgerung darüber, an einem arbeitsfreien Samstag überhaupt mit Informationen über den lebensbedrohlichen Gesundheitszustand des Getöteten von Rechtsanwalt Dr. Croissant behelligt zu werden. Bei der gebotenen Würdigung aller Gesamtumstände muß ein derartiger Beweggrund im Falle des Beschuldigten zu 1) rechtlich als niedrig im Sinne des § 211 StPO qualifiziert werden. Insoweit ist zunächst das krasse Mißverhältnis zwischen dem das Verhalten des Beschuldigten zu 1) auslösenden Anlaß, seinem Bedürfnis nach samstäglicher Ruhe, und dem durch sein Unterlassen verursachten Erfolg, dem Tod des Getöteten, hervorzuheben (vgl. Dreher, Anm. 1 Ba zu § 211 StPO). Gerade aufgrund seiner Stellung als Richter muß der Beschuldigte zu 1) wissen, daß er alles ihm Zumutbare zu unternehmen hat, um das bedrohte Leben eines Untersuchungsgefangenen zu retten, und zwar ohne Rücksicht darauf, ob sich der Untersuchungsgefangene im Hungerstreik befindet oder nicht. Eine richterliche Einstellung, die das Leben eines Untersuchungsgefangenen geringer als samstägliche persönliche Ruhebedürfnisse schätzt, ist mit der Stellung und den Aufgaben des Richters im Rechts- und Verfassungssystem der BRD unvereinbar und deshalb in besonderem Maße verwerflich."

Glaubhaftmachung: 1. anliegende Ablichtung der Strafanzeige vom 19. 11. 1974,
2. Beiziehung der Akten der Staatsanwaltschaft Trier 7 Js 1235/74.

Wie bereits eingangs dargelegt wurde, ist das Verhalten des abgelehnten Richters durch die Tatsache charakterisiert, daß er zumindest objektiv die ihm zustehende Entscheidungskompetenz hinsichtlich der Haftverhältnisse nur entsprechend den von den Staatsschutzbehörden geltend gemachten Sicherheitsinteressen wahrnimmt. Nach dem Willen der Staatsschutzbehörden sollen nicht etwa die Personen, die zur Hilfeleistung unmittelbar in der Lage sind, die letzte Entscheidung über Leben und Tod eines Gefangenen aus der Roten Armee Fraktion treffen. Dies beweist eine Hausmitteilung der Justizvollzugsanstalt Köln-Ossendorf vom 2. 8. 1973. Dort heißt es unter der Rubrik „Ausführungen":

„Ausführungen – auch in äußersten Notfällen (z. B. Lebensgefahr) – sind erst durchzuführen, wenn die Sicherungsgruppe Bonn (Telefon 02221/35 30 01) entsprechende Weisung erteilt hat."

Glaubhaftmachung: anliegende Ablichtung der Hausmitteilung vom 2. 8. 73.

Dieses Dokument enthüllt, wem die letzte Entscheidung über Leben und Tod eines Gefangenen aus der RAF vorbehalten ist: der Sicherungsgruppe Bonn oder – nach neuerer Bezeichnung – der Staatsschutzabteilung des Bundeskriminalamtes. Zugleich ergibt sich aus der Anordnung, daß die Sicherheitsinteressen bei politischen Gefangenen den absoluten Vorrang vor ihrem Leben haben. Entsprechende Anordnungen hinsichtlich der Unterbringung von Gefangenen aus der RAF bestanden und bestehen auch in anderen Vollzugsanstalten. Als der Anstaltsarzt Dr. med. Hassas von der Vollzugsanstalt Zweibrücken dem Anstaltsleiter Grèus erklärte, die Gefangenen Jünschke und Grundmann müßten dringend in einem Krankenhaus behandelt werden, erklärte ihm der Anstaltsleiter, er möge sich ruhig verhalten, sonst werde er nicht eingebürgert, die Sicherungsgruppe Bonn habe telefonisch mitgeteilt, eine Ausführung in ein Krankenhaus komme nicht in Frage.

Alle Anzeichen sprechen dafür, daß derselben Anordnung innerhalb der Justizvollzugsanstalt Wittlich Holger Meins zum Opfer gefallen ist. Über die Erfüllung der dem Gefangenen gegenüber bestehenden Garantenpflicht hatten auch hier nicht der Anstaltsleiter und der abgelehnte Richter zu bestimmen, sondern die Staatsschutzbehörden, denen der abgelehnte Richter mindestens objektiv gesehen de facto seine Entscheidungsbefugnis abgetreten hatte.

Die Tatsachen sprechen eine deutliche Sprache:

Warum wurde Holger Meins, der am 9. 11. 1974 starb, nicht innerhalb der vom Gericht durch Beschluß vom 21. 10. 1974 gesetzten Frist bis spätestens zum 2. 11. 1974 in die JVA Stuttgart-Stammhein verlegt?

War der Sicherungsgruppe Bonn – und dem abgelehnten Richter – nicht bekannt, daß die Zwangsernährung in der Stuttgarter Justizvollzugsanstalt mit hinreichenden Nahrungsmengen erfolgte, während sie in der Justizvollzugsanstalt Wittlich unter grobem Verstoß gegen die Regeln sowie mit ungenügender und unregelmäßiger Nahrungszufuhr vorgenommen wurde?

Warum hat der Generalbundesanwalt auf die Fristsetzung bezüglich des Transportzeitpunktes durch Schreiben vom 24. 10. 1974 wahrheitswidrig erklärt, dieser Termin könne wegen „umfangreicher Vorbereitungs- und Sicherheitsvorkehrungen" nicht eingehalten werden?

War dem Generalbundesanwalt nicht bekannt, daß die Sicherungsgruppe Bonn über alle personellen und materiellen Mittel verfügt, um den Transport fristgerecht durchführen zu können?

Warum ist die vom 2. Strafsenat schließlich bewilligte Fristverlängerung von zwei Tagen für die Verlegung bis nunmehr spätestens zum 4. 11. 1974 wiederum nicht eingehalten worden?

Weshalb ist bei Andreas Baader am 4. 11. 1974 die Zwangsernährung mit der Begründung eingestellt worden, wenn er im Koma liege, werde man weitersehen (so Regierungsdirektor Wachter von der Justizvollzugsanstalt Schwalmstadt zu Andreas Baader)?

Welche „technischen Gründe", die der Generalbundesanwalt gegenüber der Presse als Grund für die Nichteinhaltung des Transportzeitpunktes bei Holger Meins vorgeschoben hat, sollten einer rechtzeitigen Verlegung gemäß dem Gerichtsbeschluß entgegengestanden haben?

War die Sicherungsgruppe Bonn etwa über den Gesundheitszustand von Holger Meins nicht unterrichtet?

Weshalb hat der Wittlicher Anstaltsarzt Dr. Hutter einen Tag vor dem Tod von

Holger Meins eine Reise angetreten und mit der künstlichen Ernährung völlig ausgesetzt?
Weshalb hatte er zuvor den für Wittlich überhaupt nicht zuständigen, aber das Vertrauen der Staatsschutzabteilung des BKA genießenden Anstaltsarzt der JVA Kassel, Dr. Degenhardt, angerufen, um danach Holger Meins seinem Schicksal zu überlassen, obwohl er sich als Arzt angesichts des enormen Gewichtsverlustes von Holger Meins über die akute Lebensgefahr für diesen im klaren sein mußte?
Zusammenfassend ist festzustellen: Durch seine Verwicklung in die Geschehnisse, die zum Tode von Holger Meins geführt haben, hat sich der abgelehnte Richter endgültig für die Wahrnehmung richterlicher Aufgaben in diesem Verfahren disqualifiziert.
Daß der abgelehnte Richter in seinen Entscheidungen einseitig für die Interessen der Staatsschutzbehörden Partei nimmt und sich zugleich von dem Bestreben nach Selbstrechtfertigung und Unterdrückung der Kritik an den Umständen, unter denen Holger Meins zu Tode gekommen ist, leiten läßt, beweisen seine rigorosen Zensurmaßnahmen im Schriftverkehr mit den Angeklagten. So hat er den Angeklagten Dutzende von Schriften vorenthalten, die Vorwürfe gegen den Vollzugs- und Staatsschutzapparat sowie gegen ihn selbst wegen des Todes von Holger Meins erheben.

Glaubhaftmachung: dienstliche Äußerung des abgelehnten Richters

So heißt es etwa in der Verfügung des Gerichtsvorsitzenden vom 26. 11. 1974 gegen Ulrike Meinhof:

„Der ‚Informations-Dienst' Nr. 57 wird angehalten. Er ist zur Habe der Gefangenen zu nehmen.
Gründe:
Der Bericht ‚Zum Tode von Holger Meins' will Glauben machen, der Gefangene, der die Nahrungsaufnehme verweigerte, sei umgebracht worden. Die Herabwürdigung von Bediensteten des Vollzugs gefährdet die Anstaltsordnung.

gez.: Dr. Prinzing"

Die Verfügung des Gerichtsvorsitzenden vom 13. 12. 1974 gegen Ulrike Meinhof lautet:

„Die Zeitung ‚Roter Morgen' Nr. 48 wird angehalten. Sie ist zur Habe der Gefangenen zu nehmen.
Gründe:
Nach einem Artikel auf Seite 1 wird in Haftanstalten gefoltert; Holger Meins, der die Nahrungsaufnahme verweigerte, sei ermordet worden. Die Herabwürdigung von Bediensteten des Vollzugs gefährdet die Anstaltsordnung.

gez.: Dr. Prinzing"

In der Verfügung des Gerichtsvorsitzenden vom 25. 11. 1974 gegen Ulrike Meinhof heißt es:

„Der Brief von Herrn Gerhard Bauer, Berlin 45, Goethestraße 30, Poststempel 19. 11. 74, an die Angeschuldigte Meinhof wird angehalten. Er ist zur Habe der Gefangenen zu nehmen.
Gründe:
Die Parole, Holger Meins, der die Nahrungsaufnahme verweigerte, sei einem Mord zum Opfer gefallen, kann nicht durchgelassen werden. Die Herabwürdigung von Bediensteten des Vollzugs gefährdet die Anstaltsordnung.

gez. Dr. Prinzing"

Das stereotype Anhalten von Druckschriften, die sich kritisch mit dem Tod von Holger Meins befassen und Vorwürfe gegen die Verantwortlichen innerhalb der Vollzugs-, Staatsschutz- und Justizapparate erheben, zeigt den Vorsitzenden als einen Richter, der fortgesetzt in eigener Sache tätig wird und unter Mißbrauch seiner richterlichen Gewalt versucht, von den gegen ihn erhobenen Vorwürfen abzulenken.
Daß der abgelehnte Richter in seinen Entscheidungen objektiv von den Zensurinteressen beherrscht ist, folgt auch aus der Tatsache der Verweigerung einer Sprecherlaubnis für Rudi Dutschke. Die entsprechende Verfügung des abgelehnten Richters vom 7. 1. 1975 hat folgenden Wortlaut:

„Verfügung vom 7. Januar 1975 ... Hier Antrag auf Besuchserlaubnis bei Jan-Carl Raspe.
Der Antrag des Herrn Dr. Rudi Dutschke wird abgelehnt.
Gründe:
Der Generalbundesanwalt hat in seiner Stellungnahme zum Besuchsantrag vom 2. 1. 74 ausgeführt:
‚Besuche von Nichtangehörigen können nach der vom Senat ausdrücklich aufrecht erhaltenen Praxis nur dann genehmigt werden, wenn eine Gefährdung des Haftzweckes oder der Ordnung in der Vollzugsanstalt ersichtlich nicht zu befürchten ist. Diese Gewähr ist bei dem Antragsteller nicht gegeben. Zwar hatte ihm der Untersuchungsrichter des Oberlandesgerichts Stuttgart am 6. Juni 1974 eine Besuchserlaubnis erteilt, jedoch geschah dies zu einem Zeitpunkt, als der jetzige Hungerstreik noch nicht begonnen war, und unter Berücksichtigung der Antragsbegründung, die auf einen in erster Linie der menschlichen Betreuung dienenden Besuch schließen ließ. Inzwischen hat sich der Antragsteller jedoch als eindeutiger Sympathisant der Angeschuldigten und der von ihnen mit dem Hungerstreik verfolgten Ziele zu erkennen gegeben. Bei der Beisetzung des im Hungerstreik verstorbenen Angeschuldigten Meins hat er, wie allgemein bekannt ist, ausgerufen: ‚Holger, unser Kampf geht weiter'. Es muß daher befürchtet werden, daß der jetzt beantragte Besuch in erster Linie agitatorischen Zielen und der Bestätigung der Angeschuldigten in ihren Zielen dienen soll. Dies ist mit dem Haftzweck und der Ordnung in der Vollzugsanstalt unvereinbar.'
Dem ist beizutreten.

gez. Dr. Prinzing"

Glaubhaftmachung für alles Vorstehende:
dienstliche Äußerung des abgelehnten Richters

Diese Verfügung des abgelehnen Richters, deren Formel „dem ist beizutreten“ eher eine Gehorsamsbezeugung gegenüber der Bundesanwaltschaft als eine Begründung darstellt, dokumentiert, daß sich der abgelehnte Richter als Exponent der seitens der Staatsschutzbehörden ausgeübten und angestrebten Zensur versteht.
Für die Staatsschutzbehörden wie für den abgelehnten Richter ist offenbar selbst der tote Holger Meins noch ein Sicherheitsrisiko. Diesem Sicherheitsrisiko soll durch drastische Zensurmaßnahmen begegnet werden, durch die praktisch bereits die Erwähnung des Namens von Holger Meins unterdrückt werden soll. Jüngstes Beispiel dafür, wie weit die Zensur reicht, ist die Kontroverse zwischen dem deutschen und österreichischen Fernsehen einerseits und Danièle Huillet und Jean-Marie Straub, den Autoren des Films „Moses und Aron“, andererseits. Das deutsche und österreichische Fernsehen verlangte von den Autoren des Films, daß die in dem Vorspann des Films enthaltene Widmung „Für Holger Meins“ aus dem Film herausgeschnitten wird.
Diese Zensurmaßnahme hat heftige Proteste im In- und Ausland hervorgerufen. In der Zeitschrift „Filmkritik“ (Nr. 6 und 5/75) wurde auf S. 253 die in Ablichtung beigefügte Resolution veröffentlicht.
Die Tatsache, daß sich der abgelehnte Richter, soweit er dazu im Rahmen der Kontrolle des Brief- und Besucherverkehrs imstande ist, an den weitreichenden, sich über alle Gebiete des öffentlichen Lebens erstreckenden Zensurmaßnahmen hinsichtlich der Umstände des Todes von Holger Meins rückhaltlos beteiligt, ist Ausdruck seiner objektiven Funktionalisierung im Sinne der Interessen der Staatsschutzbehörden und seiner subjektiven Feindhaltung gegenüber den Gefangenen aus der Roten Armee Fraktion.

II.
Die Tatsache, daß der abgelehnte Richter für die Leitung der Hauptverhandlung in dem vorliegenden Verfahren von den Staatsschutzbehörden unter Verstoß gegen die Bestimmungen in Art. 101 GG, Art. 6 MRK und § 16 GVG ausgewählt worden ist, ist geeignet, Mißtrauen in die Unparteilichkeit des abgelehnten Richters zu rechtfertigen (§ 24 StPO).
Die Bestellung des abgelehnten Richters zum Vorsitzenden für das vorliegende Verfahren kam auf folgende Weise zustande:
Auf Weisung der Bundesregierung in Übereinkunft mit der Landesregierung in Baden-Württemberg wurde im Jahre 1973 Stuttgart als Prozeßort von der Bundesanwaltschaft bestimmt.
Vorsitzender des 2. Strafsenats des OLG Stuttgart, der für das vorliegende Verfahren nach dem Geschäftsverteilungsplan zuständig ist, war im Jahre 1973 der Vorsitzende Richter Hänle. Dieser erschien der Bundesregierung, dem Generalbundesanwalt und der Landesregierung von Baden-Württemberg nicht geeignet, in dem Verfahren gegen die Rote Armee Fraktion tätig zu werden. Aus diesem Grunde wurde zwischen dem ehemaligen Generalbundesanwalt

Martin und dem Justizminister von Baden-Württemberg, Traugott Bender, im Jahre 1973 nach Absprache mit der Bundesregierung vereinbart, den Vorsitzenden des 2. Strafsenats des Oberlandesgerichts Stuttgart auszuwechseln und anstelle des bisherigen Vorsitzenden Hänle den Vorsitzenden Richter am Landgericht Dr. Prinzing zu berufen, weil dieser über „Erfahrungen in Monstreprozessen, Durchblick, Durchsetzungsvermögen und erkennbaren Ehrgeiz" verfüge. Um den Wechsel im Vorsitz des 2. Strafsenats herbeizuführen, mußte zunächst eine entsprechende Richterstelle für den bisherigen Vorsitzenden Hänle freigemacht werden. Dementsprechend wurde dem bisherigen Vorsitzenden des 1. Strafsenats des Oberlandesgerichts Stuttgart, Xaver Hoch, nahegelegt, sich um den Posten eines Ministerialdirigenten im Justizministerium von Baden-Württemberg zu bewerben. Er wurde in die besondere Situation eingeweiht, die durch die Wahl von Stuttgart als Prozeßort entstanden war. Der Vorsitzende Richter des 1. Strafsenats, Xaver Hoch, erklärte sich daraufhin bereit, den Vorsitz des 1. Strafsenats aufzugeben und sich, obwohl er bisher eine solche Bewerbung nicht in Erwägung gezogen hatte, für die Stelle im Justizministerium zu bewerben. Nachdem eine Unterredung über den bezeichneten Themenkreis zwischen Justizminister Bender, dem damaligen Generalbundesanwalt Martin, dem Generalstaatsanwalt beim OLG Stuttgart Weinmann und dem ehemaligen Oberlandesgerichtspräsidenten Henn stattgefunden hatte, reichte der Vorsitzende Richter beim OLG Stuttgart Xaver Hoch seine Bewerbung ein. Der Bewerbung wurde innerhalb relativ kurzer Frist entsprochen. Mit der Ernennung des bisherigen Richters Hoch zum Ministerialdirigenten wurde die Stelle des Vorsitzenden des 1. Strafsenats frei, für die sich nunmehr entsprechend den getroffenen Absprachen der bisherige Vorsitzende des 2. Strafsenats, der Zeuge Hänle, bewarb. Auch dieser Bewerbung wurde entsprochen und Hänle wurde zum Vorsitzenden Richter des 1. Strafsenats des OLG Stuttgart ernannt. Auf diese Weise war der Vorsitz im 2. Strafsenat vakant geworden. Gemäß den internen Vereinbarungen zwischen dem Generalbundesanwalt und dem Justizminister des Landes Baden-Württemberg bewarb sich für den Vorsitz der abgelehnte Richter, der zuvor über die getroffenen Absprachen unterrichtet worden war und sich zwecks Durchführung des Verfahrens gegen die Angeklagten zur Übernahme des Vorsitzes im 2. Strafsenat bereit erklärt hatte. Der abgelehnte Richter wurde, wie vorgesehen, am 4. Februar 1974 zum Vorsitzenden Richter des 2. Strafsenats ernannt und damit zum Vorsitzenden in dieser Hauptverhandlung berufen.

Zur Glaubhaftmachung des vorstehenden Sachverhalts wird auf die Geschäftsverteilungspläne des OLG Stuttgart der Jahre 1973 und 1974, die Generalakten des Präsidenten des OLG Stuttgart sowie auf dienstliche Erklärungen

1. des abgelehnten Richters,
2. des Justizministers des Landes Baden-Württemberg, Traugott Bender,
3. des Ministerialdirigenten im Justizministerium des Landes Baden-Württemberg, Xaver Hoch,
4. des Ministerialdirektors im Justizministerium des Landes Baden-Württemberg, Dr. Kurt Rebmann,

5. des Generalstaatsanwalts beim Oberlandesgericht Stuttgart, Weinmann,
6. des ehemaligen Präsidenten des Oberlandesgerichts Stuttgart, Henn,
7. des Vorsitzenden Richters am Oberlandesgericht Stuttgart, Hänle,
8. des ehemaligen Bundeskanzlers Willy Brandt,
9. des ehemaligen Bundesinnenministers Hans-Dietrich Genscher,
10. des ehemaligen Bundesjustizministers Jahn,
11. des ehemaligen Generalbundesanwalts Ludwig Martin
Bezug genommen.

Aus dem glaubhaft gemachten Sachverhalt ergibt sich, daß der abgelehnte Richter unter Verstoß gegen Art. 101 des Grundgesetzes, Art. 6 der Menschenrechtskonvention und § 16 des Gerichtsverfassungsgesetzes von der Bundesanwaltschaft eingesetzt und die Angeklagten ihrem gesetzlichen Richter entzogen worden sind. Allein durch die personelle Besetzung des Vorsitzes für das vorliegende Verfahren ist ein Ausnahmegericht geschaffen worden, was nach den genannten Vorschriften verboten ist. Nach der Rechtsprechung des Bundesverfassungsgerichts soll Art. 101 Abs. 1 Satz 2 des Grundgesetzes der Gefahr vorbeugen, daß die Justiz durch eine Manipulierung der rechtsprechenden Organe sachfremden Einflüssen ausgesetzt wird, insbesondere daß im Einzelfall durch die Auswahl der zur Entscheidung berufenen Richter ad hoc das Ergebnis der Entscheidung beeinflußt wird, gleichgültig, von welcher Seite die Manipulierung ausgeht. Der Betroffene hat einen Anspruch darauf, daß der Rechtsstreit, an dem er beteiligt ist, von seinem gesetzlichen Richter entschieden wird. Dies bedeutet, daß in jedem Einzelfall kein anderer als der Richter tätig werden und entscheiden soll, der in den allgemeinen Normen der Gesetze und Geschäftsverteilungspläne der Gerichte dafür vorgesehen ist. Dieser Richter darf nicht durch Eingriffe Unbefugter verdrängt werden.
Mit den von der Bundesregierung, der Landesregierung von Baden-Württemberg und der Bundesanwaltschaft getroffenen Maßnahmen unter Einsetzung des abgelehnten Richters als Vorsitzenden Richter für dieses Verfahren ist unwiderrufbar die Möglichkeit beseitigt worden, das Verfahren vor dem gesetzlichen Richter durchzuführen. Denn sämtliche Maßnahmen lassen sich nicht mehr rückgängig machen.
Die Tatsache, daß sich der abgelehnte Richter in Kenntnis des gesamten vorgetragenen Sachverhalts für den Vorsitz im 2. Strafsenat zur Verfügung gestellt hat, rechtfertigt mindestens aus der Sicht der Angeklagten das Mißtrauen, daß der abgelehnte Richter in besonderem Maße sachfremden Einflüssen ausgesetzt ist.
Das Ablehnungsgesuch ist daher begründet.

(Schily)
Rechtsanwalt

Die Vertrauensverteidiger von Ulrike Meinhof brachten am 30. Juli 1975 einen Befangenheitsantrag gegen Prinzing vor, der ebenfalls lange Zeit diskutiert wurde, auch als er bereits zurückgewiesen war:

Armin Golzem
Rupert v. Plottnitz
Helmut Riedel
Bernd Koch

30. 7. 1975

An das
Oberlandesgericht

7000 Stuttgart

In der Strafsache
gegen
Andreas Baader u. a.
hier: Ulrike *Meinhof*
– 2 StE 1/74 –

lehnt die Angeklagte Ulrike Meinhof den Vorsitzenden Richter am Oberlandesgericht Stuttgart, Dr. *Prinzing*, wegen Besorgnis der Befangenheit ab.

Zur *Begründung* wird namens der Angeklagten Meinhof folgendes vorgetragen:

Begründung:

A.

I.

Am 21. 5. 1975 veranstaltete das Deutsche Fernsehen (ARD) um 21 Uhr eine Sondersendung zum Beginn der Hauptverhandlung in Stammheim, deren Machart einen Vergleich mit Propagandasendungen geradezu herausfordert. Im Rahmen dieser Sondersendung ließ sich auch der abgelehnte Richter interviewen. Dabei äußerte er sinngemäß, das Verfahren gegen die 4 Gefangenen sei kein politisches Verfahren; es handele sich vielmehr um einen „normalen Straffall".

Glaubhaftmachung: Dienstliche Äußerung des abgelehnten Richters

1. Der abgelehnte Richter hat mit der Zustimmung zu dem Interview in der Sendung am Tage vor der Hauptverhandlung schon formal seine nach geltendem Recht bestehende Rolle als Mitglied eines unabhängigen und objektiven Organs der Gerichtsbarkeit preisgegeben und sich in die jahrelange vorprozessuale Hetzkampagne der Staatsschutzbehörden bis hinauf zu den

höchsten Regierungsorganen zur Vorverurteilung der Gefangenen und zur Rechtfertigung rechtsstaatswidriger, zur Vernichtung der Gefangenen tendierender Maßnahmen eingespannt.
Das Auftreten des Vorsitzenden des erkennenden Gerichts außerhalb und unmittelbar vor der Hauptverhandlung, die allererst die Anklagevorwürfe, aber auch die vorprozessuale Behandlung der Gefangenen zu überprüfen hätte, machte schon formal deutlich, daß dieser abgelehnte Richter seine Rolle als lediglich rechtsprechendes Organ zumindest teilweise mit der Rolle der die Publizistik beeinflussenden Staatsschutzbehörden vertauschte.

2. Dieser formale Verstoß ist der adäquate Ausdruck der inhaltlichen Stellungnahme des abgelehnten Richters, es gehe hier nicht um ein politisches Verfahren, sondern um einen „normalen Straffall". Der abgelehnte Richter beteiligte sich damit an der in der Öffentlichkeit betriebenen Verschleierung des wirklichen Charakters dieses Verfahrens.
a) Hier geht es nicht wie beim „normalen Straffall" um die Verletzung bestehender Einzelnormen im konkreten Einzelfall bei prinzipieller Anerkennung der bestehenden Rechtsordnung. Vielmehr geht es hier auch nach der Anklageschrift um einen politisch-militärischen Kampf gegen die imperialistische Gesellschaftsform in der BRD, deren Rechtsordnung als Ausdruck der zugrundeliegenden sozio-ökonomischen Verhältnisse radikal, d.h. in den Wurzeln negiert wird.
Deshalb kommt es auch bei der Straffrage nicht wie beim „normalen Straffall" auf die Wiederherstellung dieser Rechtsordnung als Reaktion auf und Ausgleich für die konkrete Rechtsverletzung an.
Vielmehr begegnen die Staatsschutzorgane diesen Angriffen ebenfalls politisch-militärisch. Ihre Maßnahmen zielen nicht auf die Wiederherstellung dieser Rechtsordnung durch Bestrafung der Gefangenen ab. Die Staatsschutzorgane bekämpfen den politischen Gegner, dessen Vernichtung, politisch und/oder existentiell wird intendiert. Dieses Ziel läßt sich mit den bestehenden Normen der normalen Rechtsordnung nicht vereinbaren. Dieses Ziel erzwingt und erklärt die Verletzung der eigenen Legalität.
b) Diese Mißachtung der vom Staat gesetzten Rechtsnormen durch eben diesen Staat beim Kampf gegen den politischen Gegner ist das, was von Seiten des Staates ein Strafverfahren zum politischen Verfahren macht.
Diese Preisgabe der eigenen Legalität äußert sich nicht nur in der Hauptverhandlung. Sie findet von Anfang an beim Kampf gegen den politischen Gegner statt. Sie findet ihren Ausdruck auch im jetzigen Verfahren, in der Art der polizeilich-militärischen Bekämpfung, die sich von der Strafverfolgung normaler Straffälle empirisch wie normativ unterscheidet, wie z.B.
– durch Ausbildung und Einsatz von Sondereinheiten mit Counter-Guerilla-Charakter –
– durch Zuordnung von Sonderkompetenzen und Installierung von Sonderabteilungen innerhalb der Strafverfolgungsbehörden –

– durch Erlaß von Sondergesetzen –
– durch Sonderbehandlung der Gefangenen –
– durch Beschränkung und – wo nötig – Ausschaltung der Verteidigung, personell wie inhaltlich –
– durch spezifische Öffentlichkeitsarbeit, Diffamierung, Diskriminierung und Disziplinierung.

c) Durch seine Interviewaussage hat der abgelehnte Richter sich schon vor der Hauptverhandlung trotz aller ihm bekannten Kritik an den Sondermaßnahmen gegen die Gefangenen öffentlich in der Beurteilung dieser Sondermaßnahmen festgelegt.

Nach den Legitimationsvorstellungen und Legalitätsanforderungen dieser Gesellschaft besteht die vornehmliche Aufgabe der Richter in der Kontrolle der Exekutivorgane, in der Überwachung, daß *jedem* Gefangenen die gleichen Rechte unverkürzt zustehen und gewährleistet werden.
Aufgabe der Justiz ist auch und gerade gegenüber politischen Gefangenen, die übrigen Staatsorgane daran zu hindern, Sondermaßnahmen bei der Verfolgung bis zu Verurteilung und Strafvollzug durchzuführen.
Mit seiner Äußerung, es gehe hier in Stammheim um einen normalen Straffall, hat der abgelehnte Richter schon vor der Prüfung und Entscheidung des alleine zuständigen Senats in der Hauptverhandlung – über dessen Beurteilung selbstverständlich keine Illusionen bestehen – das bisherige Verfahren gegen die Gefangenen als legal, als normal, als üblich klassifiziert und damit den Mantel des Rechtlichen verliehen.
Schon diese Aussage für sich betrachtet läßt nur den Schluß zu, daß der abgelehnte Richter sich als Appendix (Wurmfortsatz) der Staatsschutzbehörden, des BKA und seiner Gallionsfigur, des Generalbundesanwalts Buback, betätigt, wenn nicht gar begreift; daß der abgelehnte Richter den Versuchen der Staatsschutzbehörden nicht nur nicht entgegenwirkt, sondern sich aktiv daran beteiligt, die Gefangenen zu sog. gemeinen Verbrechern, das Verfahren auf die Erörterung strafrechtlicher Tatbestände zu reduzieren; daß der abgelehnte Richter eine Thematisierung der Rolle der BRD im internationalen Kapitalverhältnis, die spezifische Stellung der BRD zum US-Imperialismus, kurzum den Gegenstand der politischen Angriffe der RAF verhindern wird; daß der abgelehnte Richter die Sondermaßnahmen bei der Bekämpfung der RAF durch die Staatsorgane nicht in der Lage ist, entsprechend seiner normativen Rolle unparteiisch und unvoreingenommen zu würdigen; daß der abgelehnte Richter im Gegenteil sich seinerseits aktiv um die ihm von den Staatsschutzbehörden zugedachten Funktionen kümmert, dem hier stattfindenden politischen Kampf den Schein der Rechtlichkeit, des Normalen zu verleihen; weil die Legalität dieses Systems vom normativen Anspruch her eines der ideologischen Rechtfertigungsmomente der bestehenden Gesellschaftsformation bildet, muß die Preisgabe der Legalität geleugnet werden, müssen alle Sondermaßnahmen gegen die Gefangenen als legal, als normale Reaktion auf die Verletzung

einzelner Rechtsnormen dargestellt, müssen die Gefangenen selbst als sog. gemeine Verbrecher individualisiert werden, muß der politisch-militärische Kampf auf systemimmanente Rechtsverletzung reduziert, muß verhindert werden, daß die bestehenden Kapital- und Herrschaftsverhältnisse, von denen die Sondermaßnahmen gegen die Gefangenen nur eine der zahllosen Erscheinungsformen sind, ihrerseits thematisiert und kritisiert werden. Durch die Äußerung, vorliegend handele es sich um einen „normalen Straffall", hat der abgelehnte Richter öffentlich diese ihm zugedachte Funktion der Verschleierung akzeptiert. Es war eine der Handlungen, die die in ihn gesetzten und für seine Ernennung zum Vorsitzenden dieses Senats ursächlichen Erwartungen erfüllten.

II.

Die Erwartungen, daß der abgelehnte Richter die normativ geforderte richterliche Eigenständigkeit und Unabhängigkeit gegenüber den Staatsschutzbehörden nicht dysfunktional gegenüber deren Strategie einsetzen werde, hat der abgelehnte Richter schon vor dem Interview mit einem solchen Einsatz erfüllt, daß selbst die FAZ konstatierte, hier sehe manches nicht mehr wie Recht aus.

1. So äußerte sich der abgelehnte Richter z.B. in einem Schreiben an Rechtsanwalt von Plottnitz vom 16. 10. 1974 zur Frage der Bestellung von Zwangsverteidigern:

> „Einige der bestellten Anwälte des Vertrauens standen oder stehen im Verdacht, ihre Verteidigerrechte zum Austausch von Mitteilungen und Instruktionen der Angeschuldigten mißbraucht und so den Bestrebungen nach Fortsetzung des gewaltsamen Kampfes gegen staatliche Ordnung und der Aufrechterhaltung des organisatorischen Zusammenhalts der RAF gedient zu haben."

Zur Glaubhaftmachung wird auf den Inhalt der Akten verwiesen.

Der abgelehnte Richter suchte hier noch nicht einmal das Aussehen einer nach rechtlichen Vorschriften getroffenen Entscheidungen aufrechtzuerhalten. Statt dessen geht er umstandslos davon aus, daß „Bestrebungen nach Fortsetzung des gewaltsamen Kampfes ... und der Aufrechterhaltung des organisatorischen Zusammenhalts" erwiesen sind.

Sähe dieses Verfahren noch nach Recht aus, so wäre es unvorstellbar, daß ein erkennender Richter vor der Hauptverhandlung, welche allererst die Anklagevorwürfe zu prüfen hat, nicht nur von dem gewaltsamen Kampf als feststehend ausgeht, sondern darüber hinaus Bestrebungen nach Fortsetzung dieses Kampfes als feststehend behandelt.

Der abgelehnte Richter wiederholte statt dessen Behauptungen der Staatsschutzbehörden, die diese seit Jahren immer wieder in der Öffentlichkeit erheben, um damit sowohl die Isolationshaft als auch die Verteidigungsbeschränkungen zu rechtfertigen. Die Staatsschutzbehörden haben bis heute noch nicht einen einzigen Beweis für diese Behauptungen vorgelegt. Selbst als sie die

ausgeschlossenen, aber noch nicht völlig von der anwaltlichen Betätigung durch willfährige Standesorganisationen ausgeschalteten Verteidiger Croissant und Ströbele verhaften ließen, sahen sie sich außerstande, solche Beweise vorzulegen. Die Aufhebung des Haftbefehls gegen Rechtsanwalt Ströbele wegen Fehlen des dringenden Tatverdachts zeigt dies mit für die Staatsschutzbehörden peinlicher Klarheit. Wenn daher ein qua Gesetz unabhängiger und zur Objektivität verpflichteter Richter diese Behauptungen ohne jeglichen Beweis übernimmt, stellt er sich objektiv als ein Teil dieser Staatsschutzbehörden dar, deckt er deren Maßnahmen mit dem richterlichen Plazet, verleiht er ihnen den Schein der Legalität, der allerdings selbst für die FAZ langsam zu dürftig wird. Von einem solchen Richter können die Angeklagten vernünftigerweise keine unvoreingenommene Beurteilung erwarten, sondern lediglich die Fortsetzung des Kampfes der Staatsschutzbehörden mit judiziellen Mitteln.
2. In dem bereits genannten Schreiben an Rechtsanwalt von Plottnitz heißt es dann auch weiter:

„Schließlich machen sich einige der gewählten Verteidiger, darunter auch solche, die inzwischen antragsgemäß zu Pflichtverteidigern bestellt worden sind, in Wort und Schrift die Terminologie radikaler, rechtsstaatsfeindlicher Extremisten zu eigen, mit der zur Zeit eine Kampagne gegen die Justiz, vor allem auch gegen das bevorstehende Verfahren, in der Öffentlichkeit geführt wird. Hier ist insbesondere an Ausdrücke wie ‚Isolationsfolter', ‚Vernichtungshaft', ‚Gehirnwäsche' und dgl. mehr zu denken."

Glaubhaftmachung: Inhalt der Akten.

Auch hier wird nur zu deutlich, daß der abgelehnte Richter in die gleiche Kerbe wie die Staatsschutzbehörden schlägt. Die Bemühungen der Verteidigung, die Reste liberaler Öffentlichkeit in diesem Staat gegen die drohende Vernichtung der Gefangenen zu mobilisieren, nachdem alle rechtlich-verfahrensmäßigen Versuche, die Haftbedingungen von sog. normalen Straftätern zu erreichen, nicht zuletzt an dem abgelehnten Richter scheiterten, diese Bemühungen werden von diesem Richter als Kampagne gegen die Justiz, als Terminologie radikaler, rechtsstaatsfeindlicher Extremisten diffamiert. Auch insoweit erfüllte der abgelehnte Richter die ihm zugedachte Funktion, den Praktiken der Staatsschutzbehörden den Mantel der Rechtsstaatlichkeit zu verschaffen. Die rechtsstaatswidrigen Praktiken werden sanktioniert, die Kritik daran als rechtsstaatsfeindlich gebrandmarkt, die Kritiker kriminalisiert, Rechtsanwalt Croissant mit eben dieser Begründung verhaftet.
Rechtsstaat kann in dieser Verwendungsweise des abgelehnten Richters nicht mehr als Garantie fundamentaler Menschenrechte, sondern nur noch als politische Richtungsanzeige verstanden werden.
3. Aus den zahlreichen Vorfällen, in denen sich die Übernahme von Staatsschutzbehördentechniken und die Vorverurteilung der Gefangenen durch den abgelehnten Richter manifestiert, sei beispielhaft seine Verfügung vom 19. 12. 1974 herausgegriffen. Hierin verbot der abgelehnte Richter die Auslie-

ferung der Nr. 61 der Publikation „ID“ an die Gefangene Meinhof mit folgender Begründung:

„Auf S. 13 wird von den Angeschuldigten Baader, Ensslin, Meinhof und Raspe eine Erklärung der RAF über einen Bombenanschlag im Bremer Hauptbahnhof verbreitet. Derartige Erklärungen setzen die kriminelle Vereinigung fort.“

Zur Glaubhaftmachung wird auf den Inhalt der Verfügung vom 19. 12. 1974 – 2 ARs 177/74 – bzw. wiederum auf den Inhalt der Sammelakte ARs 1974, Nr. 101–201, Bezug genommen.

Es ist schon fast müßig, darauf hinzuweisen, daß der abgelehnte Richter selbstredend auch hier wieder den Festlegungen der Staatsschutzbehörden folgt, wonach die sog. kriminelle Vereinigung fortgesetzt werde.
Noch gravierender ist bei dieser Verfügung, wie der abgelehnte Richter die beanstandete Erklärung deutet. In diese Erklärung wird dem von den Staatsschutzbehörden in verschiedenen Massenmedien behaupteten Zusammenhang zwischen der RAF und dem Bombenanschlag im Bremer Hauptbahnhof entgegengetreten mit dem Hinweis, daß sich Aktionen der RAF niemals gegen das Volk richteten. Indem der abgelehnte Richter diese Erklärung als Fortsetzung der kriminellen Vereinigung klassifizierte, reihte er sich wiederum in die Phalanx der Staatsschutzbehörden ein, deren Kampagne darauf gerichtet ist, die Vorverurteilung im Volk zu verankern, und die sich dabei wider besseres Wissen nicht scheuen, eine Angsthysterie zu schüren, indem sie derart provokatorische Anschläge wie in Bremen der RAF in die Schuhe schieben.
Die Klarstellung des provokatorischen Charakters dieses Bombenanschlages wirkt einer solchen Verleumdungskampagne entgegen. Die Verfügung des abgelehnten Richters vom 19. 12. 1974 bestreitet den Gefangenen nicht nur das Recht zu solchen Klarstellungen. Sie geht noch darüber hinaus, indem sie diese Klarstellung als kriminelle Handlung qualifiziert.
Es handelt sich um die gleiche Taktik, die gegenüber der öffentlichen Kritik der Verteidiger an den Haftbedingungen angewendet wurde und wird. Nur angemerkt sei im übrigen die Absurdität dieser Verfügung: Der abgelehnte Richter verbietet der Gefangenen Meinhof diese Publikation wegen einer Erklärung, die nach seinen eigenen Annahmen auch von eben dieser Gefangenen herrührt. Dieser immanente Widerspruch löst sich allerdings, wenn Zweck dieser Verfügung war, zu dokumentieren, daß der abgelehnte Richter die Bemühungen der Gefangenen, gegen die Verleumdungen der Staatsschutzbehörden vorzugehen, zu unterbinden suchte. Auch insoweit zeigt sich die Appendixstellung des abgelehnten Richters. Eine unparteiische, von den Staatsschutzbehörden unabhängige Beurteilung kann von diesem abgelehnten Richter vernünftigerweise nicht erwartet werden.

III.
Der abgelehnte Richter ordnet sich nicht nur der Strategie und Taktik des politischen Kampfes gegen die Gefangenen unter. Er wird seinerseits aktiv und regt explizit politische und publizistische Initiativen von „kompetenter Seite“ an.
Mit einer Verfügung vom 25. 11. 1974 genehmigte er den Besuch Jean-Paul Sartres bei dem Gefangenen Baader. Die dabei auftretenden Widersprüche zu Generalbundesanwalt Buback, der diesen Besuch verhindern wollte, löste der abgelehnte Richter mit dem offenen Hinweis auf die publizistischen Möglichkeiten des Staatsapparates, die Öffentlichkeit gegen eine Kritik Sartres an den Haftbedingungen mit Gegenpropaganda zu beeinflussen. So heißt es u. a. in der Verfügung:

„Sollte die publizistische Auswertung des Besuches tatsächlich die vom Generalbundesanwalt befürchteten Formen annehmen, so könnte dem von kompetenter Seite durch die Darstellung der Tatsachen begegnet werden. Darauf darf der Senat vertrauen, seit die Ermordung des Berliner Kammergerichtspräsidenten die früher vermißte Bereitschaft geweckt hat, der gegen Staat und Justiz gerichteten Verleumdungskampagne durch Aufklärung der Bevölkerung entgegenzutreten.“

Glaubhaftmachung: Inhalt der Akten.

Die Einschätzung des abgelehnten Richters war politisch erfolgreicher. Seine Taktik erwies sich angesichts der Parteilichkeit der meisten Massenmedien als flexibler. Im Klartext verlangte der abgelehnte Richter noch mehr publizistische Absicherung der Sondermaßnahmen gegen die Gefangenen, noch stärkere Beeinflussung der Öffentlichkeit. Dies ist nicht die Sprache und nicht das Verhalten eines zur Unparteilichkeit und Objektivität verpflichteten Richters. Dies ist Bestandteil des offenen, politischen Kampfes, das unverblümte Eintreten für ein politisches Verfahren, die Aufhebung der Gewaltenteilung, die Preisgabe noch bestehender Kontrollmöglichkeiten der Justiz.

IV.
Beachtliche Eigeninitiative entwickelte der abgelehnte Richter auch, wenn es um die Akteneinsicht der Verteidigung geht.
Mit Schreiben vom 5. 5. 1975 übersandte der Generalbundesanwalt an den 2. Strafsenat beim OLG Stuttgart 1 Schriftstück, 69 Stehordner und 2 Schnellhefter. [...]
Ferner legte der Generalbundesanwalt 2 Stehordner aussortierte Vorgänge über die Sprengstoffanschläge in München, Augsburg und Hamburg, eine Beiakte I – 1 Js 123, 190/72 StA. München I (betreffend die Sprengstoffanschläge in München und Augsburg) u. 1 Bildmappe betreffend die Wohnung Berlin, Budapester Straße, vor.
Mit Schreiben vom 7. 5. 1975 teilte der Generalbundesanwalt dem Senat mit, daß es sich bei den Spurenakten um aussortierte Vorgänge handele. Sie seien nur der Vollständigkeit halber und nicht als Akte übersandt worden.

Die Schreiben des Generalbundesanwalts vom 5. und 7. 5. 1975 übersandte der Senat in Kopien an die Verteidigung am 9. 5. 1975 mit den Hinweis, die Akten könnten bei Gericht eingesehen werden.
Bevor dies jedoch geschehen konnte, teilte der abgelehnte Richter mit Schreiben vom 15. 5. 1975 dem Generalbundesanwalt mit, daß der Senat für die am 5. 5. 1975 übersandten Spurenakten keine Verwendung habe. Gleichzeitig bat er um Mitteilung, wohin die Akten zurückgesandt werden sollen, ob nach Karlsruhe oder in die Diensträume des Generalbundesanwalt in Stuttgart.

Zur Glaubhaftmachung wird auf die Akte und die dienstliche Äußerung des abgelehnten Richters Bezug genommen.

Nach § 118 Abs. 1 der Richtlinien für das Strafverfahren vom 1. 12. 1970 ist das Gericht zur Vorbereitung der Hauptverhandlung verpflichtet, alle Akten rechtzeitig abzufordern, die für die tatsächliche und rechtliche Würdigung des Anklagestoffes von Bedeutung sind. Hierzu ist das Gericht auch wegen seiner Aufklärungspflicht gehalten (BGH 6, 129).
Der abgelehnte Richter usurpierte hier das Recht, festzulegen, welche Informationen für die Verteidigung notwendig sind und welche nicht. Die Einordnung dieses Verhaltens des abgelehnten Richters in die Terminologie der Befangenheitsregelung ist nahezu unmöglich. Ein solcher Eingriff in die Verteidigung durch Vorenthaltung von Ermittlungsakten der Bundesanwaltschaft dokumentiert die Mißachtung der Verteidigung so drastisch, daß dieses Verhalten als Lehrbuchbeispiel verwendet werden könnte, welches ob seiner Evidenz den Kern der Befangenheitsregelung ohne weitere Erläuterungen plastisch macht.
Im Zusammenhang des Verhaltens dieses abgelehnten Richters vor und in der Hauptverhandlung dokumentiert diese Aktenvorenthaltung allerdings einmal mehr, daß der abgelehnte Richter das Verfahren nur als Ratifizierung der längst vollzogenen Vorverurteilung der Gefangenen handhabt, der Verteidigung nur noch formale Feigenblattfunktion zukommen soll.

B.

Das parteiische und voreingenommene Verhalten des abgelehnten Richters zeigte sich auch während der Hauptverhandlung in zahllosen Fällen.

I.
In der Sitzung am 5. 6. 1975 bezeichnete er eine angeblich in der Zelle des Gefangenen Baader aufgefundene schriftliche Aufzeichnung ebenso umstandslos wie die Staatsschutzbehörden als „Kassiber" und unterstellte aus dem Inhalt dieser Aufzeichnungen Zusammenhänge mit dem Anschlag auf die Botschaft der BRD in Stockholm.

Zur Glaubhaftmachung wird auf die Sitzungsniederschrift vom 5. 6. 1975 Bezug genommen.

Abgesehen davon, daß von einem „Kassiber“ schon deshalb keine Rede sein kann, weil die angeblichen Aufzeichnungen in der Zelle des angeblichen Herstellers gefunden worden sein sollen, erwies sich der abgelehnte Richter hier als getreuer Anhänger der „Zellensteuerungstheorie“ der Staatsschutzbehörden. Selbst wenn diese ihre haltlosen Spekulationen, daß praktisch sämtliche Widerstandshandlungen in der BRD, die sich gegen die kapitalistischen oder staatlichen Unterdrückungsmaßnahmen richten, von den Angeklagten gesteuert würden, inzwischen etwas revidiert haben dürften, so hat der abgelehnte Richter auch hier die Behauptungen der Staatsschutzbehörden, daß aus der Zelle heraus der sog. Untergrund gesteuert werde, umstandslos, ohne Beweise und ohne vorherige Prüfung in der Hauptverhandlung übernommen.

II.

Die gleiche Anhängerschaft gegenüber Behauptungen der Staatsschutzbehörden offenbarte der abgelehnte Richter in der Sitzung vom 11. 6. 1975, als er die Tatsache, daß Rechtsanwältin Becker während einer Pause zu einer Verteidigerbesprechung auch den Gefangenen Kuchen mitbrachte, als „Ordonnanzdienst“ bezeichnete.

Glaubhaftmachung: Sitzungsniederschrift vom 11. 6. 1975.

Eine solche Bezeichnung ist nur verstehbar auf der Grundlage der Befehlsempfängertheorie des Generalbundesanwalts, der unermündlich die Verteidigung als Befehlsempfänger diffamiert, um von den inhaltlichen Haftbedingungen abzulenken und dadurch den Boden für den Ausschluß der 3 Verteidiger aufbereitete.
Auch in diesem Punkt zeigt sich die Appendixhaltung des abgelehnten Richters.

III.

Die gleiche Unterordnung unter Entscheidungen der Exekutivorgane wurde in zwei weiteren Fällen deutlich.
Sowohl in der Sitzung am 11. als auch in der Sitzung am 12. 6. 1975 hatte der abgelehnte Richter, Dr. Prinzing, auf entsprechende Anträge der Verteidigung angeordnet, den vier Gefangenen vor Beginn der jeweiligen Nachmittagssitzung Gelegenheit zur gemeinsamen Erörterung ihrer Verteidigung zu geben.
In beiden Fällen scheiterte der angeordnete Umschluß an eigenmächtigen Entscheidungen des jeweils eingesetzten Wachpersonales. Auf Protest der Verteidigung bestritt Dr. Prinzing, die beantragten Umschlüsse überhaupt angeordnet zu haben.

Zur Glaubhaftmachung der Vorgänge wird wiederum auf die entsprechenden Sitzungsniederschriften Bezug genommen.

Herren des Verfahrens waren wiederum die Exekutivorgane. Der abgelehnte Richter setzte nicht nur seine Anordnung nicht durch. Er deckte die Mißachtung seiner normativ abgesicherten Entscheidungsbefugnis, indem er den zutage getretenen Widerspruch einfach ableugnete.

IV.

In der Sitzung am 11. 6. 1975 beantragten die Verteidiger der Gefangenen gegen 15.45 Uhr, die Sitzung zu schließen, weil die Gefangenen aufgrund ihres gesundheitlichen Zustandes nicht in der Lage seien, dem Fortgang der Verhandlung mit der gebotenen Konzentration zu folgen, und deshalb als verhandlungsunfähig anzusehen seien. Aus Verärgerung über diese Anträge verlängerte Richter Dr. Prinzing die Sitzung über das auf 16 Uhr vorgesehene Sitzungsende hinaus um weitere 15 Minuten. Diese Entscheidung wurde gefällt, ohne daß ein Arzt zu der von der Verteidigung angeschnittenen Frage der Verhandlungsfähigkeit im Falle der Fortsetzung der Sitzung gehört wurde.

Zur Glaubhaftmachung wird auch insoweit auf die Sitzungsniederschrift vom 11. 6. 1975 verwiesen.

Bei allem Verständnis für die Verärgerung des abgelehnten Richters über die Durchkreuzung seines Terminplanes, Zweifel an der Verhandlungsfähigkeit hätten in einem Verfahren, welches wie Recht aussieht, dazu führen müssen, daß das Verfahren bis zur ärztlichen Klärung dieser Frage unterbrochen wird. Das Verhalten des abgelehnten Richters läßt nur den Schluß zu, daß die Verhandlungsfähigkeit der Gefangenen für das Ergebnis unbeachtlich ist, nach den Erfahrungen bei der Liquidierung von Holger Meins allerdings keine überraschende Erkenntnis.

V.

Bei der Vernehmung des Sachverständigen Dr. Henck in der Sitzung am 12. 6. 1975 ließ Richter Dr. Prinzing erkennen, daß er eine Erörterung der Isolationshaft und ihrer physischen und psychischen Auswirkungen auf die körperliche Unversehrtheit der Gefangenen in der Hauptverhandlung unter allen Umständen zu vermeiden beabsichtigt. Wiederholt unternahm er den Versuch, Fragen der Verteidigung zu diesem Punkt, auch und gerade dort, wo der unmittelbare Zusammenhang mit der Frage der Haft- und Verhandlungsfähigkeit der Gefangenen oder Frage des Sachverstandes des Sachverständigen Dr. Henck offenkundig war, nicht zuzulassen.

Zur Glaubhaftmachung wird auf die Sitzungsniederschrift vom 12. 6. 1975 verwiesen.

Die Verfügungsgewalt über die Bestimmung dessen, was zur Sache gehört oder nicht, benutzte der abgelehnte Richter, um auch in der Hauptverhandlung den Charakter dieser Sondermaßnahmen als Bekämpfung des politischen Gefangenen mit dem Ziel der Vernichtung, selbst um den Preis seiner existentiellen Vernichtung, zu verschleiern.

Die Weigerung von Richtern, die Verletzung der Menschenrechte von Gefangenen im Vollzuge der Untersuchungshaft und die Auswirkungen dieser Verletzungen auf den gesundheitlichen Zustand solcher Gefangener in Hauptverhandlungen zu erörtern, die Neigung, solche Verletzungen vielmehr als „nicht zur Sache gehörig" der Erörterung in der Hauptverhandlung zu entziehen, gehörte bislang nur zum Erscheinungsbild politischer Prozesse in Staaten, die den Anspruch rechtsstaatlicher Verfahrensbedingungen bereits aufgegeben haben.

VI.

Im Zusammenhang mit dem Hungerstreik der Gefangenen und der Frage der Aufhebung ihrer Isolationshaft fragte der Kollege Schily in der Sitzung am 12. 6. 1975 den Sachverständigen Dr. Henck sinngemäß, ob der Schutz der Gesundheit und der körperlichen Unversehrtheit von Straf- oder Untersuchungsgefangenen nicht die Anwendung des medizinisch jeweils mildesten und schonendsten Eingriffs gebiete. Richter Dr. Prinzing äußerte hierzu sinngemäß, die Entlassung der vier Gefangenen aus der Untersuchungshaft während des Hungerstreiks wäre auch ein mildes Mittel zur Vermeidung gesundheitlicher Schäden gewesen.

Zur Glaubhaftmachung wird erneut auf die Sitzungsniederschrift vom 12. 6. 1975 verwiesen.

Diese Äußerung impliziert, der Hungerstreik habe den Zweck verfolgt, die Freilassung der Gefangenen zu erreichen. Mit diesem Hinweis suchte der abgelehnte Richter ein weiteres Mal davon abzulenken, daß der Hungerstreik sich gegen die existenzvernichtenden Haftbedingungen richtete. Auch hierbei verfocht der abgelehnte Richter die Diffamierungsthesen der Staatsschutzbehörden, beteiligte er sich an den Versuchen, die Thematisierung dieser existenzvernichtenden Maßnahmen zu verhindern.

VII.

Der bisherige Verlauf der Hauptverhandlung zeigt, daß die Unterordnung des abgelehnten Richters unter Strategie und Taktik der Staatsschutzbehörden – hier vor allem der Bundesanwaltschaft – auch vor dem im Artikel 6 MRK verankerten Prinzip der Waffengleichheit von Anklagevertretern und Verteidigung nicht halt macht.

1. Richter Prinzing hat es zugelassen, daß die Sitzungsvertreter der Bundesanwaltschaft an den ersten 5 Verhandlungstagen über eine eigene, seinem Einfluß und seiner Sachleitung entzogene Mikrophonanlage verfügten, während die Mikrophone der Gefangenen und ihrer Verteidiger jederzeit auf seine Anweisung hin abgestellt werden konnten und im Falle der Gefangenen auch mehrfach abgestellt wurden.

Zur Glaubhaftmachung insoweit wird auf die dienstliche Äußerung des abgelehnten Richters sowie dienstliche Äußerungen des Bundesanwaltes Dr. Weis und des Regierungsdirektors Widera Bezug genommen.

Vor Beginn der Sitzung am 18. 6. 1975 hat der abgelehnte Richter erklärt, ihm und dem Senat seien die technischen Besonderheiten der der Bundesanwaltschaft zur Verfügung stehenden Mikrophonanlage bis zur Nachmittagssitzung am 12. 6. 1975 nicht bekannt gewesen.

Zur Glaubhaftmachung hierfür wird erneut auf die dienstliche Äußerung des abgelehnten Richters Bezug genommen.

Zweifel an der Richtigkeit dieser Äußerung seien dahingestellt; selbst wenn der abgelehnte Richter bis zum 12. 6. 1975 nicht wußte, daß die Bundesanwaltschaft über eine eigene, seiner Verhandlungsleitung entzogene Mikrophonanlage verfügte, so offenbart auch diese Unkenntnis, wie der abgelehnte Richter seine Verhandlungsleitung gegenüber der Bundesanwaltschaft im Gegensatz zu den Gefangenen und ihren Verteidigern begreift. Denn selbstredend war ihm bekannt, daß er die Mikrophone der Angeklagten und ihrer Verteidiger ohne weiteres abschalten konnte. Daß er gar nicht erst auf den Gedanken kam, eine solche Möglichkeit auch gegenüber der Bundesanwaltschaft im Rahmen seiner Verhandlungsleitung in Betracht zu ziehen, ist bemerkenswert.
Die dominante Stellung der Bundesanwaltschaft in diesem Verfahren, ihre Bevorzugung gegenüber den Gefangenen und deren Verteidigern wurde so auch technisch umgesetzt.
2. Die prozeßtechnische Ungleichbehandlung der Gefangenen und ihrer Verteidiger gegenüber der Bundesanwaltschaft offenbarte sich auch bei der Frage von kurzfristigen Unterbrechungen des Prozesses.
a) Am Nachmittag der Sitzung vom 12. 6. 1975 beantragten die Verteidiger der Gefangenen Ensslin und Raspe nach der Entfernung der Gefangenen aus der Sitzung eine kurze Pause zur Erörterung der nunmehr zu unternehmenden Schritte. Der abgelehnte Richter versagte die beantragte Unterbrechung. In gleicher Weise verfuhr er kurze Zeit später, als die Verteidiger eine kurze Pause beantragten, in der sie eine Stellungnahme zu einem Antrag des Zwangsverteidigers Künzel beraten wollten.

Glaubhaftmachung: Sitzungsniederschrift vom 12. 6. 1975.

Dem abgelehnten Richter soll nicht das Recht zur Verhandlungsleitung abgesprochen werden. Aus sachlichen Gründen war die Verteidigung in beiden Fällen aber auf eine kurze Beratungspause angewiesen. Darauf nahm der abgelehnte Richter in keiner Weise Rücksicht. Daß aber in Wirklichkeit nicht er die Durchführung eines straffen Prozesses in der Hand hat, sondern die Bundesanwaltschaft, äußert sich darin, daß er Anträgen der Bundesanwaltschaft auf Unterbrechungen bis zu diesem Zeitpunkt stets entsprochen hatte.

Glaubhaftmachung: Niederschriften sämtlicher Sitzungstage bis zum 12. 6. 1975.

b) Wie sehr der abgelehnte Richter die Verteidungsmöglichkeiten auch formal zu beschränken sucht, während er der Bundesanwaltschaft stets zu Diensten ist, wird vollends deutlich durch sein Verhalten in der Sitzung am 11. 6. 1975. Am Vormittag dieser Sitzung beantragten die Verteidiger der Gefangenen Ensslin und Raspe eine Pause, mit dem ausdrücklichen Hinweis, daß sie einen Ablehnungsantrag gegen den auch nunmehr abgelehnten Richter beraten wollten. Der abgelehnte Richter verweigerte sich diesem „Ansinnen".

Glaubhaftmachung: Sitzungsniederschrift vom 11. 6. 1975.

Dieses Ansinnen gehört nun aber in allen Verfahren, die noch nach Recht aussehen, zu den Anträgen zur Verhandlungsführung, welchen der Richter trotz seiner Verhandlungsleitung zu entsprechen hat. Dabei geht es nicht nur um den schlechten Stil, daß ein Richter, dessen Ablehnung ins Auge gefaßt wird, seinerseits seine formale Verhandlungsführung dazu benutzt, notwendige Beratungen über die weitere Anwesenheit dieses Richters zu vereiteln. Darüber hinaus ist jedem Juristen – und dies trifft auch für den abgelehnten Richter zu – bewußt, daß solche Beratungen rechtlich notwendig sind, weil das Ablehnungsrecht nur den Angeklagten, nicht den Verteidigern zusteht, die die rechtsunkundigen Angeklagten über die Voraussetzungen und Folgen in rechtlicher Hinsicht beraten und prozeßtaktische Überlegungen gemeinsam mit den Angeklagten besprechen müssen.
c) In der Sitzung am 18. 6. 1975 verwies Rechtsanwalt Schily bei der Erörterung der Frage einer Untersuchung der Gefangenen durch unabhängige Ärzte ihres Vertrauens auf die Nr. 91 der UNO-Mindestbedingungen für die Behandlung von Straf- und Untersuchungsgefangenen. Auf diese Bestimmung war u. a. auch der Antrag der Rechtsanwältin Becker auf Einstellung des Verfahrens bzw. Untersuchung der Gefangenen durch unabhängige Ärzte ihres Vertrauens gestützt worden. Dieser Antrag war vom Senat vor dem Hinweis des Rechtsanwalts Schily bereits ablehnend beschieden worden. Dennoch erwiderte der abgelehnte Richter sinngemäß: „Wo steht das?"

Zur Glaubhaftmachung wird auf die Sitzungsniederschrift vom 18. 6. 1975 verwiesen.

Diese Frage macht deutlich, daß der abgelehnte Richter sich entweder an der Ablehnung von Anträgen beteiligt, ohne den Inhalt der Antragsbegründungen zuvor zur Kenntnis zu nehmen, oder aber, was hier nur der Vollständigkeit halber erwähnt sei, daß der abgelehnte Richter – wenn er schon als formal Hauptverantwortlicher für die Haftbedingungen die UN-Mindestbedingungen für die Behandlung von Straf- und Untersuchungsgefangenen nicht kannte – an einer äußerst bedenklichen Gedächtnisschwäche leidet. Denn der Inhalt der Nr. 91 der UN-Mindestbedingungen war in dem bereits unter Mitwirkung des abgelehnten Richters abschlägig beschiedenen Antrag der Rechtsanwältin Becker in vollem Wortlaut zitiert worden.

VIII.
Die Folgebereitschaft des abgelehnten Richters gegenüber der Bundesanwaltschaft dokumentierte sich in 2 weiteren Vorfällen während der Hauptverhandlung derart, daß schon nahezu der Eindruck von Anlehnungsbedürftigkeit erweckt wurde.

1. Sowohl in der Sitzung am 18. als auch in der Sitzung am 20. 6. 1975 hat der abgelehnte Richter Zwischenrufe der Gefangenen während der Hauptverhandlung zum Anlaß genommen, bei der Bundesanwaltschaft nachzufragen, ob sie zum Ausschluß der Gefangenen Anträge zu stellen gedenke.

Zur Glaubhaftmachung wird auf die Sitzungsniederschriften vom 18. und 20. 6. 1975 Bezug genommen.

Offensichtlich scheute sich der abgelehnte Richter davor, ohne vorheriges Plazet der Bundesanwaltschaft auf den Ausschluß der Gefangenen hinzuwirken. Nach seinem Rechtsslalom zur Ausschlußfrage der Verteidiger zu Beginn des Prozesses möglicherweise verständlich, jedoch nicht rechtens.

2. In der Hauptverhandlung am 26. 6. 1975 rügte die Verteidigung die Beschlagnahme von Verteidigungsunterlagen anläßlich der Durchsuchungsaktionen der Bundesanwaltschaft in den Kanzleien Groenewold, Köncke, Rogge in Hamburg und Becker in Heidelberg, der Staatsanwaltschaft Stuttgart in der Kanzlei Croissant und der Staatsanwaltschaft Berlin im Büro Ströbele und beantragte Unterbrechung der Hauptverhandlung bis zur Rückgabe der sichergestellten Unterlagen.

Der die Unterbrechung gewährenden Entscheidung fügte der abgelehnte Richter hinzu, diese Unterbrechung bedeute keineswegs, daß der Senat die Rechtmäßigkeit des Vorgehens der Staatsanwaltschaften rechtlich anzweifele.

Zur Glaubhaftmachung beziehe ich mich auf das Protokoll vom 26. 6. 1975 und auf die dienstliche Erklärung des abgelehnten Richters.

Diese bisherige Krönung der Eingriffe in die Verteidigung nötigte zwar den abgelehnten Richter, gegen den Einspruch der Bundesanwaltschaft eine Unterbrechung anzuordnen. Die anschließende Bescheinigung der Rechtmäßigkeit dieser Eingriffe stand dem Senat und damit auch dem abgelehnten Richter, der an dieser Entscheidung mitwirkte, in keiner Weise zu. Dieses devote Verbeugen vor den Staatsschutzbehörden ist mit der richterlichen Kontrollfunktion unvereinbar. Ein Richter, der wie der abgelehnte Vorsitzende dieses Senats an einer solchen Entscheidung mitwirkt, wird niemals die vom Gesetz geforderte Unabhängigkeit besitzen. Im Gesamtzusammenhang des bisherigen vorprozessualen und prozessualen Verhaltens dieses abgelehnten Richters muß davon ausgegangen werden, daß der abgelehnte Richter aktiv an der devoten Verbeugung beteiligt war und seine Appendixfunktion auch hier voll erfüllte.

(Riedel) Rechtsanwalt

Ulrike Meinhof selbst äußerte sich zu diesem Antrag am 30. Juli 1975; dabei gab sie gleichzeitig eine grundsätzliche Stellungnahme für die politische Beurteilung der Frage ab, warum die Angeklagten dem Verfahren im Gerichtssaal auch weiterhin folgen wollten:

...Ich will noch ein paar Punkte dazu sagen. Obwohl wir von unserem gesundheitlichen Zustand aus und vor allem nach der unglaublich brutalen Knebelung, die Prinzing gestern hier praktiziert hat, uns in der Situation finden, daß es uns allmählich sinnlos erscheint, hier überhaupt noch was zu sagen. Das heißt, daß jetzt einfach für uns die Frage aufsteht, ob wir überhaupt in diesem Verfahren noch bleiben. Prinzings Behauptung, dies sei ein normales Strafverfahren, ist eine Schutzbehauptung; um den politischen Charakter dieses Verfahrens, seinen politischen Zweck, ein Schauprozeß gegen revolutionäre Politik zu sein, durchzusetzen, bestreitet er ihn. Das Verfahren könnte seine konterrevolutionäre Funktion nicht entwickeln ohne die Behauptung, es sei ein normales Verfahren. Sie soll seine Vorgeschichte, die Systematik der Maßnahmen gegen die Gefangenen und gegen die Verteidigung mit dem Ziel, die Verteidigung zu entpolitisieren, die Gefangenen verteidigungsunfähig zu machen, auslöschen. Sie sanktioniert zugleich diese Maßnahmen, indem sie ihren politischen Charakter bestreitet, d.h. ihre Rationalität. Die Gefangenen sind in diesen drei Jahren systematisch verteidigungsunfähig gemacht worden, und zwar alle Gefangenen aus der RAF. Die Bundesanwaltschaft hat die Verfahren in Hamburg, Saarbrücken und Stammheim über drei Jahre verschleppt, weil sie weiß, daß nach drei Jahren totaler Isolation die Gefangenen verteidigungsunfähig sind. Sie hat darüber hinaus alles getan, was dem Tyrann des Vollzugs möglich war und ist, um uns der Fähigkeit, die die Voraussetzung dafür ist, den verfassungsmäßigen Subjektstatus des Angeklagten überhaupt nutzen zu können, die Fähigkeit, konzentriert zu arbeiten, zu zerstören. So war Jan [Raspe] in Ossendorf in einer Sonderzelle isoliert, die unmittelbar neben der Hauptzentrale im Transporthaus lag, d.h. daß der gesamte Durchgangsbetrieb, Gefangene und Wärter des Gefängnisses mit etwa 1000 Gefangenen, an seiner Zelle vorbeiging. Er hat zweieinhalb Jahre in dieser Sonderzelle gesessen. Der Wasserentzug in Schwalmstadt, der tote Trakt in Ossendorf, in dem zuletzt Gudrun [Ensslin] und ich zusammen waren, der siebte Stock hier in Stammheim sind rationale Maßnahmen aus der Absicht der Bundesanwaltschaft, diesen Prozeß als Schauprozeß mit Gefangenen, die ihrer Fähigkeit, sich zu verteidigen, beraubt sind, durchzuführen. Indem Prinzing behauptet, dies sei ein normales Verfahren, bestreitet er diese drei Jahre, und er muß sie bestreiten, weil er die Maßnahmen nach dem Plan der Bundesanwaltschaft, unsere Verteidigung zu zerstören, seit einem Jahr selbst anordnet. Sechsmal in dieser Zeit haben die Bundesanwaltschaft und die Sicherheitsgruppe Bonn, Abteilung Staatsschutz, die gesamte Verteidigungsvorbereitung durch Zellenrazzia an sich gebracht. Im Juli 1973, im Februar 1974 und Januar, März, April und zuletzt Mai 1975, also

zuletzt 14 Tage vor Prozeßbeginn. Dabei geht es nicht nur darum, daß die Bundesanwaltschaft sich damit regelmäßig Einblick in unsere Verteidigungsstrategie verschafft hat, es geht darum, daß es auch ganz unmöglich war, sie zu rekonstruieren. Und wo Prinzing wegen dem Ausschluß der Anwälte gezwungen war, den Umschluß zu viert zuzulassen, hat er ihn mit dem Verbot belegt, ihn zur Verteidigungsvorbereitung zu benutzen. Das heißt, in den Senatsbeschlüssen stand jeweils ausdrücklich, daß wir über nichts anderes sprechen dürften, andernfalls sollten die Beamten, die den Umschluß überwachten, abbrechen. Die Tatsache, daß wir uns an dieses Verbot nicht gehalten haben, hat dazu geführt, daß er es zeitweilig abgelehnt hat, Umschlußanträge überhaupt zur Kenntnis zu nehmen. Die Begründung war, wir hätten uns nicht an das von ihm vorgeschriebene Gesprächsthema gehalten. Die Begründung war ihrem Inhalt nach, wir hätten den Umschluß zu Rekonstruktionen der durch die Zellenrazzia zerstörten Verteidigungsvorbereitung benutzt, im Sinn des Senats also mißbraucht, zu Verteidigungsvorbereitungen mißbraucht. Bereits Anfang Februar, als noch gegen keinen der inzwischen vom Verfahren ausgeschlossenen Anwälte auch nur ein Ausschlußantrag gestellt war, weigerte Prinzing sich bereits, Klaus Croissant, Ströbele und Groenewold zu Pflichtverteidigern zu bestellen, d. h. er weigerte sich, diejenigen Anwälte zu Pflichtverteidigern zu bestellen, die seit annähernd drei Jahren auf die Verfahren, den einen Prozeß gegen die Gefangenen aus der RAF, vorbereitet waren. Es waren Anwälte, die auf der Legalität der Verfahren investiert hatten und deswegen für die Ziele des Hungerstreiks im In- und Ausland Öffentlichkeit hergestellt hatten. Und diejenigen, die entsprechend der Blockverteidigung es abgelehnt hatten, die Isolationsbeschlüsse des BGH und später des Senats als Verbot zur Verteidigungsvorbereitung auszulegen. Prinzing ist nicht nur eine Marionette, eine Figur der Bundesanwaltschaft, er hat sich, und zwar während des Hungerstreiks, die Ziele der Bundesanwaltschaft selbst zu eigen gemacht. Er hat sich zum aktiven Funktionär der Counter-Strategie gemacht. Er hat sich das Ziel der Bundesanwaltschaft, die Gefangenen zu vernichten, die Verteidigung zu zerschlagen und diesen Prozeß als Schauprozeß durchzuführen, zu eigen gemacht. Als die Bundesanwaltschaft die Ausschlußanträge gegen Klaus Croissant, Groenewold und Ströbele einen nach dem anderen stellte und von Prinzing verlangte, daß er sie praktisch sofort suspendiert, indem er ihnen ihre Rechte zu Besuch, Akteneinsicht und Korrespondenz suspendiert, hat er das sofort gemacht. Er subsumierte dabei zynisch seine aktive Beteiligung am Ausschluß der Anwälte als seine richterliche Fürsorgepflicht. Dieser Richter nimmt seine Fürsorgepflicht gegenüber den Gefangenen wahr, indem er sich an ihrer Ermordung – Holger [Meins] – beteiligt...
[Hier wird Frau Meinhof von Oberstaatsanwalt Peter Zeis und Prinzing unterbrochen.]

Ich nehme das mit in meinen Ablehnungsantrag mit auf, die Tatsache, daß Sie mit Ihren Unterbrechungen gezielt und bewußt versuchen, uns unmöglich zu machen, hier überhaupt eine Argumentation zu entwickeln, überhaupt zu sprechen, und das im Zusammenwirken mit der Bundesanwaltschaft. Es ist ja tatsächlich, Prinzing, zu einer kategorischen Auflage und Bedingung gemacht worden, daß bestimmte Sachen von uns hier nicht gesagt werden dürfen, bzw. daß, wenn von uns irgend etwas gesagt wird, davon auszugehen ist, daß das Wort entzogen wird. Als es schließlich darum ging, Klaus Croissant, Groenewold und Ströbele für Jan, Gudrun und mich zu bestellen, damit mit dem Verteidigerausschlußgesetz die Auflösung eines Mandats erzwungen werden kann, nicht aber legal der Ausschluß aus dem ganzen Verfahren, bestand Prinzing darauf, das Gesetz willkürlich zu interpretieren, d.h. es mit seiner Interpretation eindeutig zu verschärfen; wo das Justizministerium noch eine Gesetzeslücke sah, paßte Prinzing das Gesetz den Zielen der Counter-Strategie an, der Zerschlagung, dem Ziel, die Verteidigung als politische Verteidigung zu zerschlagen. Wir finden den Eifer, mit dem Prinzing hier inzwischen jedes Wort zensiert, auch nur noch schamlos und lächerlich, bei der Dimension von Unterstützung und Rückendeckung zu jeder Form von Rechtsbruch, die er von der Regierung hat. Bei der Dimension der politischen Durchdringung dieses normalen Strafverfahrens durch die Exekutive und Legislative auf allen Ebenen. Die Relation seiner Kolional... Kleinlichkeit steht einfach in keinem Verhältnis zu der Tatsache, daß dieser Prozeß der erste politische Prozeß in der Bundesrepublik seit 1945 ist und in der internationalen Counter-Strategie des US-Imperalismus eine präzise bestimmte Funktion hat. Im Rahmen der Entpolitisierung des Verfahrens, der Zerschlagung der Verteidigung, die Gefangenen zu vernichten. Was sich in Prinzings brutalem Pragmatismus abbildet, ist die Funktionalität der Maschine, die hier wirkt. Die Bundesanwaltschaft und das Gericht sind nicht intelligent genug, im Objekt ihrer Vernichtungsmaßnahmen auch das Opfer zu sehen. Die Bundesanwaltschaft und das Gericht sehen nur den Feind, den sie erschlagen wollen. Darin zeigt sich auch die grundsätzlich andere Bestimmung unseres Kampfes. Wir können im Faschisten auch das Objekt seiner Umstände sehen und seines Apparats und d.h., es ist nicht daran vorbeizukommen bei der Niveaulosigkeit der Behörde, die mangelnde Intelligenz. Es sind nicht wir, die den Fanatismus nötig haben, sondern Bundesanwaltschaft und Gericht sind fanatisch. Es ist aber auch klar, als Schaltstelle des innerstaatlichen Faschisierungsprozesses zwischen den verschiedenen Institutionen, die ihn vorantreiben, wächst mit der Macht, die sie sich verschafft, die Borniertheit der Institution, bzw. auf der personellen Ebene der Bundesanwälte nimmt mit der Arroganz ihres öffentlichen Auftritts ihre Intelligenz rapide ab. Sie ist in der staatlichen Institution im Apparat als personelle Qualität des Funktionalen. Denn das Ziel des Apparats läuft auf ihre Zerstörung insgesamt raus, auf die Zerstörung von Intelligenz im Faschismus, und sie ist dysfunktional, weil sie sich gegen den Apparat richten müßte. Staatsschutz und Intelligenz sind vollständig konträr. Wir empfehlen, sicher hoffnungslos, in den dienstlichen Äußerungen sich endlich mal inhaltlich zu unserer Ablehnung zu erklären. Denn Tatsache ist, daß

bisher, und man kann es an den Protokollen überprüfen, daß weder der Senat noch die Bundesanwaltschaft, sie schon gar nicht, zu auch nur einer inhaltlichen Begründung ihrer Maßnahme gekommen sind.
Sie sind nie zu einer inhaltlichen Stellungnahme zu den Argumentationen von Andreas [Baader] und von uns, und zwar wesentlich, gekommen. Sie haben die Argumentationen zum Punkt der gezielten Kriminalisierung der Anwälte, zur Konstruktion der Fortsetzung der kriminellen Vereinigung aus der Zelle heraus umgangen. Sie sind, wenn sie überhaupt den Anspruch erheben können, Begründung zu sein, immer nur formalistisch, sie sind nie inhaltlich. Die Qualität dieses Formalismus besteht darin, daß er sich auf eine Form bezieht, die für dieses Verfahren geschaffen worden bzw. überhaupt erst geändert worden ist. Inhaltliche Argumentationen wären jetzt mal Sache, wenn Sie sich nicht immer lächerlich machen wollen. Und wir empfehlen Ihnen ernsthaft, endlich die inhaltliche Argumentation statt der stereotypen Nachahmung dessen, was die Bundesanwaltschaft hier in ihrer Ärmlichkeit, sicher im Bewußtsein ihrer Macht, anbietet. Was sie real anbietet, sind die Glacé-Handschuhe, von denen die Bundesanwaltschaft und das Gericht inzwischen sprechen, die [Bundesanwalt] Wunder hier apostrophiert hat. Und was damit gemeint ist, wissen wir. Das sind die Glacé-Handschuhe, mit denen inzwischen drei Gefangene, Katharina [Hammerschmidt], Holger [Meins] und Siegfried [Hausner], ermordet worden sind.

Der den Befangenheitsantrag von Ulrike Meinhof zurückweisende Gerichtsbeschluß hat folgenden Wortlaut:

OBERLANDESGERICHT STUTTGART
– 2. Strafsenat –

Beschluß vom 30. Juli 1975

In der Strafsache
gegen Ulrike Meinhof
wird die gegen den Vorsitzenden Richter am OLG Stuttgart Dr. Prinzing gerichtete Ablehnung als unbegründet zurückgewiesen.

Gründe:

1. In dem anhängigen Verfahren handelt es sich – wie in jedem Strafverfahren – darum, im Rahmen des geltenden Verfahrensrechts zu prüfen, ob die Angeklagten gegen bestimmte Strafvorschriften des sachlichen Strafrechts verstoßen haben. Nichts anderes besagte die von der Angeklagten beanstandete Äußerung Dr. Prinzings im Fernsehen. Weder die Äußerung als solche noch der

Umstand, daß sie im Fernsehen geschah, kann daher aus der Sicht eines vernünftigen Angeklagten die Besorgnis der Befangenheit begründen.

2. Die Gründe, warum den Angeklagten Verteidiger gerichtlich bestellt wurden, die von den Angeklagten nicht benannt worden waren, sind schon hinreichend erörtert worden. Im Rahmen solcher und ähnlicher Entscheidungen ist es nicht zu umgehen – vom Gesetz auch so vorgesehen –, daß der Richter sich über gewisse Verdachtsmomente schon vor der Beweisaufnahme eine vorläufige Meinung bildet. Das hat mit Voreingenommenheit in der Sache nichts zu tun. Gleiches gilt für die Verfügung vom 19. 12. 1974 im Wege der Postkontrolle.

3. In der Verfügung vom 25. 11. 74 (Besuchsgenehmigung für Herrn Sartre bei Herrn Baader) beschäftigte sich Dr. Prinzing mit der entgegenstehenden Stellungnahme der Bundesanwaltschaft, insbesondere mit deren Befürchtung, der Besuch solle agitatorischen Zwecken dienen. Es mag dahinstehen, ob die Angeklagte Meinhof insofern betroffen sein könnte; denn der Hinweis von Dr. Prinzing, einer etwaigen Agitation könne durch die „Darstellung der Tatsachen" begegnet werden, läßt auch aus der Sicht eines verständigen Angeklagten keine Befangenheit erkennen.

4. Inwiefern das Verhalten von Dr. Prinzing im Zusammenhang mit der Übersendung von Ordnern und Heften durch den Generalbundesanwalt am 5. 5. 75 einen Eingriff in die Verteidigung bedeutet haben soll, ist nicht ersichtlich. Mit Schreiben des Senats vom 9. 5. 75 wurde den Verteidigern angeboten, diese Akten einzusehen. An diesem Angebot und der Möglichkeit, davon Gebrauch zu machen, änderte sich durch das Schreiben Dr. Prinzings vom 15. 5. 75 nichts. Nachdem die Bundesanwaltschaft erklärt hatte, es handle sich hier nicht um Akten im Sinne von § 199 Abs. 2 StPO, bot sich an, die Frage des räumlichen Verbleibs dieser Akten zu klären.

5. Da in dem Schriftstück, welches in den Zellen des Angeklagten Baader gefunden wurde, der Stockholmer Anschlag ersichtlich in bezug genommen ist, kann nicht beanstandet werden, daß Dr. Prinzing sich mit der Frage eines Zusammenhangs zwischen Herrn Baader und dem Stockholmer Anschlag beschäftigte. Da das Schriftstück an eine andere Person gerichtet war, ist die Bezeichnung als „Kassiber" nicht auffällig.

6. Der Verwendung des Ausdrucks „Ordonnanzdienst" für die Besorgung von Kuchen vermag der Senat die Besorgnis einer Voreingenommenheit gegen die Angeklagte nicht zu entnehmen.

7. Die Vorgänge bei Umschlüssen unter den Gefangenen während der Mittagspause lassen keine Befangenheit erkennen.

Gleiches gilt für die Dauer der Hauptverhandlung am 11. 6. 75. Da der Senat die Angeklagten für verhandlungsfähig ansah, konnte der Vorsitzende die Sitzung fortsetzen.

Auch das Verhalten von Dr. Prinzing bei der Anhörung des Sachverständigen Dr. Henck läßt keine Voreingenommenheit erblicken.

8. Die Frage, wie die Mikrofone geschaltet waren, wurde in der Hauptverhand-

lung bereits beantwortet. Eine Voreingenommenheit von Dr. Prinzing kann hieraus schon deshalb nicht hergeleitet werden, weil nicht vorgetragen, auch nicht ersichtlich ist, daß im Rahmen der Verhandlung hierdurch die Bundesanwaltschaft irgendwie zu Unrecht begünstigt worden wäre. Die Erteilung und die Entziehung des Wortes erfolgen in der Hauptverhandlung stets durch den Vorsitzenden, unabhängig davon, ob Mikrofone vorhanden und wie sie geschaltet sind.

9. Über die Gewährung von Pausen hat der Vorsitzende zu entscheiden (§ 228 Abs. 1 Satz 2 StPO). Daß durch die hier beanstandeten Fälle irgendwelche Rechte der Angeklagten verkürzt wurden oder die Angeklagte diesen Eindruck bei vernünftiger Würdigung auch nur gewinnen konnte, ist nicht ersichtlich. Es bestand hinreichend Gelegenheit, die beabsichtigten Überlegungen oder Maßnahmen später anzustellen oder zu ergreifen.

10. Die Haftentscheidungen des Gerichts richten sich nach dem geltenden Haftrecht. Hierzu gehören die UNO-Mindestgrundsätze – mögen sie auch wertvolle Hinweise und Anregungen geben – nicht.

11. Daß Dr. Prinzing bei der Bundesanwaltschaft anfragte, ob sie zum Ausschluß der Angeklagten Anträge stellen wolle, entspricht der StPO.

12. Für Dr. Prinzing bestand kein Anlaß, die Rechtmäßigkeit des Vorgehens anderer Behörden gegenüber früheren Verteidigern außerhalb dieses Verfahrens anzuzweifeln.

13. Auch der zusätzliche Vortrag der Angeklagten Meinhof selbst (insbesondere über Umschlußanträge, Verteidigerbestellung, Gesetzesauslegung, Redezensur) gibt keinen Anlaß, an der Unparteilichkeit von Dr. Prinzing zu zweifeln.

So ergibt sich abschließend das Bild, daß weder jeder einzelne Ablehnungsgrund noch auch alle Ablehnungsgründe in ihrer Gesamtheit einem vernünftigen Angeklagten Anlaß gegen könnten, an der Unparteilichkeit von Dr. Prinzing zu zweifeln.

(Foth) (Maier) (Berroth)

Die Verhandlungsführung des ersten Vorsitzenden Prinzing sei durch eine Mitschrift aus dem Gerichtssaal charakterisiert. Vor dem folgenden Dialog hatten die Verteidiger mehrfach vergeblich bei Gericht versucht zu erreichen, daß Gutachter zur Verhandlungsfähigkeit bestellt werden. Als Prinzing ungeachtet der Erklärung, die Angeklagten seien verhandlungsunfähig, dennoch die Sitzung fortführen wollte, verließen die Vertrauensanwälte unter heftigen Protesten den Gerichtsaal. Die Angeklagten wurden wegen Störungen abgeführt und sollten danach einzeln und zwar „notfalls mit Gewalt“ wieder in die Verhandlungshalle geführt werden, da Prinzing noch an diesem Tag, dem 11. November 1975, die Angeklagten „zur Person“ vernehmen wollte, um anschließend der Bundesanwaltschaft das Wort zur Verlesung des Anklagesatzes zu geben. Dank folgender Prozeßleitung konnte Bundesanwalt Wunder an diesem Tag tatsächlich den Anklagesatz verlesen:

Prinzing:
Herr Baader, bitte nehmen Sie Platz und bedienen sich vor allen Dingen des Mikrophons.
Ich habe Sie darüber zu belehren, was in Ihrer Abwesenheit geschehen ist. Gleichzeitig ist es eine Unterrichtung darüber, was jetzt vor sich geht, für Sie persönlich.
Frau Meinhof und Herr Raspe wurden auch einzeln vorgeführt. Es ist ihnen gesagt worden, wie das jetzt auch für Sie gilt, daß zwar die Ordnungsstörung, die Sie begangen haben, nach Auffassung des Senats an sich fortdauert, daß wir aber diesen Ausschluß rückgängig machen mit Rücksicht darauf, daß wir jetzt in die Phase der Vernehmung zur Person eintreten. Und es erscheint uns im Hinblick auf das Gewicht des Grundsatzes des rechtlichen Gehörs von überragendem Interesse, daß Sie die Möglichkeit haben, sich jetzt zur Person zu äußern.

Baader:
Das entdecken Sie auch erst seit, nach 3 Monaten.

Prinzing:
Ich darf Sie noch darauf hinweisen, daß Herr Raspe und Frau Meinhof, nachdem sie hier sich wieder der Ungebühr schuldig gemacht haben, wieder ausgeschlossen worden sind.

Baader:
Naja, ich sage Ihnen kurz, ich bin der Ansicht, daß Sie in diesem Verfahren den Begriff der Person überhaupt nicht mehr legitim einsetzen können, denn was ihn kennzeichnet, den Begriff der Rechtsperson, eine Vermittlung zwischen Staat und Gesellschaft oder zwischen Gesellschaft und Staat, das sind seine Rechte. Und die elementaren Grundrechte der Person verletzen Sie in diesem Verfahren permanent. Ich würde mich zur Person äußern, wahrscheinlich jeder von uns, aber unter diesen Bedingungen ist es unmöglich. Ich kann mich hier nicht verteidigen im Moment, und ich bin auch nicht verteidigt. Also schließen Sie mich aus.

Prinzing:
Das heißt, Sie weigern sich, sich zur Person zu äußern?

Baader:
Das haben Sie doch wohl verstanden?

Prinzing:
Ja, so haben es auch Herr Raspe und Frau Meinhof gemacht. Trotzdem haben Sie jetzt, nachdem dieser Ausschluß rückgängig gemacht worden ist, die Pflicht, als Angeklagter wieder anwesend zu sein, und das Gericht die Pflicht, für Ihre Anwesenheit zu sorgen. Ich bitte...

Baader:
Ja, schließen Sie mich aus.

Prinzing:
Ich bitte nunmehr Frau Ensslin vorzuführen.
Was ist, Herr Baader, wollen Sie nicht teilnehmen?

Baader:
Nein, ich will nicht hierbleiben, natürlich nicht.

Prinzing:
Ja, das ist aber keine Frage Ihres Willens.

Baader:
Ja, was erwarten Sie jetzt von mir?

Prinzing:
Ich erwarte, daß Sie hier...

Baader:
Ich sage Ihnen, daß ich ausgeschlossen werden will...

Prinzing:
...daß Sie hier ordentlich...

Baader:
...und daß ich diese Verhandlung, so lästig das ist, stören werde, bis Sie mich ausschließen, genügt Ihnen das?

Prinzing:
Das heißt also, Sie wollen an dieser Verhandlung nicht geordnet teilnehmen?

Baader:
Nein.

Prinzing:
Herr Baader, ich bitte Sie nochmals, nehmen Sie Platz und bleiben Sie im Sitzungssaal.

Baader:
Ich nehme nicht Platz, schließen Sie mich...

Prinzing:
Dann müssen Sie eben der Verhandlung im Stehen folgen.

Baader:
Nein, aber jetzt schließen Sie mich doch gefälligst aus.

Prinzing:
Herr Baader, das ist keine Frage Ihres Wunsches.

Baader:
Dann legen Sie doch bitte mal einen Katalog von Störungen fest, oder muß ich Sie erst mal beschimpfen. Das fällt mir sehr schwer.

Prinzing:
Ich bitte jetzt, soweit Sie frei sind, die Herrn, Frau Ensslin vorzuführen.

Baader:
Das heißt, Sie wollen mich zwingen, hier zu bleiben?

Prinzing:
Ich muß Sie zwingen, nicht ich „will“ Sie zwingen, sondern Sie sind verpflichtet, hier zu bleiben.

Baader:
Na, was erwarten Sie, wollen Sie Beschimpfungen provozieren, oder was?

Prinzing:
Ich will gar nichts provozieren. Mir ist sympathischer, wenn Sie keine Beschimpfungen aussprechen.

Baader:
Naja, dann schließen Sie mich doch aus. Ich sage Ihnen, ich werde...

Prinzing:
Das ist keine Frage Ihres Wunsches und keine Frage unseres Wollens.

Baader:
Ich werde die Verhandlung stören. Das ist doch ein ganz dreckiges Manöver, was Sie hier machen.

Prinzing:
Das ist kein dreckiges Manöver. Es legt mir die Prozeßordnung die Pflicht auf, mich so zu verhalten, wie ich es tue.

Baader:
Ja, was wollen Sie. Wollen Sie unbedingt, daß es hier zu physischer Gewalt kommt, oder was?

Prinzing:
Sie sollen sich setzen und geordnet teilnehmen.

Baader:
Das was Sie provozieren... Ich werde mich nicht setzen, ich werde nicht geordnet an der Verhandlung teilnehmen.

Prinzing:
Gut, dann müssen Sie eben im Stehen an der Verhandlung teilnehmen.

Baader:
Naja, das ist doch ein ganz dreckiger, ein ganz dreckiger Versuch hier. Sie haben die anderen beiden auch ausgeschlossen und Sie werden mich auch ausschließen müssen.

Prinzing:
Herr Baader, wenn Sie in dieser Weise fortfahren, von „dreckigen Versuchen“ zu sprechen, außerdem durch Ihr Stehen und so weiter die Verhandlung zu stören...

Baader:
Es ist eine dreckige Manipulation, daß Sie mich hier zwingen, verdammt noch

mal, fünf Minuten lang darauf zu beharren, daß Sie mich endlich ausschließen. Ich will hier raus, sehr einfach.

Prinzing:
Es ist... Es ist keine Frage Ihres persönlichen Wunsches. Sie haben die Pflicht, als Angeklagter hierzubleiben.

Baader:
Naja schön... Naja, dann machen Sie eben diese lächerliche Prozedur. Ich werde stören, solange ich hier drin bin.

Prinzing:
Bis jetzt stören Sie noch nicht.

Baader:
Na schön...

Prinzing:
Sie können auch im Stehen mit solchen Erklärungen an der Verhandlung teilnehmen. Wenn's dann störend wird, dann werden wir schon weitersehen, aber jedenfalls weise ich Sie darauf hin, das wissen Sie ja, im Falle von Störungen müßten Sie erneut ausgeschlossen werden.

Baader:
Naja, ich weise Sie darauf hin, Prinzing, daß Sie mich jetzt ausschließen werden, sonst sehe ich mich gezwungen, Sie zu beschimpfen, so wirklich lapidar, das ist...

Prinzing:
Herr Baader...

Baader:
Ja, wollen Sie es unbedingt hören? Also Sie können das hören, Sie können das in verschiedener Form haben.

Prinzing:
Ich will es nicht hören.

Baader:
Naja, Sie können auch von mir hören, daß Sie ein faschistisches Arschloch sind.

Prinzing:
Aha, ein faschistisches Arschloch.

Baader:
Schließen Sie mich jetzt aus, ja?

Ensslin [inzwischen hereingeführt]:
Und mich gleich mit, altes Schwein.

Prinzing:
Frau Ensslin, ich darf Sie auf folgendes hinweisen, Moment, daß sowohl Herr Raspe wie Frau Meinhof wie Herr Baader darüber unterrichtet worden sind, daß Sie jetzt unter Aufhebung des vorherigen Ausschlusses die Möglichkeit haben...

Baader:
Ich stelle nochmals ausdrücklich fest, Prinzing, Sie sind ein faschistisches altes Arschloch.

Prinzing:
Herrn Baader bitte das Wort abzustellen. [Zu Frau Ensslin:] Daß Sie die Gelegenheit haben, sich zur Person zu äußern.

Ensslin:
Wir sind verteidigungsunfähig, infolgedessen werden wir auch nicht teilnehmen, alte Sau.

Prinzing:
Es haben sich die anderen Angeklagten – ja –, Frau Ensslin, es haben sich die anderen Angeklagten geäußert dahin, daß sie sich nicht zur Person einlassen wollen...

Ensslin:
Ich habe das eben gesagt...

Prinzing:
Sie haben gestört. Ich habe vernommen, Sie haben mich, glaube ich, eine „alte Sau", habe ich es richtig gehört? Oder täusche ich mich? Ich möchte das festgestellt haben, trifft es zu? Und, Herr Baader, Sie haben mich ein „faschistisches Arschloch" geheißen.
Frau Ensslin, an Sie noch das letzte Wort. Wollen Sie sich zur Person äußern?

Ensslin:
Altes Schwein.

Prinzing: (nach geheimer Beratung):
Gut. Der Senat hat aufgrund der Äußerungen gegenüber dem Vorsitzenden „faschistisches Arschloch"...

Baader:
Kriegen Sie das Wort noch richtig raus?

Prinzing:
... „alte Sau" und „altes Schwein" die Angeklagten wieder von der heutigen Verhandlung *ausgeschlossen.* Sie sind abzuführen.

Mit Schreiben vom 7. Januar 1977 an den Präsidenten des Bundesgerichtshofes brachte Schily eine Lawine ins Rollen, die schließlich zum Auszug Prinzings aus dem Stammheimer Verfahren führen sollte:

OTTO SCHILY
Rechtsanwalt

7. Januar 1977

An den Herrn
Präsidenten des Bundesgerichtshofes
Robert Fischer
Herrenstraße 45 a
7500 Karlsruhe 1

Betr.: Herrn Bundesrichter Albrecht Mayer (3. Strafsenat des BGH)

Sehr geehrter Herr Präsident!
Wie bekanntgeworden ist, hat Herr Bundesrichter Mayer im Laufe des vergangenen Jahres der Zeitung „Die Welt" Ablichtungen aus den Gerichtsakten des vor dem Oberlandesgericht Stuttgart anhängigen Strafverfahrens gegen Baader u. a. (2 StE 1/74) sowie Ablichtungen der Tonbandniederschrift der Hauptverhandlung aus dem genannten Strafverfahren übersandt. Die bezeichneten Unterlagen hat Herr Bundesrichter Mayer der Zeitung „Die Welt" aus eigener Initiative und zu dem erklärten Zweck zur Verfügung gestellt, in diese Zeitung einen Artikel zu lancieren, der dazu dienen sollte, den Unterzeichneten und zugleich die Zeitschrift „Der Spiegel" in der Öffentlichkeit in Mißkredit zu bringen. Dies ergibt sich aus einem an den Chefredakteur der Zeitung „Die Welt", Herrn Dr. Herbert Kremp, gerichteten Schreiben von Herrn Bundesrichter Mayer, aus dem ich die folgenden Passagen zitieren darf:

„Lieber Cartellbruder Kremp!
Vielleicht erinnerst Du Dich noch an mich: Wir hatten im Frühjahr 1973 ein Telefongespräch, dessen Gegenstand eine von mir vorgeschlagene Veröffentlichung über experimentelle Untersuchungen der Sicherungsgruppe des Bundeskriminalamtes gewesen ist, mit denen die Möglichkeit überprüft worden war, ob der bekannte Ensslin-Kassiber, aus dem Zellenfenster gehalten, vom nahegelegenen Landgericht Essen aus mit einem Fernglas hatte abgelesen oder mit einem Teleobjektiv hatte aufgenommen werden können. Die Welt berichtete dann über diese Untersuchungen. In derselben Sache wende ich mich heute wiederum an Dich... Ich übersende Dir als Anlagen
1. auszugsweise Ablichtungen der kriminalpolizeilichen Vernehmung Müllers (Seite 46, 95, 180).
2. Auszug aus dem ... Wortprotokoll vom 13. Juli 1976.
Der ›kleine Dicke‹ ist der in Entebbe getötete Wilfried Böse. Daß es sich bei dem von ihm übergebenen Papier um den wenige Tage später der Meinhof abgenommenen Ensslin-Kassiber handelte, hat sich in der Verhandlung klar ergeben. Möchte sich die ›Welt‹ nicht unter dem Aspekt dieser neuen Erkenntnisse noch einmal mit dem Aufsatz im ›Spiegel‹ vom 4. 9. 1972 (Nr. 37) Seite 67 befassen? Nicht um meinetwillen, sondern um einmal wieder die Haltung und die Praktiken dieses Blattes deutlich werden zu lassen, das sich seinerzeit mit eilfertiger Bereitwilligkeit die – wie sich nun zeigt – von Ströbele und Müller ausgeheckte Entlastungslegende zu eigen machte und das den Baader-Meinhof-Leuten soviel publizistische, gelegentlich sogar materielle Unterstützung (Honorare für Interviews aus der Untersuchungshaft) zuteil werden ließ. Vielleicht könnte diese Aufgabe gar

einen Chefredakteur reizen? ... Es wäre mir lieb, wenn die übersandten Unterlagen, mit Ausnahme der Beschlußabschrift, falls Ihr auf sie Wert legt, nach Ausgebrauch vernichtet würden. Die Übersendung eines Belegexemplares, falls die angeregte Betrachtung erscheinen sollte, bedarf es nicht: ich habe die „Welt" abonniert. Solltest Du in der Sache noch eine Frage haben: ich bin im allgemeinen ... von 9 bis 12 Uhr ... beim BGH, ab 16 Uhr ... in meiner Wohnung erreichbar. Ich sah Dich im übrigen kürzlich zu mitternächtlicher Stunde in Jahn's Keller nach dem Festkommers in München und wechselte, neben Dir stehend, mit Franz-Josef Strauß ein paar Worte. Ich hätte Dich gerne begrüßt, wollte aber nach dieser Störung die ersichtlich angeregte Unterhaltung zwischen Dir und FJS nicht noch länger unterbrechen.

Mit herzlichen Grüßen bin ich Dein
gez. Albrecht Mayer"

Es ist als Verstoß gegen § 39 des Deutschen Richtergesetzes anzusehen, daß Herr Bundesrichter Mayer Aktenbestandteile aus einem Strafverfahren, die er sich zu beschaffen verstanden hat, an ein Presseorgan weiterleitet, um eine ihm genehme Veröffentlichung zu veranlassen. Daß sich Herr Bundesrichter Mayer der Unlauterkeit seines Vorgehens bewußt ist, beweist die von ihm in dem oben zitierten Schreiben geäußerte Bitte, die von ihm zur Verfügung gestellten Unterlagen „nach Ausgebrauch" zu vernichten.
Mit den Pflichten eines Richters, zumal wenn er ein so hohes Richteramt einnimmt wie Herr Bundesrichter Mayer, ist es unvereinbar, Kopien aus Gerichtsakten an Journalisten zu versenden und auf die Presseberichterstattung in derart tendenziöser Weise Einfluß zu nehmen. Erschwerend kommt hinzu, daß die Aktenteile, von denen Bundesrichter Mayer Kopien an „Die Welt" gesandt hat, weder durch Vorhalt noch durch Verlesung in die öffentliche Hauptverhandlung eingeführt worden sind. Die Veröffentlichung solcher Schriftstücke „im Wortlaut" ist durch § 353d Ziffer 3 StGB untersagt.
Wegen des geschilderten Sachverhalts erhebe ich daher namens und in Vollmacht von Frau Gudrun Ensslin

Dienstaufsichtsbeschwerde

und rege an, gegen Herrn Bundesrichter Mayer ein Disziplinarverfahren einzuleiten.
Ich bitte Sie, im Wege der Dienstaufsicht insbesondere aufzuklären, auf welche Weise Herr Bundesrichter Mayer in den Besitz der von ihm an die Zeitung „Die Welt" weitergeleiteten Unterlagen gelangt ist und ob er weitere Unterlagen erhalten und weitergeleitet hat. In diesem Zusammenhang darf ich darauf aufmerksam machen, daß sich die Zeitung „Die Welt" offenbar wiederholt durch Indiskretionen bestimmter Personen Einblick in Ermittlungsakten aus dem sogenannten „Baader-Meinhof-Komplex" verschaffen konnte und dies zu entsprechenden Veröffentlichungen genutzt hat.
Es besteht ferner Anlaß zu dem Verdacht, daß zwischen Herrn Bundesrichter Mayer und einem Mitglied des 2. Strafsenats des Stuttgarter Oberlandesgerichts ein Informationsaustausch mit mittelbaren oder unmittelbaren Auswirkungen

auf die Entscheidungen des 2. Strafsenats des Oberlandesgerichts Stuttgart einerseits und des 3. Strafsenats des Bundesgerichtshofes andererseits stattgefunden hat. In der Hauptverhandlung vor dem 2. Strafsenat des Oberlandesgerichts Stuttgart hat vor einiger Zeit die Verteidigung unwidersprochen vorgetragen, daß der Vorsitzende des Strafsenats, Herr Dr. Prinzing, jeweils vor wichtigen Beschlüssen des Strafsenats (z. B. Entscheidung über Weiterverhandlung in Abwesenheit der Angeklagten nach § 231 a StPO) Gespräche mit Mitgliedern des 3. Strafsenats geführt hat, der zur Entscheidung über die Beschwerde gegen Entscheidungen des Stuttgarter Oberlandesgerichts bzw. später zur Entscheidung über die Revision berufen ist. Angesichts der unverantwortlichen Methoden von Herrn Bundesrichter Mayer, die jetzt zutage treten, erscheint die Befürchtung nicht ungerechtfertigt, daß Herr Bundesrichter Mayer auf irreguläre Weise Einfluß auf die Entscheidungen des 2. Strafsenats des Oberlandesgerichts Stuttgart genommen hat oder umgekehrt sich Beeinflussungen hinsichtlich seiner richterlichen Tätigkeit im Rahmen seiner Aufgabe als Mitglied des 3. Strafsenats des Bundesgerichtshofes aufgeschlossen gezeigt hat. Herr Bundesrichter Mayer hat an zahlreichen Entscheidungen des 3. Strafsenats des Bundesgerichtshofes mitgewirkt, mit denen besonders folgenschwere, den Angeklagten nachteilige Entscheidungen des Stuttgarter Oberlandesgerichts (Entscheidung nach § 231 a StPO, Entscheidungen über Ausschlüsse von Verteidigern, Entscheidungen über Ablehnung einer Unterbrechung oder Aussetzung der Hauptverhandlung u. a.) bestätigt worden sind.
Eine umfassende und rückhaltlose Aufklärung sämtlicher Vorgänge, insbesondere eines möglichen Zusammenspiels zwischen Herrn Bundesrichter Mayer und einem Mitglied des 2. Strafsenats des Oberlandesgerichts beim Zustandekommen von Entscheidungen des 2. Strafsenats des Oberlandesgerichts Stuttgart einerseits und des 3. Strafsenats des Bundesgerichtshofes andererseits, ist dringend geboten.
Ich bitte Sie, mich möglichst kurzfristig über das Ergebnis der aufgrund Ihrer Dienstaufsichtsbefugnisse durchzuführenden Ermittlungen zu unterrichten. Im übrigen werde ich prüfen, ob ich Ihnen noch weiteres Material über die Aufklärung des Sachverhalts überlassen kann.
Wegen der weittragenden Bedeutung der Angelegenheit werde ich die Presse über den gegenwärtigen Sachstand informieren.

Mit vorzüglicher Hochachtung
gez. Schily
Rechtsanwalt

Im Zusammenhang mit der „Aktenaffäre Mayer" brachte Schily im Stammheimer Gerichtssaal folgendes Gesuch ein:

Otto Schily
Rechtsanwalt

10. Januar 1977

Oberlandesgericht Stuttgart
2. Strafsenat
Asperger Straße
7000 Stuttgart-Stammheim

In der Strafsache
./. Baader u. a.
(hier: Gudrun Ensslin)
– 2 StE 1/74 –

lehnt die Angeklagte Ensslin den Vorsitzenden Richter am Oberlandesgericht Stuttgart, Herrn Dr. Theodor Prinzing, wegen Besorgnis der Befangenheit ab. Namens der Angeklagten Ensslin wird das Ablehnungsgesuch wie folgt begründet:

I.
Der abgelehnte Richter hat ohne Wissen der übrigen Senatsmitglieder Ablichtungen aus den Ermittlungsakten dieses Verfahrens – und zwar solche Aktenbestandteile, die weder durch Vorhalt noch durch Verlesung in die Hauptverhandlung eingeführt worden sind – sowie Ablichtungen aus dem Wortprotokoll der Hauptverhandlung (Tonbandniederschrift) dritten am Prozeß nicht beteiligten Personen überlassen.

Glaubhaftmachung: dienstliche Erklärung des abgelehnten Richters

Zugleich hat der abgelehnte Richter den Adressaten gegenüber, die diese Unterlagen erhalten haben, durch eine bestimmte Kommentierung des Inhalts der Unterlagen den unterzeichneten Verteidiger der Angeklagten Ensslin herabzusetzen versucht.

Glaubhaftmachung: wie vor

Unter anderem hat der abgelehnte Richter Herrn Bundesrichter Albrecht Mayer Unterlagen der bezeichneten Art zur Verfügung gestellt und sich ihm gegenüber in der geschilderten Weise geäußert.

Glaubhaftmachung: wie vor

Herr Bundesrichter Mayer gehört dem 3. Strafsenat des Bundesgerichtshofes an, der zur Entscheidung über Beschwerden des 2. Strafsenats des Oberlandesgerichts Stuttgart sowie zur Entscheidung über eine Revision gegen ein Urteil dieses Senats berufen ist.

Glaubhaftmachung: wie vor

Die bezeichneten Unterlagen hat Herr Bundesrichter Mayer von dem abgelehnten Richter nicht auf dem Dienstweg, sondern „privat“ erhalten.

Glaubhaftmachung: wie vor

Die Weitergabe der Unterlagen an Herrn Bundesrichter Mayer hat der abgelehnte Richter auch nicht in den Gerichtsakten vermerkt.

Glaubhaftmachung: wie vor

Ferner ist in den Gerichtsakten auch keine Kopie eines Anschreibens an Herrn Bundesrichter Mayer abgeheftet.

Glaubhaftmachung: wie vor

Herr Bundesrichter Mayer war auch einer der Gesprächspartner, mit denen der abgelehnte Richter jeweils vor wichtigen Entscheidungen des Senats (Entscheidung zu § 231a StPO, Entscheidung zu § 146 StPO u.a.) Unterredungen geführt hat.

Glaubhaftmachung: wie vor

Zu der Frage, ob die Weitergabe von Ablichtungen von Wortprotokollen an Dritte statthaft ist, hat sich der Senat im September 1975 wie folgt geäußert:

„Es ist unzulässig, den Wortprotokollentwurf anderen Personen oder Institutionen als den am Verfahren beteiligten oder mit dem Verfahren amtlich befaßten zugänglich zu machen. Unzulässig ist insbesondere eine Veröffentlichung des Protokollentwurfs oder eine Weitergabe zu diesen Zwecken.“

Glaubhaftmachung: 1. dienstliche Erklärungen des abgelehnten Richters
2. Tonbandniederschrift vom 10. 9. 1975, Bl. 2912

Der abgelehnte Richter hat in der Sitzung vom 10. September 1975 zu der Weitergabe von Tonbandniederschriften auf Fragen eines Verteidigers u.a. folgendes erklärt:

„(Frage von Verteidiger Nicolas Becker: Ich nehme eher an, daß es sich also im wesentlichen darum handelt, daß aus dem Protokoll in der Presse nichts zitiert werden soll, oder daß Sie das verhindern möchten und bitte da um Auskunft, worauf Sie das stützen).
Anwort des Vorsitzenden: Also das ist ne Frage, die mich verwundert, Herr Rechtsanwalt. Ich meine, daß ist nun wirklich erstaunlich. Glauben Sie, daß ein normales Hauptverhandlungsprotokoll dazu zur Verfügung stünde, daß man es veröffentlicht? Und hier ein Wortprotokoll, das also weit über das hinausgeht, was das Gesetz erfordert, das *zum Schutze der Angeklagten* selbstverständlich niemals herausgegeben werden kann, auch wenn sie ein eigenes Interesse haben! ... Das sind Arbeitsgrundlagen für das Gericht, das sind Aktenbestandteile. Seit wann können denn Aktenbestandteile frei veröffentlicht werden ... Aktenbestandteile sind Arbeitsgrundlagen; Arbeitsunterlagen für Verfahrensbeteiligte, speziell für das Gericht, sind nicht zur Veröffentlichung bestimmt. Im Gegenteil: wenn irgendwelche Akten eingesehen werden sollen, dann bedarf es eines Interesses, wenn Außenstehender dazukommt es nachgewiesen werden muß. Schon daraus ergibt sich... Es war ... Anlaß darauf hinzuweisen, daß dieses Protokoll nicht etwa vervielfältigt und verteilt werden kann.“

Glaubhaftmachung:
1. dienstliche Erklärung des abgelehnten Richters,
2. Tonbandniederschrift vom 10. 9. 1975, Bl. 2912, 2913 und 2914.

Die übrigen Mitglieder des Senats hat der abgelehnte Richter nicht davon unterrichtet, daß er Ablichtungen aus den Ermittlungsakten sowie Ablichtungen des Wortprotokolls an Dritte weitergegeben hat.

Glaubhaftmachung:
1. dienstliche Erklärung des abgelehnten Richters,
2. dienstliche Erklärungen der Richter Dr. Foth, Maier, Dr. Breucker und Dr. Berroth.

II.
Das Ablehnungsgesuch ist rechtzeitig. Von den zur Begründung des Ablehnungsgesuches vorgetragenen Tatsachen, insbesondere der Tatsache, daß der abgelehnte Richter Ablichtungen von Ermittlungsakten sowie Ablichtungen von Tonbandniederschriften ohne Wissen der übrigen Senatsmitglieder an dritte, nicht prozeßbeteiligte Personen weitergegeben hat, hat die Angeklagte Ensslin erst heute durch den Unterzeichneten Kenntnis erhalten. Dies versichert der Unterzeichnete anwaltlich.

III.
Das Ablehnungsgesuch ist auch begründet.
Durch sein Verhalten hat der abgelehnte Richter in krasser Weise gegen seine richterlichen Pflichten verstoßen. Einem Richter ist es verwehrt, Ablichtungen aus Ermittlungsakten und Ablichtungen aus einem Wortprotokoll in einem Verfahren, in dem er als Richter amtiert, an dritte, nicht prozeßbeteiligte Personen weiterzugeben. Dies hat der abgelehnte Richter in seinen vorstehend zitierten Äußerungen in der Hauptverhandlung vom 10. September 1975 selbst anerkannt. Seinerzeit hatte der abgelehnte Richter betont, daß die Weitergabe von Wortprotokollen an dritte, nicht prozeßbeteiligte Personen *„zum Schutze der Angeklagten“* nicht zugelassen werden könne. Nachdem sich herausgestellt, daß der abgelehnte Richter in Verfolgung bestimmter Interessen selbst Ablichtungen der Wortprotokolle nicht prozeßbeteiligten Personen überlassen hat, wird erneut erkennbar, daß ihm „der Schutz der Angeklagten“ gleichgültig ist.
Der abgelehnte Richter wußte im übrigen, daß er pflichtwidrig handelt, wenn er Teile aus Gerichtsakten an nicht prozeßbeteiligte Personen weitergibt: denn er hat dies nicht nur den Prozeßbeteiligten, sondern auch den übrigen Mitgliedern des Senats verschwiegen. Ebenso hat er die Weitergabe der Unterlagen nicht aktenkundig gemacht.
Soweit der abgelehnte Richter nicht nur Ablichtungen aus den Wortprotokollen, sondern auch Ablichtungen aus den Ermittlungsakten an nicht prozeßbeteiligte Personen weitergegeben hat, ist der Hinweis auf die Strafbestimmung in § 353d Ziffer 3 StGB notwendig. Diese Vorschrift stellt die Veröffentlichung

von amtlichen Schriftstücken im Wortlaut, die noch nicht in einer öffentlichen Verhandlung erörtert worden sind, unter Strafe. Zwar ist die bloße Weitergabe von Ablichtungen aus Ermittlungsakten an Einzelpersonen nicht strafbar, jedoch handelt ein Richter gleichwohl pflichtwidrig, wenn er Schriftstücke der in § 353d Ziffer 3 StGB bezeichneten Art nicht prozeßbeteiligten Personen überläßt und auf diese Weise unter Umständen eine Veröffentlichung der Schriftstücke im Wortlaut ermöglicht.
Die Tatsache, daß der abgelehnte Richter unter anderem Herrn Bundesrichter Mayer bestimmte Informationen und Ablichtungen aus den Akten zukommen ließ, erhält ihren besonderen Akzent dadurch, daß Herr Bundesrichter Mayer dem 3. Strafsenat des Bundesgerichtshofes angehört. Dieser Senat ist zuständig für die rechtliche Überprüfung von Entscheidungen des 2. Strafsenats des Oberlandesgerichts Stuttgart in diesem Verfahren.
Eine rechtsstaatlichen Erfordernissen entsprechende rechtliche Überprüfung von Entscheidungen des 2. Strafsenats des Oberlandesgerichts Stuttgart durch den 3. Strafsenat des Bundesgerichtshofes setzt u.a. voraus, daß die Mitglieder des 3. Strafsenats frei von einer Beeinflussung durch einen Richter bleiben, der maßgeblich die Entscheidungen der Tatsacheninstanz mitbestimmt hat. Der Umstand, daß der abgelehnte Richter durch seine Handlungsweise mindestens in Kauf genommen hat, daß die Unvoreingenommenheit des Bundesrichters Mayer beeinträchtigt und infolgedessen eine vorurteilsfreie Überprüfung der Entscheidungen des 2. Strafsenats des Oberlandesgerichts Stuttgart vereitelt wird, rechtfertigt selbst bei größter Nachsicht, die dem abgelehnten Richter in den bisherigen Ablehnungsentscheidungen zuteilgeworden ist, nicht mehr die Annahme, der abgelehnte Richter sei zu einer unparteiischen richterlichen Tätigkeit in diesem Verfahren in der Lage.
Dem Ablehnungsgesuch ist daher stattzugeben.

(Schily)
Rechtsanwalt

Der Betroffene Prinzing gab daraufhin folgende „Dienstliche Erklärung“ ab:

Dr. Theo Prinzing
Vorsitzender Richter
am Oberlandesgericht

Stuttgart, den 10. 1. 1977

Dienstliche Erklärung

I. Gerhard Müller machte als Zeuge im hiesigen Verfahren unter anderem Angaben zum sogenannten „Ensslin-Kassiber“. Nach abgeschlossener Aussage

– die Presse hatte darüber bereits berichtet – rief mich Herr RiBGH A. Mayer an und erklärte, „uns“ oder „den Senat“ würde der den „Ensslin-Kassiber“ betreffende Teil der Aussage Müllers interessieren. Da der 3. Strafsenat des Bundesgerichtshofs, dem Herr Mayer angehört, seinerzeit den mit dem Kassiber zusammenhängenden „Schily-Beschluß“ gefaßt hatte, war es für mich selbstverständlich, daß es Herrn Mayer um die Unterrichtung des 3. Strafsenats über nachträgliche Tatsachen-Erkenntnisse zu dem seinerzeit Aufsehen erregenden Beschwerdeverfahren ging. Da ferner der „Schily-Beschluß“ auch nach dem Beschluß des Bundesverfassungsgerichts vom 14. 2. 73 in der Fachliteratur, aber auch in der Presse immer wieder angesprochen worden ist, lag das berechtigte amtliche Interesse des 3. Strafsenats, über weitere einschlägige Erkenntnisse unterrichtet zu sein, klar auf der Hand. Daher sagte ich die Übersendung der entsprechenden Aussageteile zu und ließ an einem der folgenden Tage von meiner Geschäftsstelle die entsprechenden Passagen – nach meiner Erinnerung 4 oder 5 Seiten – ablichten und an „Herrn Richter am Bundesgerichtshof A. Mayer, Karlsruhe, 3. Strafsenat“ mit Dienstpost absenden. Herr Mayer bot sich als Adressat an, weil er auf die Zusendung vorbereitet war, so daß ich die Übersendung formlos der Geschäftsstelle überlassen konnte. (Wäre es mir um eine private Unterrichtung gegangen, hätte ich selbstverständlich nicht den dienstlichen Weg gewählt.)

Ich sah und sehe die Übersendung für unbedenklich an. Dies um so mehr, als es sich nur um wenige thematische eng begrenzte und von Müller in öffentlicher Sitzung vor Presse und Publikum abgegebene Aussagen handelt. Vertraulich war daran kein Wort.
Dies gilt selbst, wenn ich zu vollständigen Informationen den Tonband-Seiten noch die das Thema betreffenden Passagen aus der polizeilichen Vernehmung Müllers beigefügt haben sollte. Sie deckten sich sachlich mit den Aussagen in der Hauptverhandlung. Ich bin mir allerdings nahezu sicher, die Teile aus den polizeilichen Protokollen nicht übersandt zu haben, kann dies aber nach über 1/2 Jahr letztlich nicht ausschließen.
In welcher Form Herr Mayer seine Senatskollegen unterrichten würde, war seine Sache. Ich kenne ihn seit 1 1/2 Jahrzehnten als äußerst korrekten gewissenhaften Richter und war mir sicher, daß die Mitteilung der betreffenden Aussageteile ausschließlich der dienstinternen Information des 3. Strafsenats dienen würde. Eine andere Verwendung entsprach weder meinem Wissen noch Wollen.
Die Übersendung konnte für Rechtsanwalt Schily, so wie ich die Dinge sehe, keinesfalls abträglich sein. Der Inhalt der übersandten Aussageteile (vermutlich S. 10295–10297, S. 10415, 10416 TN) erweist klar, daß ich bei der Vernehmung des Zeugen Müller das Thema, welchen Weg der Kassiber genommen hat, auf das Notwendige beschränkt habe. Im übrigen schienen mir die fraglichen Aussagen Müllers eher erleichternd für Rechtsanwalt Schily,

gegen den meines Wissens noch ein Verfahren wegen des Verdachts des Schmuggels dieses Kassibers läuft, weil sie den bestehenden Verdacht, soweit ich das sehen kann, nicht weiter erhärten. Ich meine sogar – die Ausführungen Rechtsanwalt Schilys bestärken mich in dieser Meinung – diese Ansicht in einer Randbemerkung auf einer der Ablichtungen auch ausgedrückt zu haben, bin mir dessen aber nicht sicher[22]. Gedacht habe ich jedenfalls so.

Zusammenfassend erkläre ich:
Mir ging es allein um die objektive innerdienstliche Unterrichtung des 3. Strafsenats, der daran ein berechtigtes Interesse hat.
Mit den Angeklagten hat die Sache überhaupt nichts zu tun.
Ich weiß es nicht, halte es aber für durchaus möglich, daß ich von der Bitte Herrn Mayers um Überlassung der Aussageteile meinen Senatskollegen nichts mitgeteilt habe. Über solche Dinge kann der Vorsitzende allein entscheiden. Mit Geheimhaltung hat das nichts zu tun (siehe dienstliche Versendung).

II. Auf die Verdächtigung, Senatsentscheidungen mit Richtern des Bundesverfassungsgerichts oder des 3. Strafsenats beim Bundesgerichtshof vorher abgesprochen zu haben, erklärte ich anläßlich einer früheren Ablehnung, mich über private Gespräche aus grundsätzlichen Erwähnungen nicht äußern zu wollen.
Das beruhte darauf, daß ich vom Bundesverfassungsgericht und vom 3. Strafsenat – ausgenommen Herrn RiBGH Mayer – keine Richter persönlich kenne und mit keinem je gesprochen habe. Meine Gespräche mit Herrn Mayer hatten aber, sehe ich von der Bitte um die Übersendung ab, sonst nur privaten Charakter.
Die neu aufgetretenen Umstände veranlassen mich, im dienstlichen Interesse auf die Wahrung meiner Privatsphäre zu verzichten. Ich erkläre, daß ich keine der vom Senat getroffenen Entscheidungen mit Richtern höherer Instanzen vorher abgesprochen habe, auch nicht mit Herrn Mayer. Sowohl er als auch ich waren im privaten Umgang hinsichtlich dienstlicher Angelegenheiten stets auf äußerste Korrektheit bedacht und haben Gespräche über bevorstehende Entscheidungen im Hinblick auf die Berührungspunkte unserer dienstlichen Aufgaben vermieden.

(Prinzing)

Das Ablehnungsgesuch wurde von den übrigen Richtern des Senats verworfen. Am 18. Januar 1977 beantragte Schily erneut, den Vorsitzenden

[22] [Eine im Antrag von Schily nicht zitierte Passage des Briefes von Richter Mayer an Chefredakteur Kremp lautet: „Der handschriftliche Vermerk auf dem Wortprotokollauszug stammt übrigens vom Vorsitzenden und bezieht sich eben auf Schily.“ Vgl. auch unten, S. 230.

Richter Theodor Prinzing wegen Besorgnis der Befangenheit abzulehnen. In zwei getrennt gestellten Gesuchen verweist der Rechtsanwalt auch auf Vorgänge vom 29. Juli 1976. Damals war ein Ablehnungsgesuch gegen Prinzing verworfen worden, das – ebenfalls von Schily – mit der Begründung gestellt worden war, Prinzing hege engen Kontakt mit Karlsruher Bundesrichtern, die in Beschwerde- und Revisionsangelegenheiten des Stammheimer Verfahrens tätig waren oder werden würden.
Die am 18. Januar 1977 gestellten Befangenheitsanträge haben folgenden Wortlaut:

OTTO SCHILY 18. Januar 1977
Rechtsanwalt

Oberlandesgericht Stuttgart
2. Strafsenat
Asperger Straße

7000 Stuttgart

In der Strafsache
./. Baader u. a.
(hier: Gudrun Ensslin)
– 2 StE 1/74 –

lehnt die Angeklagte Ensslin den Vorsitzenden Richter am Oberlandesgericht Dr. Prinzing wegen Besorgnis der Befangenheit ab.
Zur Begründung wird namens der Angeklagten Ensslin folgendes ausgeführt:
Der abgelehnte Richter hat sowohl am 29. 7. 1976 als auch am 10. 1. 1977 eine falsche dienstliche Erklärung abgegeben.
Am 29. Juli 1976 ist in einem gegen den Vorsitzenden gerichteten Ablehnungsgesuch der Angeklagten Ensslin vorgetragen worden, daß der abgelehnte Richter während der Hauptverhandlung, wenn wichtige Entscheidungen des 2. Strafsenats des OLG Stuttgart bevorstanden, mit Richtern des Bundesgerichtshofes Gespräche geführt hat, um sich über die Meinung der angesprochenen Richter zu den zur Debatte stehenden Fragen zu informieren.

Glaubhaftmachung:
1. Hauptverhandlungsprotokoll Bl. 10986 f.,
2. dienstliche Erklärung des abgelehnten Richters.

Zu dem damaligen Ablehnungsgesuch hat der abgelehnte Richter in seiner dienstlichen Erklärung vom 29. 7. 1976 wie folgt Stellung genommen:

„Ich gebe aus grundsätzlichen Erwägungen über private Gespräche, auch wenn sie sich mit Rechtsproblemen befaßt haben, keine Äußerung ab."

Glaubhaftmachung: Hauptverhandlungsprotokoll Bl. 10990.

In der dienstlichen Erklärung vom 10. 1. 1977 hat der abgelehnte Richter unter Bezugnahme auf ein erneutes Ablehnungsgesuch der Angeklagten Ensslin folgendes erklärt:

„Meine Gespräche mit Herrn Mayer hatten aber, sehe ich von der Bitte um die Übersendung ab, sonst nur privaten Charakter.
Die neu aufgetretenen Umstände veranlassen mich, im dienstlichen Interesse auf die Wahrung meiner Privatsphäre zu verzichten. Ich erkläre, daß ich keine der vom Senat getroffenen Entscheidungen mit Richtern höherer Instanzen vorher abgesprochen habe, auch nicht mit Herrn Mayer. Sowohl er als auch ich waren im privaten Umgang hinsichtlich dienstlicher Angelegenheit stets auf äußerste Korrektheit bedacht und haben Gespräche über bevorstehende Entscheidungen im Hinblick auf die Berührungspunkte unserer dienstlichen Aufgaben vermieden."

Glaubhaftmachung:
1. dienstliche Erklärung des abgelehnten Richters,
2. die bei den Gerichtsakten befindliche dienstliche Erklärung des abgelehnten Richters vom 10. 1. 1977.

Sowohl die dienstliche Erklärung vom 29. 7. 1976 als auch die dienstliche Erklärung vom 10. 1. 1977 des abgelehnten Richters sind unrichtig.
In einem Privatgespräch mit einem Journalisten, der in Südwestdeutschland ansässig ist, hat der abgelehnte Richter u.a. folgendes geäußert: Sie, die Senatsmitglieder, seien bei ihren Entscheidungen schon vorsichtig. Ich mache das so, ich telefoniere vorher mit dem Bundesgerichtshof.

Glaubhaftmachung: dienstliche Erklärung des abgelehnten Richters.

Ferner äußerte der abgelehnte Richter gegenüber dem Journalisten, er müsse über das Gespräch gegenüber jedermann absolutes Stillschweigen bewahren.

Glaubhaftmachung: wie vor.

Nachdem am 29. 7. 1976 der bereits erwähnte Ablehnungsantrag gestellt worden war, hat der abgelehnte Richter den Journalisten, der seinerzeit sein Gesprächspartner war, angerufen, ihn zur Rede gestellt und ihn gefragt, wie Rechtsanwalt Schily denn zu diesen Informationen, die Gegenstand des Ablehnungsgesuches waren, komme. Der Journalist erwiderte, er habe keine Informationen an Rechtsanwalt Schily weitergegeben.

Glaubhaftmachung: wie vor.

Die Tatsache, daß der abgelehnte Richter zwei falsche dienstliche Erklärungen abgegeben hat, rechtfertigt seine Ablehnung wegen Besorgnis der Befangenheit. Abgesehen davon ergibt sich jetzt, daß der Tatsachenvortrag in dem

Ablehnungsgesuch vom 29. 7. 1976 von dem abgelehnten Richter zu Unrecht abgestritten wurde.
Gesprächspartner des abgelehnten Richters bei den fraglichen telefonischen Unterredungen war jeweils Bundesrichter Mayer.

Glaubhaftmachung: dienstliche Erklärung des abgelehnten Richters.

Damit ist ein weiteres Zusammenwirken zwischen dem abgelehnten Richter und Bundesrichter Mayer bei den Entscheidungen des 2. Strafsenats des OLG Stuttgart einerseits und des 3. Strafsenats des BGH andererseits sichtbarer geworden.
Von dem vorstehenden Sachverhalt hat die Angeklagte Ensslin erst heute durch den Unterzeichneten Kenntnis erhalten, was dieser anwaltlich versichert.

(Schily)
Rechtsanwalt

OTTO SCHILY
Rechtsanwalt

18. Januar 1977

Oberlandesgericht Stuttgart
2. Strafsenat
Asperger Straße

7000 Stuttgart

In der Strafsache
./. Baader u. a.
(hier: Gudrun Ensslin)
– 2 StE 1/74 –

lehnt die Angeklagte Gudrun Ensslin den Vorsitzenden Richter am Oberlandesgericht Dr. Prinzing wegen Besorgnis der Befangenheit ab.
Zur Begründung wird namens der Angeklagten Ensslin folgendes ausgeführt:
Der abgelehnte Richter hat am 10. Januar 1977 eine falsche dienstliche Erklärung abgegeben.
In seiner dienstlichen Erklärung vom 10. Januar 1977 hat der abgelehnte Richter die Behauptung aufgestellt, Herr Bundesrichter Mayer habe ihn angerufen und erklärt, „uns“ oder „den Senat“ würde der den „Ensslin-Kassiber“ betreffende Teil der Aussage Müllers interessieren. In den weiteren Ausführungen in seiner dienstlichen Erklärung vom 10. 1. 1977 spricht der abgelehnte Richter ferner von einem „berechtigten amtlichen Interesse des 3. Strafsenats, über weitere einschlägige Erkenntnisse unterrichtet zu sein“.

Glaubhaftmachung: dienstliche Erklärung des abgelehnten Richters vom 10. 1. 1977.

Die Behauptung, es habe ein „amtliches Interesse des 3. Strafsenats" vorgelegen und die Anforderung der Unterlagen durch Bundesrichter Mayer sei entsprechend begründet worden, ist unrichtig.
Keinem der Mitglieder des 3. Strafsenats des Bundesgerichtshofes – mit Ausnahme von Bundesrichter Mayer – war etwas davon bekannt, daß irgendwelche Unterlagen aus dem Stammheimer Verfahren bezüglich der Aussage des Zeugen Gerhard Müller angefordert worden sind.

Glaubhaftmachung:
1. anliegende eidesstattliche Erklärung von Prof. Dr. Uwe Wesel, 1000 Berlin 33, Königsallee 41,
2. Einholung einer dienstlichen Erklärung des Vorsitzenden Richters am Bundesgerichtshof Schmidt (3. Strafsenat).

Die von dem abgelehnten Richter Herrn Bundesrichter Mayer übersandten Aktenstücke sind auch nicht zu irgendwelchen Akten des Bundesgerichtshofes genommen worden, ebensowenig haben die übrigen Mitglieder des 3. Strafsenats des Bundesgerichtshofes Kenntnis von den Aktenunterlagen erhalten.

Glaubhaftmachung: wie vor.

Die Glaubhaftmachung in der Form einer vom Gericht anzuordnenden Einholung einer dienstlichen Erklärung des Herrn Vorsitzenden Richters am Bundesgerichtshofes Schmidt ist ausnahmsweise zulässig, da dieser gegenwärtig nicht erreichbar ist, weil er sich bis zum Ende des Monats im Urlaub befindet.

Glaubhaftmachung:
1. anliegende eidesstattliche Erklärung von Prof. Dr. Wesel,
2. anliegende eidesstattliche Erklärung von Rechtsanwalt Nicolas Becker, 1000 Berlin 15, Schaperstraße 15.

Aus dem glaubhaft gemachten Sachverhalt ergibt sich, daß entgegen der Darstellung des abgelehnten Richters ein amtliches Interesse des 3. Strafsenats des Bundesgerichtshofes nicht vorlag und daß die Übersendung der Unterlagen ausschließlich aufgrund der langjährigen privaten Bekanntschaft zwischen dem abgelehnten Richter und Bundesrichter Mayer erfolgt ist. In diesem Zusammenhang ist nochmals auf die Form der Übersendung der Unterlagen aufmerksam zu machen: ohne Anschreiben, mit einer handschriftlichen Notiz, ohne Ausgangsvermerk in den Stuttgarter Akten bzw. Eingangsvermerk in den Karlsruher Akten!
Demnach ist auch die Behauptung des abgelehnten Richters unrichtig, Bundesrichter Mayer habe die Unterlagen nicht zur privaten, sondern zur amtlichen Information des gesamten 3. Strafsenats angefordert. Dadurch wird zugleich der von der Angeklagten Ensslin geltend gemachte Verdacht erhärtet, daß der abgelehnte Richter, den mit Bundesrichter Mayer ein besonderes Vertrauensverhältnis verband, über die beabsichtigte Weitergabe der Unterla-

gen an den Chefredakteur der Zeitung „Die Welt“, Dr. Kremp, durch Bundesrichter Mayer unterrichtet war.
Über den jetzt mit dem Ablehnungsgesuch vorgetragenen Sachverhalt, soweit er über den Tatsachenvortrag in dem Ablehnungsgesuch vom 10. 1. 1977 hinausgeht, ist die Angeklagte Ensslin erst heute von dem Unterzeichneten unterrichtet worden. Dies versichert der Unterzeichnete anwaltlich. Das Ablehnungsgesuch ist daher rechtzeitig.
Das Ablehnungsgesuch ist mit Rücksicht auf die unrichtige dienstliche Äußerung des abgelehnten Richters und der Aktenweitergabe an Bundesrichter Mayer auch begründet.

(Schily)
Rechtsanwalt

Kurz zuvor, am 13. Januar 1977, hatte erstmals auch einer der Pflichtverteidiger, der Frau Ensslin zugeordnete Anwalt Manfred Künzel, den Vorsitzenden Richter wegen Besorgnis der Befangenheit abgelehnt. Da Künzel während seiner Ausbildung bei Prinzing beschäftigt gewesen war, bestanden persönliche Kontakte zwischen ihm und Prinzing; so kam es nach seinem Antrag zu einer privaten Unterredung, in der Prinzing auf Künzel einzuwirken versuchte; sie sollte schließlich für die Ablehnung des Vorsitzenden ausschlaggebend werden.
Zunächst stellte Rechtsanwalt Heldmann folgenden Antrag:

Rechtsanwalt Heldmann:

Herr Baader lehnt den Vorsitzenden Richter Dr. Prinzing wegen der Besorgnis der Befangenheit ab.

Gründe:

Der abgelehnte Richter hat mit einem der Verteidiger in diesem Verfahren außerhalb der Hauptverhandlung Kontakt aufgenommen, um mit ihm über in der Hauptverhandlung gestellte Anträge, zumindest jedoch über einen in der Hauptverhandlung gestellten Antrag zu sprechen. Im Verlauf dieses Gesprächs hat der abgelehnte Richter sinngemäß folgendes geäußert:
1. Es mache einen Unterschied aus, ob ein Ablehnungsgesuch von dieser oder von jener Seite der Verteidigerbänke gestellt werde.
2. Den Ablehnungsanträgen lägen ohnehin nur die Vorstellungen der antragstellenden Verteidiger zugrunde.
3. Hingegen käme es den Angeklagten doch auf Ablehnungsgründe gar nicht an.

Damit hat der abgelehnte Richter erneut seine Befangenheit gegenüber den Angeklagten und auch in seinem Verhältnis zu deren Verteidigern offenbart. Seine Äußerungen begründen die Besorgnis seiner Befangenheit gegenüber dem Angeklagten Baader auch insoweit,

a) daß der abgelehnte Richter Anträge der von den Angeklagten gewählten Verteidiger gegenüber denen der anderen Verteidiger von vornherein geringer bewertet und – sind es Ablehnungsanträge Unabhängiger – in ihrem Inhalt als zumindest unbegründet würdigt; dem entspricht im übrigen seine Praxis, diesen für Ablehnungsanträge ganz regelmäßig jegliche Pause zu verweigern, wo er an anderer Stelle, gegenüber einem anderen, antragsgemäß Pause gewährt hat, und

b) daß der abgelehnte Richter für die Angeklagten eine Besorgnis der Befangenheit von vornherein ausschließt – beziehe also auf Punkt 3 des Tatbestands – von vornherein ausschließt, was zu der bekannten Folge führt, daß die Bestimmungen der Strafprozeßordnung über die Richterablehnung in diesem Verfahren nach Richterermessen als unanwendbar behandelt werden. Das ist ungesetzlich, das weiß – wie jeder Jurist – auch der abgelehnte Richter.

Rechtsanwalt Schily schloß sich für seine Mandantin Gudrun Ensslin Heldmanns Antrag telegrafisch an und reichte dann folgendes Gesuch schriftlich ein:

OTTO SCHILY
Rechtsanwalt

Berlin, 19. Januar 1977

Oberlandesgericht Stuttgart
Asperger Straße
7000 Stuttgart-Stammheim

In der Strafsache
./. Baader u. a.
(hier: Gudrun Ensslin)
– 2 StE 1/74 –

lehnt die Angeklagte Ensslin den Vorsitzenden Richter am OLG Stuttgart Dr. Prinzing wegen Besorgnis der Befangenheit ab.

Begründung:

Der abgelehnte Richter hat in der vergangenen Woche außerhalb der Hauptverhandlung versucht, auf einen gerichtlich bestellten Verteidiger einzuwirken, nachdem dieser in der Hauptverhandlung einen Antrag gestellt hatte. In dem zwischen dem abgelehnten Richter und dem Verteidiger geführten Gespräch erklärte der abgelehnte Richter, es sei eben ein Unterschied, ob ein Antrag von dieser oder von jener Seite der Verteidigungsbank gestellt werde, die bisher gestellten Befangenheitsanträge entsprächen nicht dem objektiven Interesse oder wirklichen Empfinden der Angeklagten, sondern seien alle als Maßnahmen eines Rechtsanwalts anzusehen.

Glaubhaftmachung: dienstliche Erklärung des abgelehnten Richters

Auch diese Äußerungen des abgelehnten Richters außerhalb der Hauptverhandlung begründen die Besorgnis der Befangenheit. Von diesen Äußerungen hat der Unterzeichnete erst am 18. Januar 1977 nachmittags erfahren. Dies wird anwaltlich versichert.

(Schily)
Rechtsanwalt

Der von den Ablehnungsgesuchen Betroffene gab folgende dienstliche Erklärung ab:

Dr. Theo Prinzing
Vors. Richter am OLG

Stuttgart, 20. 1. 1977

Dienstliche Erklärung

Herr Rechtsanwalt Künzel hat in der Begründung seines Ablehnungsgesuchs vom 13. 1. 77 gegen mich nachdrücklich betont, die von ihm vorgetragenen Umstände bedürften einer sachlichen Diskussion, sonst bliebe am Verfahren ein Makel haften. Er zeigte beim Vortrag seines Antrags starkes persönliches Engagement, das ihn sehr betroffen scheinen ließ, als der Senat keine sachliche Entscheidung getroffen, die Ablehnung vielmehr aus formellen Gründen verworfen hat. Da außerdem die gegen mich und anschließend die weiteren Mitglieder des Senats erhobenen sehr schweren Vorwürfe (bewußte Tatsachenunterdrückung, Rechtsmißbrauch) für mich in einem offensichtlichen Mißverhältnis zu der Sorgfalt standen, die Herr Rechtsanwalt Künzel bei der Ermittlung der der Ablehnung zugrundegelegten Umstände angewandt hatte (er benutzte ein falsches Zitat als Ausgangspunkt), schien es auch mir notwendig, sachlich zu den aufgestellten Behauptungen Stellung zu nehmen. Ich beabsichtigte dies zunächst in der Hauptverhandlung zu tun, beließ es dann aber bei einer kurzen allgemeinen Bemerkung über die Unbegründetheit der Besorgnis Rechtsanwalt Künzels, es sei unkorrekt vorgegangen worden. Ich wollte auch vermeiden, ihn in öffentlicher Sitzung auf seine geringe Sorgfalt

angesichts so schwerer Vorwürfe hinzuweisen. Nach längerer Überlegung entschloß ich mich, Herrn Rechtsanwalt Künzel wenigstens außerhalb der Hauptverhandlung über die Grundlosigkeit seiner sachlichen Bedenken aufzuklären, aber auch, ihn darauf hinzuweisen, daß er diese Bedenken bei größerer Sorgfalt leicht hätte vermeiden können.
Ich habe betont, welcher Belastung das Gericht und speziell ich gegenwärtig im Zusammenhang mit der Aktenanforderung des Herrn RiBGH Mayer ausgesetzt seien und daß es eine zusätzliche Belastung bedeute, wenn von Seiten der nicht von den Angeklagten gewählten Pflichtverteidiger auch derartig schwerwiegende Vorwürfe in der Öffentlichkeit vorgetragen werden würden. Damit sprach ich lediglich die zu erwartende – und wohl auch eingetretene – besondere Aufmerksamkeit an, die nach früheren Erfahrungen Anträge von dieser Seite der Verteidigerbank in der Öffentlichkeit finden. Eine unterschiedliche Bedeutung der Anträgc „von dieser oder jener Seite" für das entscheidende Gericht war damit nicht gemeint; ich kenne diesen Unterschied auch nicht.
Herr Rechtsanwalt Künzel bestätigte mir meine Vermutung, daß ihm die Antragstellung schwer gefallen sei. Er verwies dabei darauf, er müsse als Anwalt alles aus der Sicht der Mandanten sehen. – Ich füge hier ein, daß ich Begegnungen mit Anstaltsbediensteten der VA Stuttgart häufig dazu benütze, um Fragen nach dem Gesundheitszustand der Angeklagten und der Auswirkung des Prozeßgeschehens auf ihren Zustand zu stellen. Dazu halte ich mich, nachdem ich keinen eigenen Eindruck von den Angeklagten gewinnen kann, als Haftrichter für verpflichtet. Einen oder zwei Tage vor dem Ablehnungsantrag vom 13. 1. erfuhr ich auf eine solche Frage, der Zustand der Angeklagten sei unverändert, von den bekanntgewordenen Vorgängen im Zusammenhang mit der sogenannten Akten-Affäre zeigten sie sich merkwürdig unberührt und ohne Interesse, Baader habe sogar geäußert, was das „wieder für eine Kiste" eines Rechtsanwalts sei. –
Herrn Rechtsanwalt Künzels Hinweis (Sicht der Angeklagten) veranlaßte mich, ihm als Verteidiger diese Kenntnis mitzuteilen. Es kann sehr wohl sein, daß die Angeklagten (bisher) kein Interesse gezeigt und keine eigenen Vorstellungen eingebracht hätten.
Daß es den Angeklagten generell auf Ablehnungsgründe nicht ankäme oder daß für sie die Akten-Affäre grundsätzlich bedeutungslos wäre, war damit weder gesagt noch gemeint. Es ging hier nur um die augenblickliche Situation hinsichtlich eines vom Gericht bereits entscheidungsmäßig beurteilten Vorganges. Auf die zukünftige Verteidigertätigkeit Herrn Rechtsanwalts Künzels habe ich nicht einwirken wollen, sieht man davon ab, daß ich den Hinweis auf eine mögliche bessere Sorgfalt gegeben habe.
Ich fühle mich nicht befangen.

(Prinzing)

Dann nahm die Bundesanwaltschaft außerhalb der Hauptverhandlung Stellung:

GENERALBUNDESANWALT Beim Bundesgerichtshof

z. Z. Stgt.-Stammheim, 20. Jan. 1977

Zu den Ablehnungsgesuchen der Angeklagten Baader und Ensslin gibt die Bundesanwaltschaft folgende Stellungnahme ab:
Als Hauptvorwurf wird geltend gemacht, daß der abgelehnte Richter zu Rechtsanwalt Künzel außerhalb der Hauptverhandlung Kontakt gesucht hat, um ihn in unzulässiger Weise im Hinblick auf sein künftiges Prozeßverhalten zu beeinflussen. Dies ist jedoch nicht in ausreichendem Maße dargetan. Vielmehr ergibt sich aus der Darstellung des Richters, daß Anlaß und Gegenstand dieses Gesprächs sein berechtigtes Bestreben war, den Verteidiger über „Informationslücken" zu unterrichten und diese auszufüllen.
Eine solche Unterrichtung durfte der abgelehnte Richter um so mehr für angebracht halten, nachdem es sich bei Rechtsanwalt Künzel um einen Verteidiger handelt, mit dem Gespräche zu führen die Angeklagten ablehnen. Gerade unter diesen Umständen durfte der Richter sein dienstliches Wissen über die weiteren prozessualen Vorstellungen der Angeklagten offenlegen. Nicht zuletzt wollte der Richter vermeiden, daß diese zweifellos vorhandene „Informationslücke" in der Hauptverhandlung zur Sprache käme. Ein gegen die Angeklagten gerichtetes Verhalten kann darin nicht erblickt werden.
Der abgelehnte Richter brachte nach seiner dienstlichen Äußerung in dem Telefongespräch mit Rechtsanwalt Künzel zwar zum Ausdruck, daß „nach früheren Erfahrungen Anträge von dieser Seite der Verteidigerbank in der Öffentlichkeit" Aufmerksamkeit finden. Zu Recht betont der Richter, daß dadurch noch keine unterschiedliche Wertung der Anträge beabsichtigt war und so auch nicht aus der Sicht der Angeklagten verstanden werden kann.
Nach alledem können auch aus der Sicht vernünftiger Angeklagter keine Zweifel an der Unvoreingenommenheit des abgelehnten Richters geltend gemacht werden.
Daher wird beantragt,
das Ablehnungsgesuch als unbegründet zurückzuweisen.

i. A. (Wunder)

Ebenfalls außerhalb der Hauptverhandlung äußerte sich Rechtsanwalt Künzel:

Rechtsanwalt Manfred Künzel 20. Jan. 1977

An den
2. Strafsenat
beim Oberlandesgericht

7000 Stuttgart

Zu der dienstlichen Erklärung des Herrn Vorsitzenden Richter Dr. Prinzing vom 20. 1. 1977 gebe ich folgende Stellungnahme ab:
Herr Dr. Prinzing hat mich am Abend des 13. 1. 1977 angerufen. Er sagte, er rufe mich an, weil er den Eindruck habe, daß mir die Stellung eines Ablehnungsantrags sehr schwer gefallen sei. Er sagte, wenn ich nur wenigstens richtig zitiert hätte. Ich nahm diesen Vorwurf hin, weil mir das Gespräch zur Klärung von Einzelheiten, die die Verteidigung betreffen, ungeeignet schien. Herr Dr. Prinzing sagte mir, daß mein Antrag das Schlimmste gewesen sei, was er in den zwei Jahren mitgemacht habe, und brachte zum Ausdruck, daß es für ihn einen Unterschied mache, von welcher Seite ein solcher Antrag käme. Herr Dr. Prinzing hielt mir weiter vor, daß jetzt die Presse wieder über ihn herfalle. Ich erklärte Herr Dr. Prinzing, daß seine Stellungsnahme vom 29. 7. 76 in einem Ablehnungsverfahren für alle Beteiligten unverständlich gewesen sei. Dadurch, daß er auf die Vorwürfe, er habe Kontakt zu Richtern übergeordneter Instanzen, lediglich erklärt habe, er sage über private Gespräche, auch wenn sie sich mit Rechtsfragen befassen, nichts aus, habe er doch der Vermutung Nahrung gegeben, daß solche Kontakte tatsächlich bestanden.
Ich bat Herrn Dr. Prinzing, sich doch einmal in die Lage der Frau Ensslin zu versetzen, die sich nun sagen müsse, daß eine zukünftige Revision sinnlos ist und die sich später immer sagen müsse, daß ihre Revision sinnlos gewesen sei, weil ja ein Austausch zwischen den beteiligten Senaten stattgefunden habe (mit dem Ziel, ein revisionssicheres Urteil zu erstellen).
Herr Dr. Prinzing sagte darauf wörtlich:
„Das ist doch der Frau Ensslin egal: das kommt doch alles von Rechtsanwalt Schily."
Ich sagte, daß ich mir das nicht vorstellen könne, wenn ich versuche, mir die Lage der Frau Ensslin zu vergegenwärtigen. Herr Dr. Prinzing sagte darauf, das würde ich abstrakt sehen, er wisse konkret, daß es Frau Ensslin egal sei.
Von Herrn Baader war in dem ganzen Gespräch nicht die Rede. Aber auch dieser Hinweis wäre nicht geeignet gewesen, meine im Telefonat zum Ausdruck gebrachte Besorgnis zu entkräften. Wenn mir Herr Dr. Prinzing schon in dem Telefonat zur Begründung seiner vermeintlichen Unbefangenheit eine Äußerung von Herrn Baader entgegengehalten hätte (nach einem Zitat vom Hörensagen), dann hätte ich gerade darin erneut einen Ausdruck der Befangenheit des Vorsitzenden Richters gesehen und dies zum Ausdruck gebracht.

Es mag sein, daß der Vorsitzende Richter auf meine zukünftige Verteidigertätigkeit keinen Einfluß nehmen wollte. Auf mich hat dieses Gespräch anders gewirkt und mußte anders wirken, zumal da Herr Dr. Prinzing sagte: „Wenn ich das nicht durchhalte, Herr Künzel..."
Ein Richter, der diese Sorge hat, sie einem anderen gegenüber äußert und dies gegenüber einem Verteidiger, der gerade einen Ablehnungsantrag gegen ihn gestellt hat, will auf die Verteidigung einwirken.

(Künzel)
Rechtsanwalt

Nach erneuten Stellungnahmen von Rechtsanwälten sah sich Prinzing veranlaßt, eine zweite dienstliche Erklärung abzugeben. Im Foyer des Sitzungssaales (alle geschilderten Vorgänge, ausgenommen der einleitende Antrag Heldmanns, spielten sich außerhalb der Hauptverhandlung hinter den für die Öffentlichkeit geschlossenen Türen ab) hieß es: „Prinzing kämpft weiter um seinen Stuhl".

Dr. Theo Prinzing
Vors. Richter am OLG

Stuttgart, 20. 1. 1977

Dienstliche Erklärung

Aufgrund der Stellungnahme der Verteidiger *ergänze* ich meine dienstliche Äußerung wie folgt:

(Zu RA Künzel:)
Auch so, wie Herr Rechtsanwalt Künzel den Zusammenhang, in dem ich auf den „Unterschied" hinwies, wiedergibt – ich habe keine bessere Erinnerung – trifft es sich mit meiner Darstellung: Das zu erwartende Interesse in der Öffentlichkeit (Presse), nicht aber die Bedeutung für die Entscheidung des Gerichts, waren mit Anlaß zu der Bewertung über den Unterschied.
Es mag sein, daß ich Herrn Rechtsanwalt Künzel gegenüber nur von Frau Ensslin, die er verteidigt, sprach und vielleicht Herrn Baader nicht erwähnte. Jedenfalls vermittelte ich ihm das durch die Auskunft eines Beamten der JVA erhaltene Wissen, das sich auf „die Angeklagten" bezog. Ich hielt mich für befugt, dieses Wissen somit auch auf Frau Ensslin zu beziehen. Ich habe meines Wissens auch bemerkt, daß das, was ich „konkret" wisse, von der Vollzugsanstalt stamme.
Ich habe Herrn Rechtsanwalt Künzel nicht so verstanden, daß er die grundsätzlichen Befürchtungen seiner Mandantin hinsichtlich des Sinnes einer (eventuellen) Revision ansprechen wollte, sondern nahm an, es gehe nur um den

konkreten Fall, nämlich Bekanntwerden der Aussagen Müllers über den Weg des „Ensslin-Kassibers“ beim 3. Strafsenat. Hieran hatten die Angeklagten nach der erwähnten Auskunft bis dahin kein Interesse gezeigt. Nur das wollte ich zum Ausdruck bringen.
Das prinzipielle Interesse der Angeklagten daran, daß zwischen Tat- und Rechtsmittelinstanz keine *unerlaubten* Beziehungen eintreten, würde ich nicht in Frage gestellt haben.
Soweit Herr Rechtsanwalt Künzel erwähnt, es sei vom „Durchhalten“ gesprochen worden, kann ich das nicht widerlegen. Er war einst Referendar bei mir. Das Gespräch hatte daher, was die derzeitige Belastung anlangt, eine persönliche Note. Er selbst erklärte, nahezu am Ende zu sein. Meine Bemerkung kann, wenn sie so gefallen ist, nur eingeordnet werden in meine Vorhalte wegen seiner der Schwere der Vorwürfe nicht angepaßten Sorgfalt; sie hatte also nur den Sinn, ihm aufzuzeigen, daß Sorgfalt vor solch belastenden Vorwürfen erwartet werden dürfe.

(Zu RA Heldmann:)
Auf die Auskunft aus der JVA habe ich mich verlassen. Sie hatte für mich einen unverfänglichen Inhalt, den ich dem Verteidiger Frau Ensslins, Herrn Rechtsanwalt Künzel, ohne weiteres anvertrauen konnte. Da über seinen Antrag schon Stunden zuvor entschieden war, konnte und sollte diese Information keine aktuelle Wirkung mehr haben, sondern nur sein Bild vervollständigen.

(Zu RA Weidenhammer:)
Es ist kein Gegensatz, wenn ich Herrn Rechtsanwalt Künzel über die Grundlosigkeit seiner Bedenken aufklären wollte und (dabei auch) die entstandene Belastung betonte. Auch das hatte nur den Sinn, aufzuzeigen, warum ich die notwendige Sorgfalt vor der Erhebung so schwerer Vorwürfe besonders vermißt habe.
Daß ich unter „Belastung“ nicht die „tatsächliche Einbringung von Arbeit“, sondern einen psychischen Zustand meinte, dürfte klar sein.

(Prinzing)

Der andere Gesprächspartner, Rechtsanwalt Künzel, erklärte danach ausdrücklich, er sehe sich keineswegs veranlaßt, von seiner zuerst abgegebenen Stellungnahme abzuweichen. Wieder äußerten sich alle Verfahrensbeteiligten zu den Stellungnahmen. Es war bereits Abend geworden. Dann verkündete der neue Vorsitzende Eberhard Foth folgenden Gerichtsbeschluß:

2 StE (OLG Stgt.) 1/74

OBERLANDESGERICHT STUTTGART
– 2. Strafsenat –

Beschluß vom 20. Januar 1977
in der Strafsache gegen A. Baader u. a.
wegen Mordes u. a.

Die Ablehnung des Vorsitzenden Richters Dr. Prinzing ist begründet.

Gründe:

Darauf, ob Dr. Prinzing befangen ist oder sich befangen fühlt, kommt es entscheidend nicht an. Maßgebend ist, ob aus der Sicht der Angeklagten vernünftigerweise Mißtrauen in die Unparteilichkeit des Richters gesetzt werden kann. Diese Befürchtung ist nicht ganz von der Hand zu weisen, wenn Dr. Prinzing – nach seiner dienstlichen Erklärung – Rechtsanwalt Künzel seine „Kenntnis" mitgeteilt hat, die Angeklagten zeigten sich von den bekanntgewordenen Vorgängen im Zusammenhang mit der sog. Akten-Affäre merkwürdig unberührt und ohne Interesse, Baader habe sogar geäußert, was das wieder für eine Kiste eines Rechtsanwalts sei, oder – nach der Erinnerung von Rechtsanwalt Künzel – „Das ist doch der Frau Ensslin egal, das kommt doch alles von Rechtsanwalt Schily". Ging der abgelehnte Richter von einem solchen Sachverhalt aus, ohne daß eine Klärung stattgefunden hätte, und brachte er ihn in Zusammenhang mit vorausgegangenen Anträgen der Verteidigung, so ist aus der Sicht der Angeklagten die Befürchtung nicht unbegründet, Dr. Prinzing messe aufgrund eines solchen ungeprüften Vorganges derartigen Anträgen eine geringere Bedeutung bei, als ihnen sonst zukäme.
Da dieser Grund geeignet ist, die Ablehnung zu begründen, kommt es auf die sonst geltend gemachten Ablehnungsgründe nicht an.

(Foth) (Maier) (Berroth)

Die „Aktenaffäre Mayer" sollte später noch einmal zur Sprache kommen, nachdem bekanntgeworden war, daß Verteidigergespräche der Angeklagten in den dafür eingerichteten Zellen in der Stammheimer Justizvollzugsanstalt durch eine Anordnung der baden-württembergischen Minister Karl Schieß (Innen) und Traugott Bender (Justiz) von Beamten der Kriminalpolizei mit Unterstützung durch den Verfassungsschutz und den Bundesnachrichtendienst abgehört worden waren.
Verteidiger Heldmann beantragte, das Verfahren wegen Vorliegen eines Prozeßhindernisses ganz einzustellen:

Dr. Hans Heinz Heldmann
Rechtsanwalt

7. Februar 1977
[eingereicht 12. 4. 77]

OBERLANDESGERICHT STUTTGART
2. Strafsenat

7000 Stuttgart-Stammheim

Az: 2 StE 1/74 – zur Strafsache gegen Andreas *Baader:*
beantrage ich,

das Verfahren nach § 206a StPO wegen eines Verfahrenshindernisses einzustellen.

1. Die Blätter 13156 und 13157 der Tonbandniederschrift beweisen, daß Bundesrichter *Mayer* gegenüber den Angeklagten in diesem Verfahren und den von ihnen gewählten Verteidigern befangen war (sein Schreiben vom 20. 7. 1976 an Dr. Kremp); auch und gerade als Beschwerderichter am 3. Strafsenat des BGH. Als stellvertretender Senatsvorsitzender und Berichterstatter war Bundesrichter *Mayer* maßgeblich beteiligt an dem Beschluß vom 22. 10. 1975, nach § 231a StPO die Hauptverhandlung in diesem Verfahren ohne die Angeklagten fortzusetzen [vgl. oben S. 119–129].

1.1 In jenem Beschluß finden sich u. a. die folgenden Ausführungen:

„Bedingt durch zahlreiche – auch die angebliche Befangenheit der Mitglieder des Gerichts betreffende – Verfahrensanträge und schwere Störungen der Hauptverhandlung seitens der Angeklagten hat die Beweisaufnahme bisher nicht begonnen." (Blatt 2)

„Seine Auslegung (§ 231a StPO) darf nicht dazu führen, daß die Absicht des Gesetzgebers vereitelt wird, dem Tatrichter die Durchführung der Hauptverhandlung auch gegen solche Beschuldigte zu ermöglichen, die den staatlichen Organen jede Achtung versagen und mit allen Mitteln den geordneten Ablauf des Verfahrens zu stören suche." (Blatt 4)

„Sie (die Gutachten der psychiatrischen Sachverständigen) ergeben auf alle Fälle, daß die Hauptursachen des Zustandes der Angeklagten in deren eigenem Verantwortungsbereich liegen." (Blatt 12) (Anmerkung hierzu: Jeder, der diese Gutachten kennt, weiß, daß diese Behauptung eine völlige Umkehrung der Tatsachen ist.)

„Die Beschwerdeführer leben unter anderen Haftbedingungen. Sie müssen Beschränkungen auf sich nehmen, die nach dem Urteil von Prof. Rasch durch die ihnen gewährten ‚Privilegien' nicht aufgewogen werden. Indes haben sie diese ihre Verhandlungsunfähigkeit mitbedingenden Umständen selbst zu verantworten. Die Beschwerdeführer gehören einer zahlenmäßig verschwindend geringen Gruppe der Bevölkerung an, die es im Gegensatz zu dieser für unerläßlich hält, den gewiß in mancherlei Hinsicht verbesserungsbedürftigen Zustand der Gesellschaft in der Bundesrepublik Deutschland – wie übrigens jeder Gesellschaft – nicht mit dem demokratischen Mittel der Überzeugung der Wähler, sondern gegen deren Willen unter Anwendung rücksichtsloser Waffengewalt zu verändern. Ihr augenscheinlich durch nichts zu beeinflussendes realitätsfernes Bild von den gesellschaftlichen Verhältnissen und von den tatsächlichen Möglichkeiten, auf sie einzuwirken, verführt sie zu einer fanatischen Verfolgung ihrer Ziele auch aus der Untersuchungshaft heraus...

Aus dieser Haltung heraus haben sie in der Haft nicht nur mit Hilfe durch Rechtsanwälte verbreiteter Zellenzirkulare zum Zwecke der Aufrechterhaltung des Zusammenhalts ihrer Vereinigung den Kontakt zu inhaftierten Gesinnungsgenossen aufrechterhalten, sondern es auch verstanden, Kampfanweisungen an in Freiheit befindliche Terroristen gelangen zu lassen.“ (Blatt 13)

„Die Gefährlichkeit der Beschwerdeführer, die in den genannten Umständen zum Ausdruck kommt, ließ den für die Gestaltung der Untersuchungshaft verantwortlichen Stellen keine andere Wahl als die, dem durch eine entsprechende Verschärfung der Haftbedingungen Rechnung zu tragen...

Wenn sie gleichwohl seit Jahren das Verhalten fortsetzen, das die staatlichen Organe zur Anwendung dieser Haftbedingungen zwingt, so haben sie somit die Herbeiführung ihrer Verhandlungsunfähigkeit in Kauf genommen. Das genügt zur Annahme vorsätzlichen Verhaltens im Sinne des § 231 a Abs. 1 StPO.“ (Blatt 15)

„Die Beschwerdeführer müssen sich wie jeder Rechtsunterworfene mit unanfechtbaren Entscheidungen abfinden. Daß sie es nicht tun, liegt an ihrer grundsätzlichen Nichtachtung rechtsstaatlicher Entscheidungsprozesse und deren unter rechtstreuen Bürgern friedenstiftenden Funktion und ist ihnen daher zuzurechnen. Die Argumentation der Verteidigung, die diesen Zusammenhang leugnet, läuft auf die Zumutung hinaus, den Angeklagten entweder durch entsprechende Haftbedingungen die Fortsetzung ihrer kriminellen Vereinigung einschließlich der Vorbereitung ihrer Befreiung zu erleichtern oder auf die Durchführung einer Hauptverhandlung gegen sie zu verzichten. Das kann nicht rechtens sein.“ (Blatt 16)

Diese Textstellen sind als Bestandteile einer richterlichen Zwischenentscheidung noch vor Beginn der Beweisaufnahme in der Hauptverhandlung eine einzigartige Dokumentation richterlicher Voreingenommenheit.

Der BGH-Beschluß vom 22. 10. 1975 zu § 231 a StPO heißt, zusammengefaßt, in seinem Kern: Wegen der besonderen Gefährlichkeit dieser Angeklagten, insbesondere wegen der Fortführung krimineller Vereinigung aus der Haft heraus mit Hilfe von Verteidigern, haben sie Haftbedingungen zu erleiden, welche für ihre Verhandlungsunfähigkeit zumindest mit-ursächlich sind.

Daß *diese Haftbedingungen vom jeweils ersten Tag der Haft an* bereits exekutiert worden waren, verschweigt jener Beschluß, führt damit irre über das wahre Verhältnis von Ursache und Wirkung.

Voreingenommenheit gegen die Angeklagten und ihre uneingeschränkte Vorverurteilung durch die beteiligten Richter ist dem Beschluß vom 22. 10. 1975 der Bundesrichter *Scharpenseel, Mayer, Schauenburg* unmittelbar abzulesen.

Vor Kenntnis der Beschlußgründe war den Angeklagten in diesem Verfahren die am 10. 1. 1977 offenkundig gewordene Befangenheit des Bundesrichters *Mayer* nicht mit einer für Richterablehnung hinreichenden Bestimmtheit bewußt.

Der Brief vom 20. 7. 1976 von Bundesrichter *Mayer* an *Welt*-Chefredakteur *Kremp* nunmehr belegt dessen Befangenheit gegenüber den Angeklagten in diesem Verfahren und Verteidigern ihrer Wahl:

„In derselben Sache wende ich mich heute wiederum an Dich. Vorige Woche ist in Stgt.-Stammheim das frühere Bandenmitglied Gerhard Müller als Zeuge vernommen worden. Ich übersende Dir als Anlagen

1. auszugsweise Ablichtungen der kriminalpolizeilichen Vernehmung Müllers (S. 46, 95, 180),
2. Auszug aus dem (vom Tonband übertragenen) Wortprotokoll vom 13. Juli 76.
Der ‚kleine Dicke' ist der in Entebbe getötete Wilfried Böse. Daß es sich bei dem von ihm übergebenen Papier um den wenige Tage später der Meinhof abgenommenen Ensslin-Kassiber handelte, hat sich in der Verhandlung klar ergeben.
Möchte sich die ‚Welt' nicht unter dem Aspekt dieser neuen Erkenntnisse noch einmal mit dem Aufsatz im ‚Spiegel' vom 4. 9. 72 (Nr. 37) S. 67 befassen? Nicht um meinetwillen, sondern um einmal wieder die Haltung und die Praktiken dieses Blattes deutlich werden zu lassen, das sich seinerzeit mit eilfertiger Bereitwilligkeit die – wie sich nun zeigt – von Ströbele und Müller ausgeheckte Entlastungslegende zu eigen machte und das den Baader-Meinhof-Leuten soviel publizistische, gelegentlich sogar materielle Unterstützung (Honorare für Interviews aus der Untersuchungshaft) zuteil werden ließ. Vielleicht könnte diese Aufgabe gar einen Chefredakteur reizen?
Zum – etwa noch nötigen – besseren Verständnis der Zusammenhänge füge ich eine Abschrift des damaligen Beschlusses des Bundesgerichtshofs bei. Der handschriftliche Vermerk auf dem Wortprotokollauszug stammt übrigens vom Vorsitzenden und bezieht sich eben auf Schily."

1.2 § 206a StPO sieht Verfahrenseinstellung durch Beschluß vor, wenn sich nach Eröffnung des Hauptverfahrens ein Verfahrenshindernis herausstellt. Verfahrenshindernis ist ein Umstand, welcher den Erlaß eines Sachurteils, aber auch schon, sobald dieser Umstand erkannt ist, das weitere Prozedieren mit dem Ziel eines Sachurteils ausschließt. Es liegt dann vor, wenn eine Bedingung dafür fehlt, daß es zulässig ist, in einem bestimmten Verfahren zu einem Sachurteil in einer bestimmten Sache zu gelangen. Inhaltlich gehört zum Begriff der Prozeßvoraussetzung, daß es sich um einen Umstand handelt, der nach dem ausdrücklich erklärten oder aus dem Zusammenhang ersichtlichen Willen des Gesetzes für das Strafverfahren so schwer wiegt, daß von seinem Vorhandensein oder Nichtvorhandensein die Zulässigkeit des Verfahrens im ganzen abhängig gemacht werden muß. (Schäfer in: Löwe/Rosenberg, 23. Aufl. 1976, Einleitg. Kap. 11, Rz. 5 und 6.)

(Anmerkung aus Eberhard *Schmidt*, Lehrkommentar, I, 2. Aufl. 1964, Rz. 127:
„Wenn nun auch im allgemeinen beim Fehlen von Prozeßvoraussetzungen die Einstellung des Verfahrens die gebotene gerichtliche Entscheidung ist, so ist doch nicht gesagt, daß die StPO nicht in besonderen Fällen eine andere Maßnahme vorschreiben kann, zumal dann, wenn das Verfahren nicht völlig unzulässig überhaupt ist, sondern es sich nur darum handelt, es noch ‚auf die richtige Bahn' zu bringen.
In diesem Sinne sind die §§ 16–18, 269, 270 StPO zu verstehen. Es dürfte also kaum ein zwingender Grund bestehen, die sachliche und örtliche Zuständigkeit den Prozeßvoraussetzungen *nicht* zuzuzählen. Gerade diese Prozeßvoraussetzungen sind von um so größerer Bedeutung, als es von ihrem Gegebensein abhängt, ob im konkreten Fall dem rechtsstaatlichen Grundprinzip des GG Art. 101 Abs. 1 S. 2 (‚Niemand darf seinem gesetzlichen Richter entzogen werden') Rechnung getragen wird.")

1.3 *Prozeßhindernis: ungesetzlicher Richter*

Kriterium also, in Anlehnung an Eberhard *Schmidts* Formulierung, *für* die Einstellung des Verfahrens: wenn nach der Qualität des Verfahrensmangels der

Stand des Verfahrens nicht möglich macht, dieses noch auf die richtige Bahn zu bringen.

Die StPO hat als ein Prinzip das Verbot des Prozedierens vor dem ungesetzlichen Richter – verschieden normiert, als Prinzip geschlossen: sachliche, örtliche, funktionale Unzuständigkeit, Richterausschluß kraft Gesetzes. Ausnahmen davon – Fristenversäumung, Verwirkung – knüpfen an Einverständnis oder dessen Fiktion: volenti non fit iniuria. Diesem Prinzip ist ohne Unterschied in der juristischen Qualität das Ablehnungsrecht gegenüber dem befangenen Richter zuzurechnen. Es wird erhärtet zum Schutz des Angeklagten durch die Selbstablehnungspflicht des befangenen (oder als befangen zu besorgenden) Richters, wobei der Richter allein bereits auf die Möglichkeit einer Besorgnis der Befangenheit abzustellen hat (Dünnebier in: Löwe/Rosenberg, 23. Aufl. 1976, Rz. 9–11 zu § 30 StPO).

Zwar ist Richterablehnung wegen Befangenheit *nach* der richterlichen Entscheidung ausgeschlossen. Ob die unanfechtbar gewordene Zwischenentscheidung unter Mitwirkung des befangenen Richters revisibel ist, also zusammen mit dem Urteil durch Revision anfechtbar, kann hier dahinstehen. Der Rechtsmangel des § 231 a-Beschwerdebeschlusses ist jedenfalls nicht durch formelle Rechtskraft geheilt. Vielmehr wirkt dieser Beschluß durch weitere Verhandlung in Abwesenheit der Angeklagten fort.

Er ist auch nicht etwa, wie rechtsirrtümlich schon einmal gesagt worden ist, vom Bundesverfassungsgericht „bestätigt" worden. In seinem Beschluß vom 21. 1. 1976 hat das Bundesverfassungsgericht lediglich festgestellt, daß § 231 a StPO verfassungsgemäß sei und daß seine Auslegung durch den BGH keinen Verfassungsverstoß erkennen lasse. In jenem Verfahren allerdings hatten die Beschwerdeführer *nicht* gerügt, weil sie Tatsachen für eine solche Rüge nicht gekannt hatten: daß ein *befangener* Richter am BGH-Beschluß mitgewirkt hat.

2. *Der befangene Richter: ungesetzlicher Richter*

Richerliche Unbefangenheit ist Essentiale des gesetzlichen Richters, ist, als spezifisch richterliche Verhandlungsfähigkeit, Prozeßvoraussetzung. Als solche ist sie im Zweifel in jedem Stadium des Verfahrens von Amts wegen zu prüfen. Fehlt sie, so ist der Richter nicht mehr gesetzlicher Richter im Sinne des Art. 101 I 2 GG.

Richterliche Unbefangenheit hat Verfassungsrang. In einer Reihe von Entscheidungen hat gerade das das Bundesverfassungsgericht hervorgehoben:

Band 21, 146: Nach dem Grundsatz des gesetzlichen Richters muß auch gewährleistet sein, daß der Rechtsuchende nicht vor einem Richter steht, der die gebotene Neutralität und Distanz vermissen läßt – ich erinnere hierzu an den ‚Cartellbruder-Brief', wo die Rede ist von der ‚von Ströbele und Müller ausgeheckte Entlastungslegende': Neutralität und Distanz?

Band 30, 152f.: „Nach feststehender Rechtsprechung des Bundesverfassungsgerichts soll Art. 101 Abs. 1 Satz 2 GG der Gefahr vorbeugen, daß die

rechtsprechenden Organe durch Manipulierung sachfremden Einflüssen ausgesetzt werden, gleichgültig von welcher Seite die Manipulierung ausgeht, ob von außerhalb oder innerhalb der Justiz. Deshalb gilt der Grundsatz, daß sich der für den Einzelfall zuständige Richter möglichst eindeutig aus einer allgemeinen Norm ergeben muß (BVerfGE 22, 254 (258) mit weiteren Nachweisen).
Zu den allgemeinen Normen gehören die gesetzlichen Vorschriften, die bestimmen, unter welchen Voraussetzungen ein Richter von der Ausübung seines Richteramtes ausgeschlossen ist. Nach Art. 101 Abs. 1 Satz 2 GG muß gewährleistet sein, daß der Rechtsuchende nicht vor einem Richter steht, der aus bestimmten Gründen die gebotene Neutralität und Distanz vermissen läßt. Im System der normativen Vorausbestimmung des gesetzlichen Richters muß deshalb Vorsorge dafür getroffen sein, daß im Einzelfall ein Richter, der nicht die Gewähr der Unparteilichkeit bietet, von der Ausübung seines Amtes ausgeschlossen ist oder im Ablehnungsverfahren ausgeschlossen werden kann."
In der Begründung ihrer vom Senatsbeschluß abweichenden Meinung definieren die Verfassungsrichter *Leibholz, Geiger, Rinck* als das „Ziel" der Ablehnungsbestimmungen, „das Strafverfahren nicht nur gegen Voreingenommenheit zu schützen, sondern mit Rücksicht auf das Ansehen der Strafrechtspflege schon den Anschein eines Verdachts der Parteilichkeit zu vermeiden" (E 30, 164).
Aus E 40, 271: „Ziel der ... Ausschließungsgründe ist es daher (nämlich, a.a.O.: nach „dem verfassungsrechtlichen Gebot..., daß der Richter die Gewähr der Unparteilichkeit bieten muß und nicht die erforderliche Neutralität und Distanz gegenüber den Beteiligten vermissen lassen darf"), den – wenn auch möglicherweise objektiv unbegründeten – Verdacht der Parteilichkeit bei dem Betroffenen auszuräumen".
Aus E 42, 78: „Die richterliche Unabhängigkeit ist kein wertfreies Prinzip, sondern an den Grundwerten der Verfassung orientiert."
Aus E 24, 61: „Der Beschwerdeführer kann nicht darauf verwiesen werden, zunächst das Verfahren vor einem Richter fortzusetzen, dessen Zuständigkeit möglicherweise auf verfassungswidrigen Entscheidungen über Ablehnungsgesuche beruht."

Ergebnis:
Der Beschluß des BGH zur Fortsetzung der Hauptverhandlung in Abwesenheit der Angeklagten ist ungesetzlich zustande gekommen, weil Bundesrichter *Mayer* seiner Pflicht zur Selbstablehnung nicht nachgekommen ist (§ 30 StPO).
Der Beschluß verletzt Verfassungsrecht: den grundrechtsgleichen Anspruch der Angeklagten auf den gesetzlichen Richter (Art. 101 I 2 GG).
Der Beschluß wirkt fort: die Hauptverhandlung in Abwesenheit der Angeklagten geht weiter.
Die Zwischenentscheidung nach § 231 a StPO ist unanfechtbar geworden.
Wo sie als Grundlage dieser Hauptverhandlung in Abwesenheit der Angeklagten als rechtswidrig erkannt ist, ist, weil dieser Rechtsmangel in diesem

Verfahren nicht mehr geheilt werden kann, das Verfahren wegen fortwirkenden Verfahrenshindernisses einzustellen.

(Heldmann)
Rechtsanwalt

Am 17. März 1977 gaben der baden-württembergische Justizminister Traugott Bender und sein Kollege vom Innenressort, Karl Schieß, der Presse bekannt, daß zweimal über den Zeitraum von mehreren Tagen hinweg Gespräche zwischen Verteidigern und den Stammheimer Angeklagten unter Zuhilfenahme technischer Einrichtungen, die nicht bezeichnet wurden, abgehört worden seien. Im Zusammenhang mit der „Lauschoperation" beantragten sämtliche Verteidiger, auch die vom Gericht selbst bestellten Pflichtanwälte, die Aussetzung oder die Einstellung des Verfahrens. In der Begründung am deutlichsten wurde Otto Schily:

OTTO SCHILY 21. März 1977
Rechtsanwalt

Oberlandesgericht Stuttgart
Asperger Straße 49

7000 Stuttgart-Stammheim

In der Strafsache
./. Baader u. a.
(hier: Gudrun Ensslin)
– 2 StE 1/74 –

beantrage ich,
die Hauptverhandlung auszusetzen.

Begründung:

Eine korrekte rechtliche Beurteilung der jetzt bekanntgewordenen Abhörmaßnahmen setzt eine umfassende Aufklärung des Sachverhalts voraus. Die Tatsache, daß seitens der Staatsschutzbehörden zugestanden wurde, Gespräche zwischen Angeklagten und Verteidigern über längere Zeiträume hinweg heimlich abgehört zu haben, ist von so weitreichender Bedeutung, daß sich das Gericht nicht mit einer bloßen Anfrage bei den beteiligten Ministerien begnügen kann. Dies um so weniger, als der Justizminister Dr. Bender, an den sich das Gericht gewandt hat, in dieser Sache Beschuldigter ist. Ich weise ausdrücklich darauf hin, daß ich im Auftrage von Frau Ensslin auch gegen Herrn Justizminister Dr. Bender Strafanzeige erstattet habe. Mein Bevollmächtigter, Herr Prof. Dr. Wesel, wird außerdem in meinem Namen gegen Herrn Justizminister Dr. Bender Strafanzeige erstatten. Abschriften der Strafanzeigen werde ich dem Senat gesondert übersenden.

Angesichts der Vielzahl von Personen, Organisationen und Behörden, die an den Abhörmaßnahmen beteiligt waren, wird sich die Überprüfung des gesamten Sachverhalts voraussichtlich sehr schwierig gestalten und einen längeren Zeitraum in Anspruch nehmen. Das Gericht kann nicht im Ernst erwarten, daß innerhalb einer Frist vom 17. bis zum 22. März 1977 ein auch nur schattenhafter Aufschluß darüber zu gewinnen ist, was tatsächlich vorgefallen ist. Der Inhalt des Schreibens des Justizministeriums, der die Antwort auf das Schreiben des Senatsvorsitzenden vom 18. März 1977 darstellen soll und dessen Text meinem Büro heute von der Geschäftsstelle des Senats telefonisch übermittelt worden ist, bestätigt die von der Verteidigung vertretene Auffassung, daß sich eine Klärung des Sachverhalts innerhalb der vorgenannten kurzen Frist nicht erreichen läßt. Das Schreiben des Justizministeriums ist völlig nichtssagend und wiederholt lediglich in etwas gekürzter Form die Presseverlautbarung vom 17. März 1977. Auf wesentliche Einzelfragen geht das Schreiben des Justizministeriums nicht ein. Hinsichtlich folgender Einzelfragen ist es notwendig, daß sie in die Ermittlungen einbezogen werden:

1. Es muß durch Befragung der in dieser Sache Beschuldigten und Zeugen sowie durch Beschlagnahme der in dieser Sache vorhandenen Urkunden und Sicherstellung der möglicherweise noch vorhandenen technischen Einrichtungen Art und Umfang der durchgeführten Abhörmaßnahmen festgestellt werden. Dazu gehört insbesondere die Frage, ob sich die Behauptungen des Justizministers und des Innenministers hinsichtlich der Zeiträume, in denen die Abhörmaßnahmen stattgefunden haben, als richtig erweisen oder ob auch zu anderen Zeiten Abhörmaßnahmen durchgeführt worden sind. Ferner wird aufgeklärt werden müssen, ob auch außerhalb der Haftanstalten in den Kanzleiräumen der Verteidiger und in dem Beratungszimmer der Verteidiger in dem sogenannten Mehrzweckgebäude Abhöranlagen heimlich installiert und benutzt worden sind.

2. Es muß festgestellt werden, welche Personen, Behörden und Organisationen, insbesondere Geheimdienste, an den Abhöraktionen beteiligt waren. Insoweit werden sich die Ermittlungen insbesondere darauf zu erstrecken haben, wer an den Entscheidungen über die Durchführung von Abhörmaßnahmen mitgewirkt und wer von diesen Entscheidungen informiert worden ist. Die bisher vorliegenden Erklärungen des Justizministers und des Innenministers sind verschwommen und lückenhaft. Die genaue Feststellung aller Personen und Organisationen, die an den Abhörmaßnahmen unmittelbar oder mittelbar mitgewirkt haben oder davon informiert worden sind, ist ein wesentliches Element für die Aufklärung des gesamten Sachverhalts überhaupt.

Hinzuzufügen ist, daß gegenüber der Behauptung des Justizministers, die Unterlagen sind vernichtet worden, ohne daß sie zuvor einem Dritten zur Kenntnis gebracht worden seien, erhebliche Skepsis angebracht ist. Allein die Tatsache, daß der Bundesnachrichtendienst an den Abhörmaßnahmen beteiligt war, rechtfertigt diese Skepsis. Die Verteidigung wird selbstverständlich allen Hinweisen nachgehen, die darauf hindeuten, daß entgegen der Behauptung des Justizministers Dritte, möglicherweise Prozeßbeteiligte, Kenntnis von den Abhörunterlagen erhalten haben.

3. Es wird ferner genauer Feststellungen darüber bedürfen, daß seitens gewisser Staatsschutzbehörden und gewisser Nachrichtendienste zielbewußt bestimmte Gerüchte in die Welt gesetzt werden, über angebliche Geiselnahmen und Sprengstoffanschläge, die von Mitgliedern der Roten Armee Fraktion entweder ausgeführt oder geplant worden seien. Derartige Feststellungen sind erforderlich, weil sich auch Innenminister Schieß und Justizminister Dr. Bender solcher Zwecklügen bedient haben, um in der Öffentlichkeit für die von ihnen zu verantwortenden strafbaren Abhörmaßnahmen Verständnis zu wecken.
Die Verteidigung hat sich mit dem in Abschrift beigefügten Schreiben an den Generalbundesanwalt gewandt und ihn um Stellungnahme gebeten, ob hinsichtlich eines einzigen der in der Pressemitteilung des Innenministeriums von Baden-Württemberg vom 17. März 1977 und in dem Schreiben des Justizministeriums vom 21. März 1977 genannten Ereignisse ein Ermittlungsverfahren gegen meine Mandantin, Frau Ensslin, eingeleitet worden ist und welche Verdachtsgründe einem etwaigen Ermittlungsverfahren zugrundegelegt worden sind.
Auch in dem aufgrund der von mir nach § 201 StGB erstatteten Strafanzeige einzuleitenden Ermittlungsverfahren werden hinsichtlich dieser Frage Feststellungen zu treffen sein. Ich werde im Zusammenhang mit dem Ermittlungsverfahren betreffend den Verdacht eines Vergehens nach § 201 StGB die Beiziehung sämtlicher Unterlagen beantragen, die Erkenntnisse der Strafverfolgungsbehörden über die von den Ministerien zur Begründung der Abhörmaßnahmen herangezogenen Ereignisse enthalten.
Aus dem vorstehenden Katalog von Aufklärungsmaßnahmen, der möglicherweise noch zu ergänzen sein wird, ergibt sich, daß eine auch nur vorläufige Klärung des Sachverhalts nicht innerhalb einer kürzeren Frist zu erwarten ist, sondern mindestens einen Zeitraum von mehr als einem Monat beanspruchen wird. Ferner ist darauf hinzuweisen, daß verschiedene parlamentarische Gremien zur Zeit damit beschäftigt sind, sich einen Überblick über die Abhörmaßnahmen zu verschaffen. Bundesinnenminister Maihofer hat für morgen eine „Bestandsaufnahme" der Abhörpraktiken angekündigt.
Wenn sich das Gericht gleichwohl mit der Schutzschrift des Bundesjustizministers vom heutigen Tage zufriedengeben sollte, müßte dies so interpretiert werden, daß das Gericht nur pro forma eine kurze Unterbrechung der Verhandlung angeordnet und eine Stellungnahme des beschuldigten Justizmini-

sters eingeholt hat, ohne an einer wirklichen Aufklärung des Sachverhalts interessiert zu sein.
Die Verteidigung hält bereits nach dem bisher feststellbaren Sachstand im übrigen die Tatsache, daß Verteidigergespräche abgehört worden sind, für so gravierend, daß sie beantragen wird, das Verfahren einzustellen, weil spätestens zum jetzigen Zeitpunkt für jedermann erkennbar geworden ist, daß die Durchführung der Hauptverhandlung unter Wahrung des Grundsatzes eines „fair trial" nicht mehr möglich ist. Der entsprechende Antrag wird dem Gericht mit ausführlicher Begründung demnächst zugestellt werden.
Außerdem teile ich dem Senat mit, daß ich unter den gegenwärtigen Bedingungen keine Möglichkeit sehe, in der Hauptverhandlung weiter aufzutreten, falls sich nicht neue Gesichtspunkte ergeben sollten, die mich veranlassen könnten, diese Entscheidung zu revidieren. Ich kann es mit meinen anwaltlichen Verpflichtungen nicht vereinbaren, eine Verteidigung fortzuführen, bei der ich jederzeit gewärtig sein muß, daß außerhalb jeglicher Kontrolle Gespräche zwischen meiner Mandantin und mir heimlich abgehört werden, dies um so mehr, als die Minister Schieß und Dr. Bender in der Pressekonferenz vom 17. März 1977 ausdrücklich angekündigt haben, sie würden auch in Zukunft nach ihrem Gutdünken Abhörmaßnahmen anordnen und durchführen lassen.

(Schily)
Rechtsanwalt

Pflichtverteidiger Manfred Künzel zog eine weitgehende Konsequenz aus der Abhöraffäre. Mitte April beantragte er beim Vorsitzenden Foth, seine Bestellung zum Pflichtverteidiger zurückzunehmen, nachdem die Anwälte des Vertrauens öffentlich erklärt hatten, sie würden an dem Prozeß im Gerichtssaal nicht mehr teilnehmen, und dementsprechend der Verhandlung fernblieben:

Manfred Künzel
Rechtsanwalt

16. April 1977

An den Vorsitzenden des
2. Strafsenats des
Oberlandesgerichts Stuttgart
Herrn Dr. Eberhard Foth

7000 Stuttgart

Betr.: Antrag auf Aufhebung meiner Bestellung zum Verteidiger der Frau Gudrun Ensslin in dem Strafverfahren 2 StE 1/74/75.

Sehr geehrter Herr Vorsitzender Richter!
Hiermit beantrage ich die Aufhebung meiner Bestellung als Verteidiger für Frau Gudrun Ensslin in dieser Strafsache.

I.
Dem von einem Gericht gegen den Willen des Angeklagten neben einem Verteidiger des Vertrauens bestellten Anwalt obliegt eine rechtsstaatliche Garantenfunktion. Diese Bestellung soll sicherstellen, daß im Falle der notwendigen Verteidigung die ordnungsgemäße Durchführung des Verfahrens nicht gehindert werden kann durch willkürliches oder rechtswidriges Verhalten von Vertrauensanwälten (vgl. Kleinknecht, 33. Aufl., Anm. 1 und 3 zu § 141, Anm. 5 zu § 143).
Insoweit treffen den Pflichtverteidiger staatsgerichtete Aufgaben und Obliegenheiten. In einem für den Rechtsfrieden unseres Volkes so bedeutsamen Strafprozeß wie dem Stammheimer Verfahren sind an diese Pflichterfüllung hohe Anforderungen gestellt. Die strikte Beachtung dieser Pflichten ist durch den Eid geboten, den ich als Anwalt vor Beginn meiner Tätigkeit abgelegt habe.
Ebenso hat der gegen den Willen des Mandanten bestellte Verteidiger eine – gleichfalls von diesem Eid erfaßte – Treuepflicht gegenüber dem Angeklagten. Das heißt, auch der Pflichtverteidiger hat die Interessen des ihm anvertrauten Angeklagten nach besten Wissen und Gewissen anwaltlich zu vertreten. Hierzu gehört insbesondere das Freihalten des Verfahrens von Einflüssen, die der Strafprozeßordnung zuwiderlaufen oder ihr fremd sind, die Ausschöpfung der verschiedenen Elemente des materiellen Strafrechts zu Gunsten des Angeklagten sowie nicht zuletzt der Einsatz für das Leben und die körperliche Unversehrtheit des Mandanten.
Keinesfalls darf sich die gegen den Willen des Angeklagten bestellte Verteidigung zu Handlungen mißbrauchen lassen, die geeignet sind, rechtmäßiges Verhalten des Vertrauensverteidigers zu unterlaufen. Dies darf auch nicht aus freien Stücken geschehen.
Das oben Gesagte gilt unabhängig von revisionsrechtlichen Erwägungen. Das heißt, einem Pflichtverteidiger darf nicht schon deshalb das Verbleiben in einem Verfahren unter Berufung auf seine rechtstaatliche Garantenfunktion abverlangt werden, weil ihm die Revision als Rechtsmittel offensteht, zumal pflichtgemäße Verteidigung auch durch rechtliche und außerrechtliche Tatsachen gehindert werden kann, ohne daß ein mit der Revision zu rügender Mangel vorzuliegen braucht.

II.
Nach gewissenhafter Abwägung aller mir obliegenden Pflichten bin ich zu der zweifelsfreien Überzeugung gelangt, daß ich im Hinblick auf die mir meiner Mandantin gegenüber obliegende Treuepflicht gezwungen bin, die Aufhebung meiner Bestellung als Pflichtverteidiger zu beantragen und zwar aus den nachfolgenden Gründen:

1. Der Staat hat in Gestalt der Exekutive in schwerwiegender Weise rechtswidrig, nämlich gegen den klaren Wortlauf von § 148 StPO verstoßend, in ein justizielles Verfahren eingegriffen, und zwar durch heimliches Abhören von Verteidigergesprächen. Diese Verletzung wohl auch grundrechtlich verbürgter strafprozessualer Rechte sowohl der Angeklagten als auch der Verteidigung kann nicht mehr geheilt werden. Die Frage, ob das Urteil dieser Instanz auf dieser Rechtsverletzung beruht oder nicht, mag revisionsrechtlich von Bedeutung sein. Für die Frage der gegenwärtigen Fortführung der Verteidigung ist dies ohne Belang.
Der erkennende Senat mag in der Abhöraktion kein Verfahrenshindernis im Sinne von § 206a StPO sehen, das ihn zur Einstellung des Verfahrens genötigt hätte. Für den Verteidiger stellt sich nicht notwendig die Frage, ob ein Verfahrenshindernis vorliegt, sondern die Frage, ob er an der Fortführung der Verteidigung gehindert ist. Wie aber soll eine Verteidigung weiter ihres Amtes walten, wenn sie sich durch eine solche Abhöraktion in massiver Weise dem Verdacht der Beteiligung an kriminellen Handlungen ausgesetzt sieht. Die geschilderte Abhöraktion setzt diesen Verdacht voraus.
Es mag Erwägungen und Gesichtspunkte geben, die einen Verteidiger veranlassen könnten, dennoch in dem laufenden Verfahren zu verbleiben. Darauf kommt es aber in diesem Zusammenhang nicht an. Hier ist nur darüber zu befinden, ob für ein solches Verbleiben eine Rechtspflicht besteht, insbesondere für den gerichtlich bestellten Verteidiger. Ich verneine diese Frage ohne jede Einschränkung.
Deshalb hat meines Erachtens Herr Kollege Schily nicht rechtswidrig gehandelt, als er seit Bekanntwerden der Abhöraktion der mündlichen Hauptverhandlung fernblieb, und zwar nachdem er dies ausdrücklich in dieser Hauptverhandlung erklärt hatte. Denn „man muß sich darüber klar sein, daß die fallweise Überwachung des mündlichen Verkehrs jeden seriösen Verteidiger veranlaßt, die Verteidigung alsbald niederzulegen“ (RA Dr. Brangsch vor dem Rechtsausschuß des Deutschen Bundestages am 2. 4. 75).

Der Vertrauensverteidigung, soweit sie sich rechtmäßig und zweckmäßig verhält, kommt von Gesetzes wegen der Primat zu (vgl. z. B. den § 143 StPO zugrundeliegenden Gedanken). Setzt aber der Staat selbst Fakten, aufgrund deren die Vertrauensverteidigung legitimer und legaler Weise ihre Tätigkeit in einem Verfahren einstellt, ist für das Verbleiben des gegen den Willen des Angeklagten bestellten Verteidigers im Verfahren kein Raum mehr. Die Folgen des so eingetretenen rechtsstaatlichen Defizites hat der Staat selbst als derjenige, der allein die Ursachen gesetzt hat, allein zu vertreten. Zu diesen Folgen gehört, daß dem Fortdauern der rechtsstaatlichen Garantenfunktion des Pflichtverteidigers der Boden entzogen ist. Dem bestellten Verteidiger die Pflicht aufzuerlegen oder auferlegen zu wollen, sich für die Behebung rechtsstaatlicher Defizite herzugeben, wäre rechts- und grundrechtswidrig. Einem solchen Ansinnen Folge zu leisten wäre standeswidrig.

2. Es geht aber nicht nur darum, daß dem in seiner Ehre und in seiner Würde verletzten Verteidiger die Fortführung seiner Tätigkeit nicht zugemutet werden kann. Es geht auch darum, daß der Strafverteidiger, dessen Glaubwürdigkeit von dem Gericht, auf dessen Entscheidung es ankommt, zutiefst in Zweifel gezogen wird, in Wirklichkeit funktionslos dasteht. Die Strafprozeßordnung selbst, das Strafgesetzbuch und das Standesrecht sehen schwere, ja schwerste Sanktionen gegen Verteidiger vor, die sich pflicht- und rechtswidrig verhalten. Von diesen Vorschriften ist im Einzelfalle Gebrauch zu machen, gerade um nicht individualisierbare Verdächtigungen und Diskriminierungen mit allen ihren – auch das Verfahren selbst belastenden – Folgen auszuschalten. Es ist keinem Verteidiger zumutbar, als mindestens „Quasi-Verdächtiger" weiterhin tätig zu sein, zumal kein Verteidiger, der sich schwerster Verdächtigungen ausgesetzt sieht, in der Annahme zu verhandeln vermag, daß er noch Gehör findet.

Dennoch wurde am 7. 4. 77 auf Wunsch der Bundesanwaltschaft das Verbot von Verteidigergesprächen haftrichterlich verfügt und später gerichtlich gebilligt. Daß diese Anordnung contra legem erfolgte – argumente e contrario aus §§ 148 II, 138 a ff. StPO –, sei hier nur am Rande erwähnt, wie auch, daß sowohl das Landgericht Kaiserslautern als auch das OLG Zweibrücken den entsprechenden Wünschen der Bundesanwaltschaft nicht Folge leisteten.

In dem hier zu erörternden Zusammenhang kommt es allein auf folgende Feststellung an: Diese Verfügung hat mehrere unbescholtene Anwälte in den Geruch der Komplizenschaft mit einem Mord gebracht, ein Vorgang, der in der Rechtsgeschichte der BRD seinesgleichen sucht, ja selbst im mittelalterlichen Hexenprozeß – wie urkundlich verbürgt – formal ausgeschlossen war.

Die weitere Mitwirkung an einem Verfahren, in welchem das Gericht unter Außerachtlassung der §§ 138 a ff. StPO die Verteidigung insgesamt auf die vorgenannte Weise kriminalisiert, ist keinem Verteidiger zumutbar, jedenfalls nicht als Rechtspflicht auferlegbar.

3. Meine Mandantin verweigert seit dem 29. 3. 77 die Nahrungsaufnahme. Einer Gesprächsnotiz des Leiters der JVA Stuttgart-Stammheim vom 30. 3. 77 entnehme ich, daß der Angeklagte Baader erklärt hat, der Hungerstreik habe das Ziel, die seit langem aufgestellten Forderungen nach Veränderungen der Haftbedingungen, die von allen Gutachtern unterstützt würden, durchzusetzen. Nichts anderes hat der Vater meiner Mandantin am 8. 4. 77 öffentlich bekundet. Ich habe alle Veranlassung anzunehmen, daß dies auch für meine Mandantin selbst gilt.

Das Verlangen meiner Mandantin, um dessentwegen sie die Nahrungsaufnahme verweigert, richtet sich also auf die Herstellung von Lebensverhältnissen, die medizinisch für notwendig erachtet werden, wenn einer weiteren psychischen und physischen Depravation entgegengewirkt werden soll. Ich vermag nicht zu erkennen, daß damit eine nennenswerte Vergrößerung der grundsätzlich bestehenden Sicherheitsrisiken verbunden wäre. Jedenfalls dürften diese

Risiken behebbar sein, und es ist meines Erachtens ein rechtsstaatlich zwingendes Gebot, ärztlicherseits für notwendig erachtete Haftbedingungen – selbst unter Inkaufnahme von gewissen Schwierigkeiten – zu realisieren. Alles andere müßte den Verdacht aufkommen lassen, die für diese Angelegenheit zuständigen Organe betrachteten das Leben meiner Mandantin als minderwertig.

Entgegen allen ärztlichen Empfehlungen hat demgegenüber der Leiter der JVA Stammheim in einer Stellungnahme vom 30. 3. 77 im Zusammenhang mit einer möglicherweise notwendig werdenden Zwangsernährung sogar eine weitere Isolierung der Gefangenen vorgeschlagen.

Der Vorsitzende Richter hat als Haftrichter unter dem 31. 3. 77 vorsorglich die Zwangsernährung für zulässig erklärt, ohne daß die ärztlicherseits geforderte Änderung der Haftbedingung in Angriff genommen worden wäre, und folglich nicht als dasjenige letzte Mittel, das allein die zwangsweise künstliche Ernährung rechtfertigen könnte. Der wiederholte Hinweis darauf, daß der Senat bzw. der Haftrichter für die Verlegung von Häftlingen aus anderen Anstalten in die Vollzugsanstalt Stuttgart nicht zuständig sei (zuletzt Verfügung des Vorsitzenden Richters vom 31. 3. 77), trifft den Kern der Sache nicht. Natürlich ist der Haftrichter für diese Verlegung nicht zuständig. Er hat aber meines Erachtens die Rechtspflicht, den hierfür zuständigen staatlichen Organen seine Auffassung über die rechtlich gebotene Gestaltung der Haftbedingungen unmißverständlich mitzuteilen, wobei gegebenenfalls noch darauf hingewiesen werden könnte, daß sich der Haftrichter bei Unterlassung der von ihm vorgeschlagenen Änderungen genötigt sehen könnte, im Einzelfall eine Haftverschonung anzuordnen. Es besteht für mich überhaupt kein Zweifel, daß nach einer derartigen Darlegung die zuständigen staatlichen Organe unverzüglich das Erforderliche in die Wege leiten würden. Nachdem all dies trotz der Erklärung des Anstaltsarztes vom 14. 3. 77 und trotz der eindringlichen Mahnung, die in der Stellungnahme des Anstaltsarztes vom 30. 3. 77 enthalten ist, nicht zu der notwendigen Änderung der Haftbedingungen geführt hat, steht für mich fest, daß sich meine Mandantin in einem Zustand fortwährender Lebensgefahr befindet, und zwar aufgrund von Maßnahmen, die Organwalter dieses Staates zu vertreten haben. Ich erlaube mir, die entscheidenen Passagen aus der Stellungnahme des Anstaltsarztes vom 30. 3. 77 zu zitieren:

„Sofern im Verlauf des Hungerstreiks eine hierdurch bedingte Lebensgefahr eintreten sollte, sind zwangsweise durchgeführte Behandlungsmaßnahmen kaum noch erfolgversprechend, sondern es ist vielmehr mit dem tödlichen Ausgang des Hungerstreiks zu rechnen.

Nach den derzeitigen Erkenntnissen ist eine durch den Hungerstreik bedingte Lebensgefahr mit letztlich letalem Ausgang nur dadurch zu verhindern, daß die bereits in meinem Schreiben vom 14. 3. 77 für erforderlich gehaltenen Veränderungen der Haftbedingungen unverzüglich in Angriff genommen und durchgeführt werden.“

Mir steht nichts zu Gebote, um die gegenwärtige und die fortdauernde Lebensgefahr von meiner Mandantin abzuwenden. Das Bundesverfassungsge-

richt hat in seiner zur Verfassungsmäßigkeit von § 218 StGB ergangenen Entscheidung die überragende Bedeutung des Lebens als Rechtsgut mit allem Nachdruck unterstrichen und allen staatlichen Organen den Schutz des Lebens als Rechtspflicht auferlegt. Dies respektierend wäre für mich Verteidigung und ihre Fortführung als staatlich auferlegte Rechtspflicht nur möglich, wenn von allen zuständigen staatlichen Organen das für die Erhaltung des Lebens meiner Mandantin Notwendige ins Werk gesetzt worden wäre. Es ist eine unerträgliche Vorstellung, sich in einem Plädoyer mit einem Strafantrag auseinandersetzen zu müssen, der dreimal lebenslänglich sowie eine zeitige Strafe von 15 Jahren fordert, während die von diesem Antrag betroffene Angeklagte unter den gegebenen Bedingungen kaum noch eine Spanne Lebens erwarten kann, die möglicherweise nicht einmal groß genug ist, um bis zum Tage der Urteilsverkündung zu reichen.
Den Gedanken, daß in bezug auf das Leben meiner Mandantin die rechtsdogmatische Figur der Grundrechtsverwirkung – die einzige Figur, durch die das oben geschilderte Verhalten mit der Judikatur des Bundesverfassungsgerichts in Einklang gebracht werden könnte – Beachtung erheische, muß ich unter jedem Betracht von mir weisen. Ich kann es deshalb weder mit meinen rechtlichen Grundüberzeugungen noch mit meinem Gewissen vereinbaren, an einem Strafverfahren weiter mitzuwirken, dessen Subjekt ein von nahendem Tod unmittelbar gezeichneter Mensch ist.

III.
Ich weiß, daß das Recht oft auch dem Richter, insbesondere dem Strafrichter Schweres abverlangt. Aber auch die richterlichen Rechtspflichten sind begrenzt. In schweren, unüberwindlichen Gewissenskonflikten steht dem Richter entweder das Rechtsinstitut der Selbstablehnung oder das Recht der Versagung der Mitarbeit – wohl auch verfassungsrechtlich garantiert (Art. 4 GG) – unbestritten zur Seite.
Dies muß analog auch für den gerichtlich bestellten Verteidiger gelten.

Ich stehe aus den genannten Gründen in einem unüberwindlichen Gewissenskonflikt und muß deshalb um meine Entpflichtung bitten.

Mit vorzüglicher Hochachtung
(Künzel)
Rechtsanwalt

Der Antrag Künzels wurde vom Senatsvorsitzenden verworfen.

7. Politische Verteidigung im politischen Prozeß

Daß in Stammheim ein Strafprozeß mit erheblicher politischer Bedeutung ablief, bezweifelt niemand. Immer wieder aber haben die Behörden der Bundesrepublik gegenüber der Öffentlichkeit erklärt, auch der Stammheim-Prozeß sei ein „ganz normaler Strafprozeß gegen Kriminelle". Die Exekutive hat sich dabei selbst Lügen gestraft.
Ein Beispiel: In gemeinsamer Absprache von Bundesregierung (vertreten durch das Bundesjustizministerium), Anklagebehörde (vertreten durch den Generalbundesanwalt) und Polizei (vertreten durch das Bundeskriminalamt) wurde aus den Angaben des sogenannten „Kronzeugen" Gerhard Ernst Müller eine Akte angefertigt, die mit einem „Geheim"-Stempel versehen wurde. Der Sperrvermerk verhinderte zunächst auch, daß dieses Material vor dem Stuttgarter Gericht verwendet werden konnte. Da die Verteidigung immer wieder den Verdacht äußerte, Müller seien für den Fall einer die Angeklagten belastenden Aussage seitens der Ermittlungs- und Staatsschutzbehörden Zusagen über Vergünstigungen gemacht und für den Weigerungsfall harte Strafen angedroht worden, wollte sie die mit Geheimhaltungsvermerk versehenen Aussagen dieses Zeugen einsehen, um die gesamte Aussage dieses Zeugen auf ihre Glaubwürdigkeit hin abtasten zu können, aber auch, um etwaige Widersprüche zu der mündlich im Gerichtssaal abgegebenen Aussage aufzudecken. Nur durch zähes Vortragen von Anträgen, die Ladung von unzähligen Zeugen und schließlich die Durchführung von Verwaltungsgerichtsverfahren gegen die die Herausgabe verweigernden Behörden oder die Stellen, die dazu geladenen Zeugen eine nur sehr eingeschränkte Aussagegenehmigung erteilen wollten, gelang es der Verteidigung schließlich, die ominöse Geheimakte zumindest zum größten Teil als Unterlage für das Stammheimer Verfahren zu erhalten. Die Vorgänge wurden in der Öffentlichkeit sehr kritisch kommentiert. Man sah allgemein einen schwerwiegenden Eingriff einer politischen Instanz in ein schwebendes Verfahren.
Im Mittelpunkt der Argumentation der Verteidigung stand die These, Bundesregierung, Bundesanwaltschaft und Gericht müßten, gerade um den Prozeß als politischen führen zu können, leugnen, daß es ein politischer Prozeß sei. Die Strategie der Verteidigung ging deshalb dahin, vor allem den politischen Charakter und die politische Motivation der den Angeklagten zur Last gelegten Taten zum Verhandlungsgegenstand zu machen. So beantragte Rechtsanwalt Schily am 4. Mai 1976, den früheren US-Präsidenten Richard M. Nixon, den früheren US-Verteidigungsminister Melvin Laird, seinen damaligen Stellvertreter Daniel James und den ehemaligen Oberbefehlshaber der US-Streitkräfte in Vietnam, Creighton

Abrams als Zeugen zu laden und – in einem zweiten Antrag – international anerkannte Sachverständige zur Frage der völkerrechtlichen Beurteilung des Indochinakonflikts zu hören. Diese und alle entsprechenden Anträge der Verteidigung wurden vom Gericht abgelehnt.

OTTO SCHILY
Rechtsanwalt

28. April 1976
[Vortrag: 4. Mai 1976]

Oberlandesgericht Stuttgart
2. Strafsenat
Asperger Straße

7000 Stuttgart-Stammheim

[1.]
In der Strafsache
./. Andreas Baader u. a.
– 2 StE 1/74 –

wird beantragt,
folgende Zeugen zu vernehmen:
1. den früheren US-Präsidenten Richard M. Nixon, San Clemente (Californien), USA,
2. den früheren Verteidigungsminister der US-Regierung, Melvin Laird,
3. den früheren stellvertretenden US-Verteidigungsminister Daniel James,
4. den früheren Oberbefehlshaber der US-Streitkräfte in Vietnam, General Creighton Abrams.
Die Zeugen werden bekunden, daß sie, in der Absicht, das vietnamesische Volk ganz oder mindestens teilweise zu zerstören, zusammen mit anderen bekannten oder unbekannten Mittätern in den Jahren 1968 bis 1974 in Fortsetzung des Vorgehens der früheren US-Präsidenten Eisenhower, Kennedy und Johnson vorsätzlich Vietnamesen in großer Zahl getötet und Vietnamesen in noch größerer Zahl schwere körperliche oder seelische Schäden zugefügt haben, daß sie ferner das vietnamesische Volk unter Lebensbedingungen gestellt haben, die geeignet waren, dessen körperliche Zerstörung ganz oder teilweise herbeizuführen.
Im einzelnen werden die Zeugen hierzu unter anderem folgenden Sachverhalt bestätigen:
1. Innerhalb eines Zeitraumes von 9 Monaten (von April 1972 bis zum 15. Januar 1973) flogen US-Bombenflugzeuge mehr als 54.000 Angriffe allein gegen die Demokratische Republik Vietnam (Nordvietnam), wobei über 400.000 t Bomben über diese Zone Vietnams niedergingen. Das entspricht der Sprengwirkung von 20 Atombomben des Hiroschima-Typs. [...]

[2.]
In der Strafsache
./. Baader u. a.
– 2 StE 1/74 –

wird beantragt,
1. Maître Joe Nordmann, Sécrétaire Genérale de l'AIJD, Paris,
2. Prof. Richard Falk, Princeton University, New Jersey, USA,
als sachverständige Zeugen zu vernehmen.

Die Zeugen sind Sachverständige auf dem Gebiet des Völkerrechts und haben sich besonders mit der völkerrechtlichen Beurteilung des Indochinakonflikts beschäftigt.
Die Sachverständigen werden bekunden:
Die amerikanische Intervention in Indochina war von ihren Anfängen an völkerrechtswidrig. Die USA hatten in der Zeit von 1945 bis 1956 den grausamen Kolonialkrieg Frankreichs gegen die indochinesischen Völker finanziert mit 2,8 Milliarden Dollar. Nach der Niederlage der Kolonial- und Söldnertruppen in Vietnam waren die Kolonialmächte gezwungen, das „Abkommen über die Beendigung der Feindseligkeiten in Vietnam vom 20. Juli 1954" zu unterzeichnen. An diesen völkerrechtlichen Vertrag waren auch die USA gebunden. Er wurde von ihnen vom ersten Tag an gebrochen. Insbesondere verhinderten die USA durch die Einsetzung einer faschistischen Marionette, Diem, die im Vertrag vom 20. Juli 1954 festgelegten allgemeinen Wahlen, die zu einer Wiedervereinigung Vietnams in Freiheit von Kolonialismus und Imperialismus führen sollten. Die USA verhinderten die Durchführung von Wahlen in Vietnam, weil mit Sicherheit im voraus zu erwarten war, daß die Befreiungskräfte Vietnams einen überwältigenden Wahlsieg über die korrupte und reaktionäre Marionettenregierung Ngo Diem's erringen würden.
Von Anfang an stützte sich das Terrorregime Diem's nur auf Waffen und Geldlieferungen der USA, die in erster Linie zum Aufbau eines riesigen Polizeiapparates verwendet wurden. Seine einzige Basis im eigenen Lande waren die feudalen Großgrundbesitzer, die Schar von korrupten und grausamen Steuereintreibern, Beamten der Kolonialzeit, die schon früher im Volk verhaßt waren.
Von 1954 bis 1963, unter der Herrschaft des US-Söldners Diem, wurden 156.000 Personen durch Polizei und paramilitärische Organisationen umgebracht, 370.000 wurden verhaftet und jahrelang in über 1.000 Gefängnissen eingekerkert. 672.000 wurden zu Invaliden geschossen und gefoltert, 8.000 Kinder wurden verhaftet und mißhandelt, 3 Millionen Personen wurden in Konzentrationslager verschleppt.
Am 8. September 1954 wurde von den USA der sogenannte Südostasiatische Sicherheitsvertrag geschlossen. Dieser gegen die von Imperialismus und

Kolonialismus unterdrückten Völker Asiens gerichtete Kriegsakt war ein weiterer eindeutiger Verstoß gegen das Genfer Abkommen. Er widersprach der Ziffer 7 der Schlußerklärung über die Wiedervereinigung Vietnams, denn territoriale Unverletzlichkeit, Souveränität und politische Unabhängigkeit waren durch diese Vereinbarung Gesamtvietnam zugewiesen.
Daß die Lösung der „Vietnam-Frage" von den USA in klarer Folgerichtigkeit unter Mißachtung des Genfer Abkommens ins Auge gefaßt wurde, ergab sich aus der sehr bedeutsamen weiteren Verletzung der Abkommen, der Zuwiderhandlung gegen das Verbot der Errichtung militärischer Stützpunkte, Stationierung weiterer Truppenverbände und der Einfuhr von Kriegsmaterial nach Vietnam.
In Vietnam verstärkten sich unterdessen die Kräfte, die der Unterdrückung durch die USA und ihr Marionettenregime Ngo Diem's Widerstand leisteten. Die USA und ihre Marionetten versuchten, dem wachsenden Widerstand durch Ausweitung der Unterdrückungsmaßnahmen Herr zu werden. Amerikanische Parlamentarier berichteten am 22. Mai 1962 dem Ausschuß für auswärtige Angelegenheiten des Senats: „Seitdem Präsident Diem im Jahre 1954 sein Amt übernommen hat, wird eine diktatorische Kontrolle ausgeübt. Es wird geschätzt, daß sich etwa 300.000 vietnamesische Nationalisten in den Konzentrationslagern befinden."
Ausgelöst durch die systematischen Unterdrückungsmaßnahmen bildete sich nicht unerwartet im Dezember 1960 die Nationale Front für die Befreiung Südvietnams. Diese Organisation ist eine Vereinigung aller Gegner der Saigoner Gewaltherrschaft.
Die nach der Genfer Konferenz beginnende Eskalation durch die USA stellt sich unter Einbeziehung der gesamten politischen und militärischen Aktivität der USA nach Daten und Ereignissen wie folgt dar:

23. Oktober 1954: Zusage Präsident Eisenhowers an Diem über die Rechte amerikanischer Finanzhilfe.
19. Mai 1957: Diem besucht die USA. Die amerikanische Regierung bestätigt, „to continue helping South Vietnam to stand firm against communism".
5. Mai 1960: Die USA geben bekannt, auf Verlangen der Regierung Südvietnams werde die Zahl der militärischen Berater Ende 1960 von 327 auf 685 Mitglieder erhöht.
7. Februar 1962: Die Verstärkung des US-Militärpersonals auf 4.000 Mann wird verlautbart.
28. Juli 1964: Die US-Truppen in Vietnam werden mit 25.000 Mann angegeben.
4. August 1964: Präsident Johnson ordnet die Bombardierung der demokratischen Republik Vietnams an, unter Vorwand des angeblichen Tonking-Zwischenfalles. Die Bombardierung war zuvor längst beschlossene Sache (siehe Pentagon-Papiere).

7. Februar 1965: Präsident Johnson befiehlt wegen des sogenannten Pleiku-Zwischenfalles weitere „Vergeltungsschläge“ gegen militärische Ziele im Süden Nordvietnams.
12. Februar 1965: 160 amerikanische Flugzeuge greifen die demokratische Republik Vietnam an.
Juni 1965: US-Bomber zerstören eine Lepra-Station in Nordvietnam: 120 Tote.
10. Juni 1965: Die US-Streitkräfte in Vietnam werden mit 54.000 Mann angegeben.
12. September 1968: Die Stärke der US-Truppen in Vietnam wird auf 128.500 Mann erhöht.
An normalen Kampftagen wurden schon 1965 1.000 Bomben verschiedener Größe über der demokratischen Republik Vietnam abgeworfen, 107 Raketen und 100.000 Schuß Kanonen und MG-Munition verschossen.
Im Kampf gegen die Befreiungsfront gehen die USA zur Strategie der verbrannten Erde über. Im Mekong-Delta wird ein Dorf nach dem anderen rasiert, wie es in der Sprache der Militärs heißt. 50 qkm werden in 15 Minuten mit Phosphor vernichtet. Dieses Bombardement, nicht das erste seiner Art, wird sogleich bekanntgegeben. 70% der Napalmopfer in den Dörfern sind Kinder. Napalm- und Phosphorbomben, Giftgase verschiedener Art, chemische Giftstoffe zur Vernichtung der Ernten und des gesamten Pflanzenwuchses wurden in Nordvietnam bis zum sogenannten Bombenstop, in der Südzone auch danach, täglich verwendet. Über den Dschungeln Südvietnams wurden bis zum Frühjahr 1968 100.000 t TNT ausgeschüttet.
Mitte 1967: Die Truppenzahl der USA in Vietnam wird mit 470.000 Mann angegeben. Eine Erhöhung ist vorgesehen.
17. Februar 1968: Es sind über 500.000 US-Soldaten in Südvietnam eingesetzt.
1. April 1968: Wenige Stunden nachdem Präsident Johnson eine teilweise Einstellung des Bombardements gegen Nordvietnam verkündet hat, setzen die USA ihre Luftangriffe nicht nur bis weit nach Nordvietnam hinein fort, sondern verstärken sie noch. Die nördlichsten Ziele liegen immer noch 300 km von der entmilitarisierten Zone entfernt. Gleichzeitig patroullieren US-Aufklärungsflugzeuge weiterhin über ganz Nordvietnam.
8. April 1968: Es wird abermals eine Verstärkung des Luftkrieges gegen Nordvietnam gemeldet. Ein US-Militärsprecher teilt mit, daß amerikanische Bomber die schwersten Angriffe seit drei Monaten geflogen hätten. Allein 145 Einsätze durch amerikanische Kampfflugzeuge werden am 18. April 1968 gemeldet.

Was dem gequälten Volk weiter bevorstehen sollte, drückte General Westmoreland in zynischer Weise aus: „In der weiteren Strategie gegenüber den Nordvietnamesen werden wir so lange einen maximalen Druck auf jede nur mögliche Weise ausüben, bis Hanoi erkennt, daß sein Land bis an den Rand der nationalen Katastrophe ausgeblutet ist, und seine Haltung zu überprüfen

gezwungen sein wird.“ Der damalige Generalstabschef der US-Luftwaffe, Le May, hatte schon 1965 erklärt, „man werde ganz Nordvietnam durch Luftbombardements in eine Steinwüste zurückverwandeln“.
Ende 1968: In Südvietnam führen die Amerikaner eine „beschleunigte Pazifierung“ durch, der beträchtliche Teile der Landbevölkerung zum Opfer fallen. Die „erfolgreichste“ unter diesen „Operationen“ ist „Speedy-Express“, bei welcher Ende 1968 in der Provinz Kien Hoa 10.000 Menschen getötet wurden.

Seit 1968 führen die USA das „Phoenix-Programm“ durch; Ziel ist die „Neutralisierung“ der Vietkong-Infrastruktur, wobei jährlich mit Methoden, die vom bezahlten Denuziantentum bis zum Meuchelmord reichen, 14.000 angebliche Vietkong-Agenten „eliminiert“ werden sollen.
Februar/März 1969: Intensivierte Bombardierungen von Südvietnam und der Grenzgebiete von Kambodscha.
April 1969: Im bisher schwersten Bombenangriff werfen B-52-Bomber 3.000 t Sprengstoffe entlang der kambodschanischen Grenze nordwestlich Saigons ab.
8. Juni 1969: Treffen Nixon–Thieu. Einigung über die sogenannte Vietnamesierung des Krieges.
Juni/Juli 1969: Entlaubungsaktionen der US-Luftwaffe in weiten Gebieten von Kambodscha.
Februar 1970: Schwere Bombardierungen von Laos durch die US-Luftwaffe, zeitweise mehr als 600 Einsätze in 24 Stunden. Betroffen ist in erster Linie die Zivilbevölkerung: Siedlungen und Dschungel werden mit Napalm-, Phosphor-, Kugel- und Splitterbomben belegt. Die Luftwaffe macht selbst Jagd auf einzelne Menschen. Ziel der Bombardierung: massive Zerstörung in Gebieten, die außerhalb der Reichweite der von den USA kontrollierten Armeen liegen, und Vertreibung der Bevölkerung in Flüchtlingslager. Von den 3 Millionen Einwohnern von Laos werden 700.000 Flüchtlinge.
April/Mai 1970: Die USA weiten den Krieg in Vietnam und Laos nach Kambodscha aus.
November 1970: Wiederaufnahme der Bombardierung von Nordvietnam.
März 1971: Mehr als 1.000 US-Flugzeuge greifen Ziele in Kambodscha und Laos an.
Dezember 1971: In den letzten 5 Tagen des Jahres fliegt die amerikanische Luftwaffe in 1.000 Einsätzen die schwersten Bombenangriffe gegen Nordvietnam seit 1968.
Februar 1972: 29stündige US-Luftattacke im Süden Nordvietnams.
März/April 1972: Massive Teppichbombardements der US-Luftwaffe in Nordvietnam, vor allem auf Hanoi und Haiphong.
8. Mai 1972: Seeblockade gegen Nordvietnam.
Mai 1972: US-Luftwaffe bombardiert Nordvietnam.
Juni 1972: Die Bombardierungen Kambodschas und Laos’ haben ein bisher unerreichtes Ausmaß angenommen.

Juli 1972: Es wird bekannt, daß die USA seit über 9 Jahren künstlich (durch Besprengen von Wolken mit Chemikalien) säurehaltigen Regen in Laos und Südvietnam erzeugen.
Mit Bombenteppichen der US-Luftwaffe werden in Nordvietnam Dämme im Delta des Roten Flusses, Wohnquartiere, Schulen, Spitäler und Fabriken zerstört.
Oktober 1972: Bei einem US-Luftangriff auf Hanoi wird die französische Mission zerstört, Frankreichs Geschäftsträger Susini schwer verletzt.
17. Dezember 1972: Wiederaufnahme der Bombardierungen gegen Nordvietnam. In einer einzigen Woche wirft die Kampfbomberflotte in 1.400 Einsätzen 10.000 t Bomben ab. Dabei werden auch große Teile der Wohnviertel der beiden größten Städte Nordvietnams, Hanoi und Haiphong, zerstört.

Das Eingreifen der USA in Vietnam war von Anfang an ein Musterbeispiel der modernen Art des Kolonialismus zur Verwirklichung imperialistischer Ziele in der südostasiatischen Region. So wie die USA Frankreich im Kampf gegen die demokratische Republik Vietnam finanziell und militärisch zugleich unterstützten, diente ihre direkte Hilfe an das Saigoner Regime den offen erscheinenden Machtzielen ihrer Politik.
Die amerikanische Intervention in Indochina war eine Kette schwerwiegender Verletzungen des völkerrechtlichen Verbotes des Aggressionskrieges. Ihren spektakulären Höhepunkt fand sie bisher in der Bombardierung der demokratischen Republik Vietnam, dem Einmarsch in Kambodscha und in dem Überfall auf Laos. Die gesamte Kriegführung der USA in Indochina ist gekennzeichnet durch Kriegsverbrechen bisher nicht gekannten Ausmaßes.
1. Die USA errichteten bis 1963 Konzentrationslager, in die sie bis Mitte April 1963 8.150.187 Einwohner verschleppt haben. Nachdem 1963 erkannt wurde, daß die strategischen Dörfer „eigentlich ein Fehlschlag waren“, wurde die gleiche Deportationspolitik und die Errichtung neuer KZ unter dem Namen „Dörfer des neuen Lebens“ weitergeführt. Diese KZ sind denen des Hitlerregimes vergleichbar. Damit verstoßen die USA gegen Art. 49 der Genfer Konvention.
2. Nach amerikanischen Schätzungen kamen bei ihrer Kriegführung auf einen getöteten Angehörigen der Befreiungsfront 9 verwundete oder getötete Zivilisten. Mit ihrem Luftkrieg und sonstigem Vorgehen mit Waffen gegen Nichtkombattanten verstoßen die USA gegen den fundamentalen Grundsatz des Völkerrechts, daß militärische Kriegshandlungen nur gegen Kombattanten gerichtet sein dürfen. Daß der amerikanische Vernichtungskrieg dem Haager Abkommen und der Haager Landkriegsordnung zuwiderlaufen, steht außer Frage. Schon die Zahl und das Kaliber der Beschießungen beweisen, daß es dem US-Oberkommando nicht auf das Treffen bestimmter militärischer Ziele ankam, sondern auf größte flächenhafte Zerstörung der Orte und damit auch die Tötung und Verwundung der Zivilbevölkerung. So wurden am 30. November 1955 auf das Dorf Thoi Thoan 300 Granaten vom Kaliber 5 Zoll abgeschossen.

Am 25. Januar 1965 haben drei Schiffe der 7. Flotte 628 Häuser zerstört. Am 27. Oktober 1965 wurden 1.100 Schuß abgegeben. Der Beschuß durch die Flotteneinheiten hat, wie der Luftkrieg, das eindeutige Ziel der Terrorisierung und Dezimierung der Zivilbevölkerung. Er stellt eine klare Verletzung der erwähnten Haager Abkommen dar.

3. Die USA und ihre Söldner betrieben die systematische Folterung von Kriegsgefangenen und der Zivilbevölkerung. Dabei bedienen sie sich folgender Methoden:

a) Das Opfer wird mit dem Fuß nach unten aufgehängt und von vier Folterknechten mit Tritten und Faustschlägen mißhandelt.
b) Schläge auf die Hände mit Knüppeln.
c) Das Opfer wird gezwungen, sich flach auf den Bauch in einen Graben zu legen, der gerade für eine Person Platz bietet. Sodann wird das Opfer mit Stacheldraht bedeckt.
d) Das Opfer wird mit dem Kopf nach unten aufgehängt. Seine Hände kommen dann in eine eiserne Presse und die Folterknechte überhäufen es mit Schlägen.
e) Schmutziges salziges Wasser, mit Urin und Exkrementen oder kleinen Kornstücken vermischt, wird dem Opfer in den Mund gegossen. Sobald sein Magen angeschwollen ist, trampelt der Folterknecht mit genagelten Stiefeln auf ihm herum, bis das Wasser aus dem Mund, der Nase und dem After herauskommt.
f) Das Opfer wird stundenlang in kaltes Wasser getaucht.
g) Haareausreißen.
h) Knien des Opfers auf einem mit Nägeln dicht besetzten Brett.
i) Aufhängen des Opfers an einem durch Hände und Füße getriebenen Haken, während die Folterer an seinem Körper Nadeln einstecken.
k) Dem Opfer werden mit rotglühenden Zangen Stücke Fleisch aus den Schenkeln gerissen oder das Werkzeug wird ihm in den Rachen eingeführt.
l) Das Opfer wird an verschiedenen Körperstellen verbrannt, indem man Stroh- oder Heubündel, die an seinen Körper gebunden werden, anzündet.
m) Das Opfer wird an einen Baum genagelt, bevor es getötet wird.
n) Bei Frauen Eintreiben von Holzstücken in die Vagina, Brüste-Abschneiden, Durchstechen der Brustwarzen mit Nadeln, Vergewaltigungen durch Syphilitiker.

An der Verantwortlichkeit der USA und ihrer vietnamesischen Handlanger für alle an den Kriegsgefangenen begangenen Kriegsverbrechen besteht kein Zweifel.

4. Im Rahmen des Stanley-Taylor-Plans wurden seit 1961 systematisch Dörfer und fruchtbares Land zerstört. Nicht nur die Häuser der in die Lager verschleppten Bauern wurden niedergebrannt, ihre Reisvorräte vernichtet, die Bäume zerstört, das Vieh abgeschlachtet, sondern auch aller Pflanzenwuchs durch Gase und Chemikalien vernichtet. Die evakuierten Gebiete wurden zu

‚free-fire-zones' erklärt. Das heißt, daß man die Gebiete mit Gas, Bomben, Granaten, Napalm und Chemikalien restlos verwüstete. Solche Art von Zerstörungen sind seit langem als Völkerrechtsverbrechen gekennzeichnet. Neben der Zerstörung gewöhnlichen Eigentums wurden in großem Umfang auch besonders geschützte Einrichtungen beschädigt und vernichtet, wie Kirchen und Pagoden, Schulen, Krankenhäuser, Deiche und Bewässerungsanlagen. Z.B. wurde das Tuberkulose- und Leprakrankenhaus von Thnah durch Beschuß völlig zerstört. Dieses Krankenhaus bedeckte zweieinhalb Hektar Gelände und bestand aus 30 großen Gebäuden, es war zudem mit großen Rotkreuzflaggen und weithin sichtbaren roten Kreuzen auf der Einfahrt, für jeden Piloten deutlich erkennbar, markiert. Am 1. Juli 1965 um 8.00 Uhr vormittags kreisten 16 amerikanische Flugzeuge mehrere Male über dem Krankenhaus, warfen während eines halbstündigen ununterbrochenen Bombardements insgesamt 1.800 t Bomben ab und schossen mit Bordwaffen auf alle, die aus dem Gebäude rannten. Einige Tage später führten zwei amerikanische Flugzeuge nochmals eine Bombardierung der Ruinen des Hospitals durch.
Das Leprosorium von Quynh Lap hat seit dem 12. Juni 1965 mindestens 34 Bombardements erlitten, obwohl es als Krankenhaus gekennzeichnet war. Das gleiche gilt für die Bombardierung von Deichen, Dämmen und Bewässerungsanlagen. Derartige Anlagen waren auch aus der Luft mit anderen Zielen nicht zu verwechseln. Das Völkerrecht hat alle genannten Einrichtungen seit langem unter seinen Schutz gestellt.
Die Verwüstung ganzer Landesteile mit der Austilgung allen Lebens übertraf sowohl in ihrer barbarischen Wirkung als auch in der militärischen Sinnlosigkeit alle anderen in den Konventionen zur Regelung des völkerrechtlichen Kriegsrechtes geregelten Tatbestände.
5. Die USA und ihre Söldnertruppen verwendeten völkerrechtlich geächtete Waffen und Kampfstoffe. Die verwandten Gase waren:
[...]
An der völkerrechtlichen Unzulässigkeit und moralischen Verwerflichkeit des Einsatzes solcher Waffen ist nicht zu zweifeln.
Von Anfang ihrer verbrecherischen Politik in Indochina an versuchten die USA ihre Politik mit einer Schwemme von Lügen zu rechtfertigen. Allein das Pentagon gab seit Jahren mehr als 500 Millionen Dollar jährlich allein zu Propagandazwecken für die Rechtfertigung der US-Verbrechen in Indochina aus. Im Jahre 1970 betrug diese Summe 900 Millionen Dollar.

(Schily)
Rechtsanwalt

Rechtsanwalt Hans Heinz Heldmann nahm anschließend Stellung zur Frage, welchen Beweiswert die Vernehmung der amerikanischen Zeugen für das Stammheimer Verfahren habe:

Dr. Hans Heinz Heldmann 4. Mai 1976

OBERLANDESGERICHT STUTTGART
2. Strafsenat
Asperger Straße 49

7000 Stuttgart-40

Az: 2 StE 1/74: Andreas *Baader*

Die beantragte Beweiserhebung ist von prozeßentscheidender Bedeutung. Ihre Würdigung wird ergeben,

a) daß die seinerzeitigen Regierungen der USA durch ihr militärisches Eingreifen und durch ihre Kriegführung in Indochina Völkerrechtsverbrechen begangen haben; nämlich:
   Verbrechen gegen den Frieden,
   Kriegsverbrechen,
   Verbrechen gegen die Menschlichkeit;
b) daß die seinerzeitigen Regierungen der USA Handlungen, die als Völkerrechtsverbrechen zu würdigen sind, auch vom Territorium der Bundesrepublik aus begangen haben;
c) daß die seinerzeitigen Regierungen der Bundesrepublik diese Handlungen geduldet haben;
d) daß danach die Rechtsfrage entscheidungserheblich sein kann, ob seinerzeitige Gewaltanwendung gegen bestimmte militärische Einrichtungen der USA auf dem Territorium der Bundesrepublik, so Bombenangriffe auf die US-Stützpunkte in Frankfurt und Heidelberg, gerechtfertigt waren;
e) bejahendenfalls schließlich kämen wir zu dem weiteren Ergebnis, daß es für das Urteil in diesem Prozeß auf die Beweisführung im Sinne dieser Anklage nicht ankommt.

1. Die Satzung der Vereinten Nationen, die die Regierungen, auch die der USA, am 26. 6. 1945 in San Francisco unterzeichnet haben, die der US-Senat am 28. 7. 1945 mit 89:2 Stimmen ratifiziert hat, enthält als Grundsatz allgemein anerkannten Völkerrechts das Gewaltverbot, Art. 2 Nr. 4:

„Alle Mitglieder unterlassen in ihren internationalen Beziehungen jede gegen die territoriale Unversehrtheit oder die politische Unabhängigkeit eines Staates gerichtete oder sonst mit den Zielen der Vereinten Nationen unvereinbare Androhung oder Anwendung von Gewalt.“

Art. 33 der UN-Satzung postuliert eigens die Verpflichtung zur friedlichen Streiterledigung.
Vom allgemeinen Gewaltverbot läßt die UN-Charta, in Art. 51, nur eine Ausnahme zu: nämlich das Recht zur Selbstverteidigung gegen einen bewaffneten Angriff; und zwar ausdrücklich als „das naturgegebene Recht zur individuellen oder kollektiven Selbstverteidigung".

2. Am 8. 8. 1945 hat die Regierung der USA das Londoner Abkommen unterzeichnet, in welchem als Völkerrechtsverbrechen kodifiziert worden sind (Art. 6 des Statuts des Internationalen Militärtribunals):

„a) Verbrechen gegen den Frieden: nämlich Planung, Vorbereitung, Auslösung oder Führung eines Angriffskrieges oder eines Krieges, der internationale Verträge verletzt; ferner Zustimmung oder Teilnahme an einem gemeinsamen Plan oder einer Verschwörung, die irgendeine der oben genannten Handlungen ermöglichen soll.
b) Kriegsverbrechen: nämlich Verletzung des Kriegsrechts oder Kriegsbrauchs. Solche Verletzungen schließen ein: Mord, Mißhandlung oder Verschleppung der Zivilbevölkerung besetzter Gebiete in Arbeitslager oder zu irgendeinem anderen Zweck; Mord oder Mißhandlung von Kriegsgefangenen oder Schiffbrüchigen, Plünderung öffentlichen Eigentums, willkürliche Zerstörung von Stadtzentren, Städten oder Dörfern oder nicht durch militärische Erfordernisse gerechtfertigte Verwüstungen...
c) Verbrechen gegen die Menschlichkeit, nämlich Mord, Völkermord, Versklavung, Verschleppung und andere unmenschliche Handlungen, die an der Zivilbevölkerung vor dem Krieg oder während des Krieges begangen wurden..."

Der Kern dieser Charta besteht in dem Gedanken, daß jedermann internationalen Verpflichtungen unterworfen ist, die über den bürgerlichen Gehorsam, den jeder einzelne Staat fordert, hinausgehen.

3. Am 11. 12. 1946 hat auf Antrag der USA die Vollversammlung der Vereinten Nationen die Charta und die Urteile des Nürnberger Gerichtshofs und die von ihm aufgestellten Völkerrechtsnormen durch einstimmigen Beschluß bestätigt.

4. Seit dem 12. 1. 1951 gilt die Konvention über die Verhütung und Bestrafung des Völkermordes. Die UN-Vollversammlung hat sie am 9. 12. 1948 einstimmig und ohne Stimmenthaltung angenommen. Sie ist für die Bundesrepublik am 22. 2. 1955 in Kraft getreten.
Sie schafft keine neue Qualität eines Völkerrechtsverbrechens, sondern nach ihrem Artikel I „bestätigen" die Vertragsparteien, „daß Völkermord ... ein Verbrechen nach internationalem Recht ist, zu dessen Verhütung und Bestrafung sie sich verpflichten".
Den internationalen Konsens hatte insoweit schon die 96. Resolution der UN-Vollversammlung vom 11. 12. 1946 ausgesprochen, auf welche ausdrücklich die Konvention sich mit den Worten bezieht: „daß Völkermord ein Verbrechen gemäß internationalem Recht ist, das dem Geist und den Zielen der Vereinten Nationen zuwiderläuft und von der zivilisierten Welt verurteilt wird".

Verbrechen im Sinne dieser Konvention ist auch die „Teilnahme am Völkermord“ (Art. III e). Nach allgemeinen strafrechtlichen Regeln ist Teilnahme durch Unterlassen rechtspflichtgemäßen Handelns möglich.
In unserem innerstaatlichen Recht findet sich das völkerrechtliche Verbot als § 220a StGB (vgl. auch § 111 StGB).
Wie die Charta des Internationalen Militärtribunals liegt dieser Konvention die Rechtsauffassung zugrunde, daß jedermann internationalen Verpflichtungen unterworfen ist, die, im Konfliktsfall (etwa: militärischer Befehl), innerstaatlicher Gehorsamspflicht vorgehen.

5. Das IV. Genfer Abkommen zum Schutze von Zivilpersonen vom 12. 8. 1949 ist für die Bundesrepublik am 3. 3. 1955 in Kraft getreten.
Danach ist zwingendes Recht zum allgemeinen Schutz der Bevölkerung: Zivilkrankenhäuser dürfen nicht angegriffen werden, ihr Personal und ihre Fahrzeuge sind in gleicher Weise zu schonen und zu schützen; besondere Sorgepflichten bestehen gegenüber Kindern, Verwundeten, Kranken, Gebrechlichen; jederzeit und jedenorts sind verboten Mord, Verstümmelung, biologische Versuche, grausame Behandlung, Folterung, Geiselnahme, Beeinträchtigung der persönlichen Würde, Verurteilungen und Hinrichtungen ohne vorhergehendes Urteil eines ordnungsgemäß bestellten Gerichts; usw.
Ich erinnere:
Allein die Zahl der im Vietnamkrieg getöteten und verletzten Kinder wurde im Januar 1967 nach den Ergebnissen einer in der Zeitschrift *Ramparts* veröffentlichten Studie auf 250.000 Tote und 750.000 Verwundete geschätzt.
Senator Edward Kennedy gab in einem Bericht vom 31. 10. 1967 die monatliche Zahl der verletzten Zivilpersonen mit 150.000 an. (Vietnam-Tribunal II, 211 f., 220.)

6. Die hier zitierten Kodifikationen allgemein anerkannten Völkerrechts gehen übereinstimmend von den Menschenrechten aus (nicht also von Souveränitätsrechten) und bezwecken Individualschutz, auch dort, wo dieser, wie in der Genozid-Konvention, an Gruppenzugehörigkeit knüpft; andererseits von der individualen Verantwortlichkeit und Haftung für Völkerrechtsdelikte. Die zu keiner Zeit unwidersprochene, seit Ende des Zweiten Weltkriegs weniger denn je herrschende Meinung, Individuen fehle die völkerrechtliche Subjektfähigkeit, erweist sich daran als unhaltbar.
Die gegenteilige Auffassung, welche Individuen als Völkerrechtssubjekte begreift, wird als allgemein anerkanntes Völkerrecht belegt durch die ständig zunehmende Zahl völkerrechtlicher Konventionen, die unmittelbar, d.h. ohne innerstaatliche Transformationsgesetze, Menschenrechte für jedermann als individuale Rechtspositionen anerkennen und diese zudem mit sozusagen justizieller Effektivität ausstatten; z.B.: die Europäische Menschenrechtskonvention, die Europäische Sozial-Charta, das Internationale Übereinkommen

zur Beseitigung jeder Form von Rassendiskriminierung, der Internationale Pakt über wirtschaftliche, soziale und kulturelle Rechte, der Internationale Pakt über bürgerliche und politische Rechte.

Daraus ist zu folgern:

Dem Selbsthilferecht des Staates nach Art. 51 der UN-Charta entspricht das Notwehrrecht des Individuums gegen völkerrechtswidrige Verletzung seiner Rechte. Das Recht zur „kollektiven Selbstverteidigung“, das als „naturgegeben“ die UN-Charta in Art. 51 anerkennt, das Recht also dritter Staaten, dem angegriffenen Staat gegen den Aggressor angriffsweise zu Hilfe zu kommen, hat seine Parallele im Nothilferecht des Individuums.

Hier ist einzufügen:

Bereits 1967 lagen weltweit Dokumentationen vor, welche die Kriegführung der USA in Vietnam nach ihren Intentionen, ihren Mitteln und ihren Wirkungen als „Völkermord“ erkennen ließen; so z.B., um die bekanntesten zu nennen, die beiden Bände über die internationalen Vietnam-Tribunale in Schweden und Dänemark; lagen auch spezielle völkerrechtliche Untersuchungen vor mit eben dieser Würdigung, so z.B. des amerikanischen Völkerrechtlers Quincy Wright, seines deutschen Kollegen Walter Rudolf.

Danach noch, am 31. 3. 1968, befahl US-Präsident Johnson die Ausweitung und Intensivierung der Bombenangriffe, worüber, z.B., Peter Weiss in deutscher Sprache berichtet hat, der in seiner Zusammenfassung sagt: „Diese Angriffe tragen einen Vernichtungscharakter. Sie sind, ihrem Ausmaß und ihren Absichten nach, als Genozid-Aktionen zu bezeichnen.“

Gleichwohl hat sich in der Bundesrepublik, später als in anderen Ländern, erst 1972 als *die* öffentliche Meinung die Erkenntnis durchgesetzt, daß die Regierung der USA in Indochina systematisch Völkermord begeht.

Das belegen, vor allem gegen Ende jenes Jahres, fast tägliche Schlagzeilen in der Presse der Bundesrepublik, in welchen von Völkermord, Bombenterror, Kindesmord, Inferno, Verbrechen von Vietnam, Verbrechen gegen die Menschlichkeit, Folter von oben, geplanter Völkermord, Aggressoren und Komplizen, Täglich zweihundert Todesopfer in Hanoi, Unmenschliche Gewalt, Hanoi nur noch ein Ruinenfeld, Empörung über den Bombenkrieg wächst, Nixons Guernica, Flächen-Bombardements sind Kriegsverbrechen, Brutale Kriegspolitik, Ein Schock für die zivilisierte Welt, Hanoi zieht Bilanz: 1.318 Tote – vom 18. bis zum 29. Dezember mehr als tausend Luftangriffe, Schluß mit dem Mord, Der amerikanische Chefankläger bei den Nürnberger Kriegsverbrecher-Prozessen klagt nach einem Besuch in Hanoi seine Landsleute an, Beweise für Kriegsverbrechen der USA, Vorsätzlich Hospitäler bombardiert, – die Rede war.

7. Gleichzeitig und in vergleichbarem Umfang hat die Presse öffentliche Vorwürfe gegen die Bundesregierung wiedergegeben: im Gegensatz zu anderen Regierungen schweige sie zu Verbrechen gegen die Menschlichkeit; oder gar: sie unterstütze die Aggression der USA.

Wird die beantragte Beweisaufnahme das Beweisthema bestätigen,

a) daß die Regierung der USA das Territorium der Bundesrepublik zu militärischem Einsatz in Indochina benutzen ließ,

b) daß die Regierung der Bundesrepublik das geduldet hat,

dann wird sich weiter die Frage nach der völkerrechtlichen Verantwortlichkeit der Bundesrepublik stellen.

Es gelten insoweit alternativ die Völkerrechtssätze: Hat der neutrale Staat eine Benutzung seines Gebietes für militärische Aktionen geduldet, so hat er selbst das Recht verletzt; dagegen steht das völkerrechtliche Selbstverteidigungsrecht. Vermochte er diese Benutzung seines Gebietes nicht zu hindern, so wird dieses dadurch zur Außenposition des Angreifers. (Partsch, Selbsterhaltungsrecht.)

8. Allgemeines Völkerrecht, nämlich der Grundsatz des allgemeinen Gewaltverbots, speziell ferner die Genozid-Konvention hätten die Bundesregierung verpflichtet, jeglichen Tatbeitrag des Aggressors vom Territorium der Bundesrepublik aus zu verhindern.

Verletzt wäre zugleich, sozusagen tateinheitlich, Artikel 26 Absatz 1 Satz 1 des Grundgesetzes: er kennzeichnet jede Art von Politik als verfassungswidrig, die sich negativ auf das friedliche Zusammenleben der Völker auswirkt. Tatbestandlich im Sinne dieser Verfassungsnorm wäre insbesondere die Unterstützung eines Aggressors, gleich, ob materielle oder moralische Unterstützung.

Erweisen sich gegen die Fortsetzung von Verbrechen gegen die Menschlichkeit – treffender wohl: Verbrechen gegen die Menschheit – innerstaatliches Rechtssystem wie demokratische Willenskundgebung andauernd als hilflos, so bedürfte es des Rückgriffs auf das „legalisierte Widerstandsrecht" des Grundgesetzes nicht, um innerstaatliche Friedenspflicht zu suspendieren. Widerstandsrecht als ultima ratio ist vorstaatliches Menschenrecht. Die Ächtung des Krieges hat als wichtigster Fortschritt des modernen Völkerrechts für jede Rechtsgüterabwägung besonderes Gewicht.

Der Darmstädter Rechtsprofessor Axel Azzola, als Verteidiger von Ulrike Meinhof, hatte bereits vorher, am 20. Januar 1976, den Antrag gestellt, die Angeklagten als Kriegsgefangene anzuerkennen und das Stammheimer Verfahren abzubrechen. Azzola eröffnete seinen Antrag mit einer Erklärung:

Erklärung gemäß § 257 Abs. 2

Aus der Erklärung der Angeklagten zur Sache ergibt sich, daß, selbst wenn man die Anklageschrift als bewiesen unterstellte, die Angeklagten freigesprochen werden müßten, weil die in der Anklageschrift bezeichneten Taten im Kriege nicht strafbare Handlungen sind.

I. Die Angeklagten befanden sich im Kriegszustand.

1. Bezeichnung der Gegner:

a) Der Imperialismus des internationalen Kapitals und seine Agenten.

b) Die den proletarischen Internationalismus praktizierenden Befreiungsbewegungen. Diese Befreiungsbewegungen sind sozialrevolutionär, anti-imperialistisch und, da sie anti-kolonialistisch bzw. anti-hegemonistisch sind, national.

2. Der Konflikt ist international, denn das Kapital ist international organisiert und das Proletariat organisiert sich zu einem gemeinsamen, d. h. internationalem Widerstand.

3. Unbeschadet seiner Internationalität wird dieser kriegerische Konflikt an verschiedenen Orten und zu verschiedenen Zeiten mit den unterschiedlichsten Mitteln ausgekämpft, nämlich sowohl mit klassischen Mitteln kriegerischer Auseinandersetzung als auch mit modernen Mitteln, die neuerdings rechtliche Anerkennung erfahren haben, wie z. B. der Partisanenkrieg, als auch mit so neuen Mitteln wie die Stadtguerilla (letztere regelmäßig in den Metropolen kämpfend, d. h. in den Basis-Machtzentren des internationalen Kapitals), so daß deren rechtliche Anerkennung

a) wegen der grundsätzlichen zeitlichen Abfolge zwischen Faktizität und Verrechtlichung

b) wegen der fortbestehenden Stärke des Kapitals in den Metropolen (das sich selbstverständlich einer Verrechtlichung dieses Widerstandes mit allen Mitteln entgegenstellt)

noch nicht durchgesetzt werden konnte.

II. „Krieg“ als rechtliche Kategorie

Der Krieg ist keine absolute, von gesellschaftlichen Verhältnissen unabhängige, geschichtslose Kategorie. Dies gilt selbstverständlich auch für die *bürgerliche Kategorie* des Krieges, als der das Kriegsrecht des bürgerlichen Zeitalters konstituierenden Kategorie.

Die bürgerliche Kategorie des Krieges war selbst von der feudalstaatlichen der Söldnerheere grundlegend verschieden, nämlich als bürgerlicher Volkskrieg, wie ihn beispielhaft und erfolgreich die Französische Revolution als „levée en masse“ hervorgebracht hat in ihrer Auseinandersetzung mit den Truppen der reaktionären europäischen Interventionsmächte. Rechtliche Konsequenzen aus dieser veränderten Lage wurden erst Jahrzehnte später, ja zum Teil erst über ein Jahrhundert später, gezogen, nämlich in der Ersten Genfer Konvention bzw. in der Ersten Haager Landkriegsordnung. Dabei entsprach die Verknüpfung der Kategorie des Krieges mit der Kategorie der Nation zum Zwecke der Bestimmung der legitimerweise kriegführenden Partei der Tatsache, daß sich das Bürgertum in der Nation politisch konstituierte, wie sich in der Französischen Revolution das „parliament“ zur „assemblée nationale“ erklärte. Daneben hat es im bürgerlichen Zeitalter zwar auch die Kategorie des

Bürgerkrieges gegeben, diese war aber gerade nicht sozial bestimmt und so mit historischem Inhalt gefüllt, sie war dementsprechend nicht verrechtlicht und mit bürgerlichen Kategorien auch noch nicht verrechtlichungsfähig, so daß ihre Bestimmtheit erst noch gewonnen werden muß, bzw. als anti-bürgerliche Kategorie in der Kategorie des Klassenkrieges tendenziell bereits gewonnen ist.

III. Die Veränderung der rechtlichen Kategorie des Krieges

Damit sind die kriegführenden Parteien nicht mehr im Horizont der Kriegführung durch Nationen bestimmt, sondern tendenziell weltweit, nämlich, wo immer sich diese Klassen auseinandersetzen. Inhaltlich bedeutet diese Neubestimmung die Einbeziehung aller Formen, die diese Auseinandersetzungen annehmen können. Dies entspricht der nicht in nationalen Grenzen beschränkten Konstitution der am Kampf beteiligten Klassen, ihrer weltweiten Existenz. Demgegenüber haben die veränderten gesellschaftlichen Machtverhältnisse schon jetzt für die nationalen Befreiungsbewegungen, d.h. für die anti-imperialistischen und anti-hegemonialen Kämpfe an der Peripherie jedenfalls zu einer tendenziellen Verrechtlichung geführt und auch zu politischer Anerkennung, was bewiesen wird sowohl durch die Neubestimmung des Kombattanten in den Genfer Konventionen als auch (indirekt) durch die Terrorismus-Diskussion in der UN-Vollversammlung 1972 bis hin zu der Verleihung des UN-Mitgliederstatus an die PLO (mit Ausnahme des Stimmrechts) aus Anlaß der jüngsten Nahost-Debatten des UN-Sicherheitsrates. Diese rechtliche Anerkennung geschah freilich mit allen Brüchen, ja inneren Widersprüchen, die eine solche Inkorporation revolutionärer Postulate in herrschendes Recht nach sich ziehen muß, etwa hinsichtlich der Frage der Neubestimmung des Völkerrechtssubjekts und der hieran zu knüpfenden Rechtsfolgen. In den vergangenen Jahrzehnten ist es den Völkern der Dritten Welt durch ihren weltweit gestiegenen Einfluß gelungen, die Anwendung des Kriegs- und Völkerrechts in Konflikten zwischen der Kolonialmacht und der sich gewaltsam befreienden Kolonie schrittweise durchzusetzen, d.h.: der sich befreienden Kolonie, der Befreiungsbewegung und ihrem Kampf einen rechtlichen Status zuzuerkennen, vergleichbar demjenigen der internationalen Konflikte, mit allen Privilegien, die hieran für die Freiheitskämpfer, insbesondere bei ihrer Gefangennahme, geknüpft sind. Vor allem sind sie als Kriegsgefangene zu behandeln und nicht als kriminelle Häftlinge.

In Deutschland wurden ähnliche Probleme diskutiert, als sich in Südtirol die dort lebende deutsche nationale Minderheit (freilich keineswegs in einem sozial revolutionären Konflikt) gewaltsam der Romanisierung und Inkorporation in das italienische Staatswesen widersetzte.

Ebensosehr, wie im großen Südtirol-Prozeß die italienische Regierung den mehr als 40 Angeklagten gemeine Kriminalität, nämlich Mord und Mordversuch vorzuwerfen und nachzuweisen bemüht war, hat es insbesondere in Österreich, aber auch in der BRD selbst überwiegend Stimmen gegeben, die gerade dies entschieden zurückwiesen.

Daß sich ein Kampf, wie er in Belgien zwischen Wallonen und Flamen stattgefunden hat, nicht einmal vom bürgerlichen Standpunkt aus als kriminell kennzeichnen läßt, liegt schon daran, daß es sich keine Regierung leisten kann, die Hälfte des Volkes zu Kriminellen bzw. deren Sympathisanten zu erklären. Sogar die Schweiz (gewiß nicht tendenziell fortschrittlich) hat – wenn auch spät, so doch – dem bürgerlichen Teil der jurassischen Befreiungsbewegung nicht oder doch nur sehr bedingt die stumpfe Waffe des Strafrechts oder der offenen militärischen Repression entgegengestellt, sondern die politische Lösung des Konflikts gesucht, die, weil es sich um eine prinzipiell bürgerliche Protestbewegung handelt, auch prinzipiell im Bereich der Möglichkeiten des bürgerlichen Staates lag.
Nicht anders ist das Verhalten der britischen Kolonialisten in Irland zu verstehen: Der Versuch, die IRA zu kriminalisieren, wurde schon bald aufgegeben und durch cinc Doppelstrategie ersetzt, nämlich einerseits mit Hilfe von Vermittlungsangeboten einen Teil der IRA zu einer Kooperation im Rahmen der bürgerlichen Gesellschaft und ihres Staates zu gewinnen, um zugleich gegen den nicht befriedbaren Teil um so härter militärisch zu intervenieren, wobei durch die kleinbürgerlich-nationale Gruppierung innerhalb der IRA die Verhältnisse nur deshalb verkompliziert werden, weil deren Petita, obwohl sie grundsätzlich im Rahmen der bürgerlichen Gesellschaft und ihres Staates gelöst werden könnten, aufgrund der Siedlungsstruktur, aber auch ihres Sachzusammenhanges sich einer gesonderten Lösung entziehen. Es ist gewiß kein Akt kriminalistischer Faulheit, wenn die gefangenen Mitglieder der IRA in kriegsgefangenenähnlicher Weise interniert werden, auch ohne daß die britische Regierung der IRA einen Rechtsstatus im völkerrechtlichen Sinne formell zuerkannt hatte.
Unter dem Gesichtspunkt rechtlicher Würdigung ist dieses Verhalten der britischen Regierung dahin zu deuten, daß darin konkludent zum Ausdruck kommt, daß die britische Regierung selbst davon ausgeht, daß sie sich mit der IRA im Kriegszustand befindet. Nichts anderes ergeben jene Vereinbarungen, die aus verschiedenen Anlässen getroffen wurden und ausdrücklich immer wieder als „Waffenstillstand“ bezeichnet wurden.

Zusammenfassend ist also festzustellen:
Bestimmend für kriegerische Konflikte dieses neuen Typs ist, daß Inhalt der kriegerischen Auseinandersetzungen heute einmal das Streben der unterdrückten Völker ist, sich befreien und unabhängige nationale Staaten zu gründen.
Damit sind diese Kämpfe aber gleichzeitig internationalistisch, da sie das imperialistische Weltsystem schwächen, das gerade das Streben der Staaten der Dritten Welt nach Unabhängigkeit zu negieren versucht (vgl. die Stellungnahme Schlesingers zur Interventionsmöglichkeit in die arabischen Staaten anläßlich der Ölkrise).
Zum anderen haben kriegerische Auseinandersetzungen heute zum Inhalt den

vom Klassenkampf zum Klassenkrieg gesteigerten inneren Widerspruch in den imperialistischen Zentren.

Dieser Krieg hat ebenfalls, obwohl auch er in national begrenzten Formen geführt wird, einen internationalistischen Inhalt, da die Ziele dieses Klassenkrieges direkt die weltweite imperialistische Herrschaft treffen.

Auch in den Stellungnahmen der Führer nationaler Befreiungsbewegungen der Dritten Welt – sämtliche jetzige oder ehemalige Regierungschefs – wird dies deutlich:

Mao Tse Tung: „Der Leninismus lehrt, daß die Weltrevolution nur dann siegen kann, wenn das Proletariat der kapitalistischen Länder den Befreiungskampf der Völker der kolonialen und halbkolonialen Länder und das Proletariat der Kolonien und Halbkolonien den Befreiungskampf des Proletariats der kapitalistischen Länder unterstützt". (Mao Tse Tung in: „Dem Gedenken Bethunes", 21. 12. 1939)

Ho Tschi Minh: „In dem Wunsch, die Unabhängigkeit, Freiheit und Einheit des Vaterlandes zu sichern und in Frieden und Freundschaft mit allen Völkern der Welt – auch dem amerikanischen Volk – zusammenzuleben, ist das ganze vietnamesische Volk entschlossen, geeint und eines festen Willens, die imperialistischen US-Aggressoren zu bekämpfen. Wir erfreuen uns der Unterstützung von Brüdern und Freunden auf allen fünf Kontinenten. Wir werden siegen und damit auch Sie! Ich danke Ihnen für Ihre Unterstützung des vietnamesischen Volkes." (Ho Tschi Minh: „Neujahrsbotschaft an die amerikanischen Friedenskämpfer", Hanoi, 1. 1. 1968, Vietnam Courier.)

Khieu Samphan: „In politischer und moralischer Hinsicht und in den verschiedensten Formen (offizielle Erklärungen, Massenversammlungen etc.) alles zu tun, um den gerechten Kampf der Nation und des Volkes von Kambodscha um sein nationales Heil zu unterstützen, um der Aggression der US-Imperialisten und ihren Bombardements gegen Kambodscha entgegenzutreten und um die Einstellung dieser Bombardements gegen Kambodscha und den Abzug aller US- und Marionettentruppen aus Kombodscha zu fordern." ... „Schließlich wiederholen wir unseren aufrichtigen Dank an die Völker von Vietnam, Laos, China, Korea, Albanien, an das amerikanische Volk und seine friedliebenden Persönlichkeiten und an alle Völker der ganzen Welt, die unserem gerechten Kampf ihre Hilfe angedeihen lassen." (Khieu Samphan: „Kambodscha – Der Sieg des Volkes ist gewiß", Liga gegen den Imperialismus, Köln 1973).

Amilcar Cabral: „Um zum Ende zu kommen, möchte ich eine letzte Bemerkung über die Solidarität zwischen der internationalen Arbeiterbewegung und unserem nationalen Befreiungskampf machen. Es gibt zwei Alternativen: Entweder gibt man zu, daß es einen Kampf gegen den Imperalismus gibt, der jeden etwas angeht, oder man leugnet das. Wenn es einem Imperialismus gibt – und das ist offensichtlich – und dieser versucht, sowohl die Arbeiterklassen in allen modernen Ländern zu beherrschen als auch die nationalen Befreiungsbewegungen in allen unterentwickelten Ländern zu unterdrücken, dann gibt es nur einen Feind, gegen den wir kämpfen müssen.

Wenn wir den Kampf gemeinsam führen, ist der wesentliche Aspekt unserer Solidarität eindeutig: man muß kämpfen. Ich glaube nicht, daß man darüber viele Worte verlieren muß. Wir kämpfen in Guinea mit dem Gewehr in der Hand. Sie müssen in Ihren Ländern ebenfalls kämpfen... Sie müssen die beste Form und die besten Mittel des Kampfes gegen unseren gemeinsamen Feind finden: das ist die beste Art der Solidarität." (Amilcar Cabral: aus einer Rede Cabrals, gehalten im Mai 1964 in Treviglio/Milano anläßlich eines Seminars des lettre Frantz Fanon, abgedruckt in A. Cabral, *Die Revolution der Verdammten,* Rotbuch 113.)

Diesem neuen Inhalt kriegerischer Konflikte muß auch eine brauchbare Definition dessen, was völkerrechtlich als Krieg zu betrachten ist, Rechnung tragen. Auf das hergebrachte formale Kriterium, daß Nationalstaaten die Konfliktpartner sein müssen, kann es nicht mehr ankommen. Vielmehr ist entscheidend, daß jede kriegerische Auseinandersetzung auch völkerrechtlich als Krieg zu bezeichnen ist, die sich in das Koordinatensystem der weltweit sich antagonistisch entgegenstehenden Kräfte von imperialistischer Unterdrückung auf der einen Seite, dem Streben nach nationaler Befreiung, staatlicher Unabhängigkeit und revolutionärer Emanzipation der Völker auf der anderen Seite einfügt.

In der Terrorismusdebatte der UN wurde deutlich, daß auch die negative Abgrenzung des kriegerischen Konflikts durch die Bestimmung dessen, was Terror ist, ohne genau diese inhaltlichen Kriterien nicht möglich ist.

Ein allein formale Kriterien verwendender Versuch der Definition diente offensichtlich den Interessen der selbst Terror ausübenden Staaten: so vertraten vor allem die Vertreter Brasiliens, Süd-Afrikas und Israels die These, Terror sei Terror, jede darüber hinaus gehende Bestimmung sei von Übel.

Im Gegensatz dazu stand die ganz überwiegende Zahl der in der UN vertretenen Staaten, die auch die Ursachen und Gründe gewaltsam ausgetragener Konflikte unter Hintanstellung formaler Kriterien in die Definition des Terrors aufnehmen wollten.

Als ein Sprecher dieser Mehrheit führte der chinesische Delegierte Bi Dje lung aus:

„Was ist internationaler Terrorismus? Die Aggression gegen die und die Unterdrückung der Völker aller Länder durch den Imperialismus, die gnadenlose Bombardierung durch die amerikanischen Imperalisten in Vietnam, die Ermordnung und Verfolgung der Palästinenser durch die israelischen Zionisten, die brutale kolonialistische Beherrschung der afrikanischen Völker durch die Kolonialbehörden Portugals, Südafrikas und Rhodesiens und ihre Verbrechen des Rassismus und der Rassentrennung – das alles ist großangelegter Terrorismus im eigentlichen Sinn. Die Kämpfe des palästinensischen Volkes, der arabischen und afrikanischen Völker zur Erringung und Wahrung der nationalen Unabhängigkeit sind gerechte Kämpfe, an denen die breiten Volksmassen aktiv teilnehmen. Sie sind kein Terrorismus, sondern im Gegenteil: diese Volksmassen sind die wahren Opfer des Terrorismus. Wer in der Frage des sogenannten Terrorismus die palästinensische Befreiungsorganisation verleumdet, den gerechten Standpunkt der arabischen Länder verunglimpft, die das palästinensische Volk unterstützen, und sich zu Angriffen gegen die revolutionären Kämpfe der afrikanischen Völker hingibt, propagiert und unterstützt hier den Terrorismus. Die chinesische Delegation wird keiner Verurteilung zustimmen können, die unter dem Vorwand, den ‚Terrorismus‘ zu bekämpfen, in Wirklichkeit gegen das palästinensische Volk sowie die arabischen und afrikanischen Völker gerichtet ist.“

IV. Der Krieg der Stadtguerilla

Merkmale des Krieges bzw. der kriegführenden Parteien sind danach heute – neben den und anders als die klassischen Merkmale – insbesondere die vom Klassenkampf zum Klassenkrieg gesteigerte Auseinandersetzung, sowohl der unterdrückten Völker und ihrer Protagonisten als auch deren Verbündeter in den Metropolen als Protagonisten des Weltproletariats, als die Protagonisten der nur im Weltmaßstab als politischer Klasse konstituierbaren Klasse der Ausgebeuteten, Elenden und Entrechteten. Dies gerade dort und insoweit, wo dieser Kampf nicht aus einer Position von Arbeiter-Aristokratie zugunsten der Erzielung partieller Erfolge insbesondere auf der Konsumebene im Rahmen nationaler Grenzen geführt wird, sondern wo Inhalt und Ziel des Kampfes in totaler Negation der bürgerlichen Gesellschaft und ihrer Integrationsstrategie bewußt und ausschließlich zugunsten des Citoyen-Proletaire und damit zugunsten des ersten Weltbürgers geführt wird, selbst wenn dies zeitweilig im Widerspruch zu stehen scheint mit den Bedürfnissen und Interessen eines nationalen Proletariats, dieser Kampf also auch nur bedingt von diesem akzeptiert und in dieses integriert wird: Dann liegt die Massenbasis dieses Kampfes und dann liegen seine befreiten Gebiete eben nicht in den Grenzen eines bestimmten Nationalstaates, sondern dort, wo die Gewalt der Völker der Gewalt der imperialistischen Staaten schon entscheidende Niederlagen zufügen konnte, neuestens in Vietnam, Kambodscha und Laos, auch in Guinea-B., in Mosambik, Sao Tomé und Principe.

Diejenigen, die in den Metropolen den Klassenkrieg führen, fallen also unter den Schutz der Genfer Konvention, weil sie Verbündete von nationalen Befreiungsbewegungen sind, für die wiederum die Regeln der internationalen bewaffneten Konflikte angewendet werden sollen. Die Vorschläge des internationalen Roten Kreuzes sehen eine Regelung vor, wonach solche bewaffneten Auseinandersetzungen wie internationale Konflikte behandelt werden sollen, „in denen Völker gegen Kolonialherrschaft und fremde Besetzung und gegen rassistische Regimes kämpfen...“.

Die RAF als Subjekt der Kriegsführung

Die Gefangenen befanden sich nach ihrer eigenen Erklärung im Kriegszustand mit den imperialistischen Kräften des Kapitals auf dem Boden der BRD als Verbündete solcher Befreiungsbewegungen, insbesondere der FNL (nationalen Befreiungsbewegung) Vietnams, der Neo Lao Haksat (nationalen Befreiungsbewegung) in Laos, der FUNK (nationalen Einheitsfront) Kambodschas, der Frelimo (der Bewegung zur Befreiung Mosambiks), der PAIGC (Befreiungsbewegung) in Guinea-B., der PLO und der IRA.

Darum wurden sie auch von der Regierung der BRD und dem reaktionären Teil der Öffentlichkeit dieser Gesellschaft zu Staatsfeinden Nr. 1 erklärt und mit allen zur Verfügung stehenden militärischen und quasi-militärischen Mitteln bekämpft.

Dies nicht nur in Erklärungen, sondern auch im Verhalten einer riesigen Konterguerillaaufrüstung, einer quasikriegsrechtlichen Neufassung der Strafprozeßordnung bis hinein in das militärische Gepränge dieses Verfahrens im und um dieses Mehrzweckgebäude, das bestenfalls geeignet ist, mehrfach demselben Zweck zu dienen.

Die Totalität dieses Konfliktes ergibt sich aus seinem Inhalt: Als erste und bisher einzige Gruppe hat die RAF diejenige Verfassungsfrage von Grund auf wieder aufgerollt, von deren endgültiger Entscheidung jede Verfassung ausgeht, obwohl ersichtlich ist und ersichtlich sein muß, daß dies nichts anderes sein kann als eine Fiktion: die Machtfrage. Dies freilich nicht im Gewande der Staatsgewalt, sondern an ihrer Wurzel, nämlich der Frage der Träger der sozialen Gewalt, die gestellt werden wird, solange Menschen über Menschen soziale Gewalt ausüben, solange also Menschen der Rechtfertigungsideologien bedürfen zum Zwecke der Legitimation der Ausübung solcher Herrschaft, während andere Menschen den Kampf aufnehmen gegen diese Legitimität und ihre Rechtfertigungsideologie auf der Ebene des Rechts: die Legalität.

Militärisch gesprochen handelt es sich um einen Krieg, juristisch um den fundamentalen Verfassungskonflikt schlechthin, der auf dem Boden einer bestehenden Verfassung sich der Integration versagt und darum total ist, unter dem Gesichtspunkt des Fortbestandes dieser Verfassung nicht lösbar, aber auch: militärisch nur scheinbar entscheidbar, wobei selbstverständlich der Versuch, diesen Konflikt mit Hilfe von Kriminalisierung zugunsten der bestehenden Herrschaftsverhältnisse zu entscheiden, nichts als die Zerstörung Einzelner bewirken kann, weil auch dieser Versuch an den Ursachen dieses Konfliktes nichts zu ändern vermag.

In diesem Kontext, der jedenfalls primär ein verfassungsrechtlicher ist, haben sich die Gefangenen in ihrer Erklärung zur Sache nicht nur auf Widerstandsrecht berufen, sondern Widerstandsrecht selbst bestimmt. Danach ist Widerstandsrecht so lange leere Hülse, als Widerstandsrecht nicht mit sozialem Inhalt gefüllt wird, d.h. auf soziale Bedingungen zurückgeführt wird. Widerstandsrecht ist also als herrschendes Recht notwendigerweise Phrase, deren Funktion es ist, Legitimationsdefizite der Ausübung von sozialer Herrschaft zu beheben. Herrschendes Widerstandsrecht ist immer Widerstandsrecht der Herrschenden, also auch: zugunsten bestehender Herrschaft. Widerstandsrecht ist aber hier gemeint als die legitime Gegenstrategie der Unterdrückten gegen den Faschismus als institutionelle Strategie.

Das gleiche gilt grundsätzlich für die rechtliche Kategorie der Notwehr: Auch auf sie haben sich die Gefangenen berufen, nicht im Sinne einer Notwehr zugunsten der Verteidigung bestehender Verhältnisse, sondern gerade zum Zwecke ihrer Beseitigung. Der Merex-Notstand ist nicht der Notstand der Unterdrückten, sondern der Notstand der Herrschenden, also: Notwehr ernstgenommen verlangt das Ernstnehmen der Konflikte, genauer: das Ernstnehmen derjenigen, die als Unterdrückte oder für Unterdrückte den Kampf aufnehmen.

V. Antrag auf Schließung der Beweisaufnahme

Es wäre Sache der Bundesanwaltschaft, darzulegen, daß die Gefangenen mit den ihnen zur Last gelegten Taten strafbare Handlungen im Sinne des Kriegsrechts begangen haben, denn nur diesem Kriegsrecht unterliegen die

Handlungen der Angeklagten und nur nach diesem Kriegsrecht können sie beurteilt werden. Da sich weder aus der Anklageschrift noch aus dem bisherigen Verhalten der Bundesanwaltschaft Ähnliches ergibt, ist zunächst davon auszugehen, daß auch die Bundesanwaltschaft erkannt hat, daß es an solchen strafbaren Handlungen im Sinne des Kriegsrechts mangelt. Da die angeklagten Kriegsgefangenen selbst dann freigesprochen werden müßten, wenn die ihnen zur Last gelegten Taten als bewiesen anzusehen wären, bedarf es keiner weiteren Beweisaufnahme, die insoweit nur einer Prozeßverschleppung dienen könnte.

Es wird daher beantragt, die ergangenen Beweisbeschlüsse, soweit die Beweisaufnahme noch nicht durchgeführt worden ist, als rechtlich irrelevant aufzuheben, die Beweisaufnahme abzuschließen und die Gefangenen unverzüglich in Kriegsgefangenschaft zu überführen.

In einem ausführlichen Antrag, den Andreas Baader am 29. März 1977 persönlich im Gerichtssaal stellte, wird die politische Tendenz der Verteidigung in Stammheim ein letztes Mal deutlich:

An das
Oberlandesgericht

7000 Stuttgart

Aktenzeichen: 2 StE (OLG Stgt) 1/74

Wir beantragen – übrigens zum ersten Mal – Brandt und Schmidt als Regierungschefs der Regierungen Brandt/Scheel und Schmidt/Genscher zu laden zum Beweis, daß

1. die RAF seit 1972 nach einer grundgesetzwidrigen und grundgesetzfeindlichen Konzeption der antisubversiven Kriegsführung verfolgt wird, die technisch, methodisch und organisatorisch dem internationalen Standard der amerikanischen Counterinsurgency entspricht und die
a) die repressive und manipulative „Immunisierung" (Brandt) der Gesellschaft gegen antikapitalistische Fundamentalopposition bezweckt und
b) durch eine komplexe Strategie politischer, wirtschaftlicher, militärpolitischer und juristischer Initiativen auf die Integration der Apparate der „inneren und äußeren Sicherheit" und der staatlichen Datenverarbeitungssysteme innerhalb der Nato-Staaten zielt, um die permanente Einmischung der amerikanischen Außenpolitik in die inneren Angelegenheiten der westeuropäischen Länder zu institutionalisieren,
c) daß in diesem Zusammenhang die Bundesrepublik sich z.B. in die inneren Angelegenheiten Griechenlands eingemischt hat, indem sie den EG-Beitritt

Griechenlands und die Gewährung eines Millionenkredits mit einem Auslieferungsbegehren gegen Pohle verbunden hat,
d) unmittelbar den Zweck hat, die kommunistischen und radikaldemokratischen Widerstandsgruppen zu neutralisieren und zu vernichten, die sich seit dem Zerfall der legalen Vietnamopposition clandestin organisiert und bewaffnet haben, um gegen die amerikanische Strategie gegenüber dem Süden, dem Osten und den Arbeitern Westeuropas, die die Innen- und Außenpolitik der Bundesrepublik direkt bestimmt, zu kämpfen.

2. über Counterinsurgency Beratungen mit amerikanischen Regierungsstellen stattgefunden haben und daß in die Entscheidungsabläufe der antisubversiven Aktion

- der Stab des Oberkommandierenden der US-Armee in der Bundesrepublik,
- amerikanische Regierungspolitiker, Diplomaten und Geheimdienstbeamte,
- das NATO-Generalsekretariat in Brüssel und
- das Action Committee der NATO (AC-46), in das seit 1971/72 die Führungsebene der Nachrichtendienste der Bundesrepublik integriert ist, und
- das PSV-Referat in der Stabsabteilung III des Führungsstabs der Streitkräfte (FüS) einbezogen waren; daß

3. amerikanische Spezialeinheiten für Counterinsurgency in der Bundesrepublik operieren, unter anderem die offiziell seit August 1975 als Marineattachés der US-Botschaft in Bad Godesberg zugeteilten Spezialisten für „Gegenaktionen, z.B. Entführungen"; daß

4. über Counterinsurgency im europäischen Rat, in der europäischen Innen- und Justizministerkonferenz und den entsprechenden politischen und militärischen Gremien der NATO ein Konsens hergestellt wurde, an dessen Zustandekommen die Bundesrepublik initiativ beteiligt war; daß

5. a) im Rahmen der Konzeption der antisubversiven Aktion auf Initiative der amerikanischen Regierung und Armee *über die Bundesrepublik* zuerst bilateral gegenüber westeuropäischen Staaten, dann innerhalb der militärischen und politischen europäischen Metaorganismen – der NATO und der EG – durchgesetzt wurde, Spezialeinheiten aufzustellen, die nach einer einheitlichen Doktrin und nach einheitlichen technischen und strategischen Gesichtspunkten eingesetzt werden, und daß
b) in der Bundesrepublik die Antiterroreinheiten – GSG 9, MEK's, in Baden-Württemberg die OEG's usw. – und die Umwandlung des Bundesgrenzschutzes in eine Bundespolizei in Zusammenarbeit mit amerikanischen Dienststellen konzipiert wurden; daß

6. leitende und ausführende Angehörige dieser Einheiten an amerikanischen Special Warfare Schulen in den USA von der Armee und Geheimdiensten in Strategie und Taktik der antisubversiven Kriegsführung ausgebildet worden sind und daß sie dort in der Anwendung von Techniken der psychologischen

Kampfführung geschult wurden, zu denen wissenschaftlich entwickelte Methoden der Manipulation von Massenkommunikation und Meinungsbildung gehören; daß

7. im Rahmen der antisubversiven Aktion Kampagnen in den Massenmedien nach den Strategien der psychologischen Kriegsführung zentral beschlossen und gesteuert werden und daß Falschmeldungen wie

a) die RAF hätte geplant, in der Stuttgarter Innenstadt drei Bomben zu zünden (Juni 72)
b) die RAF hätte geplant, während der Fußballweltmeisterschaft Raketenangriffe auf besetzte Fußballstadien durchzuführen (Sommer 74)
c) die RAF hätte geplant, das Trinkwasser einer Großstadt zu vergiften (Sommer 74)
d) die RAF hätte Senfgas gestohlen und geplant, als Gas einzusetzen (Sommer 75)
e) das Kommando Holger Meins hätte das Botschaftsgebäude in Stockholm selbst gesprengt (April 75)
f) es gäbe „Spannungen“ innerhalb der Gruppe der Angeklagten (Feb. 72, und seit Ulrike Meinhofs Tod)
g) die RAF hätte einen Überfall auf einen Kinderspielplatz und die Geiselnahme von Kindern geplant (März 77)
h) die RAF hätte Angriffe auf Kernkraftwerke und den Einsatz nuklearer, chemischer und bakteriologischer Waffen geplant (seit Januar 76)
i) die RAF hätte geplant, den Bodensee mit atomarem Müll zu verseuchen (Spiegel Nr. 39/75)

und Provokationen von Nachrichtendiensten wie

j) Sprengstoffanschläge auf Hauptbahnhöfe (Bremen Dezember 74, Hamburg September 75, Nürnberg, Augsburg, München, Köln)
k) Sprengstoff- bzw. Brandanschläge auf die gerichtlich bestellten Zwangsverteidiger Langner in Hamburg (19. Juni 76), Peters in Düsseldorf (16. 2. 77)

im Zusammenhang der Fahndung und der Prozesse initiiert worden sind, um

„diese Gruppen völlig zu entsolidarisieren, sie von all dem zu isolieren, was es sonst an radikalen Meinungen in diesem Lande auch geben mag. Das ist eine der wichtigsten Aufgaben.“ (Ehmke, als Chef des Kanzleramts Koordinator der Geheimdienste, Bundestag, 7. 6. 72)
„den Sumpf aus(zu)trocknen – und ich sage es ganz hart – aus dem die Blüten der Baader-Meinhof-Bande emporgestiegen sind.“ (Kohl, Fernsehinterview, 25. 4. 75)
„... eine scharfe, unzweideutige, klare Trennung zwischen den Mitgliedern dieser Bande und der gesamten übrigen Bevölkerung“ zu ziehen. (Carstens, am 25. 4. 75 im Bundestag)
„es kommt – ich spreche es aus – auf Infiltration in die Sympathisantengruppen hinein an.“ (Schmidt, Regierungserklärung 13. 3. 75)
„Aktionen gegen die RAF müssen immer so abgewickelt werden, daß Sympathisantenpositionen abgedrückt werden.“ (Herold, Chef des BKA, während der Innenministerkonferenz, Januar 72)
„die Nervenknoten des Gegners heraus(zu)isolieren und sie dann gezielt mit Maßnahmen an(zu)gehen, sie (zu) paralysieren, (zu) neutralisieren.“ (Herold, Hessenforum, Mai 1975)

und daß

l) Planung und Einsatz dieser Kampagnen den im ISC-Report vom Mai 1975 für den Natobereich festgestellten Richtlinien zur „Entsolidarisierung, Isolation und Eliminierung“ der illegalen Gruppen entspricht.

8. daß innerhalb der antisubversiven Aktion die Justiz nicht nach ihrem im Grundgesetz postulierten Auftrag eingesetzt wird, nicht dritte Gewalt und unabhängig ist, sondern als ein geschlossener Instanzenzug handelt, der den Direktiven der Regierung unmittelbar unterliegt und über ein Netz von Sondergerichten und besonderen Abteilungen bei den Staatsanwaltschaften, an deren Aufbau, Personalführung und Indoktrination der Generalbundesanwalt und das Bundeskriminalamt unmittelbar beteiligt sind, einer umfassenden Planung im Rahmen der Counterinsurgency unterliegt; daß

9. zu diesem Zweck

a) in der Justizpressekonferenz Karlsruhe ein Netz von Staatsschutzjournalisten institutionalisiert wurde, das die Funktion hat, die Rezeption der Prozesse über eine homogene Berichterstattung zu steuern, und
b) versucht wurde, über die Chefredakteurskonferenz die Prozeßberichterstattung nach der Direktive des Generalbundesanwalts, „daß die Journalisten sich darauf beschränken, Mittler sein zu wollen zwischen Polizei, Staatsanwaltschaft und Bevölkerung“ (Buback in Kennzeichen D, 6. 5. 75) zu strukturieren; daß

10. die Vorverurteilung der Gefangenen durch gezielte Falschmeldungen, Indiskretionen, lancierte Gerüchte und die Veröffentlichung von Prozeßakten nach Methoden der psychologischen Kriegsführung vorbereitet und gesteuert wurde, daß zu diesem Zweck

11. die Erhebung der Anklage 3 1/2 Jahre verschleppt und das Verfahren gegen die RAF in einzelne Prozesse aufgespalten worden ist, die nach politisch propagandistischen Gesichtspunkten terminiert wurden, und daß

12. in einer koordinierten Maßnahme

a) ein Gesetz zum Ausschluß von Verteidigern, zur Beschränkung der Zahl der Verteidiger auf drei und zum Verbot der Kollektivverteidigung verabschiedet wurde,
b) der Ausschluß Croissants, Groenewolds und Ströbeles aus dem Stammheimer Prozeß von der Bundesanwaltschaft zum „taktisch günstigsten Zeitpunkt“ (Buback) veranlaßt und durchgesetzt wurde,
c) durch eine gezielte Personalpolitik die Ehrengerichte der Anwaltskammern in Hamburg und Frankfurt neu besetzt wurden,
d) Zwangsverteidiger bestellt wurden, an deren Auswahl die Anklagebehörde z.T. unmittelbar beteiligt war,

um eine effektive oder auch nur auf den Prozeß vorbereitete Verteidigung zu verhindern, und daß

e) Gespräche zwischen Vertrauensverteidigern und Angeklagten und die Kanzleien, Wohnungen und Telefone der Anwälte abgehört worden sind, um Initiativen der Verteidigung innerhalb und außerhalb des Prozesses unterlaufen zu können, und daß nach den Erkenntnissen der abgehörten Gespräche
   1. Zeugenaussagen beeinflußt bzw. Entlastungszeugen aus dem Prozeß ferngehalten wurden (Müller, Schiller) und
   2. Freunde, Bekannte und Angestellte von Rechtsanwälten von Nachrichtendiensten angesprochen wurden, um sie anzuwerben (Wolfgang Pfeiffer, Natascha Zerrer, Ingrid Doctors), und daß
f) Croissant und Ströbele gezielt verhaftet wurden, um eine Reihe internationaler Pressekonferenzen zu verhindern, die sie organisiert hatten, um die Öffentlichkeit der westeuropäischen Staaten über die Staatsschutzprozesse in der Bundesrepublik und die Verantwortlichkeit der Bundesanwaltschaft für den Tod von Holger Meins und Siegfried Hausner zu informieren; daß

13. infolge der Beweisnot im Stammheimer Verfahren auf Initiative des Bundeskriminalamts ein Kronzeugengesetz nach Müllers *Bedingungen* projektiert wurde, das erst mit der Einsicht des Generalbundesanwalts, daß im Rahmen der Staatsschutzjustiz keine Notwendigkeit für eine gesetzliche Regelung besteht, weil es einfacher schien, mit Hilfe nachrichtendienstlicher Mittel ungesetzlich Kronzeugen zu produzieren, wieder verworfen wurde; daß

14. auf Weisung des Generalbundesanwalts dem Hamburger Gericht die Akten über das Geständnis Müllers vorenthalten und von Bundesjustizminister Vogel mit einem Sperrvermerk versehen wurde, um einen Freispruch Müllers von der Anklage des Mordes, den er zur Bedingung seiner Aussage in Stammheim gemacht hatte, zu ermöglichen; daß

15. die Bundesanwaltschaft als die Schaltstelle, die die justiziell-öffentliche Verwertung nachrichtendienstlicher Aktionen mit der Regierungspolitik koordiniert, über die Abhöraktion und ihre wesentlichen Ergebnisse von Anfang an informiert war, und zwar
a) unmittelbar durch die Berichte des Bundesnachrichtendienstes und des Verfassungsschutzes,
b) durch die Informationspflicht des Bundeskriminalamts, demgegenüber eine Informationspflicht der Landeskriminalämter besteht,
c) über die Lagebesprechung, die monatlich zwischen dem Generalbundesanwalt und den Leitern der drei westdeutschen Nachrichtendienste stattfindet;

16. daß im Rahmen der Fahndung und der Vorbereitung öffentlicher Hauptverhandlungen
a) Gefangene zur Informationsbeschaffung Methoden der psychischen, medikamentösen und physischen Aussageerpressung unterworfen wurden,

b) Programme der sensorischen Deprivation, der Isolation, der Gruppenisolation, der Streßmanipulation mit dem Ziel eingesetzt wurden, die Angeklagten psychisch und intellektuell zu brechen,

c) diese Programme durch eine vollständige Überwachung jeder Lebensäußerung und aller Kontakte der Gefangenen innerhalb ihrer Zellen, in den Anwalts- und Besuchszellen, aber auch in den Käfigen, in denen sie sich im Freien bewegen können, von Psychiatern und besonders ausgebildeten Staatsschutzbeamten ausgewertet und gesteuert wurden und daß die Konzeption, Auswertung und Weiterentwicklung dieser Programme und ein Austausch der Ergebnisse mit wissenschaftlichen Forschungsprojekten – wie z. B. des Sonderforschungsbereichs 14 der Universität in Hamburg-Eppendorf – abgestimmt wird, daß

d) beispielsweise die Unterbringung von Ulrike Meinhof und später Ulrike Meinhof und Gudrun Ensslin im Toten Trakt in Köln-Ossendorf von einem Forschungsprojekt an der Hamburger Universitätsklinik begleitet wurde („Projekt A8: soziale Interaktion in einer modellhaften inkompatiblen Gruppensituation unter besonderer Berücksichtigung der Aggressivität"), in dem die Lebens- und Interaktionsbedingungen der beiden Gefangenen exakt simuliert wurden; daß

17. die Einführung des § 231 a, der es ermöglicht, in Zukunft die Hauptverhandlung in Abwesenheit des Angeklagten nach einem nichtöffentlichen, sogenannten „Anhörungstermin" durchzuführen, und die Sondergesetze § 138 und § 146, die es ermöglichen, Verteidiger auf bloßen Verdacht hin auszuschließen, den Zweck haben, diese Methoden des Staatsschutzes nicht öffentlich werden zu lassen; daß

18. Formulierungen wie
„das Äußerste dagegen unternehmen"
„bis an die Grenzen des Rechtsstaats"
„mit allen Mitteln"
„tilgen"
„härtestes Durchgreifen des Staates, der sich in einer Verteidigungsposition nicht scheuen kann, selbst zu töten" (Schmidt, Regierungerklärung 13. 3. 1975) die Entscheidung und den Konsens auf höchster Regierungsebene ausdrücken, innerhalb der antisubversiven Aktion Mitglieder illegaler Gruppen im In- und Ausland und Gefangene gezielt und verdeckt zu töten; und daß

19. der Tod von Ulrike Meinhof
Holger Meins
Siegfried Hausner und
Ullrich Wessel
eine Konsequenz dieser Entscheidung ist; daß

20. für die Dramaturgie des Todeszeitpunkts Ulrike Meinhofs maßgebend war

a) eine bevorstehende Kommandoaktion zur Befreiung der Stammheimer Gefangenen, über die die Nachrichtendienste informiert waren,
b) der Austausch der Stammheimer Gefangenen, um den sich die DDR bemüht hatte,
c) der Druckerstreik,
d) die unmittelbar davor von den Gefangenen im Prozeß gestellten Beweisanträge und die Zeugenladungen der ehemaligen amerikanischen Geheimdienstmitglieder Agee, Peck, Osborne, Thomas, die
   - die begrenzte Souveränität der Bundesrepublik im Verhältnis zu den USA,
   - die Durchdringung von Regierung, Parteien und Gewerkschaften durch amerikanische Geheimdienste und
   - die Rolle der Bundesrepublik im Rahmen der amerikanischen Globalstrategie im allgemeinen und im besonderen während des Vietnamkriegs zum Thema hatten; daß

21. die Entscheidung, neben der gesamten über das BKA und die Sonderkommissionen zentral geführten Polizei, dem BGS, den Spezialeinheiten der Bundeswehr und den Medien auch die Justiz, Teile der amerikanischen Armee (Stgt. Ztg. 30. 5. 1972 und 3. 6. 1972 und Stgt. Nachr. 3. 6. 72 und 5. 6. 72), alle deutschen und amerikanischen Nachrichtendienste und alle oder „äußerste" nachrichtendienstliche Mittel im Rahmen von international organisierter Counterinsurgency einzusetzen, die Maßnahmen der Regierung gegen die Gruppe als eine verdeckte, menschenrechtswidrige Kriegshandlung definiert, gegen die, weil in ihr die Verfassung der Bundesrepublik beseitigt ist, Widerstand legitim ist.

Chronik des Stammheimer Prozesses

21. Mai 1975

Senatsvorsitzender Theodor Prinzing eröffnet in der eigens für diesen Prozeß errichteten „Justizfestung" in Stammheim das Strafverfahren gegen Andreas Baader, Gudrun Ensslin, Ulrike Meinhof und Jan-Carl Raspe. Der frühere Mitangeklagte Holger Meins war am 9. November 1974 im Verlauf eines Hungerstreiks in der Haftanstalt Wittlich gestorben. Am ersten Sitzungstag im Stammheimer Prozeßgebäude versuchen die Vertrauensanwälte der Angeklagten, ihre drei ausgeschlossenen Kollegen Klaus Croissant, Kurt Groenewold und Hans-Christian Ströbele durch Bereitstellung von Vollmachten anderer Angeklagter (alle drei hatten vorher Baader vertreten) wieder in das Verfahren einzuführen. Es gibt heftige Auseinandersetzungen über die Rechtsdeutung des neuen Ausschlußparagraphen 138a der Strafprozeßordnung. Das Verfahren muß für zwei Wochen unterbrochen werden.

5. Juni 1975

Das Gericht gibt den Beschluß bekannt: Die Ausschlüsse Croissants, Groenewolds und Ströbeles von der Verteidigung Baaders haben auch Gültigkeit für die Vertretung anderer Mitangeklagter, sie gelten für den gesamten Prozeß.

11. Juni 1975

Als neuer Verteidiger für Baader erscheint Rechtsanwalt Hans Heinz Heldmann aus Darmstadt. Das Gericht verweigert eine Verfahrensunterbrechung zur Verteidigungsvorbereitung des Rechtsanwaltes. Die Rechtsanwältin Marieluise Becker stellt einen Antrag, in dem behauptet wird, die Angeklagten seien durch Isolationsfolter verhandlungsunfähig geworden. Über mehrere Monate hinweg bleibt der Gesundheitszustand der Angeklagten das zentrale Verhandlungsthema.

19. Juni 1975

Rechtsanwalt Otto Schily stellt ein Ablehnungsgesuch gegen den Senatsvorsitzenden Prinzing im Namen seiner Mandantin Ensslin, in dem aufgezeigt wird, auf welche Weise dieser Richter zum Vorsitz im Strafverfahren gegen Baader u.a. gekommen sein soll. Über die Zurückweisung des Antrages entstehen wieder heftige Dispute im Saal.

7. August 1975
Schily beschwert sich in einem Antrag über „Aktenmanipulation". Es müßten noch zahlreiche „Spurenakten" der Polizeibehörden dem Verfahren zugänglich gemacht werden, in denen unter Umständen auch Entlastungsmomente für die Angeklagten enthalten sein könnten. Das Gericht lehnt ab.

26. August 1975
Die Verteidigung beantragt, das gesamte Verfahren einzustellen, da es nicht mehr nach juristischen Grundsätzen verlaufen könne. Die Angeklagten seien in der Öffentlichkeit durch die Presse und Erklärungen von Politikern bereits verurteilt und für schuldig befunden. Unter anderem aus diesem Grunde könnten die Richter kein gerechtes Urteil mehr fällen. Der Senat setzt das Verfahren fort.

30. September 1975
Der Senat verkündet den Beschluß: Die Hauptverhandlung wird in Abwesenheit der Angeklagten fortgeführt, nachdem die Gutachten über den Gesundheitszustand der Gefangenen bekanntgegeben worden sind. Das Gericht kommt zu der Auffassung, die Angeklagten hätten sich den Zustand weitgehend selbst zuzuschreiben und seien dafür sogar verantwortlich. Die Entscheidung führt zu heftigsten Protesten der Verteidigung.

7. November 1975
Raspes Vertrauensverteidiger Rupert von Plottnitz wird auf Antrag der Bundesanwaltschaft vom Vorsitzenden entpflichtet, da er standeswidrig gehandelt und im Gerichtssaal beleidigende Äußerungen abgegeben habe. Später erscheint von Plottnitz nicht mehr. Im weiteren Verlauf des Verfahrens werden auch die anderen zu Pflichtverteidigern bestellten Vertrauensanwälte vom Vorsitzenden dieser Funktion enthoben.

12. November 1975
Die am Vortag förmlich eröffnete Beweisaufnahme wird nach Verlesung des Anklagesatzes durch Bundesanwalt Heinrich Wunder mit Zeugenvernehmungen zur Festnahme von Baader, Meins und Raspe in einer Garage im Frankfurter Hofeckweg fortgesetzt. Polizisten schildern, wie sich die auch vom Fernsehen im Bild festgehaltene Verhaftungsaktion abgespielt habe. Einige sagen, die Angeklagten hätten von ihren Schußwaffen Gebrauch gemacht und dabei mit Mordabsicht auf Polizeibeamte gezielt, andere Zeugen können diesen Eindruck nicht bestätigen. Die Anklage wirft Baader und Raspe in diesem Zusammenhang unter anderem versuchte Morde vor. Das Thema wird noch bis zum Jahreswechsel 1975/76 behandelt.

27. November 1975
Einer der Richter verliest das „Minihandbuch der Stadtguerilla" des brasilianischen Revolutionärs Carlos Marighella, das allgemein als Anleitungsschrift der „RAF" gilt.

3. Dezember 1975
Für die Angeklagte Meinhof erscheint als neuer zusätzlicher Vertrauensverteidiger der Darmstädter Rechtsprofessor Axel Azzola. Auch ihm versagt das Gericht eine Verfahrensunterbrechung zur Vorbereitung.

10. Dezember 1975
Bundesanwalt Wunder kündigt an, daß demnächst der Zeuge Dierk Hoff geladen werde, der, wie schon durch die Presse bekanntgeworden war, ein Geständnis abgelegt habe, er sei der „Bombenbauer" der Angeklagten gewesen. Die Verteidiger erheben heftige Proteste gegen dieses „Überrumpelungsmanöver".

11. Dezember 1975
Zeugen sagen über die Festnahme der Angeklagten Ensslin in einem Hamburger Modegeschäft aus. Die Anklage wirft ihr vor, sie habe mit Mordabsicht nach ihrer Waffe greifen wollen.

16. Dezember 1975
Das Gericht lehnt es ab, die Angeklagten, wie im Hinblick auf ihren Gesundheitszustand beantragt, auf freien Fuß zu setzen. Die Richter begründen ihre Entscheidung unter anderem mit der Gefährlichkeit der Angeklagten.

18. Dezember 1975
Polizeibeamte sagen zur Festnahme von Ulrike Meinhof in Hannover-Langenhagen aus. Gemeinsam mit Ulrike Meinhof war ihre Begleiter Gerhard Ernst Müller verhaftet worden, der sich den Strafverfolgungsbehörden als „Kronzeuge" zur Verfügung stellte. Polizisten sagen, die Angeklagte Meinhof habe sich zwar zur Wehr gesetzt, aber keinen Versuch unternommen, zu schießen.

13. Januar 1976
Die Angeklagten beginnen damit, eine lange politische Erklärung zu verlesen, die prozeßförmlich als „Erklärung zur Sache" bezeichnet wird. Die Verlesung dauert drei Tage lang. Die Angeklagten bekennen sich dazu, Mitglieder einer Stadtguerilla-Gruppe zu sein. Sie übernehmen die „politische" Verantwortung für die ihnen zur Last gelegten Sprengstoffanschläge, wollen sich aber zum strafrechtlichen Teil nicht äußern.

22. Januar 1976
Urteile gegen andere RAF-Mitglieder (Horst Mahler, Heinrich Jansen, Brigitte Mohnhaupt und Bernhard Braun) werden im Gerichtssaal durch Verlesen eingeführt. Darin wird die Gruppe „RAF“ als kriminelle Vereinigung bezeichnet.

27. Januar 1976
Der Frankfurter Metallbildner Dierk Hoff beginnt trotz der Proteste der Verteidigung seine Aussage. Er erklärt, früher für einige der Angeklagten Bombenhülsen und andere Metallteile gebastelt zu haben, allerdings in dem Glauben, sie benötigten die Gegenstände als Attrappen für Dreharbeiten zu einem Revolutionsfilm. (Hoff wird trotz seines Geständnisses während der Dauer des Stammheimer Prozesses nicht angeklagt.)

10. Februar 1976
Im Gerichtssaal werden sogenannte „Bekennerbriefe“ verlesen, in denen die Verfasser die Verantwortung für verschiedene Bomben- und Sprengstoffanschläge übernommen haben. Später auftretende Gutachter führen die Urheberschaft auf die Angeklagten zurück.

11. Februar 1976
Die Beweisaufnahme zu einem Anschlag auf die Heidelberger Kaserne der US-Armee beginnt. Bei dem Anschlag wurden nach Zeugenschilderungen drei Menschen getötet, andere verletzt. Niemand hat die Angeklagten bei der Tatausführung beobachtet, ein Zeuge gibt allerdings an, er habe Baader in der Nähe des Tatortes gesehen. Die Anklage wirft den Angeklagten der „RAF“ im Zusammenhang mit dieser Tat drei Morde und mehrere Mordversuche sowie andere Verbrechen vor.

9. März 1976
Die ersten Zeugen sagen zu einem Anschlag auf die Augsburger Polizeidirektion aus. Die Bundesanwaltschaft wirft den Angeklagten unter anderem Mordversuche vor.

11. März 1976
Der Senat eröffnet die Beweisaufnahme über einen Bombenanschlag auf das Bayerische Landeskriminalamt (LKA) in München, der ebenfalls den Angeklagten angelastet wird. Bei dieser Tat wurden viele Menschen verletzt, außerdem entstand hoher Sachschaden. Ebenso wie zum Augsburger Anschlag werden auch zur Münchener Tat „Bekennerbriefe“ verlesen, die nach Auskunft von Sachverständigen den Angeklagten zuzuordnen sind bzw. von anderen Mitgliedern der Gruppe „RAF“ stammen sollen.

24. März 1976

Zeugen der Polizei sagen über ein „Waffenlager" der „RAF" aus, das in der Frankfurter Inheidener Straße eingerichtet gewesen sei. Hier sollen auch Sprengstoff gemischt und Bomben hergestellt worden sein. Nach anderen Zeugenaussagen wurden hier auch Spuren gefunden, die sich kriminaltechnisch direkt auf die Stammheimer Angeklagten zurückführen ließen.

30. März 1976

Die Schriftsachverständigen des Bundeskriminalamts (BKA) sagen über in konspirativen Wohnungen gesicherte Schriftproben aus. Auch Sachverständige für Fingerabdrücke machen Angaben.

1. April 1976

Der Mordanschlag auf den früher mit BM-Sachen befaßten Karlsruher Bundesrichter Wolfgang Buddenberg kommt zur Beweisaufnahme. Die bei dem Attentatsversuch schwerverletzte Ehefrau des Richters sagt als Zeugin aus. Sachverständige, Gutachter und Kriminalisten führen die Tat auf die Stammheimer Angeklagten zurück.

20. April 1976

Erste Zeugenaussagen zu dem Bombenanschlag auf das Hamburger Verlagshaus Springer, bei dem zahlreiche Arbeiter und Angestellte, zum Teil schwer, verletzt wurden. Auch Waffenfunde in Hamburg werden Thema des Verfahrens.

4. Mai 1976

Rechtsanwalt Otto Schily beantragt, den früheren US-Präsidenten Richard M. Nixon und andere hohe amerikanische Politiker bzw. Militärs als Zeugen in Stammheim zu hören. Sie sollen bekunden, daß während des Vietnamkrieges von den USA völkerrechtswidrige Verbrechen begangen wurden, gegen die den Angeklagten ein Widerstandsrecht zugestanden habe. Das Gericht lehnt die Anträge ab.

9. Mai 1976

Die Angeklagte Ulrike Meinhof stirbt in ihrer Haftzelle. Sie wird von Justizbeamten an einem aus Handtuchstreifen gefertigten Strick hängend gefunden. Ein Todesermittlungsverfahren der Stuttgarter Staatsanwaltschaft ergibt: Selbstmord. Die Angeklagten behaupten in vielen Erklärungen, Ulrike Meinhof sei in einer geplanten Aktion des Staatsschutzes ermordet worden.

11. Mai 1976

Unter heftiger Kritik auch der gerichtlich bestellten Pflichtanwälte lehnt der Senatsvorsitzende Prinzing die Einlegung einer Verhandlungspause wegen des Todes von Frau Meinhof ab. Angeklagte und Vertrauensverteidiger verlassen protestierend den Gerichtssaal. Die Angeklagten erklären, sie würden nach diesem Vorgang nicht mehr am Verfahren teilnehmen.

18. Mai 1976

Zeugen der Polizei sprechen über das Ergebnis verschiedener Zellendurchsuchungen bei den Stammheimer Angeklagten und zum Thema „Info-Zentrale", die von Vertrauensanwälten für die Angeklagten zum Zweck der Weiterführung der kriminellen Vereinigung aus der Haft heraus aufgebaut worden sein soll. Die betroffenen Verteidiger bestreiten das – auch in den in diesem Zusammenhang gegen sie selbst betriebenen Strafverfahren – mit dem Hinweis, die Informationsarbeit für die Angeklagten habe allein der Verteidigungsvorbereitung gedient.

19. Mai 1976

Anklagevertreter Heinrich Wunder beantragt, einige der in der etwa 350 Aktenseiten umfassenden Anklageschrift erhobenen Vorwürfe abzutrennen oder die entsprechenden Strafverfahren einzustellen – es geht dabei um Taten wie Bankeinbrüche, Überfälle, Raub, Diebstähle, Paßfälschungen u. a. –, weil nach dem bisherigen Ergebnis der Beweisaufnahme diese Taten bei der Strafzumessung nicht mehr ins Gewicht fielen.

8. Juli 1976

Der zweite „Kronzeuge", das frühere RAF-Mitglied Gerhard Ernst Müller, beginnt seine Aussage. Müller behauptet, „Intimkenntnisse" über die illegalen Handlungen der „RAF" zu haben. Er belastet seine ehemaligen Genossen, aber auch zahlreiche Vertrauensanwälte erheblich. Über viele Monate hinweg werden nach der Aussage Müllers Zeugen über dessen Glaubwürdigkeit, ja sogar Zeugen zur Glaubwürdigkeit dieser Zeugen vernommen. (Die Bedenken gegen Müllers Belastungsaussage verstärken sich noch durch später bekanntwerdende Umstände, wie die Existenz einer „Geheimakte" mit Aussagen Müllers und die staatsanwaltschaftliche Behandlung seines eigenen Strafverfahrens.) Die Verteidigung versucht nachzuweisen, Müller seien von Strafverfolgungs- und Staatsschutzbeamten Zusagen über Vergünstigungen gemacht und für den Fall, daß er sich weigere, als „Kronzeuge" auszusagen, erhebliche Nachteile in Aussicht gestellt worden. Die beamteten Zeugen, die in Stammheim vernommen werden, bestreiten das.

22. Juli 1976
Brigitte Mohnhaupt, erklärtermaßen RAF-Mitglied, sagt als erste gegen Müller benannte Zeugin aus. Ebenso wie die später auftretenden RAF-Mitglieder bestreitet sie die Angaben Müllers über die Struktur dieser Gruppe. Frau Mohnhaupt beginnt, eine politische Erklärung zu verlesen, die Auskunft über die Gruppenstruktur und die Lebensweise der RAF-Mitglieder geben soll. Fast wörtlich identische Erklärungen werden später von anderen RAF-Mitglieder im Stammheimer Zeugenstand verlesen.

8. September 1976
Erstmals wird ausführlich über eine mit „Geheim"-Stempel versehene Aussagenakte Müllers im Gerichtssaal gesprochen. Schily beurteilt das Eingreifen der Bundesregierung durch das Bundesjustizministerium in Form der Vergabe eines Sperrvermerks für die Müller-Akte als einen „einmaligen Vorgang in der Justizgeschichte".

14. Oktober 1976
Generalbundesanwalt Siegfried Buback sagt als Zeuge in Stammheim aus. Er bestreitet, daß gegenüber Müller ungesetzliche Vernehmungsmethoden angewendet worden seien, um ihn zu einer Belastungsaussage zu bringen.

8. Dezember 1976
Die Verteidiger protestieren dagegen, daß sie vor einem Besuch ihrer Mandanten in der Haftanstalt ihre Schuhe ausziehen und ihre Hose öffnen sollen – zur Sicherheitskontrolle, wie es seitens der Anstaltsleitung begründend heißt. Der „Hosenladen-Erlaß" wird vom Senatsvorsitzenden Prinzing im Gerichtssaal gebilligt. Befangenheitsanträge gegen diesen Richter werden verworfen.

10. Januar 1977
Rechtsanwalt Otto Schily beantragt die Ablehnung Prinzings, da dieser an seinen Freund, Bundesrichter Albrecht Mayer in Karlsruhe, Aktenauszüge außerhalb des Dienstweges geschickt habe. Mayer hatte diese Aktenbestandteile dann zum Zweck einer tendenziösen Berichterstattung an den mit ihm befreundeten Chefredakteur der Tageszeitung „Die Welt" weitergereicht. Die in diesem Zusammenhang gestellten Befangenheitsanträge gegen Prinzing werden verworfen.

18. Januar 1977
Erneut wird Prinzing wegen der Besorgnis der Befangenheit abgelehnt. Er habe im Zusammenhang mit der Affäre Mayer zwei sich widersprechende

dienstliche Erklärungen abgegeben, heißt es zur Begründung. Auch diese Anträge werden verworfen.

20. Januar 1977
Prinzing wird nun doch wegen Besorgnis der Befangenheit abgelehnt und muß das Verfahren verlassen, nachdem einer der gerichtlich bestellten Pflichtverteidiger von Frau Ensslin, Manfred Künzel, bekanntgegeben hat, der Vorsitzende habe ihm in einem Privatgespräch außerhalb der Hauptverhandlung mitgeteilt, er nehme den von Künzel eingereichten Befangenheitsantrag sehr ernst, weil es einen Unterschied mache, ob dieser oder jener Verteidiger einen solchen Antrag stelle. Den Vorsitz übernimmt der Richter Eberhardt Foth, einer der vier bestellten Ergänzungsrichter rückt nach.

15. März 1977
Der Präsident des Bundeskriminalamtes (BKA), Horst Herold, sagt als Zeuge zu Vernehmungsmethoden gegenüber dem „Kronzeugen" Müller und die Anlage der Geheimakte aus. Herold bestreitet von der Verteidigung behauptete Ungesetzlichkeiten. Am selben Tag verwirft das Gericht einen Antrag von Rechtsanwalt Schily, Bundesinnenminister Werner Maihofer als Zeugen in Stammheim zu vernehmen. Maihofer solle – nach dem Bekanntwerden der „Lauschaktion" gegen den Atomwissenschaftler Klaus Traube – darüber aussagen, ob auch Gespräche in Stammheim belauscht worden seien. Die Richter lehnen Schilys Antrag mit der Begründung ab, für diese Behauptung lägen keine konkreten Anhaltspunkte vor.

17. März 1977
Am nächstfolgenden Sitzungstag geben die baden-württembergischen Minister Traugott Bender (Justiz) und Karl Schieß (Innen) vor der Presse in Stuttgart zu, daß Gespräche in Stammheim von Kriminalbeamten abgehört und auf Tonband aufgezeichnet worden seien. Die Stammheimer Richter und die gesamte Bundesanwaltschaft behaupten, von diesen Vorgängen nicht informiert worden zu sein. Rechtsanwalt Schily beantragt, das Verfahren zu unterbrechen, bis die Affäre aufgeklärt sei. Auch die Pflichtverteidiger üben heftige Kritik. Zunächst kommen sie mehrheitlich überein, Entpflichtungsanträge beim Vorsitzenden einzureichen, führen dann aber diese Maßnahme, die den Abbruch des Verfahrens zur Folge gehabt hätte, doch nicht durch, sondern bleiben bis zum Schluß des Prozesses im Sitzungssaal. Die Vertrauensanwälte erklären öffentlich, sie würden den Gerichtssaal nach Bekanntwerden der Lauschaffäre nicht mehr betreten.

7. April 1977
Generalbundesanwalt Siegfried Buback wird in Karlsruhe gemeinsam mit seinem Fahrer Wolfgang Göbel und dem Justizhauptwachtmeister Georg Wurster erschossen. Später meldet sich ein „Kommando Ulrike Meinhof", das die Verantwortung für die Morde übernimmt. Buback hatte die Anklageschrift unterschrieben, die in Stammheim verhandelt wird. Er wurde von seinen Mördern für den Tod von Holger Meins, Ulrike Meinhof und den als „Stockholm-Attentäter" geltenden Siegfried Hausner verantwortlich gemacht.

14. April 1977
Die Beweisaufnahme wird erneut abgeschlossen. Bundesanwalt Heinrich Wunder fordert dreimal lebenslange Haft für jeden der drei Angeklagten.

21. April 1977
Die gerichtlich bestellten Pflichtverteidiger halten ihre Schlußvorträge.

27. April 1977
Die Vertrauensverteidiger geben außerhalb des Verfahrens in einem Stuttgarter Hotel eine abschließende Erklärung ab, in der sie übereinstimmend feststellen, das gesamte Verfahren sei ungesetzlich gewesen.

28. April 1977
Die Angeklagten werden vom Gericht zu lebenslanger Haft verurteilt. Die Anwälte erklären, daß sie Berufung einlegen werden.

18. Oktober 1977
Andreas Baader, Gudrun Ensslin und Jan-Carl Raspe werden tot in ihren Zellen aufgefunden. Das Verfahren wird daraufhin eingestellt.

Abkürzungsverzeichnis

A.	Ausgabe
Abs.	Absatz
AG	Amtsgericht
angef.	angefochten
Angekl.	Angeklagter
Angesch.	Angeschuldigter
AnwBl	Anwaltsblatt
BayObLG	Bayerisches Oberstes Landgericht
BayObLGSt	Sammlung der Entscheidungen des Bayerischen Obersten Landgerichts in Strafsachen
Beschl.	Beschluß
BeschwF	Beschwerdeführer
BGB	Bürgerliches Gesetzbuch
BGBl	Bundesgesetzblatt
BGH	Bundesgerichtshof
BGHSt	Sammlung der Entscheidungen des Bundesgerichtshofes in Strafsachen
BRAO	Bundesrechtsanwaltsordnung
BRAGebO	Bundesrechtsanwaltsgebührenordnung
BT	Bundestag
BTDrucks.	Drucksache des Deutschen Bundestages
BVerfGE	Entscheidung des Bundesverfassungsgerichts
BVerfGG	Gesetz über das Bundesverfassungsgericht
BVG	Bundesverfassungsgericht
Erg.	Ergänzung
GG	Grundgesetz
HV	Hauptverhandlung
JVA	Justizvollzugsanstalt
Kleinknecht	Theodor Kleinknecht: Strafprozeßordnung (Beck'sche Kurzkommentare)
KMR	Konvention zum Schutze der Menschenrechte
LG	Landgericht
Löwe-R.(osenberg)	Löwe-Rosenberg: Die Strafprozeßordnung (Großkommentar, bearbeitet von Dünnebier u. a.)
MDR	Monatsschrift für deutsches Recht
MRK	Menschenrechtskonvention
MS	Mitschrif (d. Verf.)
n. F.	neue(r) Fassung
NJW	Neue Juristische Wochenschrift

OLG	Oberlandesgericht
OWiG	Gesetz über Ordnungswidrigkeiten
Prot.	Protokoll (der mündlichen Hauptverhandlung im Stammheimer Prozeß)
RA	Rechtsanwalt
Rdnr.	Randnummer (in Kommentaren u. ä.)
RegE	Regierungsentwurf
RGSt	Sammlung der Reichsgerichtsentscheidungen in Strafsachen
RiBGH	Richter am Bundesgerichtshof (BGH)
Rz.	Randziffer (in Kommentaren)
Senatsbeschl.	Senatsbeschluß
StA	Staatsanwalt(schaft)
StGB	Strafgesetzbuch
StPO	Strafprozeßordnung
Strafk.	Strafkammer
StVRG	Strafverfahrens-Reformgesetz
TN	Tonbandniederschrift (der mündlichen Hauptverhandlung in Stammheim)
VA	Vollzugsanstalt
Verb.	Verbindung